河南评论家文丛

先秦两汉民间信仰与文学研究

姚圣良 著

河南大学出版社
·郑州·

图书在版编目(CIP)数据

先秦两汉民间信仰与文学研究/姚圣良著.
——郑州：河南大学出版社，2023.12
ISBN 978-7-5649-5794-0

Ⅰ.①先… Ⅱ.①姚… Ⅲ.①信仰-民间文化-关系-古典文学-研究-中国-先秦时代-汉代 Ⅳ.①B933 ②I206.2

中国国家版本馆CIP数据核字(2024)第017177号

责任编辑	侯若愚
责任校对	王丽芳
封面设计	翟淼淼
出版发行	河南大学出版社
	地址：郑州市郑东新区商务外环中华大厦2401号 邮编：450046
	电话：0371-86059701(营销部)　网址：hupress.henu.edu.cn
排　　版	河南大学出版社设计排版部
印　　刷	河南瑞之光印刷股份有限公司
版　　次	2024年1月第1版　印　次　2024年1月第1次印刷
开　　本	890 mm×1240 mm　1/32　印　张　17.5
字　　数	370千字　定　价　49.00元

版权所有·侵权必究

本书如有印装质量问题，请与河南大学出版社营销部联系调换。

目　录

绪　论 …………………………………………………（1）
第一章　先秦两汉民间信仰概述 ……………………（10）
　第一节　神仙鬼怪信仰 ………………………………（11）
　　一、神仙信仰 ………………………………………（11）
　　二、鬼怪信仰 ………………………………………（33）
　第二节　吉凶预测信仰 ………………………………（48）
　　一、相人信仰 ………………………………………（48）
　　二、望气信仰 ………………………………………（54）
　　三、占梦信仰 ………………………………………（61）
　　四、堪舆信仰 ………………………………………（65）
　第三节　祈福消灾信仰 ………………………………（74）
　　一、祓禊 ……………………………………………（74）
　　二、大傩 ……………………………………………（78）
第二章　民间信仰与先秦两汉文人 …………………（85）

第一节　先秦两汉文人对民间信仰的认知与接受 …… (86)

一、先秦两汉文人对民间信仰的非理性认知 ……… (86)

二、先秦两汉文人对民间信仰的理性认知 … (99)

三、信疑参半：先秦两汉文人对民间信仰的认知局限 ……………………………………………… (111)

第二节　民间信仰对先秦两汉文人的影响 …… (129)

一、民间信仰对于先秦两汉文人艺术再现的影响 … ……………………………………………… (130)

二、民间信仰对于先秦两汉文人艺术表现的影响 … ……………………………………………… (148)

第三章　民间信仰与先秦两汉诗歌 ……… (162)

第一节　民间信仰与《诗经》的超现实描写 …… (163)

一、《诗经》中的灵异描写 ……………… (164)

二、《诗经》中的祭祀描写 ……………… (169)

第二节　民间信仰与汉代郊庙歌辞 ……… (177)

一、关于《郊祀歌》作者之探讨 ……… (179)

二、民间信仰与《郊祀歌》的神仙情结 ……… (185)

三、民间信仰与《郊祀歌》的艺术特色 ……… (203)

四、《郊祀歌》与《安世房中歌》之比较 ……… (215)

五、《郊祀歌》对后世的影响 ……………… (219)

第三节 民间信仰与汉乐府民歌 …………（221）
  一、奇妙的升仙幻想 …………………（222）
  二、想象中快乐、逍遥的神仙生活 …………（229）
  三、有关寻仙问药过程的浪漫想象 …………（232）
  四、人间宴会上的升仙不死幻想 ……………（234）
  五、汉乐府游仙诗对后世的影响 ……………（238）
第四节 民间信仰与东汉文人诗 …………………（241）

第四章 民间信仰与先秦两汉辞赋 ……………………（244）
 第一节 屈原首创的"情感托'游'"表现模式 …（244）
  一、《离骚》《九章》中的神游幻想 …………（245）
  二、开启了"情感托'游'"的艺术表现模式 ………
    ……………………………………………（255）
 第二节 《远游》在游仙文学史上的贡献 ………（259）
  一、《远游》的作者及时代问题 ……………（260）
  二、《远游》对《离骚》的模仿 ………………（262）
  三、《远游》在《离骚》基础上的开拓与发展 ……
    ……………………………………………（265）
 第三节 汉代楚辞中的游仙幻想 …………………（280）
  一、汉代楚辞对屈原"情感托'游'"表现模式的继承
    ……………………………………………（280）
  二、汉代楚辞对屈原之"游"的突破与发展 ………
    ……………………………………………（288）

第四节　民间信仰与汉代骚体赋 …………（307）
　一、神界、仙界之融合 ……………………（308）
　二、游仙与玄思、玄想的融合 ……………（314）
　三、游仙隐逸化的表现模式的确立 ………（319）

第五节　民间信仰与汉代散体赋 …………（324）
　一、天子宫苑里的仙人仙境 ………………（325）
　二、有关人间帝王的游仙描写 ……………（339）
　三、赋作家对遗世高蹈的向往 ……………（346）
　四、汉代上巳节民俗风情画面 ……………（350）
　五、汉代大傩场景描写 ……………………（361）

第五章　民间信仰与先秦两汉散文 …………（367）

第一节　民间信仰与《庄子》寓言 …………（368）
　一、民间信仰与《庄子》寓言时间观念之"错乱" …
　　………………………………………………（369）
　二、民间信仰与《庄子》寓言中的"得道者"形象 …
　　………………………………………………（377）
　三、民间信仰与《庄子》寓言中的"逍遥游" ………
　　………………………………………………（385）

第二节　民间信仰对《史记》《汉书》的影响 …（391）
　一、民间信仰与《史记》《汉书》的非理性描写 ……
　　………………………………………………（391）
　二、民间信仰与《史记》《汉书》的命运观 ……（416）

第六章　民间信仰与先秦两汉小说 （449）

第一节　民间信仰与《汉志》小说之关系 （450）
一、民间信仰与《汉志》小说的题材内容 （451）
二、民间信仰与《汉志》小说之类别属性 （457）
三、民间信仰与《汉志》小说的产生背景 （463）
四、民间信仰与《汉志》小说之特点 （467）

第二节　《风俗通义》的志怪小说属性 （471）
一、《风俗通义》记录的民间传说故事 （472）
二、《风俗通义》与《汉志》小说家 （479）
三、《风俗通义》与汉代小说之文体特点 （485）

第三节　《列仙传》：汉代小说的典型代表 （494）
一、《列仙传》作者及成书问题 （495）
二、奇幻多彩的神仙画廊 （500）
三、《列仙传》所开启的基本主题类型 （507）
四、《列仙传》的叙事模式 （516）
五、《列仙传》对后世志怪小说的影响 （521）

结　语 （536）

参考文献 （543）

绪 论

民间信仰主要是指民间流行的信仰心理、信仰行为等。学术界关于民间信仰的定义,目前仍然存在较大分歧。一般来说,民间信仰是相对于成形宗教(如道教、佛教等)而言的,并不存在精英与百姓、官方与民间的截然差别。《文心雕龙·正纬》称"白鱼赤乌之符,黄金紫玉之瑞,事丰奇伟,辞富膏腴,无益经典而有助文章"①。民间信仰虽然有悖于正统文化,但对于文学艺术却有着促进作用。遗憾的是,以往的先秦两汉文学研究,学者都很重视儒、道等主流思想意识的影响,却在不同程度上忽略了其与民间信仰的关系。

先秦两汉时期的人们,受成型宗教的影响还极为有限。道教与佛教是中国古代影响最大的两个宗教派别。道教是中国本土宗教,而佛教则属于外来宗教。东汉晚期,"五斗米

---

① 周振甫:《文心雕龙注释》,人民文学出版社,1981,第29页。

道"与"太平道"的相继出现,标志着中国道教的形成。"太平道"的创始人张角,利用道教思想观念来吸引民众,并将其信徒组织成"黄巾军",发动了历史上著名的"黄巾起义"。然而,由于道教兴起于东汉末年,所以它对汉代文人的影响可以说是微乎其微。佛教在印度产生的时间相当早,佛教传入中国的时候,道教组织还尚未形成。《后汉书·楚王英列传》云:"英少时好游侠,交通宾客,晚节更喜黄老,学为浮屠斋戒祭祀。"①李贤注曰:"袁宏《汉纪》:'浮屠,佛也,西域天竺国有佛道焉。'"②《后汉纪·孝明皇帝纪》记载:"英好游侠,交通宾客,晚节喜黄、老,修浮屠祠。"③可见,东汉明帝时,佛教已经传入中国。虽然佛教早在东汉初年就已经传入中国,但它在东汉时期的流布范围自始至终都十分有限。再者,佛教刚传入中国之时,它并不能满足汉人的心理需要,必须经历一个佛教中国化的过程后,才会被中国人认可和接受。因此,与道教一样,佛教也很难对汉代文人产生影响。正是由于先秦两汉文人几乎还没有受到成型宗教的影响,所以这一时期能够产生浪漫主义文学作品,民间信仰作为一种"类宗教"信仰,无疑发挥着至关重要的作用。

民间信仰在中国传统文化中一直扮演着非常重要的角

---

① 范晔:《后汉书》,中华书局,1965,第1428页。
② 范晔:《后汉书》,中华书局,第1429页。
③ 袁宏:《后汉纪》,中华书局,2002,第186页。

色,而先秦两汉时期又是民间信仰发生、发展的关键阶段。民间信仰不仅是影响先秦两汉文人艺术构思、形成这一时期文学浪漫特征的重要因素,而且由于先秦两汉社会受成型宗教的影响还非常有限,所以这一时期的民间信仰及其对文人和文学的影响,与后世相比,皆有其独具特色之处。这一点尤其值得我们重视。

先秦两汉时期的民间信仰,基本上还处于较为原始的自然崇拜阶段,与兴起于魏晋时期的宗教神灵崇拜有着明显的差异。先秦两汉时期的民间信仰相对来说比较单纯、也比较零散,还没有形成系统的、完整的理论体系。鉴于此,我们根据先秦两汉时期人们认知与接受民间信仰的心理需求,将这一时期的民间信仰大致划分为神仙鬼怪信仰、吉凶预测信仰和祈福消灾信仰三大类别,并逐一进行探讨。在先秦两汉民间信仰体系中,神仙鬼怪是其最基本的构成元素。严格地讲,神、仙、鬼、怪,并非界限分明的四个类别。四者之间既有区别,又有联系,很难将其截然分开。我们将这一时期的神仙鬼怪信仰,简单地分成神仙与鬼怪两类,分别进行深入考察。吉凶预测信仰起源甚早,先秦时期就已经出现,到了汉代又有了长足的发展。我们分别以相人、望气、占梦与堪舆为例,对先秦两汉时期的吉凶预测信仰进行系统考察。先秦时期,祈福消灾活动已较为常见。由于先秦两汉祈福消灾信仰来源不一、内容庞杂,难以总体把握,所以我们就选取祓禊和大傩作为代表,来具体考察这一时期的祈福消灾信仰。

民间信仰先是影响到文人的创作心态,然后才会在他们的文学作品中有所表现。因此,这一时期文人对待民间信仰的态度,就决定了先秦两汉文学受民间信仰影响的程度。整体而言,先秦两汉文人对待民间信仰的态度是信疑参半,有共同倾向,亦有个性差异,表现出了较为明显的时代局限性。先秦两汉民间信仰的多元性,直接导致这一时期文人对于民间信仰认知、接受的复杂性。从文学生成层面来看,文人对于民间信仰认知、接受的复杂性,又决定了其艺术创造受民间信仰影响的多样性。作为一种超现实的"类宗教"信仰,民间信仰自身所具有的虚妄、怪诞等非理性特点决定了其更容易介入浪漫主义文学创作之中。然而,由于先秦两汉文人对于民间信仰的认知、接受还存在着较为明显的时代局限性,而文人一旦认为某些民间传说真实可信时,他们便会自然而然地将其客观地再现于各种写实性文学作品中。在先秦两汉文学创作中,此类情形还比较常见。先秦两汉文人一方面会将其信以为真的民间传说故事客观地记录在纪实性文学作品之中;而另一方面,不管他们相信与否,先秦两汉文人时常还会有意识地借助于超现实的民间信仰来驰骋想象,这样一来,民间信仰就成为了这一时期影响作家艺术构思、审美创造的一个极为重要的因素。

先秦诗歌以《诗经》为代表,汉代诗歌则是以乐府诗为主。《诗经》是我国现实主义诗歌的源头,但民间信仰的介入,使《诗经》的客观写实中,又呈现出一定的神奇浪漫色彩。汉代郊庙歌辞受民间信仰的影响,主要体现在《郊祀歌》十九章之中。汉武帝祭祀众神、封禅泰山、歌颂祥瑞皆带有求仙之目的。因此,《郊祀歌》所表现出的已经不再是郊庙祭祀歌诗所应有的虔诚的敬神崇祖意识,而是汉武帝个人强烈的追求升仙不死的人生情绪。《郊祀歌》天人感应的神秘色彩、人神相通的奇妙幻想以及虚实相生的场景描写等,都形成了它独具的特色。汉乐府游仙诗中所出现的有关寻仙问药的奇妙幻想,以及对于神仙生活、仙界景象的生动描绘等,已经表现出了真正意义上的"列仙之趣"。可以说,正是汉代乐府民歌中的这些游仙之作,完成了游仙诗由"坎壈咏怀"向"列仙之趣"的根本性转变。在东汉文人的诗歌创作中,已经出现了以仙话故事为素材的作品。《古诗十九首》中的《迢迢牵牛星》,就是借助仙话故事巧构诗歌意境的名篇。不管是《诗经》还是汉乐府,理性现实主义是其最基本的创作倾向。尽管如此,创作主体对于民间信仰认知、接受的时代局限性,却又使得他们在客观真实地反映社会生活的同时,亦不辨真假,竟然将原本来源于民间传说的事物当作现实社会中的真实存在记录了下来。这样一来,先秦两汉时期的诗歌创作,就在理性写实的基础上,又融入了一些荒诞不经的内容。

　　先秦两汉辞赋分为"辞"和"赋"两大类。"辞"包括先秦楚辞作和汉代楚辞两部分；"赋"即汉赋，可分为骚体赋与散体赋两类。屈原不仅创立了楚辞文体，而且还开启了文学史上"情感托'游'"的艺术表现模式。《远游》不仅表现出更加明显的神仙长生旨趣，而且还首次将神仙说与阴阳五行理论、道家的道论等结合在一起，极大地拓展了游仙文学的艺术想象空间。汉代楚辞之"游"，在继承屈原神游的基础上，又发生了从神游到游仙、由神圣到世俗、从悯宗国到哀时命、由殉国到退隐等颇有价值的新变。汉代骚体赋之"游"的新变，主要表现在三方面：一是神界与仙域的融合，极大地拓展了游仙文学的艺术想象空间；二是游仙与玄思的结合，使骚体赋在"坎壈咏怀"的同时，又闪耀着神思玄远的理性光辉；三是奠定了"仕途受阻——游仙解脱——退隐归宿"这一游仙隐逸化的基本表现模式。民间信仰是汉代散体赋重要的题材内容之一，也是形成其"巨丽"之美的关键性因素。汉代散体赋中出现于天子宫苑里的仙人仙境、人间帝王出行时的游仙描写、借游仙寄托遗世高蹈的人生志趣以及汉代上巳节民俗风情画面和汉代大傩场景等，皆是受到了民间信仰的影响。

先秦两汉散文包括叙事散文与说理散文两类。民间信仰对先秦两汉说理散文的影响，主要体现在先秦诸子散文中，尤其是《庄子》。《史记》《汉书》代表着先秦两汉叙事散文的最高成就，神仙传说为庄子驰骋想象尽情描绘理想中的"逍遥游"，开辟了广阔无垠的超现实空间；庄子散文也因此具有了宏阔的气象美。司马迁和班固对民间信仰的认知与接受,已经成为影响《史记》和《汉书》人物传记叙事艺术的一个极为重要的因素。《史记》与《汉书》中都出现了大量的相人、望气、占梦、卜筮、占星与堪舆等非理性描写。在司马迁与班固的内心深处,或多或少都存在有"自然命定论"与"因果报应"的思想观念,《史记》与《汉书》的命运观也因此而表现出了较为明显的宿命论倾向。尽管在司马迁的思想意识中尚未完全摆脱"天命论"的束缚,但是个人的不幸遭遇以及《史记》"究天人之际"的创作目的,又使得司马迁对于"天命"与"人事"的关系进行了客观、冷静的深入思考,所以能够对"天命"质疑,《史记》的命运观也因此而具有了更多的理性精神与进步意义。班固出身于儒学世家,又是代表官方来修史,因而《汉书》的编撰是以"旁贯《五经》,上下洽通"①为宗旨。班固不仅完全相信"天命"的存在,而且还片面地将个人品行操守之优劣,视为影响人物命运的唯一"人为"因素。也正因为如此,相对于《史记》而言,《汉书》的思想比较保守,缺少必要的理性意识与批判精神。

小说起源于民间,民间信仰是其重要的题材内容。民间口头传说特性及有限的可资治性,是《汉书·艺文志》对小说类别属性的界定,而这两个特点的形成皆与民间信仰有着密

---

① 班固:《汉书》,中华书局,1962,第 4235 页。

切的关系。汉代民间信仰的兴盛,为小说家提供了大量的民间传说素材。汉代小说的荒诞不经,是由民间信仰的性质决定的。汉代小说虚妄不实,客观上已形成近似于后世小说虚构故事的文体特征。汉代小说也因此而被魏晋六朝小说所祖袭,成为中国小说的真正源头。应劭编撰《风俗通义》,旨在"辩风正俗"。《风俗通义》也因此而收录了不少当时社会上流传的民间故事,从而让该书在客观上又初步具备了与后世志怪小说颇为相似的一些特点。应劭在载录了一则民间传说故事之后,接下来往往还要对它进行一番考辨与评论。在《风俗通义》中,讲述故事与评价得失总是结合在一起的。《风俗通义》的叙事与说理相结合,正是其作为汉代小说与魏晋南北朝志怪小说之间的最明显的差异。《列仙传》是我国现存最早的一部神仙传记,奠定了仙话创作的修道、济世与婚恋三大基本主题类型。《列仙传》通过吸收、借鉴史传体例,开创了神仙传记的基本叙事模式。《列仙传》中的《毛女》与《邗子》,则分别开启了后世的"毛女"与"凡男游仙窟"这两个神奇美妙的志怪小说系列。

当然,先秦两汉文学总体上无疑还是偏重于写实的。除了小说之外,这一时期的诗歌、辞赋、散文等,都表现出了非常明显的以现实主义为主导的创作倾向。从严格意义上讲,汉人所谓的"小说",还只是一个目录学上的"文类"概念,与后世作为"文体"之一的小说尚有一定的差距,况且汉代小说的数量又极少,因而小说对于先秦两汉文学的总体特征影响不大。

总体来说,先秦两汉文人的人生观,主要还是受儒家和道家思想的影响。民间信仰的介入,并没有使之发生根本性转变。因此,这一时期民间信仰对文人的影响毕竟还比较有限,不可能改变先秦两汉文学以写实为主的特点,而是在写实的基础上,又渗透进了一些荒诞不经的超现实因素,使得先秦两汉文学在其现实主义主导风格之外,又呈现出了一定的神奇浪漫色彩。

"文章各体,至东汉而大备"①,也正因为如此,探讨民间信仰对先秦两汉文人、文学的影响,进而揭示由此而形成的先秦两汉文学的浪漫特征,亦将有助于人们准确理解和把握整个中国古典文学的浪漫传统。

---

① 刘师培:《中国中古文学史讲义》,人民文学出版社,1957,第20页。

第一章　先秦两汉民间信仰概述

整体而言,先秦两汉时期的民间信仰,尚处于由先民最初原始的自然崇拜向后来的魏晋宗教神灵崇拜逐渐发展演变的过程之中。先秦两汉时期的民间信仰来源众多,体系不一,内容庞杂。这一时期,人们所尊奉的神灵极为广泛,自然神、祖先神、社会神无所不包;这一时期的巫觋方士之术,也是五花八门,相人、卜筮、望气、占星、堪舆、求雨等,真可谓应有尽有。

先秦两汉时期的民间信仰相对来说还比较单纯,也比较零散,还没有形成系统的、完整的理论体系。鉴于此,我们根据先秦两汉时期人们认知与接受民间信仰的心理需求,将这一时期的民间信仰大致划分为神仙鬼怪信仰、吉凶预测信仰和祈福消灾信仰三大类别,并逐一进行考察。

第一节　神仙鬼怪信仰

在先秦两汉民间信仰体系中,神仙鬼怪是其最基本的构成元素。民间信仰的超现实属性,主要源自人们对于神仙鬼怪的浪漫幻想。严格地讲,神、仙、鬼、怪,并非彼此之间界限分明的四个类别。四者之间既有区别,又有联系,相互之间还有交叉,因此很难将其截然分开。我们将先秦两汉时期的神仙鬼怪信仰,简单地分成神仙信仰与鬼怪信仰两类,分别进行考察。

一、神仙信仰

神仙信仰是中华民族特有的文化现象,也是中国文化的重要组成部分之一。日本学者窪德忠说:"神仙说的观点就是在地球上无限延长自己的生命。似乎可以认为现实的人使具有天生肉体的生命无限延长,并永享快乐的欲望导致了产生神仙说这一特异思想,这种思想在其他国家是没有的。"①窪德忠所说的"神仙",其所指并非"神"和"仙",而是专指"仙"。在先秦两汉时期,"神"与"仙"是有区别的。中国古人

---

①窪德忠:《道教史》,萧坤华译,上海译文出版社,1987,第56页。

造字的时候,已经有意识地突出了"仙"与"神"二字的不同。如在《说文解字》中,"仙"是"从人"①,而"神"却是"从示"②。可见,"仙"与"神"之间有着颇为明显的差别。

(一)关于"神仙"的界定

神是世界各国、各民族共同拥有的一种文化现象。费尔巴哈指出:"人的依赖感是宗教的基础,而这种依赖感的对象,这个为人所依赖并且人也感觉到自己依赖的东西,本来无非就是自然。自然是宗教最初的、原始的对象,这一点是一切宗教、一切民族的历史充分证明了的。"③由此看来,神起源于先民的自然崇拜思想及万物有灵观念。对于"神"字,《说文解字》解释说:"神,天神,引出万物者也。"④《礼记·祭法》亦称:"山林、川谷、丘陵能出云,为风雨,见怪物,皆曰神。有天下者祭百神。诸侯在其地则祭之,亡其地则不祭。"⑤《论衡·祭意篇》又称:"群神者,谓风伯、雨师、雷公之属。风以摇之,雨以润之,雷以动之,四时生成,寒暑变化。"⑥可见,神最初是

---

①许慎:《说文解字》,中华书局,1963,第167页。
②许慎:《说文解字》,第8页。
③费尔巴哈:《宗教的本质》,载《费尔巴哈哲学著作选集》下卷,荣震华、李金山译,商务印书馆,1984,第436—437页。
④许慎:《说文解字》,第8页。
⑤孙希旦:《礼记集解》,中华书局,1989,第1194页。
⑥北京大学历史系《论衡》注释小组:《论衡注释》,中华书局,1979,第1467页。

来源于"物",是自然物被人类幻化之后生成的。

仙则起源于中国,是中国古人在生命意识觉醒之后,试图能够超越时间限制的幻想之物;也是先民们渴望并追求生命永恒的一种独特方式。对于"仙"字,《说文解字》称:"仙,长生仙去。"①《释名·释长幼》又称:"老而不死曰仙。"②很明显,在先秦两汉时期,"仙"指的主要是长生不死之人。班固在《汉书·艺文志》中说:"神仙者,所以保性命之真,而游求于其外者也。聊以荡意平心,同死生之域,而无怵惕于胸中。"③可见,在先秦两汉时期,世人眼中的"神仙",同样是指长生不死之人;而"神仙"其实就是"仙"。

"仙"与"神"既然并非同类,那么古人为何还要称"仙"为"神仙"呢?对此,闻一多曾解释说:"人能升天,则与神一样,长生,万能,享尽一切快乐,所以仙又曰'神仙'。"④闻一多认为,"仙"既可以长生不死,又可以像神那样随意变化、自由飞升,所以"仙"亦被称为"神仙"。

虽然古人有意把"仙"与"神"区分开来,但二者有时又相互转化,彼此之间始终存在着千丝万缕的联系。一方面,"仙"在产生之初,曾有过一段由"神"而"仙"、由神话向仙话

---

① 许慎:《说文解字》,第 167 页。
② 王先谦:《释名疏证补》,上海古籍出版社,1984,第 150 页。
③ 班固:《汉书》,中华书局,1962,第 1780 页。
④ 闻一多:《神仙考》,载《闻一多全集》,生活·读书·新知三联书店,1982,第 161 页。

演变的历程；后来，又经历一个"仙"与"神"再度结合、共同形成神仙谱系的过程。另一方面，在先秦两汉时期，不少有名的"仙"，如西王母、江妃二女等，皆来源于早期神话。此外，"仙"与"神"一样，二者皆具有超现实的神性；因而在先秦两汉文学作品中，"仙"与"神"又总是杂糅在一起的。鉴于此，我们在考察先秦两汉神仙信仰时，既要注意"仙"与"神"的区别，亦要考虑二者之间的联系。"仙"产生的时间较晚，战国秦汉之际"仙"尚处于其自身不断发展演变的关键期。相对于"神"来说，先秦两汉时期的"仙"更具有特殊性。因此，我们探讨先秦两汉时期的神仙信仰，就以"仙"为主要考察对象，同时亦兼顾"仙"与"神"之间的联系。

(二) 神仙信仰的产生

神仙信仰源自中国古人期盼生命永恒的超现实幻想。生命意识的觉醒，是神仙信仰产生的基础。生命意识是人类特有的对生命存在及死亡的感知、体验能力。原始人在刚摆脱动物状态、进入人类历史之时，并不具备生命意识。弗洛伊德在《超越唯乐原则》中说过："'自然死亡'对于原始人是一个极其陌生的观念。"[①]随着人类认识水平的提高，先民逐渐形成了生命存在及死亡的基本意识。詹福瑞《生命意识的觉醒

---

① 弗洛伊德：《弗洛伊德后期著作选》，林尘、张唤民、陈伟奇译，上海译文出版社，1986，第48页。

与儒、道生命观》一文指出,"人类一旦认识到个体生命的存在与消失,生命意识也就产生了。"①生命意识觉醒后,古人在感受到个体生命存在的快乐与美好时,自然也就意识到了自身所面临的死亡威胁。叔本华说:"动物从不真正知道死亡为何物,因而也从不像人那样以某种自然方式对死亡沉思冥想,它仅凭本能来摆脱死亡的魔爪——然而人则不行,死亡的惨状总是浮现在他的面前。"②对于世人来说,死亡是残酷的,也是无法避免的。但是,中国古人却不愿承认个体生命必将死亡的客观现实,试图通过所有途径、采取一切办法来与死亡进行抗争,即便是以虚幻的超现实方式,也要将个体生命无限延长,先民的长生不死幻想就是由此而产生的。

马林诺夫斯基说:"不死的信仰,乃是深切的情感启示的结果而为宗教所具体化者;根本在情感,而不在原始人的哲学。人类对于生命继续的坚确信念,乃是宗教的无上赐予之一;因为有了这种信念,遇到生命继续的希望与生命消灭的恐惧彼此冲突的时候,自存自保的使命才选择了较好一端,才选择了生命的继续。"③我们的祖先也正是由于其对生命消逝的

---

①詹福瑞:《生命意识的觉醒与儒、道生命观》,《中国文化研究》2003年秋之卷。

②叔本华:《叔本华论说文集》,范进、柯锦华、秦典华等译,商务印书馆,1999,第421页。

③马林诺夫斯基:《巫术科学宗教与神话》,李安宅译,上海文艺出版社,1987,第47页。

极度恐惧及其对生命延续的强烈渴望,才产生了让个体生命无限延长的浪漫幻想。

《左传·昭公二十年》记载:"齐侯(景公)至自田,晏子侍于遄台,子犹驰而造焉……饮酒乐。公曰:'古而无死,其乐若何!'晏子对曰:'古而无死,则古之乐也,君何得焉……古若无死,爽鸠氏之乐,非君所愿也。'"①又《韩诗外传》记载:"齐景公游于牛山之上,而北望齐,曰:'美哉国乎!郁郁蓁蓁。使古而无死者,则寡人将去此而何之!'俯而泣下沾襟。"②齐景公是春秋晚期知名度颇高的一位国君,由《左传》《韩诗外传》所载其对"古而无死"的感叹可以推知,春秋末叶齐地就已经出现了长生不死传说。长生不死是神仙说的核心要义,长生不死传说的出现标志着神仙信仰的产生。

(三)神话向仙话的演变

神话向仙话的演变,是神仙信仰发展史上一个值得注意的现象。由于受特定历史条件和民族文化心理的共同影响,中国的早期神话没有像西方国家那样直接转变为宗教或史诗,而是走向了一条独特的仙话化道路。

昆仑神话是中国早期神话的典型代表,它源自中国古人的山岳崇拜观念。山岳崇拜属于人类早期的自然崇拜之一,

---

① 杨伯峻:《春秋左传注》,中华书局,1990,第 1419—1421 页。
② 许维遹:《韩诗外传集释》,中华书局,1980,第 350 页。

是世界各民族普遍存在的一种文化现象。古希腊人是将奥林匹斯山视为众神居住的地方,世界著名的奥林匹斯神系便由此而产生。中国古人心目中的神山则是昆仑山,以它为中心形成了我国第一个神话系统——昆仑神话系统。

《山海经》是中国古代最重要的一部神话典籍,它保存了大量的昆仑神话传说。鲁迅先生说:"中国之神话与传说,今尚无集录为专书者,仅散见于古籍,而《山海经》中特多。"①《山海经》中就有关于长生不死的传说:

> 轩辕之国在此穷山之际,其不寿者八百岁。②

> 有轩辕之国。江山之南栖为吉。不寿者乃八百岁。③

> 有不死之国,阿姓,甘木是食。④

> 不死民在其东,其为人黑色,寿,不死。⑤

"甘木是食",郭璞注曰:"甘木即不死树,食之不老。"⑥"不死民",郭璞注曰:"有员丘山,上有不死树,食之乃寿;亦有赤泉,饮之不老。"⑦可见,《山海经》所记载的昆仑神话传说中的

---

① 鲁迅:《中国小说史略》,载《鲁迅全集》第 9 册,人民文学出版社,2005,第 20 页。
② 袁珂:《山海经校注》,上海古籍出版社,1980,第 221 页。
③ 袁珂:《山海经校注》,第 401 页。
④ 袁珂:《山海经校注》,第 370 页。
⑤ 袁珂:《山海经校注》,第 196 页。
⑥ 袁珂:《山海经校注》,第 370 页。
⑦ 袁珂:《山海经校注》,第 197 页。

这些较为原始的"不死"观念,与后世以追求长生不死为核心的神仙信仰,已经有了明显的相通之处。

尤其值得我们注意的是,在《山海经》中竟然还出现了具有能够让人"起死回生"这一神奇功效的"不死之药":

> 开明东有巫彭、巫抵、巫阳、巫履、巫凡、巫相,夹窫窳之尸,皆操不死之药以距之。①

"巫彭、巫抵、巫阳、巫履、巫凡、巫相",郭璞注曰:"皆神医也。"②"夹窫窳之尸,皆操不死之药以距之",郭璞注曰:"为距却死气,求更生。"③《山海经》所载这些"神巫",他们手上拿着所谓的"不死之药",可以使人死而复生。后世仙话传说中的"不死药",便是源于此。

顾颉刚说过:"中国古代流传下来的神话中,有两个很重要的大系统:一个是昆仑神话系统;一个是蓬莱神话系统。昆仑的神话发源于西部高原地区,它那神奇瑰丽的故事,流传到东方以后,又跟苍茫窈冥的大海这一自然条件结合起来,在燕、吴、齐、越沿海地区形成了蓬莱神话系统。此后,这两大神话系统各自在流传中发展,到了战国中后期,在新的历史条件

---

① 袁珂:《山海经校注》,第 301 页。
② 袁珂:《山海经校注》,第 301 页。
③ 袁珂:《山海经校注》,第 302 页。

下,又被人结合起来,形成一个新的统一的神话世界。"①顾颉刚先生所说的"蓬莱神话",今天的人们通常称之为"蓬莱仙话",原因就在于其核心内容已经变成了古人对于长生不死的向往与追寻,从而实现了由神话向仙话的转变。

如果说最先产生的昆仑神话,起源于西部高原山区先民们对山岳的崇拜;那么后起的蓬莱仙话,就与东部海滨偶尔出现的海市蜃楼现象密切相关。在古人的眼中,苍茫的大海与险峻的高山一样神秘莫测。无边无际的大海,同样也会引起人们的无限遐想。尤其是沿海地区所出现的海市蜃楼现象,更是直接激发了古人对于海外世界的奇妙幻想。吕思勉先生曾经说过:"神仙之说,起于燕、齐之间,似因海市蜃楼而起。故其徒之求神仙者,必于海中也……古人虽愚,亦岂可诳。故知必缘海上蜃气,现于目前;城郭人物,一一可睹;目击其状,而不解其理,乃有以坚其信也。"②《史记》已提及"海市蜃楼",如《天官书》记载:"海旁蜄(蜃)气象楼台;广野气成宫阙然。"③此处的"蜄",也就是今天人们常用的"蜃"字。钱泳《履园丛话》记载:

---

① 顾颉刚:《〈庄子〉和〈楚辞〉中昆仑和蓬莱两个神话系统的融合》,载朱东润主编《中华文史论丛》1979 年第 2 辑,上海古籍出版社,1979,第 31 页。

② 吕思勉:《先秦学术概论》,中国大百科全书出版社,1985,第 148—149 页。

③ 司马迁:《史记》,中华书局,1959,第 1338 页。

始皇使徐福入海求神仙,终无有验。而汉武亦蹈前辙,真不可解。此二君者,皆聪明绝世之人,胡乃为此捕风捉影疑鬼疑神之事耶?后游山东莱州,见海市,始恍然曰:"秦皇、汉武俱为所惑者,乃此耳。"①

正是"海市蜃楼"这一海上奇景,激发了先民对海外世界的幻想。清人郝懿行说:"今登州海中州岛上,春夏之交,恒见城郭市廛,人物往来,有飞仙遨游,俄顷变幻,土人谓之海市。疑即此。秦汉之君所以甘心,方士所以诳惑其君,岂不以此邪?"②到了战国中期,以东海"三神山"传说为核心的蓬莱仙话就已经形成了。《史记·封禅书》云:"自威、宣、燕昭使人入海求蓬莱、方丈、瀛洲。此三神山者,其传在勃海中,去人不远;患且至,则船风引而去。盖尝有至者,诸仙人及不死之药皆在焉。其物禽兽尽白,而黄金银为宫阙。未至,望之如云;及到,三神山反居水下。临之,风辄引去,终莫能至云。世主莫不甘心焉。"③尽管《史记·封禅书》称蓬莱、方丈、瀛洲为"三神山",但是我们从其中"诸仙人及不死之药皆在焉"以及"其物禽兽尽白,而黄金银为宫阙"这些描述来看,此时的蓬莱、方丈与瀛洲,实际上已经变成了仙话传说中典型的仙山。再者,齐

---

① 钱泳:《履园丛话》,中华书局,1979,第 71 页。
② 郝懿行:《山海经笺疏》,巴蜀书社,1985 年影印版,《海内北经》第 6 页。
③ 司马迁:《史记》,第 1369—1370 页。

威王、齐宣王和燕昭王三位国君,都专门派人入海寻找过"三神山",说明战国中期蓬莱仙话已经在我国东部沿海地区广为流传。

(四)秦皇汉武的求仙与神仙信仰的兴盛

战国时代,蓬莱仙话还只是在齐、燕沿海一带流传。而到了秦始皇时期,其影响范围开始向内陆地区迅速扩展。《史记·秦始皇本纪》云:"齐人徐巿等上书,言海中有三神山,名曰蓬莱、方丈、瀛洲,仙人居之。请得斋戒,与童男女求之。于是遣徐巿发童男女数千人,入海求仙人。"①《盐铁论·散不足》亦云:"及秦始皇览怪迂,信禨祥,使卢生求羡门高,徐巿等入海求不死之药。当此之时,燕、齐之士,释锄耒,争言神仙。方士于是趣咸阳者以千数,言仙人食金饮珠,然后寿与天地相保。于是数巡狩五岳、滨海之馆,以求神仙蓬莱之属。"②可见,神仙信仰在秦始皇时期又有了进一步的发展。

汉代是神仙信仰迅速发展、全面普及的关键时期。汉代神仙信仰的盛行,始于汉武帝时期。在宠信神仙方士、追求长生不死方面,汉武帝与秦始皇都是历史上有名的。汉武帝的求仙活动,持续时间长,涉及范围广,参与人数多,其规模已经远远地超过了秦始皇,在中国历代皇帝之中也是无人能比的。

---

① 司马迁:《史记》,第247页。
② 王利器:《盐铁论校注》,中华书局,1992,第355页。

李少君、齐人少翁、栾大和公孙卿等,都是汉武帝身边著名的神仙方士。汉武帝时期,神仙信仰得到了极大的发展,出现了前所未有的兴盛局面。

李少君是汉武帝宠信的第一个方士。李少君善于耍弄一些小骗术,靠这些小骗术,李少君颇能取信于人。《史记·封禅书》云:"少君资好方,善为巧发奇中。尝从武安侯饮,坐中有年九十余老人,少君乃言与其大父游射处,老人为儿时从其大父,识其处,一坐尽惊。"①靠同样的小骗术,李少君也取得了汉武帝的信任。《史记·封禅书》云:"少君见上,上有故铜器,问少君。少君曰:'此器齐桓公十年陈于柏寝。'已而案其刻,果齐桓公器。一宫尽骇,以为少君神,数百岁人也。"②在骗取了汉武帝的信任后,李少君开始向汉武帝鼓吹他的"升仙不死"理论:"祠灶则致物,致物而丹沙可化为黄金,黄金成以为饮食器则益寿,益寿而海中蓬莱仙者可见,见之以封禅则不死,黄帝是也。臣尝游海上,见安期生,食臣枣,大如瓜。安期生仙者,通蓬莱中,合则见人,不合则隐。"③汉武帝听信了李少君的言论,开始亲自"祠灶",并派遣方士入海寻找蓬莱仙人安期生。后来李少君病死,汉武帝竟然还荒唐地认为他是"化去不死"。

---

① 司马迁:《史记》,第1385页。
② 司马迁:《史记》,第1385页。
③ 司马迁:《史记》,第455页。

汉武帝宠信的第二个方士是齐人少翁。齐人少翁是靠"鬼神方"取得了汉武帝的信任。《史记·封禅书》记载:"上有所幸王夫人,夫人卒,少翁以方盖夜致王夫人及灶鬼之貌云,天子自帷中望见焉。于是乃拜少翁为文成将军,赏赐甚多,以客礼礼之。"①为了进一步获得汉武帝的恩宠,少翁又"为帛书以饭牛",称说"此牛腹中有奇","杀视得书"后,没想到"天子识其手书,问其人,果是伪书"。②汉武帝识破了少翁的鬼把戏,少翁也因此而被诛杀。

栾大是汉武帝宠信的第三个方士。《史记·封禅书》云:"是时上方忧河决,而黄金不就,乃拜大为五利将军。居月余,得四印,佩天士将军、地士将军、大通将军印……赐列侯甲第,僮千人。乘舆斥车马帷幄器物以充其家。又以卫长公主妻之,赍金万斤,更命其邑曰当利公主。天子亲如五利之第。使者存问供给,相属于道。自大主将相以下,皆置酒其家,献遗之。於是天子又刻玉印曰'天道将军',使使衣羽衣,夜立白茅上,五利将军亦衣羽衣,夜立白茅上受印,以示不臣也。"③后来,栾大许诺前往东海求见其师,汉武帝派人暗中跟踪查验。结果发现栾大并没有去东海,只是到了泰山就返回了。栾大回来后,又谎称已经见过其师。汉武帝识破了栾大的骗

---

① 司马迁:《史记》,第 1387—1388 页。
② 司马迁:《史记》,第 1388 页。
③ 司马迁:《史记》,第 1390—1391 页。

局,栾大也因此而被诛杀。

汉武帝宠信的第四位方士是齐人公孙卿。元鼎元年,汾阴出土了一个古鼎,汉武帝认为是天降祥瑞,将它迎至甘泉,藏于帝廷。齐人公孙卿声称:"今年得宝鼎,其冬辛巳朔旦冬至,与黄帝时等。"①意思是说,黄帝曾经获得过宝鼎,汉武帝获得宝鼎的日期在历法上正好与黄帝一致。公孙卿又称:"汉兴复当黄帝之时。汉之圣者在高祖之孙且曾孙也。宝鼎出而与神通,封禅。封禅七十二王,唯黄帝得上泰山封。"②接下来,公孙卿进一步欺骗说:"申公曰:'汉主亦当上封,上封则能仙登天矣。'"③公孙卿抓住了汉武帝既相信王者天命、又渴望升仙不死的这一心理,巧妙地将汉武帝对于神仙长生的追求与汉家王朝改制封禅的政治需要结合了起来;针对汉武帝在汾阴获得宝鼎一事,趁机编造了一个黄帝先得宝鼎、而后封禅升仙的故事。公孙卿在汉武帝与黄帝之间努力寻找共同之处,黄帝原本就是远古传说中的人物,黄帝获得宝鼎及封禅等故事自然也就是公孙卿为了投汉武帝之所好而凭空编造出来的。"汉兴复当黄帝之时"、"汉之圣者在高祖之孙且曾孙",分明指的就是汉武帝。宝鼎既然是上天降下的祥瑞之物,说明汉武帝就是受命于天的人间圣主,人神之间自然也就可以

---

① 司马迁:《史记》,第467页。
② 司马迁:《史记》,第467页。
③ 司马迁:《史记》,第467页。

相互感应和沟通了。"汉主亦当上封,上封则能仙登天",黄帝先得宝鼎、而后封禅升仙,汉武帝得宝鼎后也就应该上泰山封禅,封禅后就会像黄帝那样升仙不死了。在汉武帝所宠信的这四位方士中,公孙卿受宠的时间最长。公孙卿不是像李少君、齐人少翁和栾大那样,专门靠方术来欺骗汉武帝。因为单靠方术骗人,时间长了可能就会露馅,齐人少翁和栾大就是因此而被杀的;李少君若不是早死的话,说不定也会落个同样的下场。李少君虽然最早提出了"封禅不死"之说,但是李少君所鼓吹的"封禅不死",需要先"祠灶","丹沙化为黄金"后才能见到蓬莱仙人,见到蓬莱仙人后才能"封禅不死"。公孙卿则通过汉武帝得宝鼎一事,直接将升仙不死与泰山封禅联系在一起。这样一来,汉武帝能否实现升仙不死,就看汉武帝自己的造化了。如果汉武帝不能成仙,原因则在于汉武帝本人还没有得到"天帝"的认可,还需要继续努力,与他公孙卿并没有什么直接的关系,公孙卿也就不会因此而受到惩罚,其狡猾之处就在于此。

汉武帝时期神仙信仰得以迅速发展和普及,《史记·孝武本纪》记载了汉武帝时方士争献"奇方"、万民求仙的盛况:

> 居久之,李少君病死。天子以为化去不死也,而使黄锤史宽舒受其方。求蓬莱安期生莫能得,而海上燕齐怪

迁之方士多相效,更言神事矣。①

(栾)大见数月,佩六印,贵振天下,而海上燕齐之间,莫不扼掔而自言有禁方,能神仙矣。②

上遂东巡海上,行礼祠八神。齐人之上疏言神怪奇方者以万数,然无验者。乃益发船,令言海中神山者数千人求蓬莱神人……宿留海上,予方士传车及间使求仙人以千数。③

公孙卿言见神人东莱山,若云"见天子"。天子于是幸缑氏城,拜卿为中大夫。遂至东莱,宿留之数日,毋所见,见大人迹。复遣方士求神怪采芝药以千数。④

齐地土地面积不大,人口亦不是很多,而"上疏言神怪奇方者"竟然能够多达数万人,这简直可以称得上是一场轰轰烈烈的万民造神、造仙运动。神仙信仰也因此而在汉武帝时期出现了空前兴盛的局面。

(五) 神仙谱系的初步形成

神仙信仰在刚刚产生之时,还没有与鬼神观念完全区别开来。如《史记·封禅书》的记载:"宋毋忌、正伯侨、充尚、羡

---

① 司马迁:《史记》,第 455 页。
② 司马迁:《史记》,第 463—464 页。
③ 司马迁:《史记》,第 474—475 页。
④ 司马迁:《史记》,第 477 页。

门高最后皆燕人,为方仙道,形解销化,依于鬼神之事。"①随着神仙信仰的不断发展,后来"仙"逐步与鬼神观念分离,神仙家最终有了自己的升仙不死理论及神仙修炼方术,形成了相对独立的神仙学说。而到了汉武帝时期,神仙方士假鬼神以罔上惑众,于是"仙"又与鬼神观念相结合,"仙"与"神"开始融合在一起。

神仙信仰与鬼神观念的融合,是从汉武帝时期开始的。汉武帝时期,神仙方士假鬼神以罔上惑众,神仙信仰与鬼神观念逐渐结合在一起,神仙思想也因此而出现了明显的神学化倾向。据《史记》记载,方士齐人少翁是靠"鬼神方"才得到了汉武帝的宠信;而方士栾大则"常夜祠其家,欲以下神""神未至而百鬼集矣,然颇能使之"②。方士们正是抓住了汉武帝渴望神仙长生的心理需要,为了达到自己不可告人的目的,他们纷纷依托"鬼神之事",向汉武帝提供升仙不死之方。汉武帝所举行的一系列祭神活动,绝大多数都是在神仙方士的怂恿和指导下进行的,都带有明显的求仙意图。在汉武帝所祭祀的众多神灵之中,作为众神之主的太一神显得尤为重要。因为在汉武帝看来,太一神既然是宇宙主神,那么人世间的事情也都应该听从太一神的安排。汉武帝祭祀太一神的主要目

---

① 司马迁:《史记》,第 1368—1369 页。
② 司马迁:《史记》,第 463 页。

的,就是想通过"天人感应",让太一神帮助自己实现升仙不死的梦想。汉武帝时期出现的"宝鼎""天马"等,在汉武帝看来,都是太一神赐给自己的"祥瑞物"。正因为如此,在汉武帝用于郊庙祭祀的《郊祀歌》中,才会出现了《景星》《天马》等歌咏祥瑞之作。汉武帝之所以隆重而又虔诚地祭祀太一神,是因为他已经把实现升仙不死的梦想寄托在了太一神身上。

汉武帝在神仙方士们的怂恿下,将求神仙与祭太一结合在一起,神仙信仰已经被完全纳入了汉人的"天人感应"理论体系。汉武帝时期求仙与祭神的结合,为其后原始道经《太平经》初步构建神仙谱系打下了一定的基础。《汉书·李寻传》记载:"成帝时,齐人甘忠可诈造《天官历》《包元太平经》十二卷,以言'汉家逢天地之大终,当更受命于天,天帝使真人赤精子,下教我此道。'忠可以教重平夏贺良、容丘丁广世、东郡郭昌等,中垒校尉刘向奏忠可假鬼神罔上惑众,下狱治服,未断病死。"①甘忠可死后,《包元太平经》由其信徒代代相传流传了下来。在流传过程中,《包元太平经》不断地被人添加内容。到了汉顺帝之时,《包元太平经》已增加到一百七十卷。《后汉书·襄楷传》云:"顺帝时,琅邪宫崇诣阙,上其师干吉于曲阳泉水上所得神书百七十卷,皆缥白素朱介青首朱目,号《太平清领书》。其言以阴阳五行为家,而多巫觋杂语。有司

---

① 班固:《汉书》,第 3192 页。

奏崇所上妖妄不经,乃收臧之。后张角颇有其书焉。"①李贤注称:"神书(指文中的《太平清领书》),即今道家《太平经》也。"②

《太平经》已经初步创立了一个简单的神仙谱系。《太平经》曰:"六人生各自有命,一为神人,二为真人,三为仙人,四为道人,五为圣人,六为贤人,此皆助天治也。"③又曰:"夫人者,乃理万物之长也。其无形委气之神人职在理元气;大神人职在理天;真人职在理地;仙人职在理四时;大道人职在理五行;圣人职在理阴阳;贤人职在理文书,皆授语;凡民职在理草木五谷;奴婢职在理财货。"④在这个神仙谱系中,仙人居第四位,其上依次为无形委气之神人、大神人和真人;其下,依次为大道人、圣人、贤人、凡民和奴婢。《太平经》称:"上皇神人之尊者,自名委气之公,一名大神,常在天君左侧,主为理明堂文之书,使可分别,曲领大职。"⑤"无形委气之神人"显然又是在"天君"之下。在《太平经》中,"天君"才是宇宙中的至尊天神。《太平经》奉"天君"为宇宙之主,则明显是受到了汉代流行的"天人感应"思想的影响。

---

① 范晔:《后汉书》,第 1084 页。
② 范晔:《后汉书》,第 1080 页。
③ 王明:《太平经合校》,中华书局,1960,第 289 页。
④ 王明:《太平经合校》,第 88 页。
⑤ 王明:《太平经合校》,第 710 页。

《太平经》云:"无形委气之神人与元气相似,故理元气。大神人有形,而大神与天相似,故理天。"①可见,《太平经》将"无形委气之神人"置于大神人之上,则明显是受到了道家学说的影响。《太平经》又云:"长生大主号太平真正太一妙气、皇天上清金阙后圣九玄帝君,姓李,是高上太之胄,玉皇虚无之胤……上升上清之殿,中游太极之宫……总领九重十叠,故号九玄也。"②可见,这位"长生大主",实际上就是经过神化后的老子;而老子在《太平经》中的地位,就相当于"无形委气之神人"。

《太平经》奉"天君"为宇宙主神,然后又将神、仙、人由高到低依次划分为九等,从而形成了神仙道教最初的原始神仙谱系。

(六)神仙信仰的儒学化

西汉哀、平之际,谶纬之学开始兴起。到了王莽与东汉光武帝时期,谶纬大量涌现,其影响也一度超过了儒家经典。儒生与方士合流、儒家文化与方士文化互相渗透,直接导致了神仙信仰的儒学化

秦始皇时期,方士与儒生就开始混在一起了。据《史记·秦始皇本纪》记载,秦始皇在"坑儒"之前,曾说过这样的话:

---

① 王明:《太平经合校》,第88页。
② 王明:《太平经合校》,第2—3页。

"悉召文学方术士甚众,欲以兴太平,方士欲练以求奇药。今闻韩众去不报,徐市等费以巨万计,终不得药,徒奸利相告日闻。卢生等吾尊赐之甚厚,今乃诽谤我,以重吾不德也。诸生在咸阳者,吾使人廉问,或为訞言以乱黔首。"①可见,秦始皇的"坑儒",实际上是要坑杀那些欺骗、诽谤秦始皇的"方士"。但是,当时的儒生有的就是以"方士"的面目出现的,而当时的"方士"又多采儒术以饰已,二者的身份的确已经很难区别。秦始皇"坑儒"之时,公子扶苏就曾经向秦始皇进谏说"诸生皆诵法孔子"②,反对"坑儒"。秦始皇视儒生为方士,将他们一并坑杀;而在公子扶苏的眼中,就连那些"方术士"也都成了"诵法孔子"的儒生。顾颉刚先生说:"当时儒生和方士本是同等待遇,这件事又是方士闯下的祸,连累了儒生;后人往往把这件事与'焚书'作一例看,实在错误。焚书是初统一时的政治使命,坑儒则不过始皇个人的发脾气而已。"③《史记·淮南衡山列传》中伍被曾说过:"昔秦绝圣人之道,杀术士,燔《诗》《书》。"④又《史记·儒林列传》云:"及至秦之季世,焚《诗》《书》,坑术士,《六艺》从此缺焉。"⑤所谓"杀术士""坑术士",指的也就是当年秦始皇"焚书、坑儒"中的"坑

---

① 司马迁:《史记》,第 258 页。
② 司马迁:《史记》,第 258 页。
③ 顾颉刚:《秦汉的方士与儒生》,上海古籍出版社,1978,第 12 页。
④ 司马迁:《史记》,第 3086 页。
⑤ 司马迁:《史记》,第 3116 页。

儒"一事。可见,方士与儒生的合流,早在秦始皇时期就已经开始了。

到了汉武帝时期,接受董仲舒之建议,开始罢黜百家、独尊儒术,儒家学说由此成为了汉代社会的主流思想意识。董仲舒的儒家学说,是其借鉴、吸收阴阳五行等诸多学说,对先秦原始的儒家学说进行改造后,建构的一种新儒学。董仲舒的新儒学问世后,神仙方士就开始将其加以吸收和利用;而儒学的独尊,更是直接刺激并推动了方士儒生化的发展。

方士的儒生化,使得汉代神仙信仰产生了明显的儒学化倾向,形成了既"重道"又"崇德"的思想观念。《春秋感精符》称:"王者德洽于地,则朱草生,食之令人不老。"①神仙信仰的儒学化,使得汉代道经《太平经》中出现了"学道积德"这一升仙途径。如《太平经》云:"夫人愚学而成贤,贤学不止成圣,圣学不止成道,道学不止成仙,仙学不止成真,真学不止成神,皆积学不止所致也。"②又云:"古始学道之时,神游守柔以自全,积德不止道致仙。"③《太平经》所宣扬的"积德不止道致仙"这一成仙途径,则明显是受到了汉代神仙信仰儒学化的影响。

---

① 安居香山、中村璋八:《纬书集成》,河北人民出版社,1994,第741页。
② 王明:《太平经合校》,第725页。
③ 王明:《太平经合校》,第403页。

二、鬼怪信仰

在中国古人的观念中,"鬼"通常是指死去的人,而"怪"则一般是指"物怪"。如果说"鬼"大多出于人,是由人转化而来的;那么,"怪"则主要来源于物,是由人类之外的"自然物"变化生成的。

(一)鬼

早在殷商时期的甲骨卜辞中,就已经出现了"鬼"字。关于"鬼"字,《说文解字》解释说:"鬼,人所归为鬼。从人,象鬼头。鬼阴气贼害。从厶。凡鬼之属皆从鬼。禨,古文从示。"①王筠在《说文释例》中又进一步解释说:"鬼字当是全体象形,其物为人所不见之物。圣人知鬼神之情状,故造为此形,不必分析说之。然说解曰'象鬼头',不曰'从甶',是也。鬼头乃无用之物,斯甶字亦无用之字。即有此字,亦是截鬼字上半为之,与片字一例。许君曰'人所归为鬼,从人',可也;曰'鬼阴气贼害,从厶',则非也。古人言鬼,无不谓人之祖先者,故古文作禨,岂可以贼害说之。且此及兄儿等字,皆不必谓之从人,只是有首有足,象人形而已。"②由此可见,"鬼"虽

---

① 许慎:《说文解字》,第 188 页。
② 王筠:《说文释例》,中华书局,1987,第 33 页。

然是"为人所不见之物",属于超现实的存在;但是,"鬼"字却与"人"字一样,也属于象形字,它是先民在"人"字的基础上进一步发挥想象创造出来的。

正如王筠所言,"鬼"原本只是用来称呼"死去的人",起初并无"阴气贼害"一说。《礼记·祭法》云:"大凡生于天地之间者皆曰命,其万物死皆曰折,人死曰鬼,此五代之所不变也。"①《礼记·祭义》又云:"众生必死,死必归土,此之谓鬼。"②此外,《尸子》《列子》《韩诗外传》《风俗通义》等对于"鬼"的解释,也与《礼记》基本相同。如《尸子》云:"鬼者,归也,故古者谓死人为归人。"③《列子·天瑞篇》云:"精神者,天之分;骨骸者,地之分。属天清而散,属地浊而聚。精神离形,各归其真;故谓之鬼。鬼,归也,归其真宅。"④《太平御览》卷八八三引《韩诗外传》云:"人死曰鬼,鬼者归也。"⑤《风俗通义·神怪》云:"夫死者、澌也,鬼者、归也,精气消越,骨肉归于土也。"⑥《汉书·杨王孙传》云:"精神者天之有也,形骸者地之有也。精神离形,各归其真,故谓之鬼,鬼之为言归也。"⑦可见,古人最初称"死人"为"鬼",其时的"鬼"并无太

---

① 孙希旦:《礼记集解》,第1197页。
② 孙希旦:《礼记集解》,第1219页。
③ 尸佼:《尸子》,中华书局,1991,第21页。
④ 杨伯峻:《列子集释》,中华书局,1979,第20页。
⑤ 李昉:《太平御览》,中华书局,1960,第3923页。
⑥ 王利器:《风俗通义校注》,中华书局,1981,第409页。
⑦ 班固:《汉书》,第2908页。

多灵异色彩。

"鬼"字"从示",古文作"禩",由此可知,"鬼"与古人的祭祀祖先活动有着十分密切的关系。所谓"人死曰鬼,鬼者归也",实际上包含两层含义:其一,在现实生活中,"众生必死,死必归土",人死后骨肉亦归之于土;其二,在信仰世界里,人死之后,却被认为是变成了鬼,又"回归"到了某一神秘的地方,在那里"鬼"不仅依然"活着",而且还与在世的亲人一直保持着某种联系。在中国古人的思想观念中,已逝的亲人都变成了"鬼","鬼"与世人一样,也要吃饭,也要生活。因此,为了不让已故的亲人挨饿,于是古人就产生了通过祭祀给"鬼"提供祭品的幻想。如《左传·宣公四年》记载,司马子文临死前曾召集自己的族人,哭泣着对他们说:"鬼犹求食,若敖氏之鬼不其馁而!"①司马子文之所以这样说,原因就在于他认为相貌凶恶的子越椒将来一定会给若敖氏带来灭族之灾,若敖氏之鬼亦将会因为得不到后世子孙的祭祀而忍受饥饿之苦。《论语·为政》云:"非其鬼而祭之,谄也。"②朱熹注曰:"非其鬼,谓非其所当祭之鬼。谄,求媚也。"③可见,王筠所谓"古人言鬼,无不谓人之祖先者"是可信的,而"鬼"确实与古人的祭祀活动密切相关。

---

① 杨伯峻:《春秋左传注》,第 680 页。
② 朱熹:《四书章句集注》,中华书局,1983,第 60 页。
③ 朱熹:《四书章句集注》,第 60 页。

《墨子·明鬼下》称:"古之今之为鬼,非他也,有天鬼,亦有山水鬼神者,亦有人死而为鬼者。"①根据其来源之不同,墨子将"鬼"分成了"天鬼""山水鬼神者"以及"人死而为鬼者"三个类别。实际上,墨子所说的"天鬼"和"山水鬼神者",绝大多数都应该归之于"神灵",并非通常意义上的"鬼"。"鬼"主要还是来自人,是人死后变化而成的。

那么,人死后为什么会变成"鬼"呢?古人一般是借助于"魂魄说"和"精气说"等,来对此进行解释的。关于"魂魄",《说文解字》解释说:"魂,阳气也。"②又说:"魄,阴神也。"③《左传·昭公二十五年》曾称:"心之精爽,是谓魂魄;魂魄去之,何以能久?"④《淮南子·主术训》亦称"天气为魂,地气为魄"⑤。《论衡·纪妖篇》又称"夫魂者,精气也"⑥。早在春秋时期,郑国有名的贤大夫子产,就已经开始运用"魂魄说"来证明"厉鬼"的存在了。如《左传·昭公七年》之记载:

> 及子产适晋,赵景子问焉,曰:"伯有犹能为鬼乎?"
> 子产曰:"能。人生始化曰魄,既生魄,阳曰魂。用物精多,则魂魄强,是以有精爽至于神明。匹夫匹妇强死,其

---

① 吴毓江:《墨子校注》,中华书局,1993,第343页。
② 许慎:《说文解字》,第188页。
③ 许慎:《说文解字》,第188页。
④ 杨伯峻:《春秋左传注》,第1456页。
⑤ 何宁:《淮南子集释》,中华书局,1998,第608页。
⑥ 北京大学历史系《论衡》注释小组:《论衡注释》,第1257页。

魂魄犹能冯(凭)依于人,以为淫厉,况良霄(伯有),我先君穆公之胄,子良之孙,子耳之子,敝邑之卿,从政三世矣。郑虽无腆,抑谚曰'蕞尔国',而三世执其政柄,其用物也弘矣,其取精也多矣,其族又大,所冯厚矣,而强死,能为鬼,不亦宜乎!"①

子产认为,人"用物精多,则魂魄强",若不得善终,其死后魂魄将依然能够"冯(凭)依于人",于是人就变成了"淫厉(厉鬼)"。《说文解字》和《淮南子·主术训》对于"魂魄"的解释,即来源于此。鬼乃是虚妄的非现实之物,原本就出自古人的幻想,因而世人对于鬼的存在自然也就无法给出令人信服的合理解释。今天看来,子产此番"伯有能为鬼"的言论并没有什么科学依据,但在中国思想文化史上这种"魂魄说"却产生了颇为深远的影响。

《九歌·国殇》云:"身既死兮神以灵,子魂魄兮为鬼雄。"②又《礼记·祭义》云:"宰我曰:'吾闻鬼神之名,不知其所谓。'子曰:'气也者,神之盛也。魄也者,鬼之盛也。合鬼与神,教之至也。'"③《礼记集解》注曰:"郑氏曰:'气,谓嘘吸出入者也。耳目之聪明为魄。合鬼神而祭之,此圣人教之至极也。'朱子曰:'人之精神知觉,与夫运动云为,皆是神,但气

---

① 杨伯峻:《春秋左传注》,第 1292—1293 页。
② 洪兴祖:《楚辞补注》,中华书局,1983,第 83 页。
③ 孙希旦:《礼记集解》,第 1218 页。

是充盛发于外者,故谓之神之盛。四肢九窍,与夫精血之属,皆是魄,但耳目能视听而精明,故谓之鬼之盛。'愚谓鬼神体物不遗,程子所谓'天地之功用,造化之迹',张子所谓'二气之良能'也。而夫子乃专以气与魄言之者,盖宰我所问者祭祀之鬼神,故夫子专以其在人身者言之,以明报气、报魄之礼所由起也。"①可见,古代用"魂魄说"来证明"鬼"的存在,已经深入人心。

在民间信仰中,"鬼"不仅能够知晓人事,而且还具有干预人事的魔力,这一点与"神"颇为相似。如《庄子·庚桑楚》云:"为不善乎显明之中者,人得而诛之;为不善乎幽间之中者,鬼得而诛之。"②"鬼"所具有的某些神性,远非世人所能及。如《左传·昭公七年》之记载:

> 郑人相惊以伯有,曰:"伯有至矣!"则皆走,不知所往。铸刑书之岁二月,或梦伯有介而行,曰:"壬子,余将杀带也。明年壬寅,余又将杀段也。"及壬子,驷带卒,国人益惧。齐、燕平之月,壬寅,公孙段卒,国人愈惧。其明月,子产立公孙洩及良止以抚之,乃止。子大叔问其故。
>
> 子产曰:"鬼有所归,乃不为厉,吾为之归也。"③

伯有死后,变成了"厉鬼",郑国人对此都感到十分害怕。有

---

① 孙希旦:《礼记集解》,第1218—1219页。
② 郭庆藩:《庄子集释》,中华书局,1961,第794页。
③ 杨伯峻:《春秋左传注》,第1291—1292页。

人梦见了伯有,伯有在梦中告诉他说"壬子,余将杀带",又说"明年壬寅,余又将杀段"。伯有所言,后来竟然都得以应验。正是因为"鬼"具有一定的神性,所以古人才会把"鬼"与"神"相提并论,将二者合称为"鬼神"。

尽管"鬼"与"神"有一定的相似性,但二者之间毕竟又有着很大的差异。《史记·五帝本纪》称颛顼"依鬼神以制义"①,张守节《史记正义》注曰:"鬼之灵者曰神也。"②又《史记·五帝本纪》称帝喾"明鬼神而敬事之"③,张守节《史记正义》注曰:"天神曰神,人神曰鬼。又云圣人之精气谓之神,贤人之精气谓之鬼。"④《尸子》亦云:"天神曰灵,地神曰祇,人神曰鬼。"⑤可见,虽然"神"与"鬼"之间的界限并不十分明确;但二者还是有着非常明显的尊卑、高下之别,"神"让人敬畏,而"鬼"则令人惧怕。

(二)怪

在民间传说中,"怪"通常被人们称之为"怪物"或"物怪",有时古人亦直接称之为"物"。如《史记·齐悼惠王世家》云:"及魏勃少时,欲求见齐相曹参,家贫无以自通,乃常

---

① 司马迁:《史记》,第 11 页。
② 司马迁:《史记》,第 12 页。
③ 司马迁:《史记》,第 13 页。
④ 司马迁:《史记》,第 14 页。
⑤ 尸佼:《尸子》,第 21 页。

独早夜扫齐相舍人门外。相舍人怪之,以为物,而伺之,得勃。勃曰:'愿见相君,无因,故为子扫,欲以求见。'于是舍人见勃曹参,因以为舍人。"①《史记索隐》注曰:"姚氏云:'物,怪物。'"②"鬼"与"仙"多出自人,而"怪"与"神"则多来自物。

关于"怪"字,《说文解字》解释说:"怪,异也,从心,圣声。"③又《论衡·自纪篇》云:"夫气无渐而卒至曰变,物无类而妄生曰异,不常有而忽见曰妖,诡于众而突出曰怪。"④可见,"怪"乃是与众不同的诡异之物。在民间信仰中,"怪"的种类颇多,其"原形"既包括有生命的动物、植物,也包括山石、水土等无生命之物,甚至还包括一部分人造的器物。

《国语》中就出现了不少早期民间传说里的"怪物"。如《鲁语下》云:"季桓子穿井如获土缶,其中有羊焉。使问之仲尼曰:'吾穿井而获狗,何也?'对曰:'以丘之所闻,羊也。丘闻之:木石之怪曰夔、蝄蜽,水之怪曰龙、罔象,土之怪曰坟羊。'"⑤韦昭注曰:"木石,谓山也。或云,夔,一足,越人谓之山缫也……蝄蜽,山精,好学人声而迷惑人也。"⑥又注曰:"龙,神兽也。非常见,故曰怪。或曰:'罔象食人,一名沐

---

① 司马迁:《史记》,第 2004 页。
② 司马迁:《史记》,第 2004 页。
③ 许慎:《说文解字》,第 220 页。
④ 北京大学历史系《论衡》注释小组:《论衡注释》,第 1706 页。
⑤ 徐元诰:《国语集解》,中华书局,2002,第 190—191 页。
⑥ 徐元诰:《国语集解》,第 191 页。

肿。'"①除了"土之怪"坟羊,孔子还提到了"山之怪"夔、蝄蜽和"水之怪"龙、罔象。

夔是中国古代民间传说里著名的"山之怪"。关于"夔"字,《说文解字》解释说:"夔,神魖也,如龙,一足,从夂;象有角、手、人面之形。"②又《庄子·秋水》云:"夔谓蚿曰:'吾以一足趻踔而行,予无如矣。今子之使万足,独奈何?'蚿曰:'不然。子不见夫唾者乎?喷则大者如珠,小者如雾,杂而下者不可胜数也。今予动吾天机,而不知其所以然。'"③可见,夔作为一种"山之怪",其最突出的形貌特点就是"一足",属于典型的独脚兽。在《山海经》中,也出现了关于夔"一足"的记载。如《大荒东经》云:"东海中有流波山,入海七千里。其上有兽,状如牛,苍身而无角,一足,出入水则必风雨,其光如日月,其声如雷,其名曰夔。黄帝得之,以其皮为鼓,橛以雷兽之骨,声闻五百里,以威天下。"④由此可知,夔这种怪物,不仅具有十分奇特的形体——"一足";更为神奇的是,它还能兴风作雨——"出入水则必风雨"。在民间传说中,夔的出现并不总是"必风雨",其结果有时甚至于还会正好相反。《文选》收录有张衡的《东京赋》,薛综注《东京赋》时曾经指出,夔一

---

① 徐元诰:《国语集解》,第 191 页。
② 许慎:《说文解字》,第 112 页。
③ 郭庆藩:《庄子集释》,第 592—593 页。
④ 袁珂:《山海经校注》,第 361 页。

旦在某地出现,"则其邑大旱"①。之所以会出现两种截然不同的说法,原因就在于夔只是出现于民间传说里的"怪物",并非现实生活中的真实存在。

与夔一样,蝄蜽也是民间传说中有名的"山之怪"。《说文解字》云:"蝄蜽,山川之精物也。淮南王说:'蝄蜽状如三岁小儿,赤黑色,赤目,长耳,美发。'"②"蝄蜽"又写作"魍魎",亦写作"罔两"。如《左传·宣公三年》云:"昔夏之方有德也,远方图物,贡金九牧,铸鼎象物,百物而为之备,使民知神、奸。故民入川泽、山林,不逢不若。螭魅罔两,莫能逢之。用能协于上下,以承天休。"③杨伯峻注曰:"螭魅罔两皆古人幻想中之怪物。"④这里的"螭魅罔两",就是今人常说的"魑魅魍魎"。

与"怪"语意相通的,还有"妖"和"精"。《左传·宣公十五年》称"地反物为妖"⑤,杨伯峻注曰:"群物失其常性,古人谓之为妖怪。"⑥又《史记·殷本纪》云:"帝太戊立伊陟为相。亳有祥桑谷共生于朝,一暮大拱。帝太戊惧,问伊陟。伊陟曰:'臣闻妖不胜德,帝之政其有阙与?帝其修德。'太戊从

---

① 李善、吕延济、刘良等:《六臣注文选》,中华书局,1987,第77页。
② 许慎:《说文解字》,第282页。
③ 杨伯峻:《春秋左传注》,第669—671页。
④ 杨伯峻:《春秋左传注》,第671页。
⑤ 杨伯峻:《春秋左传注》,第763页。
⑥ 杨伯峻:《春秋左传注》,第763页。

之,而祥桑枯死而去。"①《史记集解》注云:"孔安国曰:'祥,妖怪也。二木合生,不恭之罚。'"②正是因为"妖"与"怪"皆为反常之物,人们才把它们并称为"妖怪"。古人也常常把"怪"与"精"联系在一起。李剑国在《唐前志怪小说史》中说:"精训为精灵、精气,人以外的事物获得灵魂、神力而能兴妖作怪,故而称作精。精也常与妖、怪合称为精怪、妖精。"③人类之外的"自然物",在获得了某种灵性或神性之后,就成了"精"。因为"物"只有成了"精"才能变为"怪",所以"怪"又被称为"精怪"。

《淮南子·氾论训》云:"山出枭阳,水生罔象,木生毕方,井生坟羊,人怪之,闻见鲜而识物浅也。"④"枭阳",高诱注曰:"山精也。人形,长大,面黑色,身有毛,足反踵,见人而笑。"⑤可见,与夔、魍魉一样,枭阳也是民间传说中的"山之怪"。"毕方",高诱注曰:"木之精也。状如鸟,青色,赤脚,一足,不食五谷。"⑥"井生坟羊",何宁注曰:"'井'当作'土',涉注文'井'字而误。上文'山出枭羊',注云'山精也';'水生罔象',注云'水之精也';'木生毕方',注云'木之精也'。此注

---

① 司马迁:《史记》,第 100 页。
② 司马迁:《史记》,第 100 页。
③ 李剑国:《唐前志怪小说史》,天津教育出版社,2005,第 14—15 页。
④ 何宁:《淮南子集释》,第 980—981 页。
⑤ 何宁:《淮南子集释》,第 980 页。
⑥ 何宁:《淮南子集释》,第 981 页。

云'土之精也',是正文'井'当为'土'也。且穿土为井得坟羊,是坟羊在土不在井也。《汉书·五行志》云:'羊者,地上之物,幽于土中。'皆其证。《国语·鲁语》正作'土之怪曰坟羊'。"①除了夔、罔象、坟羊、毕方等山水土木之类的精怪外,民间传说中还出现了"泽精"。如《庄子·达生》记载:

> 桓公田于泽,管仲御,见鬼焉。公抚管仲之手曰:"仲父何见?"对曰:"臣无所见。"公反,诶诒为病,数日不出。齐士有皇子告敖者曰:"公则自伤,鬼恶能伤公!夫忿滀之气,散而不反,则为不足;上而不下,则使人善怒;下而不上,则使人善忘;不上不下,中身当心,则为病。"桓公曰:"然则有鬼乎?"曰:"有。沈有履,灶有髻。户内之烦壤,雷霆处之;东北方之下者,倍阿鲑蠪跃之;西北方之下者,则泆阳处之。水有罔象,丘有峷,山有夔,野有彷徨,泽有委蛇。"公曰:"请问,委蛇之状何如?"皇子曰:"委蛇,其大如毂,其长如辕,紫衣而朱冠。其为物也,恶闻雷车之声,则捧其首而立。见之者殆乎霸。"桓公辴然而笑曰:"此寡人之所见者也。"于是正衣冠与之坐,不终日而不知病之去也。②

齐桓公在田猎时遇见了鬼,内心惶恐,于是就生了病。齐贤士皇子告敖拜见齐桓公,告诉他其所遇见的乃是"泽精"委蛇,

---

① 何宁:《淮南子集释》,第 981 页。
② 郭庆藩:《庄子集释》,第 650—654 页。

并称见到委蛇的人将会成为霸主。齐桓公听后非常高兴,很快病就好了。又《山海经·海内经》云:"有人曰苗民。有神焉,人首蛇身,长如辕,左右有首,衣紫衣,冠旃冠,名曰延维,人主得而飨食之,伯天下。"①郭璞注曰:"齐桓公出田于大泽,见之,遂霸诸侯。"②《庄子·达生》中的"委蛇","其大如毂,其长如辕,紫衣而朱冠";而《山海经·海内经》中的"延维","人首蛇身,长如辕,左右有首,衣紫衣,冠旃冠"。可见,二者在形貌上具有较为明显的一致性。不仅如此,二者之间还有着更为神奇的相似之处:《庄子·达生》中的"委蛇","见之者殆乎霸";而《山海经·海内经》中的"延维","人主得而飨食之,伯天下"。正因为如此,郭璞才会认为"延维"就是齐桓公"出田于大泽"所遇见的"委蛇"。

在中国古代民间传说中,与"泽精"委蛇、延维相似的,还"涸泽之精"庆忌和"涸川之精"蟡。《管子·水地》记载:

或世见,或世不见者,生蟡与庆忌。故涸泽数百岁,谷之不徙,水之不绝者,生庆忌。庆忌者,其状若人,其长四寸。衣黄衣,冠黄冠,戴黄盖,乘小马,好急驰。以其名呼之,可使千里外,一日反报。此涸泽之精也。涸川之精者生于蟡。蟡者,一头而两身,其形若蛇,其长八尺。以

---

① 袁珂:《山海经校注》,第 456 页。
② 袁珂:《山海经校注》,第 457 页。

其名呼之,可以取鱼鳖。此涸川水之精也。①

精怪作为一种幻想之物,原本就属于超现实的存在,精怪大多具有一些神奇、诡异之处,庆忌与蟡亦皆如此。"涸泽之精"庆忌,"以其名呼之,可使千里外,一日反报";而"涸川之精"蟡,"一头而两身,其形若蛇,其长八尺,以其名呼之,可以取鱼鳖"。又《山海经·北山经》云:"有蛇一首两身,名曰肥遗,见则其国大旱。"②郭璞注云:"《管子》曰:'涸水之精,名曰蟡,一头而两身,其状如蛇,长八尺,以其名呼之,可使取鱼鳖。'亦此类。"③可见,庆忌、蟡、肥遗与委蛇、延维一样,皆是生于泽川的精怪。

《论衡·订鬼篇》云:"夫物之老者,其精为人,亦有未老,性能变化,象人之形。"④"怪"之所以被称为物怪、怪物,主要就是因为"怪"大多来源于人类之外的自然物,一般都是由自然物通过获得某种神性或灵性后转化而成的。也就是说,自然物"成精"后就变成了"怪"。但是,在民间传说中,也有人死后变成怪物的例子。如《左传·庄公八年》记载:"冬十二月,齐侯游于姑棼,遂田于贝丘。见大豕。从者曰:'公子彭生也。'公怒,曰:'彭生敢见!'射之。豕人立而啼。公惧,队于

---

① 黎翔凤:《管子校注》,中华书局,2004,第 827—828 页。
② 袁珂:《山海经校注》,第 78 页。
③ 袁珂:《山海经校注》,第 78 页。
④ 北京大学历史系《论衡》注释小组:《论衡注释》,第 1278 页。

车。伤足,丧屦。"①显然,齐侯在贝丘田猎时所遇见的"人立而啼"的豕,就属于人死后变化而成的怪物。

自然物成精变怪后,其形貌往往也会随之发生变化,有些还能变化成人的模样,直接介入人类活动、干预社会生活。《论衡·无形篇》云:"汉兴,老父授张良书,已化为石,是以石之精为汉兴之瑞也,犹河精为人持璧与秦使者,秦亡之征也。"②《史记》记载了"石精授张良书"的传说,《留侯世家》云:"子房始所见下邳圯上老父与《太公书》者,后十三年从高帝过济北,果见谷城山下黄石,取而葆祠之。留侯死,并葬黄石。"③《史记》也载录了"河精持璧与秦使者"的传说,《秦始皇本纪》云:"三十六年,荧惑守心……秋,使者从关东夜过华阴平舒道,有人持璧遮使者曰:'为吾遗滈池君。'因言曰:'今年祖龙死。'使者问其故,因忽不见,置其璧去。使者奉璧具以闻。始皇默然良久,曰:'山鬼固不过知一岁事也。'退言曰:'祖龙者,人之先也。'使御府视璧,乃二十八年行渡江所沈璧也。"④石精与河精的出现,竟然成为了"汉兴之瑞"与"秦亡之征"。这正是精怪最令人称奇之处,也是其最吸引人的地方。

---

① 杨伯峻:《春秋左传注》,第175页。
② 北京大学历史系《论衡》注释小组:《论衡注释》,第95页。
③ 司马迁:《史记》,第2048页。
④ 司马迁:《史记》,第259页。

受董仲舒"天人感应"理论的影响,两汉社会朝野上下弥漫着强烈的灾异意识,导致这一时期各种各样的"怪物"层出不穷。在《汉书·艺文志》的"杂占"类中,就著录有不少写"怪"的书,如《祯祥变怪》"《人鬼精物六畜变怪》"以及"《变怪诰咎》"①。显然,这些文献皆与当时社会上流行的"精怪"传说密切相关。汉代"物怪"之泛滥,于此可见一斑。

第二节　吉凶预测信仰

吉凶预测信仰在中国古代可以说是长盛不衰,时至今日它对于国人仍有一定的影响。吉凶预测信仰起源甚早,先秦时期就已经出现,到了汉代又有了长足的发展,是先秦两汉时期极为重要的一类民间信仰。下面就以相人、望气、占梦与堪舆为例,对这一时期的吉凶预测信仰进行深入探讨。

一、相人信仰

先秦两汉时期的相人术,只不过是当时众多相术中的一种。今天人们所说的相术,则是特指相人术,已经与古代有所不同。

---

① 班固:《汉书》,第 1772 页。

李零说:"古代相术是以目验的方法为特点。它所注意的是观察对象的外部特征(形势、位置、结构、气度等),所以也叫'形法'。从'象数'的角度讲,它侧重的是'象'。"①班固在《汉书·艺文志》中说:"形法者,大举九州之势以立城郭室舍形,人及六畜骨法之度数、器物之形容以求其声气贵贱吉凶。犹律有长短,而各征其声,非有鬼神,数自然也。然形与气相首尾,亦有有其形而无其气,有其气而无其形,此精微之独异也。"②在《汉书·艺文志》的"形法"类中,著录有"《宫宅地形》二十卷"以及"《相人》二十四卷""《相宝剑刀》二十卷""《相六畜》三十八卷"③。而在《汉书·艺文志》的"杂占"类中,也著录有"《武禁相衣器》十四卷"以及"《神农教田相土耕种》十四卷""《种树臧果相蚕》十三卷"④。可见,这一时期的相术,不仅相人,还相宫宅、相刀剑、相六畜、相衣器、相土地、相蚕等。

相人是中国古代一种重要的民间信仰,它主要是通过观察人们的形体容貌、言行举止等外在表象,来对其未来的吉凶祸福、寿夭穷通等进行预测。春秋时期相人术已经产生,《左传》就有不少相关记载:

---

① 李零:《中国方术考》,东方出版社,2000,第 84 页。
② 班固:《汉书》,第 1775 页。
③ 班固:《汉书》,第 1774-1775 页。
④ 班固:《汉书》,第 1772-1773 页。

元年春,王使内史叔服来会葬。公孙敖闻其能相人也,见其二子焉。叔服曰:"谷也食子,难也收子。谷也丰下,必有后于鲁国。"①

初,叔向欲娶于申公巫臣氏,其母欲娶其党。叔向曰:"吾母多而庶鲜,吾惩舅氏矣。"其母曰:"子灵之妻杀三夫、一君、一子,而亡一国、两卿矣,可无惩乎……夫有尤物,足以移人。苟非德义,则必有祸。"叔向惧,不敢取。平公强使取之,生伯石。伯石始生,子容之母走谒诸姑,曰:"长叔姒生男。"姑视之。及堂,闻其声而还,曰:"是豺狼之声也。狼子野心。非是,莫丧羊舌氏矣。"遂弗视。②

初,楚司马子良生子越椒。子文曰:"必杀之!是子也,熊虎之状而豺狼之声;弗杀,必灭若敖氏矣。谚曰:'狼子野心。'是乃狼也,其可畜乎?"子良不可。子文以为大戚。及将死,聚其族,曰:"椒也知政,乃速行矣,无及于难。"且泣曰:"鬼犹求食,若敖氏之鬼不其馁而!"③

初,楚子将以商臣为大子,访诸令尹子上。子上曰:"君之齿未也,而又多爱,黜乃乱也。楚国之举,恒在少者。且是人也,蜂目而豺声,忍人也,不可立也。"弗听。

---

① 杨伯峻:《春秋左传注》,第 510 页。
② 杨伯峻:《春秋左传注》,第 1492—1493 页。
③ 杨伯峻:《春秋左传注》,第 679—680 页。

既,又欲立王子职,而黜大子商臣。商臣闻之而未察,告其师潘崇曰:"若之何而察之?"潘崇曰:"享江芈而勿敬也。"从之。江芈怒曰:"呼!役夫!宜君王之欲杀女而立职也。"告潘崇曰:"信矣。"潘崇曰:"能事诸乎?"曰:"不能。""能行乎?"曰:"不能。""能行大事乎?"曰:"能。"冬十月,以宫甲围成王。王请食熊蹯而死。弗听。丁未,王缢。谥之曰"灵",不瞑;曰"成",乃瞑。①

从《左传》的这些记载来看,春秋时期的相人术主要包括相形貌与相声音两个方面。叔服相公孙敖的两个儿子谷和难,就属于相形貌。叔服预测谷可以祭祀供养公孙敖,而难可以安葬公孙敖;谷的后代在鲁国必然会兴旺,是因为谷的下颌长得很丰满。叔向的母亲相叔向的儿子伯石,则属于相声音。叔向的母亲仅是听到这位刚生下来的孙子像豺狼一样的哭声,就预言他将会给自己的宗族带来灭顶之灾。子文相子越椒与子上相商臣,则皆属于既相形貌又相声音,二者是融合在一起的。子文认为子越椒"熊虎之状而豺狼之声",因而将来"必灭若敖氏";子上劝说楚成王不要立商臣为太子,原因则是他"蜂目而豺声"。

到了汉代,相人术又有了进一步的发展。汉代社会已经出现了专门用来相人的"相书"。《汉书·循吏传》称:"始

---

① 杨伯峻:《春秋左传注》,第 513—515 页。

（黄）霸少为阳夏游徼，与善相人者共载出，见一妇人，相者言：'此妇人当富贵，不然，相书不可用也。'霸推问之，乃其乡里巫家女也。霸即娶为妻，与之终身。为丞相后徙杜陵。"①《汉书·艺文志》所录"《相人》二十四卷"，亦可以证明"相书"的存在。汉代社会还产生了将相人术作为谋生手段的"相工"。如《论衡·骨相篇》云："韩太傅为诸生时，借相工五十钱，与之俱入璧雍之中，相璧雍弟子谁当贵者。相工指倪宽曰：'彼生当贵，秩至三公。'韩生谢遣相工，通刺倪宽，结胶漆之交，尽筋力之敬，徙舍从宽，深自附纳之。宽尝甚病，韩生养视如仆状，恩深逾于骨肉。后名闻于天下。倪宽位至御史大夫，州郡丞旨召请，擢用举在本朝，遂至太傅。"②"相书"与"相工"的出现，说明汉代社会相人术已经颇为流行。

相人信仰在汉代社会有着相当广泛的影响，绝大多数汉人对于相人术可以说是深信不疑。汉代杰出的唯物主义思想家王充，在《论衡》中就不反对相人术。如《骨相篇》云："人曰命难知。命甚易知。知之何用？用之骨体。人命禀于天，则有表候见于体。察表候以知命，犹察斗斛以知容矣。表候者，骨法之谓也。传言黄帝龙颜，颛顼戴干，帝喾骈齿，尧眉八采，舜目重瞳，禹耳三漏，汤臂再肘，文王四乳，武王望阳，周公背偻，皋陶马口，孔子反羽。斯十二圣者，皆在帝王之位，或辅主

---

① 班固：《汉书》，第 3635 页。
② 北京大学历史系《论衡》注释小组：《论衡注释》，第 169 页。

忧世,世所共闻,儒所共说,在经传者,较著可信……夫举家皆富贵之命,然后乃任富贵之事。骨法形体,有不应者,则必别离死亡,不得久享介福。故富贵之家,役使奴僮,育养牛马,必有与众不同者矣。僮奴则有不死亡之相,牛马则有数字乳之性,田则有种孽速熟之谷,商则有居善疾售之货。是故知命之人,见富贵于贫贱,睹贫贱于富贵。案骨节之法,察皮肤之理,以审人之性命,无不应者。"①在王充看来,既然"人命禀于天",自然就"有表候见于体";所以说"察表候以知命",就像是"察斗斛以知容"。因此,相人术通过"案骨节之法,察皮肤之理",就可以"审人之性命"。

与王充一样,东汉著名的思想家王符,也不曾反对过相人术。王符在《潜夫论·相列》中称:"《诗》所谓'天生烝民,有物有则'。是故人身体形貌皆有象类,骨法角肉各有分部,以著性命之期,显贵贱之表,一人之身,而五行八卦之气具焉……人之相法,或在面部,或在手足,或在行步,或在声响……夫骨法为禄相表,气色为吉凶候,部位为年时,德行为三者招,天授性命决然。表有显微,色有浓淡,行有薄厚,命有去就。是以吉凶期会,禄位成败,有不必。非聪明慧智,用心精密,孰能以中?"②又称:"然其大要,骨法为主,气色为候。五色之见,王废有时。智者见祥,修善迎之,其有忧色,循行改

---

① 北京大学历史系《论衡》注释小组:《论衡注释》,第158—164页。
② 彭铎:《潜夫论笺校正》,中华书局,1985,第308—310页。

尤。愚者反戾,不自省思,虽休征见相,福转为灾。于戏君子,可不敬哉!"①"骨法为禄相表,气色为吉凶候",这正是汉代相人术理论的精髓所在。可见,王符和王充对于相人术的认识基本上是一致的,他们都没有怀疑相人术的合理性。然而,王符同时还提出"智者见祥,修善迎之,其有忧色,循行改尤""愚者反戾,不自省思,虽休征见相,福转为灾",认为人也能够改变自己的命运,听天由命是不可取的。王符的这一认识,显然已经超越了王充。

先秦两汉时期迷信思想原本就十分盛行,这是相人信仰得以流行的主要原因。再者,相人术毕竟又不同于一般的鬼神信仰,它具有更大的迷惑性,像王充、王符这些汉代因为反对迷信邪说而著名的思想家,都相信相人术。这也是整个先秦两汉时期相人信仰能够流行的一个重要原因。

二、望气信仰

望气是通过观察天空中云气的形状、颜色等,来预测人事吉凶祸福的一种术数。在《汉书·艺文志》中,望气是属于"天文"类。《汉书·艺文志》云:"天文者,序二十八宿,步五星日月,以纪吉凶之象,圣王所以参政也。《易》曰:'观乎天

---

① 彭铎:《潜夫论笺校正》,第314页。

文,以察时变。'"①《汉书·艺文志》著录了"天文二十一家,四百四十五卷",其中与望气直接相关的就有"《常从日月星气》二十一卷""《泰壹杂子云雨》三十四卷""《国章观霓云雨》三十四卷""《汉日旁气行事占验》三卷""《汉日旁气行占验》十三卷""《汉日食月晕杂变行事占验》十三卷"以及"《海中日月彗虹杂占》十八卷"②。由此可见,望气与观测日月星辰一样,也是古人"观乎天文,以察时变"的一项重要内容。再如《汉书·艺文志》所著录的"阴阳十六家,二百四十九篇,图十卷"之中,亦有"《别成子望军气》六篇"及其所附的"图三卷"。③ 所有这些,皆与望气有关。

望气产生的时间相当早,周代就已经出现了负责望气的官员。如《周礼·春官·眡祲》云:"眡祲掌十辉之法,以观妖祥,辨吉凶。一曰祲,二曰象,三曰鑴,四曰监,五曰闇,六曰瞢,七曰弥,八曰叙,九曰隮,十曰想。掌安宅叙降。正岁则行事,终岁则弊其事。"④贾公彦注曰:"'掌十辉之法'者,谓占验望气之法式有此十者,亦即眡祲之官法也。"⑤再如《周礼·春官·保章氏》云:"保章氏掌天星,以志星辰日月之变动,以

---

① 班固:《汉书》,第 1765 页。
② 班固:《汉书》,第 1763—1764 页。
③ 班固:《汉书》,第 1763—1764 页。
④ 孙诒让:《周礼正义》,中华书局,1987,第 1979—1984 页。
⑤ 孙诒让:《周礼正义》,第 1979 页。

观天下之迁,辨其吉凶。以星土辨九州之地,所封封域,皆有分星,以观妖祥。以十有二岁之相,观天下之妖祥。以五云之物,辨吉凶、水旱降丰荒之祲象。以十有二风,察天地之和,命乖别之妖祥。凡此五物者,以诏救政,访序事。"①郑司农注曰:"以二至二分观云色,青为虫,白为丧,赤为兵荒,黑为水,黄为丰。故《春秋传》曰:'凡分至启闭,必书云物,为备故也。'故曰凡此五物,以诏救政。"②可见,周代的"眡祲"与"保章氏",皆有通过望气以"辨吉凶"的职责。

先秦时期还出现了专门用以望气的场所,如周代的灵台。《诗经·大雅·灵台》云:"经始灵台,经之营之。庶民攻之,不日成之。经始勿亟,庶民子来。"③《汉书·王莽传》亦提到了周代的灵台:"《诗》之灵台,《书》之作雒,镐京之制,商邑之度,于今复兴。"④颜师古注曰:"灵台,所以观气象者也。文王受命,作邑于丰,始立此台,兆庶自劝,就其功作,故《大雅·灵台》之诗曰:'经始灵台,经之营之,庶人攻之,不日成之。'作雒,谓周公营洛邑以为王都,所谓成周也。《周书·洛诰》曰:'召公既相宅,周公往营成周,使来告卜,作《洛诰》。'丰、镐相近,故总曰镐京。成周既成,迁殷顽民使居之,故云商邑之度

---

① 孙诒让:《周礼正义》,第 2114—2128 页。
② 孙诒让:《周礼正义》,第 2124 页。
③ 程俊英、蒋见元:《诗经注析》,中华书局,1991,第 788 页。
④ 班固:《汉书》,第 4073 页。

也。"①另外,据《后汉书·马融传》记载,元初二年,马融上《广成颂》以讽谏,颂云:"臣闻昔命师于鞬橐,偃伯于灵台,或人嘉而称焉。"②李贤注曰:"灵台,望气之台也。"③可见,周代的灵台,主要就是用来望气的。

秦始皇时期,朝廷还专门安排了一批人来负责望气。《史记·秦始皇本纪》记载:"侯生、卢生相与谋曰:'始皇为人,天性刚戾自用,起诸侯,并天下,意得欲从,以为自古莫及己。专任狱吏,狱吏得亲幸。博士虽七十人,特备员弗用。丞相诸大臣皆受成事,倚辨于上……秦法,不得兼方,不验,辄死。然候星气者至三百人,皆良士,畏忌讳谀,不敢端言其过。'"④可见,秦始皇时期,仅是朝廷设置的"候星气者"竟然就多达三百人。

到了汉代,望气信仰又有了明显的发展。西汉时期就已经有人因精通望气术而知名天下。《史记·天官书》云:"夫自汉之为天数者,星则唐都,气则王朔,占岁则魏鲜。故甘、石历五星法,唯独荧惑有反逆行;逆行所守,及他星逆行,日月薄蚀,皆以为占。"⑤自汉兴至武帝时,出现了三位有名的"为天

---

① 班固:《汉书》,第 4074 页。
② 范晔:《后汉书》,第 1956 页。
③ 范晔:《后汉书》,第 1957 页。
④ 司马迁:《史记》,第 258 页。
⑤ 司马迁:《史记》,第 1349 页。

数者",唐都擅长占星,魏鲜擅长占岁,而王朔所擅长的就是望气。

西汉初期,赵人新垣平还曾经因为擅长望气而得到过汉文帝的封赏。《史记·封禅书》对此有着较为详细的记载:

> 赵人新垣平以望气见上,言"长安东北有神气,成五采,若人冠絻焉。或曰东北神明之舍,西方神明之墓也。天瑞下,宜立祠上帝,以合符应。"于是作渭阳五帝庙,同宇,帝一殿,面各五门,各如其帝色。祠所用及仪亦如雍五畤。夏四月,文帝亲拜霸渭之会,以郊见渭阳五帝。五帝庙南临渭,北穿蒲池沟水,权火举而祠,若光辉然属天焉。于是贵平上大夫,赐累千金。而使博士诸生刺《六经》中作《王制》,谋议巡狩封禅事。文帝出长门,若见五人于道北,遂因其直北立五帝坛,祠以五牢具。其明年,新垣平使人持玉杯,上书阙下献之。平言上曰:"阙下有宝玉气来者。"已视之,果有献玉杯者,刻曰"人主延寿"。平又言"臣候日再中"。居顷之,日却复中。于是始更以十七年为元年,令天下大酺。平言曰:"周鼎亡在泗水中,今河溢通泗,臣望东北汾阴直有金宝气,意周鼎其出乎?兆见不迎则不至。"于是上使使治庙汾阴南,临河,欲祠出周鼎。人有上书告新垣平所言气神事皆诈也。下平吏

治,诛夷新垣平。①

汉文帝一度被新垣平的望气术所蒙骗,新垣平也因此而受宠。汉文帝"作渭阳五帝庙""立五帝坛""更以十七年为元年"以及"欲祠出周鼎"这一系列荒唐之举,都是由新垣平的望气骗术引起的。最后,因为有人上书告发,汉文帝才识破了新垣平的望气骗术,新垣平也因此而被诛杀。

《汉书·西域传》记载:"古者卿大夫与谋,参以蓍龟,不吉不行。乃者以缚马书遍视丞相御史二千石诸大夫郎为文学者,乃至郡属国都尉成忠、赵破奴等,皆以'虏自缚其马,不祥甚哉!'或以为'欲以见强,夫不足者视人有余。'《易》之,卦得《大过》,爻在九五,匈奴困败。公车方士、太史治星望气,及太卜龟蓍,皆以为吉,匈奴必破,时不可再得也。"②从"公车方士、太史治星望气"一语来看,汉代的"太史"作为史官,不仅要履行写作史书这一基本职责,而且还要负责"治星望气"。因此,汉代的史官,对于当时社会上流传的望气术,应该是比较熟悉的。汉武帝时期,司马谈、司马迁父子二人皆做过太史令。也正因为如此,司马迁在《史记》中,才能够对于西汉时期流行的望气理论,进行比较全面的归纳和总结。如《史记·天官书》云:

凡望云气,仰而望之,三四百里;平望,在桑榆上,千

---

① 司马迁:《史记》,第 1382—1383 页。
② 班固:《汉书》,第 3913 页。

余二千里;登高而望之,下属地者三千里。云气有兽居上者,胜。自华以南,气下黑上赤。嵩高、三河之郊,气正赤。恒山之北,气下黑下青。勃、碣、海、岱之间,气皆黑。江、淮之间,气皆白。徒气白。土功气黄。车气乍高乍下,往往而聚。骑气卑而布。卒气抟。前卑而后高者,疾;前方而后高者,兑;后兑而卑者,却。其气平者其行徐。前高而后卑者,不止而反。气相遇者,卑胜高,兑胜方。气来卑而循车通者,不过三四日,去之五六里见。气来高七八尺者,不过五六日,去之十余里见。气来高丈余二丈者,不过三四十日,去之五六十里见。稍云精白者,其将悍,其士怯。其大根而前绝远者,当战。青白,其前低者,战胜;其前赤而仰者,战不胜……故北夷之气如群畜穹闾,南夷之气类舟船幡旗。大水处,败军场,破国之虚,下有积钱,金宝之上,皆有气,不可不察。海旁蜃气象楼台;广野气成宫阙然。云气各象其山川人民所聚积。①

"云气各象其山川人民所聚积",张守节《史记正义》注曰:"《淮南子》云:'土地各以类生人,是故山气多勇,泽气多瘖,风气多聋,林气多癃,木气多伛,石气多力,险阻气多寿,谷气多痹,丘气多狂,庙气多仁,陵气多贪,轻土多利足,重土多迟,清水音小,浊水音大,湍水人重,中土多圣人。皆象其气,皆应

---

① 司马迁:《史记》,第1336—1338页。

其类也。'"① 从《史记·天官书》与《淮南子》的这些记载来看,到了汉武帝时期,社会上就已经形成了一套比较系统的望气理论。

三、占梦信仰

占梦亦称之为解梦,它是汉代"杂占"中最为重要的一类。《汉书·艺文志》云:"杂占者,纪百事之象,候善恶之征。《易》曰:'占事知来。'众占非一,而梦为大,故周有其官。"② 在《艺文志》的"杂占"类中,就著录有专门用来占梦的书籍,如"《黄帝长柳占梦》十一卷""《甘德长柳占梦》二十卷"③。《周礼·春官宗伯·占梦》云:"占梦掌其岁时观天地之会,辨阴阳之气,以日、月、星、辰占六梦之吉凶。一曰正梦,二曰噩梦,三曰思梦,四曰寤梦,五曰喜梦,六曰惧梦。季冬,聘王梦,献吉梦于王,王拜而受之;乃舍萌于四方,以赠恶梦,遂令始难驱疫。"④ 可见,周代已经出现了负责占梦的官员,他们将梦分为正、噩、思、寤、喜与惧六类,"观天地之会""辨阴阳之气""以日、月、星、辰占六梦之吉凶",从而形成了一套较为完整

---

① 司马迁:《史记》,第 1338 页。
② 班固:《汉书》,第 1773 页。
③ 班固:《汉书》,第 1772 页。
④ 孙诒让:《周礼正义》,第 1968—1976 页。

的占梦理论。

先秦时期,占梦信仰就已经比较流行了。《汉书·艺文志》云:"《诗》载熊罴虺蛇众鱼旐旟之梦,著明大人之占,以考吉凶,盖参卜筮。"①"《诗》载熊罴虺蛇众鱼旐旟之梦,著明大人之占",指的是《诗经》记录占梦的两首诗。一首是《小雅·无羊》,诗云:"牧人乃梦:众维鱼矣,旐维旟矣。大人占之:众维鱼矣,实维丰年。旐维旟矣,室家溱溱。"②另一首是《小雅·斯干》,诗云:"下莞上簟,乃安斯寝。乃寝乃兴,乃占我梦。吉梦维何?维熊维罴,维虺维蛇。大人占之:维熊维罴,男子之祥;维虺维蛇,女子之祥。"③

《左传》关于占梦的记载就更多了。如《僖公二十八年》中就有两处占梦记载。一是:"晋侯梦与楚子搏,楚子伏己而盬其脑,是以惧。子犯曰:'吉。我得天,楚伏其罪,吾且柔之矣。'"④二是:"初,楚子玉自为琼弁、玉缨,未之服也。先战,梦河神谓己曰:'畀余!余赐女孟诸之麋。'弗致也。大心与子西使荣黄谏,弗听。荣季曰:'死而利国,犹或为之,况琼玉乎?是粪土也。而可以济师,将何爱焉?'弗听。出,告二子曰:'非神败令尹,令尹其不勤民,实自败也。'既败,王使谓之

---

① 班固:《汉书》,第 1773 页。
② 程俊英、蒋见元:《诗经注析》,第 551 页。
③ 程俊英、蒋见元:《诗经注析》,第 546—547 页。
④ 杨伯峻:《春秋左传注》,第 459 页。

曰:'大夫若入,其若申、息之老何?'子西、孙伯曰:'得臣将死。二臣止之,曰:'君其将以为戮。'及连谷而死。"①

到了两汉时期,人们对于梦兆的认识就变得更加全面,也更为深入了;而占梦信仰也在汉代社会又有了进一步的完善与发展。在《周礼·春官宗伯·占梦》中,时人将梦分成了"正梦""噩梦""思梦""寤梦""喜梦"与"惧梦"六个类别。而到了东汉时期,从王符的《潜夫论》中,我们就可以看出汉人对于梦的分类已经变得更加细致了。《潜夫论·梦列》云:"凡梦:有直,有象,有精,有想,有人,有感,有时,有反,有病,有性。"②王符在周代"六梦"的基础上,又进一步细化,将梦分成了"直""象""精""想""人""感""时""反""病"和"性"十个类别。

王符不仅将梦分为十类,而且还结合具体的事例,对这十类梦逐一作了简要的阐释。《潜夫论·梦列》云:"在昔武王,邑姜方震太叔,梦帝谓己:'命尔子虞,而与之唐。'及生,手掌曰'虞',因以为名。成王灭唐,遂以封之。此谓直应之梦也。《诗》云:'维熊维罴,男子之祥;维虺维蛇,女子之祥。''众维鱼矣,实维丰年;旐维旟矣,室家溱溱。'此谓象之梦也。孔子生于乱世,日思周公之德,夜即梦之。此谓意精之梦也。人有所思,即梦其到;有忧即梦其事。此谓记想之梦也。今事,贵

---

① 杨伯峻:《春秋左传注》,第 467—678 页。
② 彭铎:《潜夫论笺校正》,第 315 页。

人梦之即为祥,贱人梦之即为妖,君子梦之即为荣,小人梦之即为辱。此谓人位之梦也。晋文公于城濮之战,梦楚子伏己而盬其脑,是大恶也。及战,乃大胜。此谓极反之梦也。阴雨之梦,使人厌迷;阳旱之梦,使人乱离;大寒之梦,使人怨悲;大风之梦,使人飘飞。此谓感气之梦也。春梦发生,夏梦高明,秋冬梦熟藏。此谓应时之梦也。阴病梦寒,阳病梦热,内病梦乱,外病梦发,百病之梦,或散或集。此谓气之梦也。人之情心,好恶不同,或以此吉,或以此凶。当各自察,常占所从。此谓性情之梦也。"①

在此基础上,王符又对这一时期的占梦理论作了大致的概括与总结。《潜夫论·梦列》云:"故先有差忒者,谓之精;昼有所思,夜梦其事,乍吉乍凶,善恶不信者,谓之想;贵贱贤愚,男女长少,谓之人;风雨寒暑谓之感;五行王相谓之时;阴极即吉,阳极即凶,谓之反;观其所疾,察其所梦,谓之病;心精好恶,于事验,谓之性;凡此十者,占梦之大略也。"②

对于汉代流行的占梦信仰,王符并没有表示怀疑,而是肯定了占梦的合理性。但是,王符毕竟又主张以积极的心态来看待梦兆,而不能完全消极、被动地接受占梦的结果;尤其是对于那些不祥之梦,更要通过个人的努力来改变它,争取让它转向好的方面。《潜夫论·梦列》云:"且凡人道见瑞而修德

---

① 彭铎:《潜夫论笺校正》,第315页。
② 彭铎:《潜夫论笺校正》,第317页。

者,福必成,见瑞而纵恣者,福转为祸;见妖而骄侮者,祸必成,见妖而戒惧者,祸转为福。是故太姒有吉梦,文王不敢康吉,祀于群神,然后占于明堂,并拜吉梦。修省戒惧,闻喜若忧,故能成吉以有天下。虢公梦见蓐收赐之上田,自以为有吉,囚史嚚,令国贺梦。闻忧而喜,故能成凶以灭其封。"①又云:"《易》曰:'使知惧,又明于忧患与故。'凡有异梦感心,以及人之吉凶,相之气色,无问善恶,常恐惧修省,以德迎之,乃其逢吉,天禄永终。"②《汉书·艺文志》亦云:"《春秋》之说訞也,曰:'人之所忌,其气炎以取之,訞由人兴也。人失常则訞兴,人无衅焉,訞不自作。'故曰:'德胜不祥,义厌不惠。'桑谷共生,大戊以兴;鸲雉登鼎,武丁为宗。然惑者不稽诸躬,而忌訞之见,是以《诗》刺'召彼故老,讯之占梦',伤其舍本而忧末,不能胜凶咎也。"③可见,汉人对于占梦信仰的认识,毕竟又有其积极的一面。

四、堪舆信仰

堪舆,即通常所谓"风水",是一种仅靠观测住宅、墓地之地势,就可以预知人事吉凶的民间信仰。汉代虽有"风水"之

---

① 彭铎:《潜夫论笺校正》,第322—323页。
② 彭铎:《潜夫论笺校正》,第323页。
③ 班固:《汉书》,第1773页。

实,但尚未出现"风水"之名。因此,尽管与"堪舆"相比,"风水"一词更加通俗易懂,其含义也更为准确,但我们还是选择使用"堪舆"这一名称。

汉代虽然是堪舆信仰发展成熟的关键时期,但这一时期人们通常所说的"堪舆",其所指实际上与后世的"风水"还是有着较为明显的差异。王充《论衡·讥日篇》称:"堪舆历,历上诸神非一,圣人不言,诸子不传,殆无其实。天道难知,假令有之,诸神用事之日也,忌之何福?不讳何祸?王者以甲子之日举事,民亦用之,王者闻之,不刑法也。夫王者不怒民不与己相避,天神何为独当责之?王法举事以人事之可否,不问日之吉凶。孔子曰:'卜其宅兆而安措之。'《春秋》祭祀不言卜日。《礼》曰:'内事以柔日,外事以刚日。'刚柔以慎内外,不论吉凶以为祸福。"①王充创作《讥日》的目的,就是为了讥讽和批判当时社会上十分流行的无论做任何事都要选择吉日、回避凶日的禁忌迷信。《讥日》开篇即云:"世俗既信岁时,而又信日。举事若病、死、灾、患,大则谓之犯触岁月,小则谓之不避日禁。岁月之传既用,日禁之书亦行。世俗之人,委心信之;辩论之士,亦不能定。是以世人举事,不考于心而合于日,不参于义而致于时。时日之书,众多非一,略举较著,明其是非,使信天时之人,将一疑而倍之。夫祸福随盛衰而至,代谢

---

① 北京大学历史系《论衡》注释小组:《论衡注释》,第1365页。

而然。举事曰凶,人畏凶有效;曰吉,人冀吉有验。祸福自至,则述前之吉凶以相戒惧。此日禁所以累世不疑,惑者所以连年不悟也。"①可见,汉代的《堪舆历》,应该是一种关于"择日"的历书,它主要是用来帮助和指导人们在办事的时候如何选择吉日、回避凶日。显然,此时的"堪舆",其含义与后世的"风水"还相差甚远。

在扬雄的《甘泉赋》中,也出现了"堪舆"一词。《甘泉赋》云:"诏招摇与泰阴兮,伏钩陈使当兵,属堪舆以壁垒兮,梢夔魖而抶獝狂。"②对于赋中的"堪舆",张晏注称:"堪舆,天地总名也。"③孟康又注称:"堪舆,神名,造图宅书者。"④颜师古赞同张晏的说法,他说:"堪舆,张说是也。属,委也,以壁垒委之。"⑤由此看来,关于赋中的"堪舆"一词,其具体内涵到底是什么,后世注家可谓众说纷纭,很难形成统一的观点。《史记》中亦有关于"堪舆"之记载,《日者列传》云:"孝武帝时,聚会占家问之,某日可取妇乎?五行家曰可,堪舆家曰不可,建除家曰不吉,丛辰家曰大凶,历家曰小凶,天人家曰小吉,太一家曰大吉。辩讼不决,以状闻。制曰:'避诸死忌,以五行为

---

① 北京大学历史系《论衡》注释小组:《论衡注释》,第1352—1353页。
② 班固:《汉书》,第3523页。
③ 班固:《汉书》,第3523页。
④ 班固:《汉书》,第3523页。
⑤ 班固:《汉书》,第3523页。

主.'"①很明显,这里的"堪舆"与"五行""建除"以及"丛辰"诸家一样,同属于汉武帝时的"占家"之一。《汉书·艺文志》所著录的"五行三十一家,六百五十二卷"之中,便有"《堪舆金匮》十四卷"②。颜师古称:"许慎云'堪,天道;舆,地道也'。"③可见,汉代的"堪舆"又与五行密切相关。

堪舆成为风水的代名词,是汉代以后的事。汉代的"堪舆",其所指尚不明确,与后世的"风水"理念还有很大的不同。但是,汉代社会毕竟已经出现了通过观测住宅、墓地预测人事吉凶祸福的现象。鉴于此,我们只好借用汉代已有的"堪舆"之名,来指称当时实际存在的"风水"信仰。

先秦两汉时期,与堪舆所指相同或相近的,还有卜宅、相宅、青乌、青囊和形法等名称。如"形法",《汉书·艺文志》著录"形法六家",依次是"《山海经》""《国朝》""《宫宅地形》""《相人》""《相宝剑刀》""《相六畜》"。④ 很明显,其所录"形法六家"之中,仅《宫宅地形》一家与堪舆属于同一类别。不仅如此,在"形法六家"中,与堪舆相通的《宫宅地形》这一家,其所关注的对象也只是世人居住的"城郭室舍",并没有涉及人死后的墓地。

---

① 司马迁:《史记》第 3222 页。
② 班固:《汉书》,第 1758—1769 页。
③ 班固:《汉书》,第 1769 页。
④ 班固:《汉书》,第 1774—1775 页。

堪舆现象出现很早,最初与吉凶预测并无必然联系,实际上,汉代以前,中国的堪舆术就已经萌芽产生。

先秦时期的人们,在选择居所时,根据以往的经验、教训,需要考虑什么样的地形地貌才适合生存和发展,于是便有了所谓的"相地术",也就是最为原始的堪舆学。早在《诗经》之中,亦有此类记载。《大雅·公刘》称:"笃公刘,既溥既长,既景乃冈,相其阴阳,观其流泉。其军三单,度其隰原,彻田为粮。度其夕阳,豳居允荒。"①很明显,"既景乃冈,相其阴阳,观其流泉"等诗句所描述的情形,就是周人的祖先公刘带领周族迁至豳地后,经过仔细观察地势及水源等,决定在此定居的整个过程。同样,先秦时期的人们,在为死者选择墓地时,也会观察地形地貌。如《吕氏春秋·节丧》对于古代"葬必于高陵之上"的记载:"古之人有藏于广野深山而安者矣,非珠玉国宝之谓也,葬不可不藏也。葬浅则狐狸抇之,深则及于水泉,故凡葬必于高陵之上,以避狐狸之患、水泉之湿。此则善矣,而忘奸邪盗贼寇乱之难,岂不惑哉?"②可见,古人将死者埋葬在高丘之上,其目的只是为了避免被野兽挖掘、被泉水弄湿而已。所以说,不管是相阳宅还是相阴宅,最初的堪舆与后世的"风水"信仰还有着本质的不同。

堪舆术的核心,是通过观察阴阳二宅,对于人们的吉凶祸

---

① 程俊英、蒋见元:《诗经注析》,第 828 页。
② 许维遹:《吕氏春秋集释》,中华书局,2009,第 221 页。

福、寿夭穷通等做出准确的推断。早在先秦时期，堪舆就已经开始逐渐与吉凶预测这一神秘思维相结合，如《史记·樗里子甘茂列传》中的相关记载：

> 昭王七年，樗里子卒，葬于渭南章台之东。曰："后百岁，是当有天子之宫夹我墓。"樗里子疾室在于昭王庙西渭南阴乡樗里，故俗谓之樗里子。至汉兴，长乐宫在其东，未央宫在其西，武库正直其墓。秦人谚曰："力则任鄙，智则樗里。"①

令人惊叹的是，樗里子竟然能够精准预测到其墓地百年后的景象。也正因为如此，他才被后人尊称之为"樗里先师"。但是，樗里子所作的这一预测，毕竟与其本人或后人的吉凶祸福并没有任何关系。到了秦二世时期，堪舆已经与人的吉凶祸福联系在一起了。如《史记·蒙恬列传》之记载：

> 蒙恬喟然太息曰："我何罪于天，无过而死乎？"良久，徐曰："恬罪固当死矣。起临洮属之辽东，城堑万余里，此其中不能无绝地脉哉？此乃恬之罪也。"乃吞药自杀。②

蒙恬在吞药自杀之前，竟然将自己的死因归结为修筑万里长城破坏了地脉，说明此时的堪舆已经与世人的吉凶祸福关联在一起了。

---

① 司马迁：《史记》，第 2310 页。
② 司马迁：《史记》，第 2570 页。

到了汉代,堪舆术又有了长足的发展,此时的堪舆术,已经正式成为一种通过观察住宅或墓地就可以预知人事吉凶祸福的民间信仰。根据现存的文献记载,汉代的堪舆术,在预测人们的命运吉凶方面,相对集中于墓地的选择上。如《后汉书·袁安传》记载:"初,安父没,母使安访求葬地,道逢三书生,问安何之,安为言其故,生乃指一处,云'葬此地,当世为上公'。须臾不见,安异之。于是遂葬其所占之地,故累世隆盛焉。"①袁安后来果然仕途顺利,先是做楚郡太守,后来又升迁为司空,最终官至司徒,即便是在窦宪、窦太后兄妹把持朝政之时,袁安的官位也没有因此而受到任何影响,而这一切都是因为他父亲的墓地选得好。再如《后汉书·郭镇传》之记载:"顺帝时,廷尉河南吴雄季高,以明法律,断狱平,起自孤宦,致位司徒。雄少时家贫,丧母,营人所不封土者,择葬其中。丧事趣办,不问时日,巫皆言当族灭,而雄不顾。及子䜣孙恭,三世廷尉,为法名家。"②可见,吴雄对待丧葬的态度又明显不同于袁安。吴雄在他的母亲去世之后,竟然会"营人所不封土者,择葬其中",更为与众不同的是,其"丧事趣办,不问时日"。可是,吴雄不仅没有像众巫所说的那样被灭族,相反却官至司徒,其后世子孙亦"三世廷尉"。由《后汉书》所载袁安和吴雄的事例可知,东汉时期堪舆信仰在社会上已有较大

---

① 范晔:《后汉书》,第 1522 页。
② 范晔:《后汉书》,第 1546 页。

影响。

随着堪舆术在汉代社会的不断发展,到了东汉时期,社会上就已经出现了不少关于"冢宅禁忌"的堪舆理论。如《后汉书·王景传》云:"景少学《易》,遂广窥众书,又好天文术数之事,沈深多伎艺。"①又云:"初,景以为《六经》所载,皆有卜筮,作事举止,质于蓍龟,而众书错糅,吉凶相反,乃参纪众家数术文书,冢宅禁忌,堪舆日相之属,适于事用者,集为《大衍玄基》云。"②由此可见,此时的"冢宅禁忌"与"堪舆"是并列在一起的,这就说明了这一时期二者所指还不一致。尽管在今天的人们看来,汉代的"堪舆"之名与其"冢宅禁忌"之实,尚有名实不符之嫌。但是,实际上后世以"冢宅禁忌"为核心的堪舆理论,毕竟在当时就已经问世了。

在汉代著名的道教经典《太平经》之中,关于相阴宅,即死者墓地的选择上,已经出现了真正的"风水"观念。其《葬宅诀》称:

> 葬者,本先人之丘陵居处也,名为初置根种。宅,地也,魂神复当得还,养其子孙,善地则魂神还养也,恶地则魂神还为害也。五祖气终,复反为人。天道法气,周复反其始也。欲知地效,投小微贱种于地,而后生日兴大善者,大生地也;置大善种于地,而后生日恶者,是逆地也;

---

① 范晔:《后汉书》,第 2464 页。
② 范晔:《后汉书》,第 2466 页。

日衰少者,是消地也。以五五二十五家家丘陵效之,十十百百相应者,地阴宝书文也;十九相应者,地阴宝记也;十八相应者,地乱书也,不可常用也;过此而下者,邪文也,百姓害书也。欲知其审,记过定事,以效来事,乃后真伪分别。可知吾书,犹天之有甲,地之有乙,万世不可易也。本根重事效,生人处也,不可苟易,而已成事,□□邪文为害也,令使灾变数起,众贤人民苦之甚甚。故大人小人,欲知子子孙孙相传者,审知其丘陵当正,明其故,以占来事。置五五二十五丘陵以为本文,案成事而考之,录过以效今,去事之证以为来事。真师宜详惟念书上下,以解醉迷,名为占阴覆文,以知祖先,利后子孙,万世相传,慎无闭焉。①

"魂神复当得还,养其子孙,善地则魂神还养也,恶地则魂神还为害也",这是《太平经·葬宅诀》的核心观点。《葬宅诀》根据"魂神复当得还"这一理念,来具体解释为什么墓地的选择会影响到死者后代的吉凶祸福。

《葬宅诀》将中国古代传统的"气"论,与两汉时期流行的"天人感应"理论相结合,进而提出"五祖气终,复反为人。天道法气,周复反其始也"。这样一来,死者墓地的好坏,便与其在世的子孙后代的命运紧密联系在一起,于是二者之间也就

---

① 王明:《太平经合校》,第182—183页。

由此而实现了吉凶祸福的相互感应。

第三节　祈福消灾信仰

祈福消灾信仰在中国传统文化中一直占有极为重要的地位,它也是先秦两汉时期民间信仰的主要类型之一。先秦时期,祈福消灾活动已较为常见。由于先秦两汉祈福消灾信仰来源不一、内容庞杂,难以总体把握,所以我们就选取祓禊和大傩作为代表,来具体考察这一时期的祈福消灾信仰。

一、祓禊

祓禊是古人在河边定期举行的、以祈福消灾为目的的一种民俗活动,也是先秦两汉时期影响较大的民间信仰风俗之一。

关于"祓"字,《说文解字》释之曰:"祓,除恶祭也。"①《左传》中已有对"祓"的记载,《僖公六年》称:"冬,蔡穆侯将许僖公以见楚子于武城。许男面缚,衔璧,大夫衰绖,士舆榇。楚子问诸逢伯。对曰:'昔武王克殷,微子启如是。武王亲释其缚,受其璧而祓之,焚其榇,礼而命之,使复其所。'楚子从

---

①许慎:《说文解字》,第8页。

之。"①《襄公二十九年》又称:"二十九年春王正月,公在楚,释不朝正于庙也。楚人使公亲禭,公患之。穆叔曰:'祓殡而禭,则布币也。'乃使巫以桃、茢先祓殡。楚人弗禁,既而悔之。"②由此可见,先秦时期,以除凶、消灾为目的的"祓",就已经出现了。

关于"禊"字,《风俗通义》解释说:"《周礼》:'男巫掌望祀望衍,旁招以茅;女巫掌岁时,以祓除衅浴。'禊者,洁也。春者,蠢也,蠢蠢摇动也。《尚书》:'以殷仲春,厥民析。'言人解析也。疗生疾之时,故于水上衅洁之也。巳者,祉也,邪疾已去,祈介祉也。"③由此可知,与"祓"一样,"禊"也是一种礼仪,也是以除灾、祛邪为目的。二者之间的区别,主要就是"禊"所特有的"水上衅洁"这一活动形式。

"祓"是除凶消灾之祭礼,"禊"则是用特定的"衅浴"形式来除凶消灾的祭礼。因而"禊"也可以说就是"祓"的一种。"祓禊"一词,其所指实际上就是"禊"。也正因为如此,"祓禊"亦被人称之为"禊"。

祓禊这一古老的民间信仰风俗,可以说是源远流长。祓禊出现的时间相当早,《周礼》中就已经有了相关的记载:"女

---

① 杨伯峻:《春秋左传注》,第 314 页。
② 杨伯峻:《春秋左传注》,第 1154 页。
③ 王利器:《风俗通义校注》,第 382 页。

巫掌岁时祓除、衅浴。"①郑玄注释说:"岁时祓除,如今三月上巳如水上之类。衅浴,谓以香薰草药沐浴。"②再如《论语·先进》云:"莫春者,春服既成。冠者五六人,童子六七人,浴乎沂,风乎舞雩,咏而归。"③《宋书·礼志》曰:"《月令》,暮春,天子始乘舟。蔡邕章句曰:'阳气和暖,鲔鱼时至,将取以荐寝庙,故因是乘舟禊于名川也。《论语》,暮春浴乎沂。自上及下,古有此礼。今三月上巳,祓于水滨,盖出此也。'邕之言然。"④以上这些文献记载足以证明:祓禊这一独特的民俗行为,早在先秦时期就已经产生了。

上巳节则是与祓禊活动相伴而生的一个传统节日。先秦两汉时期,人们是将农历三月的第一个巳日定为上巳节。《宋书·礼志》引《韩诗》称:"郑国之俗,三月上巳,之溱、洧两水之上,招魂续魄。秉兰草,拂不祥。"⑤《韩诗》是我们今天能够见到的记载先秦上巳节的唯一文献。

到了两汉时期,祓禊以及与之密切相关的上巳节,就变得颇为流行了。汉代的祓禊,主要是在暮春三月的第一个巳日举行。《后汉书·礼仪志》记载:"是月(指农历三月)上巳,官

---

① 孙诒让:《周礼正义》,第 2075 页。
② 孙诒让:《周礼正义》,第 2075 页。
③ 朱熹:《四书章句集注》,第 130 页。
④ 沈约:《宋书》,中华书局,1974,第 386 页。
⑤ 沈约:《宋书》,第 385—386 页。

民皆洁于东流水上,曰洗濯祓除去宿垢疢为大洁。洁者,言阳气布畅,万物讫出,始洁之矣。"①汉代的上巳节,除了传统的洗濯祓除仪式之外,人们还常常在流水之滨举行一些宾朋聚会、宴饮游乐等活动。《后汉书·周举传》记载:"举出为蜀郡太守,坐事免。大将军梁商表为从事中郎,甚敬重焉。六年三月上巳日,商大会宾客,宴于洛水,举时称疾不往。"②从大将军梁商三月上巳日大宴宾客于洛水这一记载来看,汉代上巳节已经成为一个洗濯祓除与游戏娱乐相结合的民俗节日。

汉代的祓禊,亦有于秋季举行的。《宋书·礼志》记载:"或用秋,《汉书》八月祓于霸上。刘桢《鲁都赋》:'素秋二七,天汉指隅,人胥祓除,国子水嬉。'又是用七月十四日也。"③不过,秋季祓禊毕竟是少数,这一时期绝大多数的祓禊活动,都是在暮春三月的上巳节这天举行的。

汉代的上巳节,是定于农历三月的第一个巳日,而这一天所对应的具体日期每年却并不相同。到了曹魏时期,出于固定易记之目的,对上巳节的具体日期又进行了重新规定。《宋书·礼志》记载:"自魏以后但用三日,不以巳也。"④此后,每年的农历三月三日,就成为了上巳节固定不变的日期。

---

① 范晔:《后汉书》,第 3110—3111 页。
② 范晔:《后汉书》,第 2028 页。
③ 沈约:《宋书》,第 386 页。
④ 沈约:《宋书》,第 386 页。

二、大傩

傩是中国古代社会较为常见的一种以驱除疫鬼为目的、带有原始巫术性质的礼仪活动。《论语·乡党》云:"乡人傩,朝服而立于阼阶。"①朱熹在《四书章句集注》中称:"傩,所以逐疫,《周礼》方相氏掌之。阼阶,东阶也。傩虽古礼而近于戏,亦必朝服而临之者,无所不用其诚敬也。或曰:'恐其惊先祖五祀之神,欲其依己而安也。'"②傩作为一种具有宗教性质的文化现象,一般认为它是起源于人类早期之狩猎。曲六乙说:"原始狩猎活动是驱疫之傩一类礼俗得以发生的本源,是由狩猎活动中的驱赶行为逐渐发展演变成为驱疫之傩。驱疫之傩的根就在原始狩猎驱赶行为之中。"③

驱除疫鬼这一原始的巫术行为,最初应该是被称为"难",而"傩"则是后起的称谓。胡新生曾经指出:"傩礼的'傩'字本写作'难',读为责难、发难之'难',表示这是一种驱除疫鬼的攻击性行为。"④在《周礼》《礼记》等先秦时期的儒家文献中,就已经出现了关于驱除疫鬼这一"难"礼的记载。

---

① 朱熹:《四书章句集注》,第 121 页。
② 朱熹:《四书章句集注》,第 121 页。
③ 曲六乙:《东方傩文化概论》,山西教育出版社,2006,第 221 页。
④ 胡新生:《周代傩礼考述》,《史学月刊》1996 年第 4 期。

《周礼》云:"方相氏掌蒙熊皮,黄金四目,玄衣朱裳,执戈扬盾,帅百隶而时难,以索室驱疫。大丧,先柩,及墓,入圹,以戈击四隅,驱方良。"①《礼记·月令》又云:"季冬之月,日在婺女,昏娄中,旦氐中。其日壬癸,其帝颛顼,其神玄冥,其虫介,其音羽,律中大吕……天子居玄堂右个,乘玄路,驾铁骊,载玄旂,衣黑衣,服玄玉,食黍与彘,其器闳以奄。命有司大难,旁磔,出土牛,以送寒气。征鸟厉疾。乃毕行山川之祀。及帝之大臣,天之神祇。"②《礼记》的这一记载,亦出现于《吕氏春秋》之中。《吕氏春秋·季冬纪》记载:"季冬之月,日在婺女,昏娄中,旦氐中。其日壬癸,其帝颛顼,其神玄冥,其虫介,其音羽,律中大吕……天子居玄堂右个,乘玄骆,驾铁骊,载玄旂,衣黑衣,服玄玉,食黍与彘,其器宏以弇。命有司大傩,旁磔,出土牛,以送寒气。征鸟厉疾,乃毕行山川之祀,及帝之大臣、天地之神祇。"③可见,中国古人驱除疫鬼这一特定的巫术行为,在《礼记·月令》中是被称为"难",而在《吕氏春秋·季冬纪》中就已经变成了今天人们常用的"傩"了。

傩这一独特的驱除疫鬼活动,周代之前可能就已经产生了。《论衡》载录有黄帝制作驱鬼礼一说。《论衡·订鬼篇》称引《山海经》云:

---

① 孙诒让:《周礼正义》,第 2493—2495 页。
② 孙希旦:《礼记集解》,第 499—501 页。
③ 许维遹:《吕氏春秋集释》,第 258—259 页。

> 沧海之中,有度朔之山,上有大桃木,其屈蟠三千里,其枝间东北曰鬼门,万鬼所出入也。上有二神人,一曰神荼,一曰郁垒,主阅领万鬼。恶害之鬼,执以苇索,而以食虎。于是黄帝乃作礼以时驱之,立大桃人,门户画神荼、郁垒与虎,悬苇索以御。①

传说黄帝最早发明了驱鬼之礼,包括"立大桃人""门户画神荼、郁垒与虎""悬苇索"等,在特定的时间举行驱鬼活动。《庄子》亦有关于黄帝制作驱除疫鬼之礼的记载。如《太平御览》卷五三〇称引《庄子》云:

> 游凫问雄黄曰:"今逐疫出魅,击鼓呼噪,何也?"雄黄曰:"黔首多疾,黄帝氏立巫咸,使黔首沐浴斋戒,以通九窍;鸣鼓振铎,以动其心;劳形趋步,以发阴阳之气;饮酒茹葱,以通五藏。夫击鼓呼噪,逐疫出魅鬼,黔首不知,以为魅祟也。"②

除了黄帝制作驱鬼礼一说之外,中国古代还出现了颛顼发明驱除疫鬼之礼的传说。如蔡邕在《独断》中就描述了颛顼时驱除疫鬼的场景:

> 帝颛顼有三子,生而亡去为鬼。其一者居江水,是为瘟鬼;其一者居若水,是为魍魉;其一者居人宫室枢隅处,善惊小儿。于是命方相氏,黄金四目,蒙以熊皮,玄衣朱

---

① 北京大学历史系《论衡》注释小组:《论衡注释》,第1283页。
② 李昉:《太平御览》,第2405—2406页。

裳,执戈扬盾,常以岁竟十二月,从百隶及童儿而时傩,以索宫中,驱疫鬼也。桃弧棘矢土鼓,鼓且射之,以赤丸五谷播洒之,以除疾殃。已而立桃人、苇索儋、牙虎、神荼、郁垒以执之。儋牙虎、神荼、郁垒二神:海中有度朔之山,上有桃木,蟠屈三千里,卑枝,东北有鬼门,万鬼所出入也。神荼与郁垒二神居其门,主阅领诸鬼。其恶害之鬼,执以苇索食虎。故十二月岁竟,常以先腊之夜逐除之也。乃画荼垒并悬苇索于门户,以御凶也。①

从《独断》关于传说中颛顼驱除疫鬼这段场景描写来看,颛顼时驱除疫鬼的傩礼已初具规模,不仅"黄金四目,蒙以熊皮,玄衣朱裳,执戈扬盾"的"方相氏"作为傩礼的主角业已出现,而且"百隶"及"童儿"等主要参与者也都登场了,举行傩礼的时间也总是固定于"先腊之夜"。《论衡》也载录了颛顼三子生而亡去为疫鬼这一传说。《论衡·订鬼篇》引《礼》曰:"颛顼氏有三子,生而亡去为疫鬼。一居江水,是为虐鬼;一居若水,是为魍魉鬼;一居人宫室区隅沤库,善惊人小儿。"②又《论衡·解除篇》称:"解逐之法,缘古逐疫之礼也。昔颛顼氏有子三人,生而皆亡,一居江水为虐鬼,一居若水为魍魉,一居区隅之间主疫病人。故岁终事毕,驱逐疫鬼,因以送陈、迎新、内

---

① 蔡邕:《独断》,中华书局,1985,第 11 页。
② 北京大学历史系《论衡》注释小组:《论衡注释》,第 1279 页。

吉也。世相仿效,故有解除。夫逐疫之法,亦礼之失也。"① 以上有关黄帝作礼以驱鬼、颛顼三子"生而亡去为疫鬼"以及颛顼"从百隶及童儿而时傩"这些记载,皆带有明显的民间传说性质,并不能证明早在黄帝或颛顼之时,就已经出现了驱除疫鬼的傩礼。可信的还是《周礼》和《礼记》关于周代傩礼的记载。

周代的傩礼,据《礼记》记载,除了季冬之月的"大难"外,还有"国难"与"天子难"。《礼记·月令》云:"季春之月,日在胃,昏七星中,旦牵牛中……命国难,九门磔攘,以毕春气。"② 又云:"仲秋之月,日在角,昏牵牛中,旦觜觿中……天子乃难,以达秋气。"③ 而到了汉代,已经见不到春季的"国难"与秋季的"天子难",只剩下冬季的"大难(傩)"了。

汉代的大傩礼仪,在继承周代傩礼的基础上,又有了进一步的丰富与发展。西汉时的大傩之礼,因为相关文献记载甚少,且又语焉不详,今人已难以知其全貌。卫宏在《汉旧仪》中,对于西汉时期的大傩仪式有比较简略的记载:"常以正岁十二月命时傩,以桃弧、苇矢且射之,赤丸、五谷播洒之,以除

---

① 北京大学历史系《论衡》注释小组:《论衡注释》,第 1437—1438 页。
② 孙希旦:《礼记集解》,第 430—436 页。
③ 孙希旦:《礼记集解》,第 470—473 页。

疾殃。"①可见,西汉时期的大傩,已经形成了自己特有的礼仪形式。

相对来说,记载东汉时期大傩礼仪的文献就比较多了,而且相关的描述也变得越来越详细了。《后汉书·礼仪志》云:

> 先腊一日,大傩,谓之逐疫。其仪:选中黄门子弟年十岁以上,十二以下,百二十人为侲子。皆赤帻皂制,执大鼗。方相氏黄金四目,蒙熊皮,玄衣朱裳,执戈扬盾。十二兽有衣毛角。中黄门行之,冗从仆射将之,以逐恶鬼于禁中。夜漏上水,朝臣会,侍中、尚书、御史、谒者、虎贲、羽林郎将执事,皆赤帻陛卫。乘舆御前殿。黄门令奏曰:"侲子备,请逐疫。"于是中黄门倡,侲子和,曰:"甲作食凶,胇胃食虎,雄伯食魅,腾简食不祥,揽诸食咎,伯奇食梦,强梁、祖明共食磔死寄生,委随食观,错断食巨,穷奇、腾根共食蛊。凡使十二神追恶凶,赫女躯,拉女干,节解女肉,抽女肺肠。女不急去,后者为粮!"因作方相与十二兽舞。欢呼,周遍前后省三过,持炬火,送疫出端门;门外驺骑传炬出宫,司马阙门门外五营骑士传火弃雒水中。百官官府各以木面兽能为傩人师讫,设桃梗、郁櫑、苇茭毕,执事陛者罢。苇戟、桃杖以赐公、卿、将军、特侯、诸

---

① 李善注《东京赋》引《汉旧仪》,载李善、吕延济、刘良等:《六臣注文选》,第77页。

侯云。①

东汉宫廷举行大傩活动的时间,是固定在"腊日"的前一天。大傩仪式的主要参与者,不仅有先秦时期就已经出现的"黄金四目""执戈扬盾"的"方相氏",而且还增加了由一百二十名"十岁以上,十二以下"的童子装扮而成的"侲子"。不仅如此,大家还一起唱着专门用以驱除疫鬼的歌辞,这时方相氏也开始与十二兽共舞。之后,人们"送疫出端门",直至"弃雒水中"。这一时期的大傩,已经有了一套固定的、完备的礼仪程序。

---

① 范晔:《后汉书》,第 3127—3128 页。

第二章　民间信仰与先秦两汉文人

在中国宗教史上,先秦两汉可以说是一个独一无二的特殊时期。道教是中国的本土宗教,道教组织的出现一般被视为是道教产生的主要标志,而我国最早的两个道教组织"五斗米道"和"太平道"皆形成于东汉后期,因而道教对于先秦两汉文人的影响十分有限。佛教作为中国的外来宗教,其传入我国的时间大致是在两汉之交,或是西汉末年,或是东汉初年。尽管外来佛教的传入要早于本土道教的产生,但是直至东汉末年佛教在中国的流布范围依然很小,其对于先秦两汉文人的影响自然也极为有限。所以说,整个先秦两汉时期文人受成型宗教(道教与佛教)的影响总体来看微乎其微,几乎可以忽略不计。因而,民间信仰作为一种"类宗教"信仰,在先秦两汉这一特殊的历史时期,其对于文人的思想认识、创作理念等所产生的影响,尤其值得我们重视。

第一节　先秦两汉文人对民间信仰的认知与接受

一般认为中国文学之自觉开启于魏晋时代,而文人理性意识的凸显同样也肇始于这一时期。吕思勉先生曾经指出:"我国迷信之渐澹,实魏、晋之世,玄学大兴,重明理而贱践迹,尊人事而远天道,有以致之,若两汉,固仍一鬼神术数之世界也。"①可见,先秦两汉社会基本上还是一个"鬼神术数之世界",这一时期民众对于鬼神、术数等还缺乏科学、理性的认识。

一、先秦两汉文人对民间信仰的非理性认知

先秦两汉时期属于人类社会产生、发展的早期阶段,这一时期普通民众对于人类自身及其外部客观世界的理解与认识能力整体上还都比较低下,而这一时期文人对于主客观世界的认识水平自然也不可能太高。因此,整个先秦两汉时期,特别是作为源头的先秦阶段,文人对于民间信仰的认知与接受还很不科学、也很不理性,表现出了更加明显的时代局限性。

先秦时期墨家学派的鬼神观,颇具代表性。《韩非子·显

---

① 吕思勉:《秦汉史》(下),吉林人民出版社,2013,第768页。

学》云:"世之显学,儒、墨也。"①可见,在先秦诸子之中,儒家与墨家的影响最大,二者皆属于当世之"显学"。墨家学派不仅对于鬼神的存在深信不疑,而且还坚信鬼神能够直接干预世人的生活。在先秦墨家学派的代表作《墨子》一书中,收录有《明鬼》上、中、下三篇文章。可惜的是,上、中两篇早已失传,仅有下篇保存至今。《明鬼下》云:"子墨子言曰:逮自昔三代圣王既没,天下失义,诸侯力正,是以存夫为人君臣上下者之不惠忠也,父子弟兄之不慈孝弟长贞良也,正长之不强于听治,贱人之不强于从事也。民之为淫暴寇乱盗贼,以兵刃毒药水火,退无罪人乎道路率径,夺人车马衣裘以自利者,并作由此始,是以天下乱。此其故何以然也?则皆以疑惑鬼神之有与无之别,不明乎鬼神之能赏贤而罚暴也。今若使天下之人偕若信鬼神之能赏贤而罚暴也,则夫天下岂乱哉。"②认为三代圣王去世以后,之所以会出现天下失义、诸侯纷争、乱象横生的局面,原因就在于这一时期的人们对于"鬼神之能赏贤而罚暴"产生了怀疑。

《明鬼下》逐一列举了周宣王之臣杜伯、郑穆公、燕简公之臣庄子仪、齐庄君之臣王里国与中里徼等人的事例,用以证明"鬼神之能赏贤而罚暴"。如《明鬼下》所举燕简公之臣庄

---

① 王先慎:《韩非子集解》,中华书局,1998,第456页。
② 吴毓江:《墨子校注》,第336页。

子仪的事例:"昔者燕简公杀其臣庄子仪而不辜,庄子仪曰:'吾君王杀我而不辜,死人毋知亦已,死人有知,不出三年,必使吾君知之。'期年,燕将驰祖,燕之有祖,当齐之社稷,宋之有桑林,楚之有云梦也,此男女之所属而观也。日中,燕简公方将驰于祖涂,庄子仪荷朱杖而击之,殪之车上。当是时,燕人从者莫不见,远者莫不闻,著在燕之《春秋》。诸侯传而语之曰:'凡杀不辜者,其得不祥,鬼神之诛,若此其憯遫也。'以若书之说观之,则鬼神之有,岂可疑哉。"①尤其值得注意的是,《明鬼下》在举例证明"鬼神之能赏贤而罚暴"的基础上,又进一步指出:"虽有深溪博林、幽涧毋人之所,施行不可以不董,见有鬼神视之。"②墨子告诫世人,即便是在偏僻无人之处,也要谨慎行事,因为鬼神无所不在、无所不知。

墨子以"明鬼"为篇名,旨在突出强调"鬼神之明"。因此,作者在文中不厌其烦地一再宣称"鬼神之能赏贤而罚暴"。《明鬼下》云:"鬼神之明,不可为幽间广泽、山林深谷,鬼神之明必知之。鬼神之罚。不可为富贵众强、勇力强武、坚甲利兵,鬼神之罚必胜之。若以为不然,昔者夏王桀贵为天子,富有天下,上诟天侮鬼,下殃傲天下之万民,祥上帝伐元山帝行,故于此乎天乃使汤至明罚焉……故昔夏王桀贵为天子,富有天下,有勇力之人推哆、大戏,生列兕虎,指画杀人。人民

---

① 吴毓江:《墨子校注》,第338页。
② 吴毓江:《墨子校注》,第339页。

之众兆亿,侯盈厥泽陵。然不能以此圉鬼神之诛。此吾所谓鬼神之罚,不可为富贵众强、勇力强武、坚甲利兵者,此也。"①可见,"鬼神之明"与"鬼神之罚"一直是《明鬼下》着力证明的核心观点。

《明鬼下》极力鼓吹、宣扬"鬼神之明"与"鬼神之罚",其目的则是要借助于鬼神之力来惩恶扬善,由此而实现天下大治。《明鬼下》云:"尝若鬼神之能赏贤如罚暴也,盖本施之国家,施之万民,实所以治国家、利万民之道也。若以为不然是以吏治官府之不洁廉,男女之为无别者,鬼神见之。民之为淫暴寇乱盗贼,以兵刃毒药水火退无罪人乎道路,夺人车马衣裘以自利者,有鬼神见之。是以吏治官府不敢不洁廉,见善不敢不赏,见暴不敢不罪。民之为淫暴寇乱盗贼,以兵刃毒药水火退无罪人乎道路,夺车马衣裘以自利者,由此止,是以莫放。幽间,拟乎鬼神之明;显明有一人,畏上诛罚;是以天下治。"②在《明鬼下》的结尾,作者又进一步强调指出:"今天下之王公大人士君子,中实将欲求兴天下之利,除天下之害,当若鬼神之有也,将不可不尊明也,圣王之道也。"③可见,《明鬼下》通过宣扬"鬼神之明"与"鬼神之罚",借助鬼神的力量来引导世人向善,以达到兴利除害、天下大治之目的,作者这样做,其出

---

① 吴毓江:《墨子校注》,第 342 页。
② 吴毓江:《墨子校注》,第 341—342 页。
③ 吴毓江:《墨子校注》,第 293 页。

发点显然是好的。但是,墨子试图依靠虚无缥缈的鬼神来惩恶扬善、兴利除害,则纯属不切实际之幻想,而这也反映出先秦墨家学派鬼神观的局限性。

除了鬼神观之外,先秦墨家学派的"天志观"同样也值得我们特别关注。《墨子·天志上》云:"天下之士君子,知小而不知大。何以知之?以其处家者知之。若处家得罪于家长,犹有邻家所避逃之。然且亲戚兄弟所知识,共相儆戒,皆曰:'不可不戒矣,不可不慎矣,恶有处家而得罪于家长而可为也?'非独处家者为然,虽处国亦然。处国得罪于国君,犹有邻国所避逃之。然且亲戚兄弟所知识,共相儆戒,皆曰:'不可不戒矣,不可不慎矣,谁亦有处国得罪于国君而可为也?'此有所避逃之者也,相儆戒犹若此其厚。况无所避逃之者,相儆戒岂不愈厚然后可哉?且语言有之曰:'焉而晏日,焉而得罪,将恶避逃之?'曰:无所避逃之。夫天不可为林谷幽间无人,明必见之。然而天下之士君子之于天也,忽然不知以相儆戒,此我所以知天下士君子知小而不知大也。"[1]可见,在墨子的思想观念中,"天"是凌驾于现实社会一切人伦秩序之上的宇宙主宰者,"天"无所不知、无所不能,根据自己的意志掌控人事活动。

墨家与其他诸子对于"天"认识有所不同,墨家更注重

---

[1] 吴毓江:《墨子校注》,第 344 页。

"天"的意志,这也是墨家"天志观"的独特之处。《墨子·天志下》云:"顺天之意者,兼也。反天之意者,别也。兼之为道也,义正。别之为道也,力正。曰:义正者,何若?曰:大不攻小也,强不侮弱也,众不贼寡也,诈不欺愚也,贵不傲贱也,富不骄贫也,壮不夺老也。是以天下之庶国,莫以水火毒药兵刃以相害也。若事上利天,中利鬼,下利人。三利而无所不利,是谓天德。故凡从事此者,圣知也,仁义也,忠惠也,慈孝也,是故聚敛天下之善名而加之。是其故何也?则顺天之意也。曰:力正者何若?曰:大则攻小也,强则侮弱也,众则贼寡也,诈则欺愚也,贵则傲贱也,富则骄贫也,壮则夺老也。是以天下之庶国,方以水火毒药兵刃以相贼害也。若事上不利天,中不利鬼,下不利人。三不利而无所利,是谓天贼。故凡从事此者,寇乱也,盗贼也,不仁不义,不忠不惠,不慈不孝,是故聚敛天下之恶名而加之。是其故何也?则反天之意也。"①墨子宣称,"天"是具有意志力的,"天"可以按照自己的意志惩恶扬善、干预人事。人如果"顺天之意",就会"聚敛天下之善名而加之";如果"反天之意",则会"聚敛天下之恶名而加之"。墨子还指出,如果做事"上利天,中利鬼,下利人",乃谓之"天德";如果做事"上不利天,中不利鬼,下不利人",则谓之"天贼"。可见,墨家所推崇的"天",与鬼神一样能够明辨是非、

---

① 吴毓江:《墨子校注》,第 320—321 页。

赏善惩恶;二者的不同,则在于"天"可以主宰一切,其对社会人伦秩序的匡正作用远大于鬼神。当然,不管是墨家学派的鬼神观,还是其"天志观",皆对后世产生了深远的影响。

随着社会的不断发展与人类自身认识水平的不断提高,汉代文人对于民间信仰的认识相对于先秦文人而言,总体来看是变得更为理性、也更为科学了。尽管如此,由于汉代神仙信仰及谶纬、术数等的兴盛,使得这一时期的文人对于民间信仰的认知与接受同样也表现出了浓重的非理性色彩。

《后汉书·方术列传》曾称:"汉自武帝颇好方术,天下怀协道艺之士,莫不负策抵掌,顺风而届焉。后王莽矫用符命,及光武尤信谶言,士之赴趣时宜者,皆骋驰穿凿,争谈之也。故王梁、孙咸,名应图箓,越登槐鼎之任,郑兴、贾逵以附同称显,桓谭、尹敏以乖忤沦败,自是习为内学,尚奇文,贵异数,不乏于时矣。"[①]上有所好,下必甚焉,两汉社会尤其是在东汉时期,"术数之学"之所以能够蓬勃发展并盛极一时,原因即在于此。

班彪、班固父子二人,既是汉代著名的史学家,也是为时人所称道的儒者。班固曾称其父班彪是"唯圣人之道然后尽心焉"[②]。班彪《王命论》云:"刘氏承尧之祚,氏族之世,著乎《春秋》。唐据火德,而汉绍之,始起沛泽,则神母夜号,以章

[①]范晔:《后汉书》,第2705页。
[②]班固:《汉书》,第4207页。

赤帝之符。由是言之，帝王之祚，必有明圣显懿之德，丰功厚利积累之业，然后精诚通于神明，流泽加于生民，故能为鬼神所福飨，天下所归往，未见运世无本，功德不纪，而得屈起在此位者也。"①又云："盖在高祖，其兴也有五：一曰帝尧之苗裔，二曰体貌多奇异，三曰神武有征应，四曰宽明而仁恕，五曰知人善任使……若乃灵瑞符应，又可略闻矣。初刘媪任高祖而梦与神遇，震电晦冥，有龙蛇之怪。及其长而多灵，有异于众，是以王、武感物而折券，吕公睹形而进女；秦皇东游以厌其气，吕后望云而知所处；始受命则白蛇分，西入关则五星聚。故淮阴、留侯谓之天授，非人力也。"②可见，对于当时社会上广为流传的"赤帝之符""梦与神遇""龙蛇之怪"以及相人、望气、占星等关于汉高祖刘邦的这些奇异之说，班彪皆信以为真。

班彪的《王命论》被班固收入《汉书·叙传》，这说明班固本人对《王命论》的观点是赞同的。我们来看《汉书·艺文志》（以下简称《汉志》）对"数术"的评价。《汉志》称："数术者，皆明堂羲和史卜之职也。史官之废久矣，其书既不能具，虽有其书而无其人。《易》曰：'苟非其人，道不虚行。'春秋时鲁有梓慎，郑有裨灶，晋有卜偃，宋有子韦。六国时楚有甘公，魏有石申夫。汉有唐都，庶得粗粗。盖有因而成易，无因而成

---

① 班固：《汉书》，第 4208 页。
② 班固：《汉书》，第 4211—4212 页。

难,故因旧书以序数术为六种。"①接下来,《汉志》逐一评价了其所著录的六种"数术"。《汉志》称:"天文者,序二十八宿,步五星日月,以纪吉凶之象,圣王所以参政也。"②《汉书·天文志》又云:"凡天文在图籍昭昭可知者,经星常宿中外官凡百一十八名,积数七百八十三星,皆有州国官宫物类之象。其伏见蚤晚,邪正存亡,虚实阔狭,及五星所行,合散犯守,陵历斗食,彗孛飞流,日月薄食,晕适背穴,抱珥虹霓,迅雷风祅,怪云变气:此皆阴阳之精,其本在地,而上发于天者也。政失于此,则变见于彼,犹景之象形,乡之应声。是以明君睹之而寤,饬身正事,思其咎谢,则祸除而福至,自然之符也。"③班固不仅没有否定"天文",而且还认为"天文"属于"自然之符",乃是圣王用以参政之术。对于"历谱",班固同样也予以肯定。《汉志》云:"历谱者,序四时之位,正分至之节,会日月五星之辰,以考寒暑杀生之实。故圣王必正历数,以定三统服色之制,又以探知五星日月之会。凶厄之患,吉隆之喜,其术皆出焉。此圣人知命之术也,非天下之至材,其孰与焉!"④班固认为"历谱"乃是"圣人知命之术"。

　　班固也没有否定"五行"。《汉志》云:"五行者,五常之形

---

① 班固:《汉书》,第1775页。
② 班固:《汉书》,第1775页。
③ 班固:《汉书》,第1273页。
④ 班固:《汉书》,第1767页。

气也。《书》云:'初一曰五行,次二曰羞用五事',言进用五事以顺五行也。貌、言、视、听、思心失,而五行之序乱,五星之变作,皆出于律历之数而分为一者也。其法亦起五德终始,推其极则无不至。"①又《汉书·五行志》云:"《易》曰:'天垂象,见吉凶,圣人象之;河出图,雒出书,圣人则之。'……昔殷道弛,文王演《周易》;周道敝,孔子述《春秋》。则《乾》《坤》之阴阳,效《洪范》之咎征,天人之道粲然著矣。"②《汉书·五行志》是班固对西汉五行说的总结,《晋书·五行志》对此有明确记载:"汉兴,承秦灭学之后,文帝时,虙生创纪《大传》,其言五行庶征备矣。后景武之际,董仲舒治《公羊春秋》,始推阴阳,为儒者之宗。宣元之间,刘向治《穀梁春秋》,数其祸福,传以《洪范》,与仲舒多所不同。至向子歆治《左氏传》,其言《春秋》及五行,又甚乖异。班固据《大传》,采仲舒、刘向、刘歆著《五行志》,而传载眭孟、夏侯胜、京房、谷永、李寻之徒所陈行事,迄于王莽,博通祥变,以传《春秋》。"③班固在《汉书》中设置《五行志》的同时,还特意为西汉时期的眭孟、夏侯胜等"推阴阳言灾异者"作传。《汉书·眭两夏侯京翼李传》云:"汉兴推阴阳言灾异者,孝武时有董仲舒、夏侯始昌,昭、宣则眭孟、夏侯胜,元、成则京房、翼奉、刘向、谷永,哀、平则李

---

① 班固:《汉书》,第 1769 页。
② 班固:《汉书》,第 1315—1316 页。
③ 房玄龄:《晋书》,中华书局,1974,第 799—800 页。

寻、田终术。此其纳说时君著明者也。察其所言,仿佛一端。假经设谊,依托象类,或不免乎'亿则屡中'。仲舒下吏,夏侯囚执,眭孟诛戮,李寻流放,此学者之大戒也。"①"亿则屡中",颜师古注云:"《论语》称孔子曰'赐不受命,而货殖焉,亿则屡中',故此赞引之,言仲舒等亿度,所言既多,故时有中者耳,非必道术皆通明也。"②尽管班固不赞同眭孟、李寻等人推阴阳言灾异的做法,但他并没有因此而怀疑"五行"。

班固也没有否定"形法"。《汉志》称:"形法者,大举九州之势以立城郭室舍形,人及六畜骨法之度数、器物之形容以求其声气贵贱吉凶。犹律有长短,而各征其声,非有鬼神,数自然也。"③对于"形法",班固不仅没有质疑,而且还认为"形法"乃是"数自然也",与鬼神迷信不同。

汉代文人大多相信"术数之学",就连这一时期著名的思想家王符、王充等人也不例外。前面我们已经提到,对于汉代流行的相人及占梦术,王符都信以为真,从未对它们提出过任何质疑。《潜夫论》之《相列》与《梦列》,足以证明这一点。除此之外,对于卜筮及巫术等,王符也基本上都是持赞同态度。《潜夫论·卜列》云:"且圣王之立卜筮也,不违民以为吉,不专任以断事。故《鸿范》之占,大同是尚。《书》又曰:'假尔元

---

① 班固:《汉书》,第 3194—3195 页。
② 班固:《汉书》,第 3195 页。
③ 班固:《汉书》,第 1775 页。

龟,罔敢知吉。'《诗》云:'我龟既厌,不我告犹。'从此观之,蓍龟之情,傥有随时俭易,不以诚邪?将世无史苏之材,识神者少乎?及周史之筮敬仲,庄叔之筮穆子,可谓能探赜索隐,钩深致远者矣。使献公早纳史苏之言,穆子宿备庄叔之戒,则骊姬、竖牛之谗,亦将无由而入,无破国危身之祸也。"①又云:"圣人甚重卜筮,然不疑之事,亦不问也。甚敬祭祀,非礼之祈,亦不为也。故曰:'圣人不烦卜筮','敬鬼神而远之'。夫鬼神与人殊气异务,非有事故,何奈于我?故孔子善楚昭之不祀河,而恶季氏之旅泰山。今俗人策于卜筮,而祭非其鬼,岂不惑哉!"②可见,尽管王符批评了世俗之人"策于卜筮,而祭非其鬼"等做法,但他并没有认清卜筮的本质,当然也不可能从根本上对卜筮予以否定。

虽然王符相信"数术",但他同时也反对世人一味地对"数术"盲目信从。《潜夫论·巫列》云:"凡人吉凶,以行为主,以命为决。行者,己之质也;命者,天之制也。在于己者,固可为也;在于天者,不可知也。巫觋祝请,亦其助也,然非德不行。巫史祝祈者,盖所以交鬼神而救细微尔,至于大命,末如之何……故孔子不听子路,而云'丘之祷久矣'。《孝经》云:'夫然,故生则亲安之,祭则鬼享之'。由此观之,德义无违,鬼神乃享;鬼神受享,福祚乃隆。故《诗》云:'降福穰穰,

---

① 彭铎:《潜夫论笺校正》,第 293—294 页。
② 彭铎:《潜夫论笺校正》,第 295 页。

降福简简,威仪板板。既醉既饱,福禄来反。'此言人德义美茂,神歆享醉饱,乃反报之以福也。"① 又云:"夫妖不胜德,邪不伐正,天之经也。虽时有违,然智者守其正道,而不近于淫鬼。所谓淫鬼者,闲邪精物,非有守司真神灵也。鬼之有此,犹人之有奸言卖平以干求者也。若或诱之,则远来不止,而终必有咎。鬼神亦然,故申繻曰:'人之所忌,其气炎以取之。人无衅焉,妖不自作。'是谓人不可多忌,多忌妄畏,实致妖祥。"② 王符的这种认识,与班固颇为相似。《汉志》云:"《春秋》之说訞也,曰:'人之所忌,其气炎以取之,訞由人兴也。人失常则訞兴,人无衅焉,訞不自作。'故曰:'德胜不祥,义厌不惠。'桑谷共生,大戊以兴;雊雉登鼎,武丁为宗。然惑者不稽诸躬,而忌訞之见,是以《诗》刺'召彼故老,讯之占梦',伤其舍本而忧末,不能胜凶咎也。"③ 由此可见,王符与班固一样,他们对待"数术"的态度也有其积极、可取的一面,而这一点也是难能可贵的。可惜的是,他们都没有认识到"数术"的虚妄本质,自然也无法真正冲破"数术"的束缚。

王充不仅是东汉著名的思想家,也是整个两汉时期最杰出的唯物论者。前面我们已经提到,对于汉代流行的相人术,王充可以说是深信不疑,而《论衡·骨相篇》便是这方面的明

---

① 彭铎:《潜夫论笺校正》,第 301—302 页。
② 彭铎:《潜夫论笺校正》,第 304 页。
③ 班固:《汉书》,第 1773 页。

证。其实,王充的"宿命论"思想,在其代表作《论衡》中表现得相当明显。如《论衡·吉验篇》云:"凡人禀贵命于天,必有吉验见于地。见于地,故有天命也。验见非一,或以人物,或以祯祥,或以光气。"①接下来,王充以黄帝、尧、舜、后稷、伊尹、齐桓公、赵文子、汉高祖和光武帝等人为例,来证明帝王将相的兴起皆是天命,皆有吉祥的征兆与其相伴而生。在此基础上,王充进一步指出:"盖天命当兴,圣王当出,前后气验,照察明著。继体守文,因据前基,禀天光气,验不足言。创业龙兴,由微贱起于颠沛若高祖、光武者,曷尝无天人神怪光显之验乎!"②从本质上讲,王充这种"吉验论",与汉儒鼓吹、宣扬的"符瑞说"几乎没有什么区别。王充这种"宿命论"思想,也反映了两汉文人对于民间信仰认知、接受的时代局限性。

二、先秦两汉文人对民间信仰的理性认知

人类在摆脱蒙昧、进入文明时代以后,伴随着人们对自然现象、社会现象观察、理解的逐渐深入,先民的感知与认识能力也在不断地得到提升。先秦两汉时期文人对于民间信仰的认知与接受,尽管整体来看还不够理性与科学,但也有不少值得称道的地方。姑且不说汉代文人,即便是先秦时期的文人,

---

① 北京大学历史系《论衡》注释小组:《论衡注释》,第122页。
② 北京大学历史系《论衡》注释小组:《论衡注释》,第137页。

在对待民间信仰的问题上,其认识和做法亦皆有一定的可取之处。

荀子是先秦时期继孔子和孟子之后儒家学派的又一个极为重要的代表人物。荀子生活于战国后期,是先秦时期最杰出的唯物主义思想家。从先秦时期人们认知与接受民间信仰的角度来看,荀子无疑最具有科学精神与理性意识,代表着这一阶段文人的最高认识水平。荀子对于民间信仰的认识,不仅远远地超越了同时代的人,甚至于两汉时期的绝大多数文人也无法企及。

荀子对于先秦时期流行的天命、鬼神等思想观念,有着十分清醒的认识。荀子对于天命、鬼神的批判,其态度是明确的,也是坚定的。《荀子》一书对于当时社会上广为流传的天命、鬼神及"数术"等虚妄之说都进行了有力的批驳。如荀子对于"天命观"的驳斥,《荀子·天论》云:"天行有常,不为尧存,不为桀亡。应之以治则吉,应之以乱则凶。强本而节用,则天不能贫;养备而动时,则天不能病;修道而不贰,则天不能祸。故水旱不能使之饥渴,寒暑不能使之疾,妖怪不能使之凶。本荒而用侈,则天不能使之富;养略而动罕,则天不能使之全;倍道而妄行,则天不能使之吉。故水旱未至而饥,寒暑未薄而疾,妖怪未至而凶。受时与治世同,而殃祸与治世异,不可以怨天,其道然也。故明于天人之分,则可谓至人矣。"①在《天论》中,荀子开宗明义,称"天行有常,不为尧存,不为桀亡",认为"天"是一种自然存在,没有意志力,既不能使人吉,亦不能使人凶,从而剥离了"天"被世人所赋予的神性,恢复了"天"的自然物属性。这样一来,荀子就从根本上彻底否定了"天命观"。

从本质上讲,"灾异说"就是"天命观"的一种具体表现。在《天论》中,荀子还对当时社会上流行的"灾异说"进行了批判。荀子说:"星队、木鸣,国人皆恐。曰:是何也?曰:无何也,是天地之变,阴阳之化,物之罕至者也,怪之可也,而畏之非也。夫日月之有蚀,风雨之不时,怪星之党见,是无世而不常有之。上明而政平,则是虽并世起,无伤也;上暗而政险,则是虽无一至者,无益也。夫星之队,木之鸣,是天地之变,阴阳之化,物之罕至者也,怪之可也,而畏之非也。"②王先谦《荀子集解》注云:"俞樾曰:木不能鸣,或因风而鸣,人亦不恐,而此云然者,盖古有'社鸣'之说。《文选·运命论》'里社鸣而圣人出',李善注引《春秋潜谭巴》曰:'里社明,此里有圣人出。其响,百姓归,天辟亡。''明'与'鸣'古字通……社鸣,实即其木鸣也。古人盖甚畏之,故《荀子》以'星队、木鸣'并言

---

① 王先谦:《荀子集解》,中华书局,1988,第 306—308 页。
② 王先谦:《荀子集解》,第 313—314 页。

也。"①可见,在古人的思想观念中,木鸣与星坠一样,皆被视为"灾异"现象。荀子对此进行了驳斥,认为"星队、木鸣"皆属于"物之罕至者",尽管罕见,但也是"天地之变,阴阳之化"的结果。"星队、木鸣"确实让人感到奇怪,但绝对不是"灾异"现象。

"雩"是中国古代的一种求雨仪式,其与古人的"天命"思想也有着十分密切的关系。在《天论》中,荀子对于"雩而得雨"之说也进行了驳斥。荀子说:"雩而雨,何也?曰:无何也,犹不雩而雨也。日月食而救之,天旱而雩,卜筮然后决大事,非以为得求也,以文之也。故君子以为文,而百姓以为神。以为文则吉,以为神则凶也。"②王先谦《荀子集解》注云:"得求,得所求也。言为此以示急于灾害,顺人之意,以文饰政事而已。"③又注云:"顺人之情,以为文饰,则无害;淫祀求福,则凶也。"④荀子认为"雩而雨"与"不雩而雨"并没有什么区别,二者皆非"求而所得"。"雩"作为一种仪式,用以文饰政事则可,而若将它用于求雨则属于"淫祀求福",有害而无益。

鬼神同样也是荀子批判的对象,如《荀子·解蔽》云:"夏首之南有人焉,曰涓蜀梁,其为人也,愚而善畏。明月而宵行,

---

① 王先谦:《荀子集解》,第 313 页。
② 王先谦:《荀子集解》,第 316 页。
③ 王先谦:《荀子集解》,第 316 页。
④ 王先谦:《荀子集解》,第 316 页。

俯见其影,以为伏鬼也,卬视其发,以为立魅也。背而走,比至其家,失气而死,岂不哀哉!凡人之有鬼也,必以其感忽之间、疑玄之时正之。此人之所以无有而有无之时也,而己以正事。故伤于湿而击鼓鼓痹,则必有敝鼓丧豚之费矣,而未有俞疾之福也。故虽不在夏首之南,则无以异矣。"①王先谦《荀子集解》注曰:"感,惊动也。感忽,犹恍惚也。玄,亦幽深难测也。必以此时定其有鬼也……无有,谓以有为无也。有无,谓以无为有也。此皆人所疑惑之时也。"②又注曰:"己以正事,谓人以此定事也。痹,冷疾也。伤于湿则患痹,反击鼓烹豚以祷神,何益于愈疾乎?若以此定事,则与俗不殊也……王念孙曰:'自鼓痹以上,脱误不可读,似当作故伤于湿而痹,痹而击鼓烹豚,则必有弊鼓丧豚之费矣,而未有俞疾之福也。'杨云'伤于湿则患痹,反击鼓烹豚以祷神,何益于愈疾乎',是其证。"③夏首之南的涓蜀梁,胆小而又愚蠢,月夜独行,竟然把自己影子与头发当成了"伏鬼"和"立魅",以至于被活活吓死。由此看来,所谓的"鬼",只不过是出现于人的错觉与幻觉之中的假象而已,纯属子虚乌有。荀子以此为例,指出凡是声称有鬼的人皆是其在恍惚、疑惑之时所遇见的,而处于恍惚、疑惑之中的人常常会以无为有、以有为无,所以说,"鬼"

---

① 王先谦:《荀子集解》,第 405—406 页。
② 王先谦:《荀子集解》,第 405 页。
③ 王先谦:《荀子集解》,第 406 页。

并非现实社会中的真实存在。

荀子还对先秦时期的"术数"信仰进行了批判,如荀子在《非相》中对于"相人术"的驳斥:"相人,古之人无有也,学者不道也。古者有姑布子卿,今之世,梁有唐举,相人之形状颜色而知其吉凶妖祥,世俗称之。古之人无有也,学者不道也。故相形不如论心,论心不如择术。形不胜心,心不胜术。术正而心顺之,则形相虽恶而心术善,无害为君子也;形相虽善而心术恶,无害为小人也。君子之谓吉,小人之谓凶。故长短、小大、善恶形相,非吉凶也。"①"相人术"通过观察人的形状、颜色而预知其吉凶妖祥,属于民间信仰中的预知信仰。荀子称"相形不如论心,论心不如择术",认为人只要心术善,即便是形相恶,也可以成为君子;相反,若形相善而心术恶,就会成为小人。因此,形相之长短、小大、善恶,与人的吉凶妖祥之间并没有必然联系。接下来,荀子举例说:"盖帝尧长,帝舜短,文王长,周公短,仲尼长,子弓短。昔者卫灵公有臣曰公孙吕,身长七尺,面长三尺,焉广三寸,鼻目耳具,而名动天下。楚之孙叔敖,期思之鄙人也,突秃长左,轩较之下,而以楚霸……且徐偃王之状,目可瞻马;仲尼之状,面如蒙供;周公之状,身如断菑;皋陶之状,色如削瓜;闳夭之状,面无见肤;傅说之状,身如植鳍;伊尹之状,面无须麋;禹跳,汤偏,尧、舜参牟子……古

---

① 王先谦:《荀子集解》,第72—73页。

者桀、纣长巨姣美,天下之杰也,筋力越劲,百人之敌也。然而身死国亡,为天下大僇,后世言恶则必稽焉。"①荀子通过正反两方面的具体例证,进一步说明人的形相长短、小大、善恶,对其吉凶妖祥并无直接影响。

毫无疑问,汉代文人对于民间信仰的认识,总体来看已经明显超越了先秦文人。相对于先秦文人而言,汉代文人对于民间信仰的态度,整体上已变得更为理性、更为科学了。在《史记·留侯世家》中,司马迁曾经说过:"学者多言无鬼神,然言有物。"②《史记索隐》注曰:"物谓精怪及药物也。"③由此可见,汉武帝时期不少文人学者已经不再轻信鬼神之说。

桓谭和王充二人是汉代最杰出的无神论者,他们对鬼神迷信的批判在中国思想史上产生了极其深远的影响。桓谭生活在两汉之交,历仕西汉、王莽新朝和东汉三个朝代。桓谭在《新论·祛蔽》中称:"精神居形体,犹火之然烛矣。如善扶持,随火而侧之,可毋灭而竟烛。烛无,火亦不能独行于虚空。又不能后然牠。牠犹人之耆老,齿堕发白,肌肉枯腊,而精神弗为之能润泽内外周遍,则气索而死,如火烛之俱尽矣。人之遭邪伤病,而不遇供养良医者,或强死,死则肌肉筋骨,常若火之倾刺风而不获救护,亦道灭,则肤余干长焉。余尝夜坐饮内

---

① 王先谦:《荀子集解》,第72—73页。
② 司马迁:《史记》,第2049页。
③ 司马迁:《史记》,第2049页。

中,然麻烛,烛半压欲灭,即自日敕视,见其皮有剥鈠,乃扶持转侧,火遂度而复。则维人身,或有亏剥,剧能养慎善持,亦可以得度。又人莫能识其始生时,则老亦死不当自知。"①桓谭用烛火来比喻形神,认为人的精神居于形体,就像"火之然烛",一旦"烛无",则"火亦不能独行于虚空"。桓谭借助于火和烛的关系,生动形象地说明了人的思想、精神对于其形体的依赖。人死后,其形神皆不复存在,犹如"火烛之俱尽",根本不可能变成鬼。

桓谭坚决反对谶纬。《新论·启寤》云:"谶出《河图》《洛书》,但有兆朕,而不可知。后人妄复加增依托,称是孔丘,误之甚也。"②据《后汉书·桓谭传》记载,光武帝信谶,常常依据谶来决定嫌疑,于是桓谭上疏曰:"凡人情忽于见事而贵于异闻,观先王之所记述,咸以仁义正道为本,非有奇怪虚诞之事。盖天道性命,圣人所难言也。自子贡以下,不得而闻,况后世浅儒,能通之乎! 今诸巧慧小才伎数之人,增益图书,矫称谶记,以欺惑贪邪,诖误人主,焉可不抑远之哉! 臣谭伏闻陛下穷折方士黄白之术,甚为明矣;而乃欲听纳谶记,又何误也! 其事虽有时合,譬犹卜数只偶之类。"③桓谭认为,天道性命就连孔子都有意识地避而不谈,后世浅儒又怎么能够讲清楚呢?

---

① 桓谭:《新论》,上海人民出版社,1977,第 31 页。
② 桓谭:《新论》,第 28 页。
③ 范晔:《后汉书》,第 959—960 页。

谶纬几乎都是些"奇怪虚诞之事",根本就不属于仁义正道,大多出自时下"诸巧慧小才伎数之人"的伪造。谶纬预言偶尔也会巧合言中,但这就像"卜数只偶之类",无法让人完全信服。《后汉书·桓谭传》又云:"其后有诏会议灵台所处,帝谓谭曰:'吾欲以谶决之,何如?'谭默然良久,曰:'臣不读谶。'帝问其故,谭复极言谶之非经。帝大怒曰:'桓谭非圣无法,将下斩之!'谭叩头流血,良久乃得解。"①桓谭竟然当面对光武帝说自己从不读谶,并且还"极言谶之非经",桓谭对谶纬的蔑视让光武帝十分恼怒,桓谭也因此而差点丢掉性命。

桓谭反对谶纬的同时,还专门对与谶纬密切相关的"灾异说"进行了批驳。《新论·谴非》云:"夫异变怪者,天下所常有,无世而不然。逢明主贤臣智士仁人,则修德善政、省职慎行以应之,故咎殃消亡而祸转为福焉。昔大戊遭桑谷生朝之怪,获中宗之号。武丁有雊雉升鼎之异,身享百年之寿。周成王遇雷风折木之变,而获反风岁熟之报。宋景公有荧惑守心之忧,星为徙三舍。由是观之,则莫善于以德义精诚报塞之矣。故《周书》曰:'天子见怪则修德,诸侯见怪则修政,大夫见怪则修职,士庶见怪则修身,神不能伤道,妖亦不能害德。'及衰世薄俗,君臣多淫骄失政,士庶多邪心恶行,是以数有灾异变怪;又不能内自省视,畏天戒而反,外考谤议,求问厥故,

---

① 范晔:《后汉书》,第961页。

惑于佞愚,而以自诖误,而令患祸得就,皆违天逆道者也。"①桓谭指出,灾异"天下所常有,无世而不然",纯属自然现象,古往今来不断出现,根本就不值得人们大惊小怪。汉儒把灾异视为上天对世人发出的谴告,桓谭认为这种"灾异说"是极其荒唐的。

汉代社会神仙信仰盛极一时,桓谭对此也进行了有力的批驳。《新论·祛蔽》云:"生之有长,长之有老,老之有死,若四时之代谢矣。而欲变易其性,求为异道,惑之不解者也。"②桓谭指出,人有生亦有死,人的生与死都属于正常的自然现象。《新论·辨惑》云:"无仙道,好奇者为之。"③又云:"曲阳侯王根迎方士西门君惠,从其学养性却老之术。余见侯曰:'圣人不学养性,凡人欲为之,欺罔甚矣。'君惠曰:'夫龟称三千岁,鹤言千岁,以人之材,何乃不如虫鸟邪?'余应曰:'谁当久与龟鹤同居?君审知其年岁乎?设令然,蝉螵渠略,又可使延年如龟鹤耶?'"④桓谭认为,世上本无仙道,秦皇、汉武之后,神仙方士们鼓吹、宣扬"长生不死",纯属于无稽之谈。

桓谭对于鬼神、谶纬、灾异及仙道的批判,在中国思想史上具有十分重要的意义,其直接影响到了后来的唯物主义思

---

① 桓谭:《新论》,第22—23页。
② 桓谭:《新论》,第33页。
③ 桓谭:《新论》,第53页。
④ 桓谭:《新论》,第53页。

想家王充。

《论衡·论死篇》云:"天地之性,能更生火,不能使灭火复燃;能更生人,不能令死人复见。不能使灭灰更为燃火,吾乃颇疑死人能复为形。案火灭不能复燃以况之,死人不能复为鬼,明矣……人之所以聪明智惠者,以含五常之气也;五常之气所以在人者,以五藏在形中也。五藏不伤则人智惠,五藏有病则人荒忽,荒忽则愚痴矣。人死五藏腐朽,腐朽则五常无所托矣,所用藏智者已败矣,所用为智者已去矣。形须气而成,气须形而知。天下无独燃之火,世间安得有无体独知之精?"①又云:"人之死,犹火之灭也。火灭而耀不照,人死而知不惠,二者宜同一实,论者犹谓死有知,惑也。人病且死,与火之且灭何以异?火灭光消而烛在,人死精亡而形存。谓人死有知,是谓火灭复有光也。"②王充认为,死去的人不能复见,就像灭掉的火不能复燃一样;天下不可能有离开了烛而独燃之火,世间也不可能存在无体而独知之精。火灭之后,火光消失而烛仍在;人死之后,精气消亡而形尚存。与桓谭一样,王充也是借用烛与火之关系,来巧妙地阐明人的精神对其形体的依赖关系,并以此来否定当时社会上流传的"死人为鬼,有知,能害人"之说。桓谭对王充的影响显而易见。

王充作《论衡》,旨在批驳当时社会上流传的各种虚妄之

---

① 北京大学历史系《论衡》注释小组:《论衡注释》,第 1191—1192 页。
② 北京大学历史系《论衡》注释小组:《论衡注释》,第 1195 页。

说。《论衡·佚文篇》对此有明确交代:"'《诗》三百,一言以蔽之,曰:思无邪。'《论衡》篇以十数,亦一言也,曰:'疾虚妄。'"①王充与桓谭都是汉代著名的无神论者,王充还受到了桓谭的直接影响,但就二人对于鬼神的批判而言,王充显然已经超越了桓谭。《论衡》中的《论死篇》《死伪篇》《订鬼篇》等,其创作目的都是为了批判"死人为鬼"之说。如《论死篇》云:"世谓死人为鬼,有知,能害人。试以物类验之,死人不为鬼,无知,不能害人。何以验之?验之以物。人,物也;物,亦物也。物死不为鬼,人死何故独能为鬼?世能别物不能为鬼,则人为鬼不为鬼尚难分明;如不能别,则亦无以知其能为鬼也。"②再如《死伪篇》云:"人生万物之中,物死不能为鬼,人死何故独能为鬼?如以人贵能为鬼,则死者皆当为鬼。杜伯、庄子义何独为鬼也?如以被非辜者能为鬼,世间臣子被非辜者多矣,比干、子胥之辈不为鬼。夫杜伯、庄子义无道,忿恨报杀其君,罪莫大于弑君,则夫死为鬼之尊者当复诛之,非杜伯、庄子义所敢为也。"③《订鬼篇》又云:"凡天地之间有鬼,非人死精神为之也,皆人思念存想之所致也。致之何由?由于疾病。人病则忧惧,忧惧则鬼出。凡人不病则不畏惧。故得病寝衽,畏惧鬼至,畏惧则存想,存想则目虚见……夫精念存想,

---

① 北京大学历史系《论衡》注释小组:《论衡注释》,第1181页。
② 北京大学历史系《论衡》注释小组:《论衡注释》,第1184—1185页。
③ 北京大学历史系《论衡》注释小组:《论衡注释》,第1208页。

或泄于目,或泄于口,或泄于耳。泄于目,目见其形;泄于耳,耳闻其声;泄于口,口言其事。昼日则鬼见,暮卧则梦闻。独卧空室之中,若有所畏惧,则梦见夫人据案其身矣。夫觉见卧闻,俱用精神;畏惧存想,同一实也。"①由此可见,相对于桓谭而言,王充对于鬼神迷信的批判,其态度更加坚决、目的更为明确、体系更加完善、逻辑更为严谨、分析更加合理、论证也更有说服力。

总之,汉代文人中,王充在中国思想史上的影响无疑是最大的。王充的无神论思想不仅远远地超越了前代文人,而且也明显超越了同时代的其他文人,代表着整个先秦两汉文人对于民间信仰的最高认识水平。

三、信疑参半:先秦两汉文人对民间信仰的认知局限

先秦两汉尚处于人类社会的起始阶段,此时人们的认识水平普遍不高,再加上民间信仰原本就具有多元性和复杂性,使得这一时期文人对于民间信仰的认知与接受心理颇为矛盾。整体而言,先秦两汉文人对待民间信仰的态度是信疑参半,有共同倾向,亦有个性差异,表现出了较为明显的时代局限性。

---

① 北京大学历史系《论衡》注释小组:《论衡注释》,第 1273—1274 页。

王充曾经针对墨家学说的前后不一、自相矛盾,提出过批评。如《论衡·薄葬篇》云:"墨家之议,自违其术,其薄葬而又右鬼,右鬼引效,以杜伯为验。杜伯死人,如谓杜伯为鬼,则夫死者审有知。如有知而薄葬之,是怒死人也。人情欲厚而恶薄,以薄受死者之责,虽右鬼,其何益哉?如以鬼非死人,则其信杜伯非也;如以鬼是死人,则其薄葬非也。术用乖错,首尾相违,故以为非。非与是不明,皆不可行。"①墨家学说之所以会"术用乖错,首尾相违",原因就在于墨家学派对民间信仰的认知、接受出了问题。

墨家鼓吹"鬼神之明"与"鬼神之罚",相信鬼神能够赏善罚恶;墨家宣扬"天志",认为"天"具有意志力,可以惩恶扬善。然而,让人费解的是,墨家相信鬼神和"天志",却不相信"命"。如《墨子·非命上》云:"然而今天下之士君子,或以命为有,盖尝尚观于圣王之事。古者桀之所乱,汤受而治之;纣之所乱,武王受而治之。此世未易,民未渝,在于桀、纣则天下乱;在于汤、武则天下治,岂可谓有命哉。"②又《墨子·非命下》云:"今天下之士君子,中实将欲求兴天下之利,除天下之害,当若执有命者之言,不可不强非也。曰:命者,暴王所作,穷人所术,非仁者之言也。今之为仁义者,将不可不察而强非

---

① 北京大学历史系《论衡》注释小组:《论衡注释》,第1321页。
② 吴毓江:《墨子校注》,第401页。

者此也。"①墨子反对"命",认为"命"乃是"暴王所作,穷人所术,非仁者之言",所谓的"命"根本就不存在。中国古代文人一般都相信"命",而先秦两汉时期的文人信命者更是占绝大多数。古人总是将"命"与"天"紧密联系在一起,把个人的命运归之于上天的安排,所谓"人的命,天注定"便是这种"天命观"的经典表述。墨子不相信"命",也从未把上天视为个人命运的掌控者,这样就从根本上对"命"予以否定。墨子对"命"的否定,具有一定的理性意识与科学精神,这一点对于先秦文人来说尤为难能可贵。

墨子虽然没有将"天"视为"命"的决定性影响因素,但他却把对"命"的批判与是否"利天""利鬼"结合在一起。如《墨子·非命上》云:"今用执有命者之言,则上不听治,下不从事。上不听治,则刑政乱;下不从事,则财用不足;上无以供粢盛酒醴,祭祀上帝鬼神;外无以应待诸侯之宾客,降绥天下贤可之士;内无以食饥衣寒,将养老弱。故命上不利于天,中不利于鬼,下不利于人。而强执此者,此特凶言之所自生,而暴人之道也。"②墨子认为,"命上不利于天,中不利于鬼,下不利于人",所以人不能相信"命"。墨子不信"命",却信"天志"和"鬼神",还把"命"与是否"利天""利鬼"相联系。这也

---

① 吴毓江:《墨子校注》,第 426 页。
② 吴毓江:《墨子校注》,第 403 页。

反映了先秦文人对于民间信仰认知、接受的矛盾性、复杂性。

相对来说,儒家对于民间信仰的认知、接受,要比墨家理性得多。《风俗通义·怪神》曰:"董无心云:'杜伯死,亲射宣王于镐京。予以为桀、纣所杀,足以成军,可不须汤、武之众。'"①董无心是儒家信徒,他曾经与墨家弟子缠子进行过关于鬼神的辩论。《论衡·福虚篇》云:"儒家之徒董无心,墨家之役缠子,相见讲道。缠子称墨家右鬼神,是引秦穆公有明德,上帝赐之十九年。董子难以尧、舜不赐年,桀、纣不夭死。"②《墨子》记载了关于杜伯、秦穆公的这两个传说故事。《明鬼下》云:"周宣王杀其臣杜伯而不辜,杜伯曰:'吾君杀我而不辜,若以死者为无知,则止矣;若死而有知,不出三年,必使吾君知之。'其三年,周宣王合诸侯而田于圃田,车数百乘,从数千,人满野。日中,杜伯乘白马素车,朱衣冠,执朱弓,挟朱矢,追周宣王,射之车上,中心折脊,殪车中,伏弢而死。当是之时,周人从者莫不见,远者莫不闻,著在周之《春秋》。"③又云:"昔者郑穆公当昼日中处乎庙,有神入门而左,鸟身,素服三绝,面状正方。郑穆公见之,乃恐惧,奔。神曰:'无惧,帝享女明德,使予锡女寿十年有九,使若国家蕃昌,子孙茂,毋失。'郑穆公再拜稽首,曰:'敢问神名。'曰:'予为句芒。'若以

---

① 王利器:《风俗通义校注》,第 410 页。
② 北京大学历史系《论衡》注释小组:《论衡注释》,第 345 页。
③ 吴毓江:《墨子校注》,第 337 页。

郑穆公之所身见为仪,则鬼神之有,岂可疑哉。"①《山海经·海外东经》云:"东方句芒,鸟身人面,乘两龙。"②郭璞注"句芒"时曾引《墨子》曰:"昔秦穆公有明德,上帝使句芒赐之寿十九年。"③又《论衡·无形篇》云:"又言秦缪公有明德,上帝赐之十九年,是又虚也。"④可见,《墨子·明鬼下》中的郑穆公应该是秦缪公,也就是秦穆公。

儒家学派的创始人孔子,其对待天命、鬼神的态度就比较明智。孔子虽然从来就没有明确否定过天命、鬼神的存在,但他对待天命、鬼神的做法却是比较理性的,这一点也得到了后世文人的高度认同。人死后是否还有"知"?人死后是否会变成鬼?对于这些问题,孔子总是有意识地进行回避。如《论语·先进》云:"季路问事鬼神。子曰:'未能事人,焉能事鬼?'敢问死。曰:'未知生,焉知死?'"⑤再如《风俗通义·怪神》记载:"子贡问孔子:'死者其有知乎?'曰:'赐,尔死自知之,由未晚也。'"⑥对于神怪、天命等,孔子同样也是刻意选择回避。如《论语·述而》云:"子不语怪,力,乱,神。"⑦再如

---

① 吴毓江:《墨子校注》,第337—338页。
② 袁珂:《山海经校注》,第265页。
③ 袁珂:《山海经校注》,第266页。
④ 北京大学历史系《论衡》注释小组:《论衡注释》,第97—98页。
⑤ 朱熹:《四书章句集注》,第125页。
⑥ 王利器:《风俗通义校注》,第409—410页。
⑦ 朱熹:《四书章句集注》,第98页。

《论语·子罕》云:"子罕言利与命与仁。"①孔子有意识地避而不谈天命、鬼神,这与儒家所倡导的理性现实主义精神是一致的;孔子对待天命、鬼神的这一态度,在中国思想文化史上也产生了极其深远的影响。但是,孔子之所以这样做,并不是因为他已经认识到了天命、鬼神之虚妄,故不屑于去谈论天命、鬼神;而是他觉得天命、鬼神皆是世人所难以知晓的事情,也是非人力所能及之事,这才是孔子不愿意去谈论、也的确很少谈论天命、鬼神的真正原因。

子产是与孔子同时代的人,也是孔子所推崇的"君子"。《论语·公冶长》云:"子谓子产,'有君子之道四焉:其行己也恭,其事上也敬,其养民也惠,其使民也义。'"②子产的天道观、鬼神观等,也值得我们重视。《左传·昭公十七年》记载:"冬,有星孛于大辰,西及汉。申须曰:'彗所以除旧布新也。天事恒象,今除于火,火出必布焉,诸侯其有火灾乎!'梓慎曰:'往年吾见之,是其征也。火出而见,今兹火而章,必火入而伏,其居火也久矣,其与不然乎?火出,于夏为三月,于商为四月,于周为五月。夏数得天,若火作,其四国当之,在宋、卫、陈、郑乎!宋,大辰之虚也;陈,大皞之虚也;郑,祝融之虚也,皆火房也。星孛天汉,汉,水祥也。卫,颛顼之虚也,故为帝

---

①朱熹:《四书章句集注》,第109页。
②朱熹:《四书章句集注》,第79页。

丘,其星为大水,水,火之牡也。其以丙子若壬午作乎!水火所以合也。若火入而伏,必以壬午,不过其见之月。'郑裨灶言于子产曰:'宋、卫、陈、郑将同日火,若我用瓘斝玉瓒,郑必不火。'子产弗与。"①杨伯峻《春秋左传注》注曰:"裨灶请用瓘斝玉瓒,即用以祭神,禳除火灾。"②又《左传·昭公十八年》记载:"夏五月,火始昏见。丙子,风。梓慎曰:'是谓融风,火之始也;七日,其火作乎!'戊寅,风甚。壬午,大甚。宋、卫、陈、郑皆火。梓慎登大庭氏之库以望之,曰:'宋、卫、陈、郑也。'数日皆来告火。裨灶曰:'不用吾言,郑又将火。'郑人请用之,子产不可。子大叔曰:'宝以保民也,若有火,国几亡。可以救亡,子何爱焉?'子产曰:'天道远,人道迩,非所及也,何以知之?灶焉知天道?是亦多言矣,岂不或信?'遂不与,亦不复火。"③杜预注曰:"大庭氏,古国名,在鲁城内,鲁于其处作库,高显,故登以望气。"④昭公十七年,裨灶告诉子产,说郑国与宋、卫、陈三国将会在同一日发生火灾,如果允许他用"瓘斝玉瓒"来祭神、禳除的话,那么郑国就不会发生火灾。子产却没有答应裨灶的请求。到了昭公十八年,郑国果然与宋、卫、陈三国在同一天发生了火灾。于是裨灶声称若是再不听他的

---

① 杨伯峻:《春秋左传注》,第 1390—1392 页。
② 杨伯峻:《春秋左传注》,第 1392 页。
③ 杨伯峻:《春秋左传注》,第 1394—1395 页。
④ 杨伯峻:《春秋左传注》,第 1395 页。

话、不按他的要求去做,郑国将还会发生火灾。子产认为,"天道远,人道迩,非所及也",裨灶根本不可能知晓"天道",所以子产依旧没有答应裨灶的请求,但郑国却并没有因此而再次发生火灾。

杨伯峻在《春秋左传注》中曾称:"子产不信天道,不禳火灾,见昭十八年《传》,而信鬼神,详梦,甚为矛盾。疑鬼神详梦之言皆非子产之事,作《左传》者好鬼神,好预言,妄加之耳。或者子产就当时人心而迁就为之。"①前面我们已经提到,在《左传·昭公七年》中,子产曾经专门用"魂魄"来解释为什么伯有死后会变成了鬼。除此之外,《左传·昭公七年》还有关于子产"解梦"的记载:"郑子产聘于晋。晋侯有疾,韩宣子逆客,私焉,曰:'寡君寝疾,于今三月矣,并走群望,有加而无瘳。今梦黄熊入于寝门,其何厉鬼也?'对曰:'以君之明,子为大政,其何厉之有?昔尧殛鲧于羽山,其神化为黄熊,以入于羽渊,实为夏郊,三代祀之。晋为盟主,其或者未之祀也乎!'韩子祀夏郊。晋侯有间,赐子产莒之二方鼎。"②由此可见,子产不信天道、也不禳火灾,但他确实又相信鬼神、相信梦兆。出现这样的认知矛盾,对于先秦时期的文人学者来说,其实也应该属于比较常见之事,根本就不值得大惊小怪。杨伯峻仅仅因为子产"不信天道,不禳火灾",就怀疑"鬼神详梦

---

① 杨伯峻:《春秋左传注》,第1293页。
② 杨伯峻:《春秋左传注》,第1289—1290页。

之言皆非子产之事,作《左传》者好鬼神,好预言,妄加之",或者是"子产就当时人心而迁就为之"。杨伯峻的这一论断,显然不能令人信服。实际上,不信天道、不禳火灾却又相信鬼神、相信梦兆的子产,才是历史上真实的子产。这也反映了先秦民间信仰的多元性、复杂性,以及先秦文人对于民间信仰认知、接受的时代局限性。

孔子有意回避天命、鬼神,也尽量不谈论天命、鬼神,但他毕竟还是相信天命与鬼神的。其实,《论语》中就有关于孔子谈论天命、鬼神的记载。直接谈论"天"的,如《八佾》云:"王孙贾问曰:'与其媚于奥,宁媚于灶,何谓也?'子曰:'不然获罪于天,无所祷也。'"①再如《宪问》云:"子曰:'不怨天,不尤人,下学而上达。知我者其天乎!'"②直接谈论"命"的,如《宪问》云:"子曰:'道之将行也与,命也。道之将废也与,命也。'"③再如《尧曰》云:"子曰:'不知命,无以为君子也。'"④直接谈论"天命"的,如《季氏》云:"孔子曰:'君子有三畏:畏天命,畏大人,畏圣人之言。小人不知天命而不畏也,狎大人,侮圣人之言。'"⑤直接谈论"鬼神"的,如《雍也》云:"樊迟问

---

① 朱熹:《四书章句集注》,第 65 页。
② 朱熹:《四书章句集注》,第 157 页。
③ 朱熹:《四书章句集注》,第 158 页。
④ 朱熹:《四书章句集注》,第 195 页。
⑤ 朱熹:《四书章句集注》,第 172 页。

知。子曰:'务民之义,敬鬼神而远之,可谓知矣。'"①显然,孔子是相信天命、鬼神的。《礼记·乐记》云:"明则有礼乐,幽则有鬼神。"②又《礼记·表记》云:"殷人尊神,率民以事神,先鬼而后礼,先罚而后赏,尊而不亲……周人尊礼尚施,事鬼敬神而远之,近人而忠焉,其赏罚用爵列,亲而不尊。"③可见,"敬而远之"乃是儒家对待天命、鬼神的基本态度。

汉代文人对于民间信仰的认知、接受,相对于先秦文人而言,整体来看并没有出现什么大的改观,依然存在着矛盾性、复杂性的特点。

董仲舒是推动儒学走上独尊的关键人物。汉武帝听从董仲舒的建议,罢黜百家、独尊儒术,儒学由此得以一统天下。然而,此时的儒学,已不同于先秦以孔孟为代表的儒家学说,是董仲舒用阴阳五行理论对传统儒家学说进行改造后所建构的一种新儒学,其核心就是董仲舒的"天人感应说"。"天人感应说"起源甚早,如《周易·系辞上》云:"河出图,洛出书,圣人则之。"④又《论语·子罕》云:"凤鸟不至,河不出图,吾已矣夫!"⑤后世董仲舒的"天人感应说",便是发端于此。至

---

① 朱熹:《四书章句集注》,第89页。
② 孙希旦:《礼记集解》,第988页。
③ 孙希旦:《礼记集解》,第1310页。
④ 李鼎祚:《周易集解》,上海古籍出版社,1989,第232页。
⑤ 朱熹:《四书章句集注》,第111页。

汉初,在儒家的著述中,"天人感应说"已初现端倪。如陆贾《新语·明诫》云:"恶政生恶气,恶气生灾异。螟虫之类,随气而生;虹蜺之属,因政而见。治道失于下,则天文变于上;恶政流于民,则螟虫生于野。"①再如贾谊《新书·铸钱》云:"凡治不得,应天地星辰有动,非小故也。"②可见,陆贾、贾谊已经将"灾异"现象与所谓的"恶政"联系在一起。《汉书·五行志》记载:"汉兴,承秦灭学之后,景、武之世,董仲舒治《公羊春秋》,始推阴阳,为儒者宗。"③至汉武帝时,董仲舒在先秦儒学的基础上,兼收阴阳五行等思想,正式创立了系统的"天人感应"理论。

董仲舒在《春秋繁露·郊祭》中称:"天者,百神之大君也。事天不备,虽百神犹无益也。"④可见,董仲舒"天人感应说"中的"天",与《墨子·天志》中的"天"颇有相似之处。董仲舒与墨子二人都突出强调了"天"所具有的意志力以及"天"的至高无上的宇宙主宰者地位。与墨子不同的是,董仲舒"天人感应说"中有两个"天":一个是有意志的可以支配、统领众神的"百神之大君";一个就是与"地"相对应的、没有神性的、纯属自然物的"天"。如《春秋繁露·官制象天》称:

---

① 王利器:《新语校注》,中华书局,1986,第155页。
② 阎振益:《新书校注》,中华书局,2000,第168页。
③ 班固:《汉书》,第1317页。
④ 董仲舒:《春秋繁露》,上海古籍出版社,1989,第83页。

"天有十端,十端而止已。天为一端,地为一端,阴为一端,阳为一端,火为一端,金为一端,木为一端,水为一端,土为一端,人为一端。凡十端而毕,天之数也。"①再如《春秋繁露·天地阴阳》云:"天、地、阴、阳、木、火、土、金、水,九。与人而十者,天之数毕也。故数者至十而止,书者以十为终,皆取之此。"②可见,在董仲舒的"天人感应说"中,作为自然物的"天",仅仅只是主宰万物之"天"的"一端"而已。

  董仲舒认为,作为"天"的"十端"之"一端",人同样也是来源于主宰万物之"天"。董仲舒在《春秋繁露·为人者天》中称:"为人者,天也。人之为人本于天,天亦人之曾祖父也。此人之所以乃上类天也。人之形体,化天数而成;人之血气,化天志而仁;人之德行,化天理而义;人之好恶,化天之暖清;人之喜怒,化天之寒暑;人之受命,化天之四时。人生有喜怒哀乐之答,春秋冬夏之类也。喜,春之答也;怒,秋之答也;乐,夏之答也;哀,冬之答也。天之副在乎人,人之情性有由天者矣。"③董仲舒认为,正是由于"为人者天",所以人与"天"之间才能彼此相通,才会发生感应。那么,"天"与人之间是如何实现相互感应的呢?《春秋繁露·王道》称:"道,王道也。王者,人之始也。王正则元气和顺,风雨时,景星见,黄龙下。

---

① 董仲舒:《春秋繁露》,第45页。
② 董仲舒:《春秋繁露》,第98页。
③ 董仲舒:《春秋繁露》,第64页。

王不正则上变天,贼气并见。"①《春秋繁露·同类相动》又称:"帝王之将兴也,其美祥亦先见;其将亡也,妖孽亦先见。"②可见,董仲舒认为,"天人感应"的具体表现形式,就是"天"通过降下祥瑞或灾异来对人间的政治得失做出不同的反应。

董仲舒的"天人感应说"推动儒学走上独尊的同时,也使得儒学由此开始带有了浓重的灾异迷信色彩。可以说,汉代儒学走向谶纬化,董仲舒恐怕难辞其咎。《汉书·董仲舒传》记载:"先是辽东高庙、长陵高园殿灾,仲舒居家推说其意,草稿未上,主父偃候仲舒,私见,嫉之,窃其书而奏焉。上召视诸儒,仲舒弟子吕布舒不知其师书,以为大愚。于是下仲舒吏,当死,诏赦之。"③据《汉书·五行志》记载,当辽东高庙、长陵高园殿发生火灾后,董仲舒经过推演灾异,直接上书朝廷,书云:"天灾若语陛下:'当今之世,虽敝而重难,非以太平至公,不能治也。视亲戚贵属在诸侯远正最甚者,忍而诛之,如吾燔辽东高庙乃可;视近臣在国中处旁仄及贵而不正者,忍而诛之,如吾燔高园殿乃可'云尔。在外而不正者,虽贵如高庙,犹灾燔之,况诸侯乎!在内不正者,虽贵如高园殿,犹燔灾之,况大臣乎!此天意也。罪在外者天灾外,罪在内者天灾内,燔甚

---

① 董仲舒:《春秋繁露》,第 25 页。
② 董仲舒:《春秋繁露》,第 76 页。
③ 班固:《汉书》,第 2524 页。

罪当重,燔简罪当轻,承天意之道也。"①汉武帝自然不会采纳董仲舒这一荒唐的建议,董仲舒也差点儿因此而丢掉性命。受董仲舒的影响,董仲舒的再传弟子眭弘,后来竟然就是因为推演灾异而丢了性命。《汉书·眭弘传》记载:"(汉昭帝元凤三年)泰山莱芜山南匈匈有数千人声,民视之,有大石自立,高丈五尺,大四十八围,入地深八尺,三石为足。石立后有白乌数千下集其旁。是时昌邑有枯社木卧复生,又上林苑中大柳树断枯卧地,亦自立生,有虫食树叶成文字,曰'公孙病已立'。"②眭弘依据《春秋》而推演其意,认为此乃天子受命之征兆,说明汉家国运已终,将由公孙氏取而代之,于是上书朝廷说:"先师董仲舒有言,虽有继体守文之君,不害圣人之受命。汉家尧后,有传国之运。汉帝宜谁差天下,求索贤人,禅以帝位,而退自封百里,如殷周二王后,以承顺天命。"③眭弘因上书劝汉昭帝主动退位让贤而被诛杀,而给他带来杀身之祸的正是董仲舒的"灾异说"。西汉时期,自董仲舒开始,接连不断地有儒者因为推演灾异而给自己带来祸患——"仲舒下吏,夏侯囚执,眭孟诛戮,李寻流放"④。今天看来,董仲舒、眭弘(孟)等人的做法实属荒唐,但是,在天人感应极其盛行

---

① 班固:《汉书》,第1332—1333页。
② 班固:《汉书》,第3153页。
③ 班固:《汉书》,第3154页。
④ 班固:《汉书》,第3195页。

的特殊时代背景下,文人学者们相信"灾异"也是情理之中的事。

董仲舒是汉代著名的儒者,但他同时还擅长推阴阳、言灾异。《汉书·董仲舒传》记载:"仲舒治国,以《春秋》灾异之变推阴阳所以错行,故求雨,闭诸阳,纵诸阴,其止雨反是;行之一国,未尝不得所欲。"①在董仲舒的代表作《春秋繁露》中,就收录有《符瑞》《求雨》《止雨》这一类的文章。汉代文人对于民间信仰认知、接受的矛盾性、复杂性,于此可见一斑。

司马迁是汉代杰出的史学家,《史记》是中国第一部正史。司马迁出身于史官世家,司马迁与其父司马谈二人皆为太史令,其祖先则"自上世尝显功名于虞夏,典天官事"②。刘师培说:"三代之时,称天而治,天事人事相为表里,天人之学,史实司之。"③受史官文化及"天人感应"思想的影响,司马迁不得不深入探究"天人关系"。梁启超称《史记》"最异于前史者一事,曰以人物为本位"④。显然,司马迁在探究"天人关系"时,已经更加注重"人"的因素。尽管如此,司马迁的思想意识中依然存在着"天命观"。钱穆说过:"所谓'天人之际'者,'人事'和'天道'中间应有一分际,要到什么地方才是我

---

① 班固:《汉书》,第 2524 页。
② 司马迁:《史记》,第 3295 页。
③ 刘师培:《古学出于史官论》,载《刘师培史学论著选集》,上海古籍出版社,2006,第 9 页。
④ 梁启超:《中国历史研究法》,华东师范大学出版社,1995,第 20 页。

们人事所不能为力,而必待之'天道',这一问题极重要。"①司马迁是相信"天命"的,如他在《史记·留侯世家》中曾称:"高祖离困者数矣,而留侯常有功力焉,岂可谓非天乎?"②司马迁有时亦怀疑"天道",《史记·伯夷列传》称:"或曰:'天道无亲,常与善人。'若伯夷、叔齐,可谓善人者非邪……若至近世,操行不轨,专犯忌讳,而终身逸乐,富厚累世不绝。或择地而蹈之,时然后出言,行不由径,非公正不发愤,而遇祸灾者,不可胜数也。余甚惑焉,傥所谓天道,是邪非邪?"③可见,司马迁心目中的"天",就是"天命"与"天道"中的"天",从本质上讲,其所反映的仍然是中国传统的"天命观"。

司马迁书写历史,尽管其更倾向于对"人事"的探究,但是每当他感觉到历史人物个人的努力根本就无法改变自身命运、更不可能改变历史走向的时候,司马迁又常常会将这一切都归因于"天命"。在司马迁的意识或潜意识中,总是觉得有某种无形的、不可抗拒的神秘力量一直在掌控着世人的命运。司马迁在《史记·外戚世家》中感叹说:"人能弘道,无如命何……孔子罕称命,盖难言之也。非通幽明之变,恶能识乎性

---

① 钱穆:《中国史学名著》,生活·读书·新知三联书店,2000,第75页。
② 司马迁:《史记》,第2049页。
③ 司马迁:《史记》,第2125页。

命哉？"①孔子之所以很少谈"命"，原因就在于他认为世人很难真正知晓"天命"。当然，司马迁也不盲目相信"天命"。司马迁在《史记·项羽本纪》中，曾指责项羽："背关怀楚，放逐义帝而自立，怨王侯叛己，难矣。自矜功伐，奋其私智而不师古，谓霸王之业，欲以力征经营天下，五年卒亡其国，身死东城，尚不觉寤而不自责，过矣。乃引'天亡我，非用兵之罪也'，岂不谬哉！"②可见，司马迁在创作《史记》的过程中，"天""人"之间、理性意识与神秘观念之间，一直存在着难以克服的矛盾冲突。正如霍松林所说，"在司马迁的苦闷中，既体现了对这个愚昧时代大胆冲击的强烈激愤，又反映了被这种时代愚昧所压抑窒息的沉重痛苦，这是一个已步入文明社会、掌握了一定科学知识，而又带有明显的神秘思维痕迹、被裹在浓烈的天人感应的社会思潮中苦苦挣扎而又不见出路的探索者的苦闷"③。正是因为司马迁对于民间信仰认知、接受的这种时代局限性，才使得《史记》的人物传记因为出现不少相人、望气等非理性描写而具有了一定的宿命论缺憾。

汉代文人中，王充对民间信仰的认识最为理性，其对民间信仰的批判也最为彻底。即便如此，王充对于民间信仰的认

---

① 司马迁：《史记》，第 1967 页。
② 司马迁：《史记》，第 339 页。
③ 霍松林、尚永亮：《两种思维的冲突与史学家的苦闷——司马迁天人观与思维方式论略》，《人文杂志》1989 年第 1 期。

知、接受,仍然存在不少缺陷和不足。如前面我们已经提到的,《论衡》中的《骨相篇》《吉验篇》等,竟然对骨相、祥瑞等深信不疑,表现出了非常明显的宿命论倾向。

王充是两汉最著名的无神论者,《论衡》中的《论死篇》《死伪篇》《订鬼篇》等针对鬼神问题所进行的系统性批判,无疑代表着这一时期文人对于鬼神的最高认识水平。但是,王充对于鬼神的认知,同样也出现了颇为严重的错误。如在《论衡·订鬼篇》中,王充对鬼的认识既有其正确的理性、科学的一面,同时又有其错误的牵强附会的另一面。王充认为,人死后其精神不可能变鬼,人们之所以会"见鬼",是因为人在患病的时候害怕"鬼至",于是就出现了"虚见"现象;所谓的"见鬼",只是人的精神出了问题而已;人死不是被鬼害死的,是人自己病死的,与鬼没有任何关系。应该说,生活在汉代的王充能有这样的科学认识,的确难能可贵。但是,今天看来,《订鬼篇》对鬼的认识,其错误也表现得非常明显。如《订鬼篇》云:"天地之气为妖者,太阳之气也。妖与毒同,气中伤人者谓之毒,气变化者谓之妖……龙,阳物也,故时变化;鬼,阳气也,时藏时见。阳气赤,故世人尽见鬼,其色纯朱……妖象人之形,其毒象人之兵。鬼、毒同色,故杜伯弓矢皆朱彤也。毒象人之兵,则其中人,人辄死也。"[1]又云:"妖之见出也,或且凶而豫

---

[1] 北京大学历史系《论衡》注释小组:《论衡注释》,第1288—1289页。

见,或凶至而因出。因出,则妖与毒俱行;豫见,妖出不能毒。申生之见,豫见之妖也;杜伯、庄子义、厉鬼至,因出之妖也。周宣王、燕简公、宋夜姑时当死,故妖见毒因击。晋惠公身当获,命未死,故妖直见而毒不射。然则杜伯、庄子义、厉鬼之见,周宣王、燕简、夜姑且死之妖也。申生之出,晋惠公且见获之妖也。伯有之梦,驷带、公孙段且卒之妖也。老父结草,魏颗且胜之祥,亦或时杜回见获之妖也。苍犬噬吕后,吕后且死,妖象犬形也。武安且卒,妖象窦婴、灌夫之面也。故凡世间所谓妖祥,所谓鬼神者,皆太阳之气为之也。"① 可见,王充反对"人死精神为鬼"之说,但他却认为由阳气构成的"鬼"与"妖"是存在的;王充反对"鬼有知、能害人"之说,但他却认为"鬼"与"妖"都带有"毒","毒"可以杀死那些该死之人。这样一来,王充对于"鬼"的批判,最终竟然又陷入了"有鬼论"的泥潭。

第二节 民间信仰对先秦两汉文人的影响

先秦两汉民间信仰的多元性,直接导致这一时期文人对于民间信仰认知、接受的复杂性。从文学生成层面来看,文人对于民间信仰认知、接受的复杂性,又决定了其艺术创造受民

---

① 北京大学历史系《论衡》注释小组:《论衡注释》,第1291—1292页。

间信仰影响的多样性。下面将从艺术再现与艺术表现两个方面,来具体探讨民间信仰对于先秦两汉文人的影响。

一、民间信仰对于先秦两汉文人艺术再现的影响

多年来,人们已经习惯于将文学作品的艺术风格分为现实主义与浪漫主义两大类型。一般来说,现实主义作品强调客观再现,而浪漫主义作品则注重主观表现。作为一种超现实的"类宗教"信仰,民间信仰自身所具有的虚妄、怪诞等非理性特点决定了其更容易介入浪漫主义文学创作之中。然而,由于先秦两汉文人对于民间信仰的认知、接受还存在着较为明显的时代局限性,而文人一旦认为某些民间传说真实可信时,他们便会自然而然地将其客观地再现于各种写实性文学作品中。在先秦两汉文学创作中,此类情形还比较常见。

历史散文属于典型的写实性文学,"秉笔直书""实录"便是中国古代赞美、褒扬史学家的专用语。先秦两汉历史散文颇为发达,编年体、国别体、纪传体以及通史、断代史等,在这一时期都已经出现了。

《左传》是先秦历史散文最杰出的代表,其高超的叙事艺术也被后世文人广为称道。毫无疑问,《左传》具有较为突出的民本思想,如《庄公三十二年》云:"史嚚曰:'虢其亡乎!吾闻之:国将兴,听于民;将亡,听于神。神,聪明正直而壹者也,

依人而行。虢多凉德，其何土之能得？'"①再如《襄公十四年》云："夫君，神之主而民之望也。若困民之主，匮神乏祀，百姓绝望，社稷无主，将安用之？弗去何为？"②显然，《左传》在叙事时，道德因素已经被作者视为决定事件发展走向及其成败得失的关键性原因。但是，在这种理性叙述中，往往还会夹杂一些像卜筮、梦兆之类的神秘暗示，从而使得《左传》的文笔既具有史学家探寻历史规律的理智与深邃，同时又具有了小说家编织人物事件的浪漫与瑰奇。需要注意的是，《左传》是"以虚为实"，对于其所记载的卜筮、梦兆等虚妄之事，作者自己是信以为真的，这与后世小说家有意识地通过"虚构"进行编造还有着本质上的不同。如《成公十年》记载：

> 晋侯梦大厉，被发及地，搏膺而踊，曰："杀余孙，不义。余得请于帝矣！"坏大门及寝门而入，公惧，入于室。又坏户。公觉，召桑田巫。巫言如梦。公曰："何如？"曰："不食新矣。"公疾病，求医于秦。秦伯使医缓为之。未至，公梦疾为二竖子，曰："彼，良医也，惧伤我，焉逃之？"其一曰："居肓之上，膏之下，若我何？"医至，曰："疾不可为也，在肓之上，膏之下，攻之不可，达之不及，药不至焉，不可为也。"公曰："良医也。"厚为之礼而归之。六月丙午，晋侯欲麦，使甸人献麦，馈人为之。召桑田巫，示

---

① 杨伯峻：《春秋左传注》，第 1016 页。
② 杨伯峻：《春秋左传注》，第 252—253 页。

而杀之。将食,张,如厕,陷而卒。小臣有晨梦负公以登天,及日中,负晋侯出诸厕,遂以为殉。①

这里的晋侯,指的是晋景公。鲁成公八年,晋景公杀害了赵同和赵括。两年后,也就是鲁成公十年,晋景公梦见一个厉鬼来向他索命。显然,晋景公梦中见到的这个厉鬼,应该是赵氏的祖先。这段文字共涉及三个梦兆,记述的重点是晋景公的两个梦,此外还有一个是"负晋侯出诸厕"的小臣的梦。这三个梦兆最终全都得以应验,读罢令人嘘唏不已。再如《襄公十八年》记载:

中行献子将伐齐,梦与厉公讼,弗胜。公以戈击之,首队于前,跪而戴之,奉之以走,见梗阳之巫皋。他日,见诸道,与之言,同。巫曰:"今兹主必死。若有事于东方,则可以逞。"献子许诺。②

中行献子就是晋国的名将荀偃,他此时已经成为了晋国的正卿。之前,荀偃曾经协助当时的正卿栾书弑杀晋厉公。当荀偃将要率兵讨伐齐国的时候,他做了一个噩梦。荀偃梦见自己与晋厉公争讼,结果荀偃输了,晋厉公用戈来刺杀他,荀偃被戈击中,其头坠落于身前,他赶快跪下将自己的头颅捡起来安放在脖子上,双手捧着脑袋就跑,并且还遇到了一个名叫皋的梗阳的巫师。梦醒后,没过几天,荀偃恰好在路上遇到了这

---

① 杨伯峻:《春秋左传注》,第 849—850 页。
② 杨伯峻:《春秋左传注》,第 1035—1036 页。

个名叫皋的巫师,荀偃向巫师皋谈起了自己梦中的景象,岂料这位巫师竟然也在那一天做了一个与荀偃完全相同的梦。于是,巫师皋就对荀偃说:"将军您的死期肯定快要到了。如果您率军向东征讨的话,就一定能够获得成功。"之后,荀偃征伐齐国,果然大获全胜。接下来,在《襄公十九年》中,还有一段关于"荀偃之死"的精彩描写:

> 荀偃瘅疽,生疡于头。济河,及著雍,病,目出。大夫先归者皆反。士匄请见,弗内。请后,曰:"郑甥可。"二月甲寅,卒,而视,不可含。宣子盥而抚之,曰:"事吴敢不如事主!"犹视。栾怀子曰:"其为未卒事于齐故也乎?"乃复抚之曰:"主苟终,所不嗣事于齐者,有如河!"乃瞑,受含。宣子出,曰:"吾浅之为丈夫也。"①

正如巫师皋的预言,向东伐齐并获胜之后,主将荀偃却身染重病。由于头生痈疽,所以荀偃死后不瞑目、不纳含。这原本是身患恶疾之人死后其身体所出现的一种生理反应,虽然罕见,但也属于正常现象。但是,《左传》的作者显然是将其视为神异之事而予以载录的。《论衡·死伪篇》云:"荀偃之病卒,苦目出,目出则口噤,口噤则不可含。新死气盛,本病苦目出,宣子抚之早,故目不瞑,口不闿。少久气衰,怀子抚之,故目瞑口受含。此自荀偃之病,非死精神见恨于口目也。凡人之死,皆

---

① 杨伯峻:《春秋左传注》,第1046页。

有所恨……天下各有所欲乎,然而各有所恨,必以目不瞑者为有所恨,夫天下之人死皆不瞑也。"①荀偃率军伐齐,接连攻克数城,直到逼近齐国的都城临淄。然而就在大军凯旋的途中,荀偃竟然因病去世了,这实在令人惋惜。显然,荀偃由于自己的伐齐大业尚未完成,死时心中难免会有遗憾,故死不瞑目。直到听到栾怀子说他死后伐齐之事将会继续下去,荀偃这才闭上眼睛、张口受珠。作者借此来进一步渲染荀偃壮志未酬、抱恨而死的悲壮色彩。作者自梦境写起,通过预言应验,前有伏笔、后有照应,史实中有传说,传说中有史实,二者之间虚实相生,从而使得作者的叙事更加完整、也更为生动。

《左传》的作者,确实喜欢将梦兆与现实结合在一起,借助于梦境描写来更好地实现人物事件的书写。如《宣公十五年》的记载:

> 秋七月,秦桓公伐晋,次于辅氏。壬午,晋侯治兵于稷,以略狄土,立黎侯而还。及洛,魏颗败秦师于辅氏,获杜回,秦之力人也。初,魏武子有嬖妾,无子。武子疾,命颗曰:"必嫁是。"疾病,则曰:"必以为殉!"及卒,颗嫁之,曰:"疾病则乱,吾从其治也。"及辅氏之役,颗见老人结草以亢杜回。杜回踬而颠,故获之。夜梦之曰:"余,而所嫁妇人之父也。尔用先人之治命,余是以报。"②

---

① 北京大学历史系《论衡》注释小组:《论衡注释》,第1217页。
② 杨伯峻:《春秋左传注》,第763—764页。

在辅氏之役中,晋国的将领魏颗大败秦军,并且活捉了秦国有名的大力士杜回。至于魏颗在战场上究竟是怎样打败杜回这个大力士的,又是如何成功将其俘虏的,作者在此并未予以明确交代。但是,紧接着,作者特意用一个"初"字领起,插入了一段必要的"补叙"。通过这段文字,读者才最终明白,原来是因为魏颗当初没有让父亲的嬖妾为父亲殉葬,这一善行感动了这位嬖妾的父亲,作为回报,这个老人在辅氏之役中暗地里"结草以亢杜回",杜回被绊倒后,魏颗自然也就很容易地将其俘获。对于魏颗在辅氏战胜杜回这一历史事件,《国语》中也有所记载。《晋语七》云:"昔克潞之役,秦来图败晋功,魏颗以其身却退秦师于辅氏,亲止杜回,其勋铭于景钟。"①针对同一件事,《国语》只是简单地记录了史实,而《左传》则注重虚实结合,互为补充,不仅使历史人物更加个性鲜明、血肉丰满,而且还增添了整个事件的传奇色彩。从文学史的角度看,《国语》的叙事未免太过平实,其价值根本无法与《左传》相比。

  《史记》与《汉书》不仅是两汉史传文学的杰出代表,同时也代表着整个先秦两汉历史散文的最高水平。司马迁创作《史记》时,其所用先秦史料有些就是直接取材于《左传》。因此,《左传》关于梦兆应验的一些记载,有时也同样会出现于

---

① 徐元诰:《国语集解》,第 406 页。

《史记》之中。如《左传·宣公三年》的记载：

> 冬，郑穆公卒。初，郑文公有贱妾曰燕姞，梦天使与己兰，曰："余为伯儵。余，而祖也。以是为而子。以兰有国香，人服媚之如是。"既而文公见之，与之兰而御之。辞曰："妾不才，幸而有子，将不信，敢征兰乎？"公曰："诺。"生穆公，名之曰兰……穆公有疾，曰："兰死，吾其死乎，吾所以生也。"刈兰而卒。①

杨伯峻《春秋左传注》注曰："刈兰而卒，旧有三解。兰之华实成，他人刈取之，穆公乃卒，一解也。沈钦韩《补注》云：'穆公欲试己之生死，因刈兰而果卒。'二解也。或有人误刈兰，因而穆公死，三解也。"②司马迁在《史记》中，也载录了"郑穆公取名为兰"的传说故事。如《郑世家》云：

> （郑文公）二十四年，文公之贱妾曰燕姞，梦天与之兰，曰："余为伯儵。余，尔祖也。以是为而子，兰有国香。"以梦告文公，文公幸之，而予之草兰为符。遂生子，名曰兰……四十五年，文公卒，子兰立，是为缪公……（郑缪公）二十二年，郑缪公卒，子夷立，是为灵公。③

可见，《史记》与《左传》皆有关于"燕姞梦兰"这一传说的记载。我们只需简单将二者做一比较，就会发现《史记》与《左

---

① 杨伯峻：《春秋左传注》，第672—675页。
② 杨伯峻：《春秋左传注》，第675页。
③ 司马迁：《史记》，第1765—1767页。

传》的相关记载又有着较为明显的不同。它们之间的区别,主要有两点:首先,在《左传·宣公三年》中,郑穆公既是因"兰"而生,同样也是因"兰"而死;而在《史记·郑世家》中,司马迁仅仅载录了郑穆公因"兰"而生的传说,而在写到郑穆公之死时,却并未提及传说中的"刈兰而卒"。其次,《史记·郑世家》对于"燕姞梦兰"这一传说的记载,也与《左传·宣公三年》的相关记载略有不同。在《宣公三年》中,郑文公一见到燕姞,便"与之兰而御之",接下来,燕姞才对郑文公说了"妾不才,幸而有子,将不信,敢征兰乎"这一番话;而在《郑世家》中,燕姞先将自己所做的梦告诉了郑文公,然后,郑文公才"幸之,而予之草兰为符"。很明显,《宣公三年》关于"燕姞梦兰"的这一记载,与《成公十年》所记"晋侯梦大厉"以及《襄公十八年》所载中行献子"梦与厉公讼"等,在叙事风格上是完全一致的。《左传》的记梦,有时未免太过离奇了,以至于让读者觉得难以置信。在《左传》中,还有不少这样的例子,如《成公二年》的记载:

> 韩厥梦子舆谓己曰:"旦辟左右!"故中御而从齐侯。邴夏曰:"射其御者,君子也。"公曰:"谓之君子而射之,非礼也。"射其左,越于车下。射其右,毙于车中。綦毋张丧车,从韩厥曰:"请寓乘!"从左右,皆肘之,使立于后。①

---

① 杨伯峻:《春秋左传注》,第 793 页。

在激烈的战斗中,韩厥特意"中御而从齐侯",结果其左右之人皆被敌人射中,而居中的韩厥却安然无恙。不仅如此,綦毋张丧车之后,就上了韩厥的战车,由于韩厥有意让其站在自己身后,同样也得以成功脱险。韩厥之所以会这样做,原因就在于前一天晚上他做了一个梦,在梦中子舆告诉韩厥让其"旦辟左右"。这种过于神奇的梦兆应验叙事方式,总是会让人感觉不合常理、难以接受。相对而言,《史记》的梦兆应验叙事模式,就显得比较合乎情理,也更容易被读者接受。如《史记·外戚世家》关于汉文帝之母薄姬的梦兆描写:"始姬少时,与管夫人、赵子儿相爱,约曰:'先贵无相忘。'已而管夫人、赵子儿先幸汉王。汉王坐河南宫成皋台,此两美人相与笑薄姬初时约。汉王闻之,问其故,两人具以实告汉王。汉王心惨然,怜薄姬,是日召而幸之。薄姬曰:'昨暮夜妾梦苍龙据吾腹。'高帝曰:'此贵征也,吾为女遂成之。'一幸生男,是为代王。"①薄姬因为梦见苍龙据其腹,后来果然就生下了真龙天子汉文帝刘恒,这确实让人觉得十分神奇。需要注意的是,文中刘邦是先听了薄姬说"昨暮夜妾梦苍龙据吾腹"之后,才说出"此贵征也,吾为女遂成之"的话,接下来才有了所谓的"一幸生男"。这与《史记·郑世家》对于"燕姞梦兰"的记载基本一致,都是女子先向对方讲述自己做的梦,然后才被临幸并生

---

① 司马迁:《史记》,第 1971 页。

子。表面上看,《史记》和《左传》关于"燕姞梦兰"的记载,仅仅只是在细节上存在一些差别而已;但是,实际上,这种细节上的差别却正好反映出作者对于梦兆信仰认知上的不同,也由此造成了《史记》与《左传》在叙事效果上的差异。相对于《史记》而言,《左传》的记梦,由于其常常是与鬼神、巫术等杂糅在一起的,所以就显得更为荒诞、离奇,更让人感觉匪夷所思,表现出了更为明显的时代局限性。

除了梦兆描写之外,司马迁在《史记》中还有不少关于相人、望气、占星等其他数术方面的非理性描写。汉代社会相人信仰颇为流行。西汉初年的许负,就是一位在当时非常有名的相人者。在《史记》的《外戚世家》和《绛侯周勃世家》中,皆有关于许负相人的记载。如《外戚世家》云:

> 薄太后,父吴人,姓薄氏,秦时与故魏王宗家女魏媪通,生薄姬,而薄父死山阴,因葬焉。及诸侯畔秦,魏豹立为魏王,而魏媪内其女于魏宫。媪之许负所相,相薄姬,云当生天子。是时项羽方与汉王相距荥阳,天下未有所定。豹初与汉击楚,及闻许负言,心独喜,因背汉而畔,中立,更与楚连和。汉使曹参等击虏魏王豹,以其国为郡,而薄姬输织室。豹已死,汉王入织室,见薄姬有色,诏内后宫,岁余不得幸。①

---

① 司马迁:《史记》,第 1970—1971 页。

薄姬当年被她的母亲送入魏王宫中后,许负相薄姬,称她将会生下天子。魏王豹原本正在与汉王刘邦联合击楚,听闻许负之言,内心独喜,以为薄姬将来所生的"天子"就是自己的儿子。于是,魏王豹背叛了刘邦,先是保持中立,后来又投靠项羽。其结果却被刘邦手下将领曹参等打败,于是"薄姬输织室",魏王豹的天子梦也随之而破灭了。然而,令人意想不到的是,魏王豹死后,刘邦进入织室,看见薄姬颇有几分姿色,又将其纳入了自己的后宫。薄姬进入刘邦宫中一年后,才被刘邦临幸,生下了刘恒。紧接着,《外戚世家》又云:

> 高祖崩,诸御幸姬戚夫人之属,吕太后怒,皆幽之,不得出宫。而薄姬以希见故,得出,从子之代,为代王太后。太后弟薄昭从如代。代王立十七年,高后崩。大臣议立后,疾外家吕氏强,皆称薄氏仁善,故迎代王,立为孝文皇帝,而太后改号曰皇太后,弟薄昭封为轵侯。①

吕后去世后,大臣们迎代王入京,立为孝文皇帝。薄姬果真生了个天子,许负之言也最终得以应验。再如《绛侯周勃世家》的记载:

> 条侯亚夫自未侯为河内守时,许负相之,曰:"君后三岁而侯。侯八岁为将相,持国秉,贵重矣,于人臣无两。其后九岁而君饿死。"亚夫笑曰:"臣之兄已代父侯矣,有

---

① 司马迁:《史记》,第 1971 页。

如卒,子当代,亚夫何说侯乎? 然既已贵如负言,又何说饿死? 指示我。"许负指其口曰:"有从理入口,此饿死法也。"居三岁,其兄绛侯胜之有罪,孝文帝择绛侯子贤者,皆推亚夫,乃封亚夫为条侯,续绛侯后。①

绛侯周勃去世后,周亚夫的兄长胜之已代父侯,胜之若卒,则其子当代,所以周亚夫自认为封侯无望。岂料三年后胜之有罪,孝文帝择绛侯周勃子贤者以续其后,众人皆推周亚夫,于是周亚夫被汉文帝封为条侯,正好验证了许负"君后三岁而侯"的话。接下来,《绛侯周勃世家》又云:

> 孝景三年,吴楚反。亚夫以中尉为太尉,东击吴楚……归,复置太尉官。五岁,迁为丞相,景帝甚重之。景帝废栗太子,丞相固争之,不得。景帝由此疏之……景帝中三年,以病免相……条侯子为父买工官尚方甲楯五百被可以葬者。取庸苦之,不予钱。庸知其盗买县官器,怒而上变告子,事连污条侯。书既闻上,上下吏……初,吏捕条侯,条侯欲自杀,夫人止之,以故不得死,遂入廷尉。因不食五日,呕血而死……条侯果饿死。②

至此,许负当年称周亚夫将来会封侯、为将相以及饿死等预言,已经全都得以应验,周亚夫的人生轨迹恰如相者许负之所言。

---

① 司马迁:《史记》,第 2076—2074 页。
② 司马迁:《史记》,第 2076—2080 页。

《汉书》中也出现了不少相人、望气等非理性的"数术"描写,而其中有些"数术"描写就是班固直接取材于《史记》。然而,时代背景等方面的差异,使得班固与司马迁的"数术"描写,又有着明显的不同。

司马迁在《史记》中,有关西汉初期那些重要历史人物的"数术"描写,班固作《汉书》时几乎大部分都予以照抄、照录,只是文字表述略有改动而已。但是,司马迁之后,伴随着汉代儒学的谶纬化,"数术"又逐渐与谶纬相融合,这在《汉书》中就有所反映。如《汉书·燕刺王刘旦传》的记载:"是时天雨,虹下属宫中饮井水,井水竭。厕中豕群出,坏大官灶。乌鹊斗死。鼠舞殿端门中。殿上户自闭,不可开。天火烧城门。大风坏宫城楼,折拔树木。流星下堕。后姬以下皆恐。王惊病,使人祠葭水、台水。王客吕广等知星,为王言'当有兵围城,期在九月十月,汉当有大臣戮死者。'语具在《五行志》。"①汉昭帝时,燕王刘旦与鄂邑盖长公主以及左将军上官桀父子等人暗中勾结,密谋先杀死大将军霍光,再废掉汉昭帝,之后另立燕王刘旦为天子。在刘旦篡位的阴谋即将败露之前,其宫中曾经出现了诸如"厕中豕群出,坏大官灶""乌鹊斗死""鼠舞殿端门中"等一系列十分怪异的现象。《汉书·五行志》对此有着更为详细的记载。如《五行志上》云:"昭帝元凤元年,燕

---

① 班固:《汉书》,第 2757 页。

城南门灾。刘向以为时燕王使邪臣通于汉,为逸贼,谋逆乱。南门者,通汉道也。天戒若曰,邪臣往来,为奸逸于汉,绝亡之道也。燕王不寤,卒伏其辜。"①再如《五行志中》云:"昭帝元凤元年,有乌与鹊斗燕王宫中池上,乌堕池死,近黑祥也。时燕王旦谋为乱,遂不改寤,伏辜而死。楚、燕皆骨肉藩臣,以骄怨而谋逆,俱有乌鹊斗死之祥,行同而占合,此天人之明表也。燕一乌鹊斗于宫中而黑者死,楚以万数斗于野外而白者死,象燕阴谋未发,独王自杀于宫,故一乌水色者死,楚炕阳举兵,军师大败于野,故众乌金色者死,天道精微之效也,京房《易传》曰:'专征劫杀,厥妖乌鹊斗。'"②《五行志中》又云:"昭帝元凤元年,燕王宫永巷中豕出圂,坏都灶,衔其蕱六七枚置殿前。刘向以为近豕祸也。时燕王旦与长公主、左将军谋为大逆,诛杀谏者,暴急无道。灶者,生养之本,豕而败灶,陈蕱于庭,蕱灶将不用,宫室将废辱也。燕王不改,卒伏其辜。京房《易传》曰:'众心不安君政,厥妖豕入居室。'"③《五行志下》亦有相关的灾异现象记载:"昭帝元凤元年,燕王都蓟大风雨,拔宫中树七围以上十六枚,坏城楼。燕王旦不寤,谋反发觉,卒伏其辜。"④《五行志下》又云:"昭帝元凤元年九月,燕有黄鼠衔

---

① 班固:《汉书》,第 1335 页。
② 班固:《汉书》,第 1415—1416 页。
③ 班固:《汉书》,第 1436—1437 页。
④ 班固:《汉书》,第 1444 页。

其尾舞王宫端门中,王往视之,鼠舞如故。王使夫人以酒脯祠,鼠舞不休,夜死。黄祥也。时燕刺王旦谋反将败,死亡象也。其月,发觉伏辜。京房《易传》曰:'诛不原情,厥妖鼠舞门。'"①燕王刘旦谋反失败后,"以绶自绞"②;而此前出现的那些怪异现象,正是不祥之预兆。

受董仲舒的"天人感应"理论以及两汉之交兴起的谶纬的影响,班固在《汉书》中载录了大量的神奇、怪异现象,从而形成了《汉书》独具特色的灾异描写。如《汉书·武五子传》关于昌邑王刘贺的灾异描写:

> 初贺在国时,数有怪。尝见白犬,高三尺,无头,其颈以下似人,而冠方山冠。后见熊,左右皆莫见。又大鸟飞集宫中。王知,恶之,辄以问郎中令遂。遂为言其故,语在《五行志》。王卬天叹曰:"不祥何为数来!"遂叩头曰:"臣不敢隐忠,数言危亡之戒,大王不说。夫国之存亡,岂在臣言哉?愿王内自揆度。大王诵《诗》三百五篇,人事浃,王道备,王之所行中《诗》一篇何等也?大王位为诸侯王,行污于庶人,以存难,以亡易,宜深察之。"后又血污王坐席,王问遂,遂叫然号曰:"宫空不久,祅祥数至。血者,阴忧象也。宜畏慎自省。"贺终不改节。居无何,征。既即位,后王梦青蝇之矢积西阶东,可五六石,以屋版瓦

---

① 班固:《汉书》,第1449页。
② 班固:《汉书》,第2759页。

覆,发视之,青蝇矢也。以问遂,遂曰:"陛下之《诗》不云乎?'营营青蝇,至于藩;恺悌君子,毋信谗言。'陛下左侧谗人众多,如是青蝇恶矣。宜进先帝大臣子孙亲近以为左右。如不忍昌邑故人,信用谗谀,必有凶咎。愿诡祸为福,皆放逐之。臣当先逐矣。"贺不用其言,卒至于废。①

除了《武五子传》之外,在《汉书》的《五行志》中,也出现了不少关于昌邑王刘贺的灾异描写。如《五行志中》云:"昭帝时,昌邑王贺闻人声曰'熊',视而见大熊。左右莫见,以问郎中令龚遂,遂曰:'熊,山野之兽,而来入宫室,王独见之,此天戒大王,恐宫室将空,危亡象也。'贺不改寤,后卒失国。"②又云:"昭帝时有鹈鹕或曰秃鹙,集昌邑王殿下,王使人射杀之。刘向以为水鸟色青,青祥也。时王驰骋无度,慢侮大臣,不敬至尊,有服妖之象,故青祥见也。野鸟入处,宫室将空。王不寤,卒以亡。京房《易传》曰:'辟退有德,厥咎狂,厥妖水鸟集于国中。'"③在班固看来,昌邑王刘贺被废之前,其宫中所出现的这些怪异现象,皆是预示刘贺将要"失国"先兆。《汉书》还载录了夏侯胜有关刘贺的一次灾异推演,《眭两夏侯京翼李传》云:

---

① 班固:《汉书》,第 2766 页。
② 班固:《汉书》,第 1396 页。
③ 班固:《汉书》,第 1416 页。

会昭帝崩,昌邑王嗣立,数出。(夏侯)胜当乘舆前谏曰:"天久阴而不雨,臣下有谋上者,陛下出欲何之?"王怒,谓胜为袄言,缚以属吏。吏白大将军霍光,光不举法。是时,光与车骑将军张安世谋欲废昌邑王。光让安世以为泄语,安世实不言。乃召问胜,胜对言:"在《洪范传》曰'皇之不极,厥罚常阴,时则下人有伐上者',恶察察言,故云臣下有谋。"光、安世大惊,以此益重经术士。①

夏侯胜是西汉昭帝、宣帝时著名的儒者,精通《尚书》,尤其善说灾异。昌邑王刘贺被立为天子后,外出被夏侯胜阻拦,声称"天久阴而不雨,臣下有谋上者",劝刘贺回宫。此时恰好大将军霍光正与车骑将军张安世密谋欲废刘贺。霍光还以为是张安世泄密了,召问后才知道原来是夏侯胜自己依据《洪范传》中的"皇之不极,厥罚常阴,时则下人有伐上者"推演出来的。

西汉昭、宣之际,大将军霍光权倾一时。霍氏家族将要覆灭时,霍家也出现了不少怪异现象。如《汉书·霍光传》记载:

会李竟坐与诸侯王交通,辞语及霍氏,有诏云、山不宜宿卫,免就第。光诸女遇太后无礼,冯子都数犯法,上并以为让,山、禹等甚恐。显梦第中井水溢流庭下,灶居

---

① 班固:《汉书》,第 3155 页。

树上,又梦大将军谓显曰:"知捕儿不? 亟下捕之。"第中鼠暴多,与人相触,以尾画地。鸮数鸣殿前树上。第门自坏。云尚冠里宅中门亦坏。巷端人共见有人居云屋上,彻瓦投地,就视,亡有,大怪之。禹梦车骑声正讙来捕禹,举家忧愁。①

《汉书·五行志》亦有关于霍家败亡之兆的记载,如《五行志下》云:"宣帝地节元年正月,有星孛于西方,去太白二丈所。刘向以为太白为大将,彗孛加之,扫灭象也。明年,大将军霍光薨,后二年家夷灭。"②霍家在出现了"灶居树上""第中鼠暴多,与人相触,以尾画地""鸮数鸣殿前树上""第门自坏"等一系列怪异的覆亡征兆之后,曾经显赫无比的霍氏家族果然走向了覆灭:"会事发觉,云、山、明友自杀,显、禹、广汉等捕得。禹要斩,显及诸女昆弟皆弃市。唯独霍后废处昭台宫,与霍氏相连坐诛灭者数千家。"③灾异描写的融入,使得《汉书》的叙事呈现出了更加神奇、怪异的非理性色彩。

不管是先秦时的《左传》,还是两汉时的《史记》《汉书》,作为这一时期历史散文的代表性著作,其作者皆自觉遵从了古代史家所推崇的"秉笔直书"及"实录"原则。然而,作家认知、接受民间信仰的时代局限性,又让他们对民间传说难以明

---

① 班固:《汉书》,第 2955—2956 页。
② 班固:《汉书》,第 1517 页。
③ 班固:《汉书》,第 2956 页。

辨是非、去伪存真,在理性客观地讲述人物事件的同时,亦将传说故事视为史实予以记载。先秦两汉历史散文也因此而渗入了不少非理性叙事,在理性现实主义主基调之外,又具有了一定的神奇浪漫色彩。

二、民间信仰对于先秦两汉文人艺术表现的影响

中国成型宗教兴起的时间相对较晚,不管本土的道教,还是外来的佛教,二者对于先秦两汉文人的影响都极其有限。先秦两汉浪漫主义文学之所以能够生成,民间信仰作为一种"类宗教"信仰,无疑发挥着至关重要的作用。民间信仰对于先秦两汉文人艺术表现的影响,主要体现在这一时期的浪漫主义文学作品之中。许地山说:"在神仙说初行底时候,也有一派只以神仙、仙山或帝乡来寄托自己的情怀,不必信其为必有,或可求底。这派可以称为骚人派。骚人思想实际说来也从神仙思想流出,而与道家底遐想更接近。"①"骚人派"之创作,通过民间信仰来激发作家的想象力,以神仙传说为媒介、以寄托情怀为目的,而屈原正是这一"骚人派"的杰出代表。

楚人信巫,战国后期楚地依然延续着"歌舞以娱神"的祭祀传统。王逸在《楚辞章句》中曾称:"《九歌》者,屈原之所作

---

① 许地山:《道教史》,上海书店,1991,第142页。

也。昔楚国南郢之邑,沅、湘之间,其俗信鬼而好祠。其祠,必作歌乐鼓舞以乐诸神。屈原放逐,窜伏其域,怀忧苦毒,愁思沸郁。出见俗人祭祀之礼,歌舞之乐,其词鄙陋。因为作《九歌》之曲,上陈事神之敬,下见己之冤结,托之以风谏。"①又称:"《天问》者,屈原之所作也。何不言问天?天尊不可问,故曰天问也。屈原放逐,忧心愁悴。彷徨山泽,经历陵陆。嗟号昊旻,仰天叹息。见楚有先王之庙及公卿祠堂,图画天地山川神灵,琦玮僪佹,及古贤圣怪物行事。周流罢倦,休息其下,仰见图画,因书其壁,何而问之,以渫愤懑,舒泻愁思。"②可见,屈原的楚辞创作,与楚地的鬼神信仰、巫风习俗和祭祀传统等有着十分密切的关系。

司马迁在《史记·屈原贾生列传》中曾经说过:"屈平正道直行,竭忠尽智以事其君,谗人间之,可谓穷矣。信而见疑,忠而被谤,能无怨乎?屈平之作《离骚》,盖自怨生也。"③屈原充分利用楚地丰富的神话传说故事,在《离骚》中创造了一个抒情主人公登天神游的奇幻景象,借以抒发作家自己在现实生活中的人生感慨,从而开启了一个借"神游"来抒情言志的浪漫主义文学表现模式,对于后世的游仙文学创作产生了极其深远的影响。

---

① 洪兴祖:《楚辞补注》,第 55 页。
② 洪兴祖:《楚辞补注》,第 85 页。
③ 司马迁:《史记》,第 2482 页。

在《离骚》中,抒情主人公登天神游的过程,是始于女嬃对他的真诚劝告。《离骚》云:"女嬃之婵媛兮,申申其詈予。曰鲧婞直以亡身兮,终然殀乎羽之野。汝何博謇而好修兮,纷独有此姱节。薋菉葹以盈室兮,判独离而不服。众不可户说兮,孰云察余之中情。世并举而好朋兮,夫何茕独而不予听。"①通过女嬃对"我"的一番真诚劝诫,作家巧妙地展现了抒情主人公内心深处始终存在的一个矛盾冲突:是改变初心以从俗、随波逐流以自保,还是坚持理想正义、与"群小"抗争到底?由此,抒情主人公"济沅湘以南征兮,就重华而陈词"②,正式开始了登天神游、上下求索的历程。可见,正是屈原在现实社会中的痛苦与无奈,才促使他产生了登天神游的浪漫幻想。也正因为如此,抒情主人公在整个登天神游的过程中,自始至终都带有沉重的使命感,根本不可能通过神游而得到真正的情绪释放与身心解脱。屈原由于不愿变心从俗、更不愿与"群小"同流合污,导致其在楚国越来越难以容身。这就自然而然地引发了抒情主人公内心深处的另一个矛盾冲突:是继续留在楚国、竭忠尽智,还是奔赴他乡、另求明主?到了《离骚》的结尾处,这一矛盾冲突最终也达到了高潮。《离骚》云:"已矣哉!国无人莫我知兮,又何怀乎故都?既莫足

---

① 洪兴祖:《楚辞补注》,第 18—20 页。
② 洪兴祖:《楚辞补注》,第 20 页。

与为美政兮,吾将从彭咸之所居。"①可见,在抒情主人公登天神游过程中,他一直未能忘却现实,幻想与现实始终都是交织在一起的。《史记·屈原贾生列传》云:"屈平疾王听之不聪也,谗谄之蔽明也,邪曲之害公也,方正之不容也,故忧愁幽思而作《离骚》。"②对"美政"理想的执着追求、对宗国故土的诚挚爱恋、对"群小"误国的无比痛恨等,所有这些都是激发屈原产生神游幻想的内在动力。可以说,抒情主人公登天神游的心路历程,正是作家内心深处思想斗争、精神追求的艺术再现。

后世文人总是喜欢庄、骚并称,就其创作的浪漫性而言,庄子与屈原的确颇有相似之处。《庄子》与以《离骚》为代表的楚辞,可视为先秦浪漫主义文学的两座丰碑。庄周可称得上是中国寓言文学的开山鼻祖。《庄子·寓言》云:"寓言十九,借外论之。"③成玄英疏曰:"借,假也,所以寄之他人,十言九信者,为假托外人论说之也。"④《庄子》散文最突出的特点,就是"寓实于虚",有意识地借助寓言故事来阐发道理。鲁迅在《汉文学史纲要》中曾经指出:"(庄周)著书十余万言,大抵寓言,人物土地,皆空言无事实,而其文则汪洋辟阖,仪态万

---

① 洪兴祖:《楚辞补注》,第47页。
② 司马迁:《史记》,第2482页。
③ 郭庆藩:《庄子集释》,第948页。
④ 郭庆藩:《庄子集释》,第948页。

方,晚周诸子之作,莫能先也。"①鲁迅从文学史的角度,充分肯定了《庄子》散文的文学成就,认为其代表着先秦诸子散文的最高水平。的确如此,在先秦诸子散文中,《庄子》一书显然最具有文学价值。

《庄子》散文的文学成就,之所以会远远超越先秦时期的其他诸子之作,原因主要就在于庄周及其后学在说理(阐述道家思想学说)时,创造性地运用了一系列生动形象、诙谐幽默的寓言故事。《庄子》散文中的寓言,有很大一部分就是由荒诞离奇的超现实的传说故事构成的,与先秦时期的民间信仰有着极为密切的关系。如《庄子·逍遥游》中著名的"鲲鹏"传说:

> 北冥有鱼,其名为鲲。鲲之大,不知其几千里也。化而为鸟,其名为鹏。鹏之背,不知其几千里也;怒而飞,其翼若垂天之云。是鸟也,海运则将徙于南冥。南冥者,天池也。②

"鲲"原本是一条生长在"北冥"中的大鱼,其庞大的身躯竟然达到了数千里;"化而为鸟"之后,"鲲"鱼就变成了"鹏"鸟,而"鹏"的翅膀张开后,简直就像那"垂天之云"。接下来,庄周又交代说:

---

①鲁迅:《汉文学史纲要》,载《鲁迅全集》第9册,第375页。
②郭庆藩:《庄子集释》,第2页。

《齐谐》者,志怪者也。《谐》之言曰:"鹏之徙于南冥也,水击三千里,抟扶摇而上者九万里,去以六月息者也。"①

关于"齐谐",成玄英解释说:"姓齐,名谐,人姓名也。亦言书名也,齐国有此俳谐之书也……齐谐所著之书,多记怪异之事,庄子引以为证,明己所说不虚。"②不管"齐谐"是人名还是书名,《逍遥游》中的这则"鲲鹏"传说,肯定是取自齐地某一专门记录"怪异之事"的书籍。当然,庄周讲述这一传说的目的,并不是为了"志怪",而是为了借此来阐发某种道理。庄周称:"且夫水之积也不厚,则其负大舟也无力。覆杯水于坳堂之上,则芥为之舟;置杯焉则胶,水浅而舟大也。风之积也不厚,则其负大翼也无力。故九万里,则风斯在下矣,而后乃今培风;背负青天而莫之夭阏者,而后乃今将图南。"③庄周认为,"鲲"化为"鹏"之后,虽然能够"水击三千里,抟扶摇而上者九万里",从"北冥"一路迁徙到遥远的"南冥";但是,这并不意味着它已经实现了真正的逍遥与自由,因为"鹏"还不能摆脱其对于风的依赖。庄周又称:"夫列子御风而行,泠然善也,旬有五日而后反。彼于致福者,未数数然也。此虽免乎行,犹有所待者也。若夫乘天地之正,而御六气之辩,以游无

---

① 郭庆藩:《庄子集释》,第4页。
② 郭庆藩:《庄子集释》,第5页。
③ 郭庆藩:《庄子集释》,第7页。

穷者,彼且恶乎待哉!故曰:至人无己,神人无功,圣人无名。"①可见,在庄周看来,只有那些"至人""神人"与"圣人",才达到了真正的逍遥、自由的境界,因为只有他们才能做到"无所待"。显然,庄周是以"鹏"的"有所待",即有限的自由,来衬托其理想中的"至人""神人""圣人"的"无所待"的逍遥和自由。

如果说在《逍遥游》中,庄子讲述"鲲鹏"的故事,只是为了借以阐发一种道理,庄子本人在引用这一传说的时候,或许并未对其进行过任何加工与改造;而在《至乐》中,庄子借髑髅之口说理时,就需要通过想象、虚构来进行编造了。我们来看《至乐》中庄子与髑髅的对话:

> 庄子之楚,见空髑髅,髐然有形,撽以马捶,因而问之,曰:"夫子贪生失理,而为此乎?将子有亡国之事,斧钺之诛,而为此乎?将子有不善之行,愧遗父母妻子之丑,而为此乎?将子有冻馁之患,而为此乎?将子之春秋故及此乎?"于是语卒,援髑髅,枕而卧。夜半,髑髅见梦曰:"子之谈者似辩士。诸子所言,皆生人之累也,死则无此矣。子欲闻死之说乎?"庄子曰:"然。"髑髅曰:"死,无君于上,无臣于下;亦无四时之事,从然以天地为春秋,虽南面王乐,不能过也。"庄子不信,曰:"吾使司命复生子

---

① 郭庆藩:《庄子集释》,第17页。

形,为子骨肉肌肤,反子父母妻子闾里知识,子欲之乎?"髑髅深矉蹙頞曰:"吾安能弃南面王乐而复为人间之劳乎!"①

此人已经死去很久,仅剩下一具空髑髅了。尽管如此,这具空髑髅依然能够托梦于庄子。很明显,文中髑髅所说的"诸子所言,皆生人之累"以及"死,无君于上,无臣于下""无四时之事""以天地为春秋""虽南面王乐,不能过"等,皆是庄子发挥想象有意识地编造出来的。庄子借助鬼神信仰来虚构故事,以此来阐释某种道理,庄子的这一做法在文学史上影响颇大。汉代张衡创作《髑髅赋》,显然就是受到了庄子的影响。《髑髅赋》云:

张平子将游目于九野,观化乎八方……于是季秋之辰,微风起凉。聊回轩驾,左翔右昂。步马于畴阜,逍遥乎陵冈。顾见髑髅,委于路旁。下居淤壤,上负玄霜……于是肃然有灵,但闻神响,不见其形。答曰:"吾宋人也,姓庄名周。游心方外,不能自修。寿命终极,来而玄幽。公子何以问之?"对曰:"我欲告之于五岳,祷之于神祇。起子素骨,反之四支,取耳北坎,求目南离;使东震献足,西坤授腹;五内皆还,六神皆复;子欲之不乎?"髑髅曰:"公子言之殊难也。死为休息,生为役劳。冬冰之凝,何

---

① 郭庆藩:《庄子集释》,第 617—619 页。

如春冰之消？荣位在身，不亦轻于尘毛？巢、许所耻，伯成所逃。况我已化，与道逍遥。离朱不能见，子野不能听。尧舜不能赏，桀纣不能刑。虎豹不能害，剑戟不能伤。与阴阳同其流，与元气合其朴。以造化为父母，天地为床褥。雷电为鼓扇，日月为灯烛。云汉为川池，星宿为珠玉。合体自然，无情无欲。澄之不清，浑之不浊。不行而至，不疾而速。"①

假托人物、设为问答是汉赋作家在谋篇布局时常用的结构模式。在《髑髅赋》中，张衡直接将庄周作为假托人物，其受庄子的影响显而易见。另外，《髑髅赋》的主旨，也与《庄子·至乐》基本一致。《髑髅赋》中髑髅所说的"吾宋人也，姓庄名周""死为休息，生为役劳""况我已化，与道逍遥""不行而至，不疾而速"等，显然也都是张衡依托鬼神信仰虚构出来的。

张衡的《冢赋》，则直接反映了汉代的"风水"信仰，是张衡借助于民间信仰所创作的又一汉赋名篇。《冢赋》云：

载舆载步，地势是观。降此平土，陟彼景山。一升一降，乃心斯安。尔乃骧巍山，平险陆，刊丛林，凿盘石，起峻垄，构大椁。高冈冠其南，平原承其北，列石限其坛，罗竹藩其域。系以修隧，洽以沟渎。曲折相连，迤靡相属。乃树灵木，灵木戎戎。繁霜峨峨，匪雕匪琢。周旋顾盼，

---

① 费振刚：《全汉赋校注》，广东教育出版社，2005，第752—753页。

亦各有行。乃相厥宇,乃立厥堂。直之以绳,正之以日。有觉其材,以构玄室。奕奕将将,崇栋广宇。在冬不凉,在夏不暑。祭祀是居,神明是处。修隧之际,亦有披门。披门之西,十一余半,下有直渠,上有平岸。舟车之道,交通旧馆。塞渊虑弘,存不忘亡。恢厥广坛,祭我兮子孙。宅兆之形,规矩之制,希而望之方以丽,践而行之巧以广。幽墓既美,鬼神既宁,降之以福,于以之平。如春之卉,如日之升。①

《古文苑》收录了张衡的《冢赋》,章樵称:"古者不预凶事冢圹,卜葬而后穿筑。至春秋时,晋文公有功于周,请隧,弗许。曰:'王章也。'释者云:'阙地通路曰隧,王之葬礼也。'晋文以此为请,则预为冢圹矣。汉之人主多预为陵庙,则士大夫必有预为冢兆者。详观此赋,其平子预为筑之冢邪?"②汉代的士大夫中,有一些人活着的时候就已经为自己建好了坟墓;而《冢赋》所描写的,可能就是张衡专门为自己挑选、修建墓地的情况。章樵称《冢赋》所描述的有可能是作者为自己修墓时的情形,这一说法还是较为可信的。

张衡创作《冢赋》,赋中所描写的有一些可能确实就是呈现于作者眼前的现实景象,但更多的恐怕还是出自赋作家的想象。

---

① 费振刚:《全汉赋校注》,第 749 页。
② 章樵:《古文苑》,商务印书馆,1937,第 133 页。

《冢赋》的开头,作者称"载舆载步,地势是观""降此平土,陟彼景山""一升一降,乃心斯安"。此处的"舆"字,费振刚解释说:"舆:指堪舆。迷信术数的一种,俗称'风水',应用于勘察住宅基地或坟地的形势。"①前面我们已经提到,"堪舆"一词在汉代并不是用来专指"风水"。文中的"舆",并非是指"堪舆";"舆"古时多指车子,而在此又是与"步"相对,指的就是乘车。作者一会儿乘车,一会儿又步行;时而上山,时而又来到平地。一番实地勘察后,终于发现了所谓的"风水"宝地。

在古人的"风水"信仰中,山和水是构成"风水"宝地必不可少的两个重要元素。古人认为只有山环水绕之地,才可以吸纳、归藏天地之"灵气",才能最终形成传说中的"风水"宝地。从"隮巍山""凿盘石"这些描写,就可以知道,张衡的坟墓显然就是依山而建的。至于张衡的坟墓在"依山"的同时是否还"傍水",赋作家并没有明说。然而,我们由赋中的"下有直渠""舟车之道"等语句,就可以推知,其坟墓周边肯定有水源存在。由此可见,张衡为自己选定的墓地,有山有水,完全符合古人的"风水"观念。

紧接着,作者具体描写了墓地的地形,称其"高冈冠其南,平原承其北"。这句话的意思是说,墓地南边是高高的高冈,

---

① 费振刚:《全汉赋校注》,第 749 页。

其北边则是平旷的原野,这样的地形地貌,在汉人眼中正好符合古人的"风水"说。在《史记·淮阴侯列传》中,司马迁曾感慨说:"吾如淮阴,淮阴人为余言,韩信虽为布衣时,其志与众异。其母死,贫无以葬,然乃行营高敞地,令其旁可置万家。余视其母冢,良然。"①当年韩信的母亲去世之时,韩信还是一介草民,因为家境太过贫寒,根本就不可能厚葬自己的母亲。尽管如此,韩信还是有意识地选择了一块足以容纳上万户人家的"高敞"之地来安葬自己的母亲,以至于让司马迁情不自禁地发出了"其志与众异"的感叹。汉代文人特意将坟墓修建于"高敞"之地,应该是受到了汉代"风水"信仰的影响。我们还可以再找一些这方面的例证。《显志赋》是冯衍的代表作。据《后汉书·冯衍传》记载,冯衍在《显志赋》前的"自论"中说:"先将军葬渭陵,哀帝之崩也,营之以为园。于是以新丰之东,鸿门之上,寿安之中,地势高敞,四通广大,南望郦山,北属泾渭,东瞰河华,龙门之阳,三晋之路,西顾酆镐,周秦之丘,宫观之墟,通视千里,览见旧都,遂定茔焉。"②李贤注云:"奉世为右将军,即衍之曾祖,故言'先将军'。渭陵,元帝陵,在长安北五十里。哀帝义陵在长安北四十六里。奉世墓入义陵茔中,所以衍不得入葬而别求也。"③再如《汉书·陈汤传》记

---

① 司马迁:《史记》,第 2629—2630 页。
② 范晔:《后汉书》,第 986 页。
③ 范晔:《后汉书》,第 987 页。

载,汉成帝时,众大臣在劝说成帝让其停止新建昌陵、继续营造初陵时,曾经指出:"故陵因天性,据真土,处势高敞,旁近祖考,前又已有十年功绪,宜还复故陵,勿徙民。"①可见,与韩信、冯衍一样,朝中大臣亦是把陵墓地势是否"高敞"作为劝谏汉成帝的主要理由之一。显然,张衡为自己选定的这块墓地,"高冈冠其南,平原承其北",正是汉人眼中的"风水"宝地。

接下来,张衡特意对墓地周边的苍松翠柏进行了描写。作者称"乃树灵木,灵木戒戒",又称"繁霜峨峨,匪雕匪琢"。"灵木",就是古人喜欢种植于坟墓四周的松柏之类的常青树。在作者的眼中,那冬日里不畏霜雪、巍峨挺拔的苍松翠柏,人工是根本无法雕琢出来的。作者对于墓旁"灵木"的描写,重在突出其郁郁葱葱的长势及蓬蓬勃勃的生机。《太平经·葬宅诀》曰:"欲知地效,投小微贱种于地,而后生日兴大善者,大生地也;置大善种于地,而后生日恶者,是逆地也;日衰少者,是消地也。"②在汉代的"风水"观念中,地表之草木长势如何,是判断一个地方"风水"好坏的重要标志。汉人认为,凡是"风水"宝地,就一定是"生地",其地表之草木自然也就应该无比丰茂、长势良好。张衡对于"灵木"的描写,其所反映的便是汉代的这一"风水"理念。

---

① 班固:《汉书》,第 3024 页。
② 王明:《太平经合校》,第 182 页。

《冢赋》最吸引读者的地方,则是其结尾处的一段浪漫幻想。赋作家称"幽墓既美,鬼神既宁,降之以福,于以之平",又称"如春之卉,如日之升"。陵墓修建得那么美好,安居于此的鬼神,自然会降福于子孙后代,保佑他们平安幸福。"冢"代表的是死亡,是人生的终结,它的出现总是给人带来恐怖、悲伤和绝望。然而,张衡却用春天的花卉、初升的朝阳来描绘它,充满了生机与活力。《冢赋》带给读者的不是世人对死亡的恐惧、无奈和忧伤,而是愉悦、慰藉和希望。之所以会如此,原因就在于其作者受到了"风水"观念的影响。

总之,先秦两汉文人一方面将其信以为真的民间传说故事客观地记录在纪实性文学作品之中;而另一方面,不管他们相信与否,先秦两汉文人时常还有意识地借助于超现实的民间信仰来驰骋想象,这样一来,民间信仰就成为了这一时期影响作家艺术构思、审美创造的一个极为重要的因素。无论是从中国浪漫主义文学的生成来看,还是从中国文学的自觉历程来看,民间信仰对于作家艺术表现的影响,显然都要比其对于作家艺术再现的影响更为重要。

第三章　民间信仰与先秦两汉诗歌

先秦诗歌主要包括"诗"与"辞"两部分。"诗"指的是中国古代第一部诗歌总集《诗经》；而"辞"则指的是以屈原、宋玉为代表的先秦楚辞作品。由于"楚辞"这一文体比较特殊，其正好处于"诗"向"赋"过度的中间环节；所以古代文人既称"楚辞"为"诗"，亦称之为"赋"。相对而言，"辞"与"赋"的关系，要比其与"诗"的关系更为紧密；而今天的人们，也早已习惯于辞、赋并称。鉴于此，本章论述民间信仰对于先秦诗歌的影响，就暂时先不考虑《楚辞》，只把《诗经》作为主要考察对象。先秦时期屈、宋等人的楚辞作品，将留到下一章，与汉人的辞赋作品放在一起进行专题探讨。

两汉诗歌以乐府诗为主，萧涤非曾说过："两汉乐府，约可分为三类：曰贵族，曰民间，曰文人。是三类者，亦可视为汉乐府之三个时期。自汉初迄武帝，为贵族乐府时期。自武帝迄东汉中叶，为民间乐府时期。自东汉中叶迄建安，为文人乐府时期。第一期作品无全篇五言,第二期五言与杂言参半,第三期则几纯属五言。大抵汉乐府发轫于廊庙,盛极于民间,而渐衰于文人之占夺,此其大略也。"①本章论述民间信仰与汉代诗歌创作之关系,将根据创作主体的不同,分别考察民间信仰对于郊庙歌辞、乐府民歌及文人诗的影响。

毋庸置疑,不管是《诗经》还是汉乐府,理性现实主义是其最基本的创作倾向。尽管如此,创作主体对于民间信仰认知、接受的时代局限性,却又使得他们在客观真实地反映社会生活的同时,亦不辨真假,竟然将原本来源于民间传说的事物当作现实社会中的真实存在记录了下来。这样一来,先秦两汉时期的诗歌创作,就在理性写实的基础上,又融入了一些荒诞不经的内容。

第一节　民间信仰与《诗经》的超现实描写

《诗经》的创作年限,上起于西周初年,下止于春秋中期,可算得上是一部周代的民歌总集。《史记·孔子世家》记载:

> 古者《诗》三千余篇,及至孔子,去其重,取可施于礼义,上采契、后稷,中述殷、周之盛,至幽、厉之缺,始于衽席,故曰"《关雎》之乱以为《风》始,《鹿鸣》为《小雅》

---

① 萧涤非:《汉魏六朝乐府文学史》,人民文学出版社,1984,第33页。

始,《文王》为《大雅》始,《清庙》为《颂》始"。三百五篇孔子皆弦歌之,以求合《韶》《武》《雅》《颂》之音。礼乐自此可得而述,以备王道,成六艺。①

关于孔子是否"删诗"这一问题,时至今日,学术界依然聚讼不已。正反双方争论的焦点,就在于孔子在整理、编辑《诗经》的时候,有没有像司马迁所说的那样,对"古诗"进行过大刀阔斧的删减。尽管研究者对于《史记》所载孔子"删诗"一说持有不同的意见,但是,绝大多数人都认为《诗经》肯定是经过了孔子系统的编订与整理。众所周知,孔子"不语怪,力,乱,神"②,其对待鬼神的态度比较理智。因此,若不考虑删削幅度之大小,仅就孔子是否按照儒家的"礼义"标准"删诗"这一点来说,司马迁的记载还是可信的。孔子称"《诗》三百,一言以蔽之,曰'思无邪'"③,故《诗经》多理性、客观的现实主义描写。然而,今天看来,《诗经》中依然存在非理性的超现实描写。

一、《诗经》中的灵异描写

中国古代英雄史诗甚少,《诗经·大雅》中的《生民》《公

---

① 司马迁:《史记》,第 1936—1937 页。
② 《论语·述而》,载朱熹:《四书章句集注》,第 98 页。
③ 《论语·为政》,载朱熹:《四书章句集注》,第 53 页。

刘》《绵》《皇矣》和《大明》这五首诗,再现了周王朝开国之历史,可视为周族史诗。《生民》中就出现了有关周人始祖后稷的一些灵异描写:

> 厥初生民,时维姜嫄。生民如何?克禋克祀,以弗无子。履帝武敏歆,攸介攸止。载震载夙,载生载育,时维后稷。
>
> 诞弥厥月,先生如达。不坼不副,无灾无害。以赫厥灵,上帝不宁。不康禋祀,居然生子。
>
> 诞寘之隘巷,牛羊腓字之。诞寘之平林,会伐平林。诞寘之寒冰,鸟覆翼之。鸟乃去矣,后稷呱矣。实覃实訏,厥声载路。①

后稷的母亲姜嫄,在外出时只是踩了"帝"留下的大脚印,就怀孕了,由此便生下了周人的祖先后稷。这属于中国古代典型的"感生"神话,它反映了人类早期处于母系氏族社会时"只知其母而不知其父"的生活状况。《史记·周本纪》记载:"周后稷,名弃。其母有邰氏女,曰姜原。姜原为帝喾元妃。姜原出野,见巨人迹,心忻然说,欲践之,践之而身动如孕者。"②司马迁编撰《周本纪》时,就把关于周人始祖后稷降生的这一传说,当作史实记录了下来。

除了周人的始祖后稷之外,《诗经》中还出现了关于商人

---

① 程俊英、蒋见元:《诗经注析》,第 800—802 页。
② 司马迁:《史记》,第 111 页。

之祖先契的感生神话描写。如《商颂·玄鸟》云:"天命玄鸟,降而生商,宅殷土芒芒。"①又《商颂·长发》云:"幅陨既长,有娀方将,帝立子生商。"②在《楚辞·天问》中,屈原就问到了有娀女简狄因吞下玄鸟之卵而后怀孕并生下了商人祖先契这一神奇的传说。如《天问》曰:"简狄在台,喾何宜?玄鸟致贻,女何喜?"③《史记·殷本纪》对此有着更为详细的记载:"殷契,母曰简狄,有娀氏之女,为帝喾次妃。三人行浴,见玄鸟堕其卵,简狄取吞之,因孕生契。"④契的母亲简狄,是有娀氏之女。简狄在行浴之时,看见玄鸟堕下一个卵,取而吞之后,简狄由此而怀孕,于是就生下了商人的祖先契。司马迁在《史记·殷本纪》中曾经说过:"余以《颂》次契之事,自成汤以来,采于《书》《诗》。"⑤可见,《殷本纪》关于商人始祖契的记载,司马迁主要依据的就是《诗经》中的《商颂》。

《楚辞·天问》曰:"稷维元子,帝何竺之?投之于冰上,鸟何燠之?"⑥屈原所问的,正是《大雅·生民》中的"诞置之寒冰,鸟覆翼之"这一灵异之事。《史记》也载录了这一神奇的传说故事。如《周本纪》云:"(姜原)居期而生子,以为不

---

①程俊英、蒋见元:《诗经注析》,第1030页。
②程俊英、蒋见元:《诗经注析》,第1034页。
③洪兴祖:《楚辞补注》,第105页。
④司马迁:《史记》,第91页。
⑤司马迁:《史记》,第109页。
⑥洪兴祖:《楚辞补注》,第112—113页。

祥,弃之隘巷,马牛过者皆辟不践;徙置之林中,适会山林多人,迁之;而弃渠中冰上,飞鸟以其翼覆荐之。姜原以为神,遂收养长之。初欲弃之,因名曰弃。"①《周本纪》称后稷出生之后,他的母亲姜原"以为不祥",就打算把后稷抛弃掉,姜原先后将后稷放置于隘巷、林中和冰上,其结果都没有达到目的。可见,司马迁依据《大雅·生民》撰写《周本纪》时,只是将其中的"牛羊腓字之"改为"马牛过者皆辟不践",其余内容基本上就是照抄照搬。

《诗经》有关商人和周人始祖的这些灵异描写,对于后世文人产生了极其深远的影响。如司马迁在《五帝本纪》中对于中华民族人文初祖黄帝的描述,就带有较为明显的灵异色彩。《五帝本纪》称黄帝"生而神灵,弱而能言,幼而徇齐,长而敦敏,成而聪明"②,司马贞《史记索隐》注曰:"弱谓幼弱时也。盖未合能言之时而黄帝即言,所以为神异也。潘岳有《哀弱子》篇,其子未七旬曰弱。"③司马迁此说是取自《大戴礼记》之《五帝德》,只是文字略有改动而已。《五帝德》称黄帝"生而神灵,弱而能言,幼而慧齐,长而敦敏,成而聪明"④。"生而神灵,弱而能言",意思是说,黄帝生来与众不同,神奇

---

① 司马迁:《史记》,第 111 页。
② 司马迁:《史记》,第 1 页。
③ 司马迁:《史记》,第 2 页。
④ 司马迁:《史记》,第 117—118 页。

而又有灵性,很小的时候就会开口说话了。司马迁在《五帝本纪》中不仅称黄帝"生而神灵,弱而能言",还称帝喾高辛"生而神灵,自言其名"①。在今人眼中,这些显然都是毫无真实性可言的灵异之说。令人遗憾的是,这种违背常理的灵异之说,竟然被司马迁当成信史记录了下来。在此基础上,后人再进一步生发,于是就出现了关于黄帝身世的更加荒诞离奇的灵异故事。如《抱朴子内篇·极言》称"昔黄帝生而能言,役使百灵,可谓天授自然之体者也"②。再如张守节《史记正义》注《五帝本纪》云:"母曰附宝,之祁野,见大电绕北斗枢星,感而怀孕,二十四月而生黄帝于寿丘。"③至此,在人文初祖黄帝的身上,也带有了感生神话色彩,黄帝的母亲附宝不仅是因为"之祁野,见大电绕北斗枢星,感而怀孕",而且附宝竟然还是在怀孕长达二十四月之后,才生下了黄帝。

司马迁不仅将《诗经》关于商人始祖契和周人始祖后稷的灵异描写,分别载录于《史记》之《殷本纪》和《周本纪》中;而且在为汉王朝的开国皇帝刘邦立传时,司马迁同样也把社会上流传的关于刘邦的灵异故事予以采用。如《高祖本纪》开篇即云:"高祖,沛丰邑中阳里人,姓刘氏,字季。父曰太公,母曰刘媪。其先刘媪尝息大泽之陂,梦与神遇。是时雷电晦

---

① 司马迁:《史记》,第13页。
② 王明:《抱朴子内篇校释》,中华书局,1985,第241页。
③ 司马迁:《史记》,第2页。

冥,太公往视,则见蛟龙于其上。已而有身,遂产高祖。"①《诗经》这种带有神话色彩的灵异描写,经过后世文人不断生发,逐渐成为了一种独具特色的灵异文化现象。

二、《诗经》中的祭祀描写

中国古人一向十分重视祭祀活动,《左传·成公十三年》曾称:"敬在养神,笃在守业。国之大事,在祀与戎。祀有执膰,戎有受脤,神之大节也。"②《后汉书·祭祀上》又称:"祭祀之道,自生民以来则有之矣。豺獭知祭祀,而况人乎!故人知之至于念想,犹豺獭之自然也,顾古质略而后文饰耳。"③可见,祭祀活动作为上古社会不可或缺的头等大事,在先民的政治生活、精神生活等领域皆占有极其重要的地位。为了更好地实现人神之间的感应与交通,以达到神灵佑护、赐福之祭祀目的,古人的祭祀活动又总是与音乐、舞蹈结合在一起,通过歌舞以敬神、娱神,祭祀乐歌便由此而产生。

《诗经》中的"三颂",指《周颂》《鲁颂》和《商颂》,它们都是周代著名的祭神、祀祖颂歌,也是中国最古老的宗庙祭祀乐歌。"三颂"之中,《周颂》篇目最多,也最有文学价值。我们

---

① 司马迁:《史记》,第 341 页。
② 杨伯峻:《春秋左传注》,第 861 页。
③ 范晔:《后汉书》,第 3157 页。

先来看《周颂·执竞》,诗云:

> 执竞武王,无竞维烈。不显成康,上帝是皇。自彼成康,奄有四方,斤斤其明。钟鼓喤喤,磬筦将将,降福穰穰。降福简简,威仪反反。既醉既饱,福禄来反!①

《执竞》祭祀的对象究竟是谁,时至今日学术界依然没有定论。对此,《诗经注析》论述分析说:"这是一首祭祀武王、成王、康王的乐歌。诗中颂扬三王的功业绵延广大、永世不匮。《毛序》:'《执竞》,祀武王也。'王先谦《集疏》:'《鲁说》曰:《执竞》,一章十四句,祀武王之所歌也。(蔡邕《独断》)《齐》《韩》盖同。'《毛诗》和三家《诗》都认为《执竞》是祭祀武王的诗。欧阳修、朱熹怀疑此说。朱熹认为:'此祭武王、成王、康王之诗。'姚际恒从之,他说:'《毛序》谓祀武王,固非,《集传》谓祀武王、成王、康王是已。'他们都将诗中的'不显成康'、'自彼成康'解作成王、康王,认为是昭王时代的作品。按三王并祭,周无此例。时代久远,史乏旁证,今据诗的内容,姑从朱说。"②可见,"祭武王"与"三王并祭"两种看法争论的焦点,就在于如何理解诗中'不显成康'和'自彼成康'之"成康"。方玉润《诗经原始》就认为《执竞》是"祀武王",称"此篇之'成康',本是武王'成功康定天下'"③。从诗的内容来

---

① 程俊英、蒋见元:《诗经注析》,第950页。
② 程俊英、蒋见元:《诗经注析》,第949页。
③ 方玉润:《诗经原始》,中华书局,1986,第592页。

看,"三王并祭"一说,应该更符合祭祀者的本意。

《执竞》全诗共十四句,依据诗意,可将其分为前后两个不同的部分。诗的前七句,主要赞美周武王、周成王和周康王三代圣王建立国家、平定天下、征服四方、开疆拓土的伟大功业;而诗的后七句,则是通过人神共享音乐、美食的场景描写,虔诚地祈求祖先们能够赐福于周人、保佑周人。

《执竞》可以称得上是一首比较成功的宗庙祭祀乐歌。一方面,对于周武王等立国兴邦、建功立业的祖先们,《执竞》予以深情的缅怀与热烈的颂扬;另一方面,对于高居在庙堂之上的祖先神,《执竞》又表现出了世人供奉神灵时的顶礼膜拜与殷切期望。可以说,后世所有的宗庙祭祀歌诗,其主题内容都无外乎这两方面。《安世房中歌》十七章,是汉高祖建立汉王朝之后,用于宗庙祭祀的著名乐歌。如《安世房中歌》的第三章,其诗曰:"我定历数,人告其心。敕身齐戒,施教申申。乃立祖庙,敬明尊亲。大矣孝熙,四极爰轇。"①"我定历数,人告其心"一语,颜师古注称:"言臣下各竭其心,致诚悫也。"②再如《安世房中歌》的第四章,其诗曰:"王侯秉德,其邻翼翼,显明昭式。清明畅矣,皇帝孝德。竟全大功,抚安四极。"③"王侯秉德,其邻翼翼"一语,颜师古注称:"邻,言德不孤必有

---

① 班固:《汉书》,第1047页。
② 班固:《汉书》,第1047页。
③ 班固:《汉书》,第1047页。

邻也。翼翼,恭敬也。"①可见,《安世房中歌》作为汉初的宗庙祭祀歌诗,其对于汉高祖刘邦"大矣孝熙,四极爰轃""竟全大功,抚安四极"等功德的赞颂,与《周颂·执竞》可谓一脉相承。

《执竞》作为一首早期的宗庙祭祀乐歌,其最为后人所称道的地方,就是诗歌后七句虚实结合的场景描写。王符在《潜夫论·巫列》中曾经说过:"孔子不听子路,而云'丘之祷久矣'。《孝经》云:'夫然,故生则亲安之,祭则鬼享之。'由此观之,德义无违,鬼神乃享;鬼神受享,福祚乃隆。故《诗》云:'降福穰穰,降福简简,威仪板板。既醉既饱,福禄来反。'此言人德义美茂,神歆享醉饱,乃反报之以福也。"②很明显,对于《执竞》中的这段场景描写,王符还是非常认可的。在祭祀者的心目中,神灵们只有尽情享用了世人的祭品,吃饱喝足之后,才会赐福于后世子孙,才会保佑他们幸福安康。在《执竞》中,诗人用生花妙笔,将祭祀时人们想象中的神灵降临祭坛、享受祭品、醉饱之后将福佑祭者的情形,描摹得活灵活现、如在目前,成为了后世祭祀乐歌创作效法的典范。《执竞》的作者,有意识地采用虚实相生的手法,将人们祭祀时所见到的眼前景象与祭祀者脑海中出现的奇妙幻想结合在一起,以此

---

① 班固:《汉书》,第 1047 页。
② 彭铎:《潜夫论笺校正》,第 302 页。

来进行祭祀场景描写,对于后世的宗庙祭歌产生了直接影响。《郊祀歌》十九章,是产生于汉武帝时期的一组宗庙祭祀乐歌。如《郊祀歌》中的《天门》一章,其诗曰:"天门开,詄荡荡,穆并骋,以临飨……假清风轧忽,激长至重觞。神裴回若留放,殣冀亲以肆章。"①"假清风轧忽,激长至重觞"一语,颜师古注称:"轧忽,长远之貌也。重觞,谓累献也。"②显然,此句所描写的,乃是祭祀时人们一次又一次地进献祭品,以及想象中众位神灵一起临飨的场景。"神裴回若留放,殣冀亲以肆章"一语,颜师古注称:"言神灵裴回,留而不去,故我得觐见,冀以亲附而陈诚意,遂章明之。"③在祭祀者的幻想中,世人的殷勤供奉已经感动了神灵,人神之间也实现了感应与沟通,神灵已经知晓祭祀者的"诚意",很快就会给他们带来福祉。可见,虚实结合已成为后世祭祀乐歌重要的创作技巧之一。

《执竞》作为早期宗庙祭歌之典范,诗中的乐器演奏场面描写也值得称道。"钟鼓喤喤",《诗经注析》解释说:"《毛传》:'喤喤,和也。'陈奂《传疏》:'云和者,谓钟与鼓声相应和。'"④"磬筦将将",《诗经注析》解释说:"筦,'管'的异体字,《鲁诗》正作管。一种竹制的管乐器。将将,同锵锵、玱

---

① 班固:《汉书》,第 1061—1062 页。
② 班固:《汉书》,第 1063 页。
③ 班固:《汉书》,第 1063 页。
④ 程俊英、蒋见元:《诗经注析》,第 950 页。

玱、鎗鎗……象金石和管乐相和声。'"①钟鼓齐鸣、金石与管乐相互应和,以此来烘托、渲染祭祀时人身共享、欢乐祥和的环境气氛,由音乐演奏进一步激发祭祀者的联想与想象。在宗庙祭祀这一特定的情境中,这样的描写的确会让人抚今追昔、心生感慨。《执竞》之外,《周颂》中《有瞽》也有类似的音乐描写。《有瞽》云:"有瞽有瞽,在周之庭。设业设虡,崇牙树羽,应田县鼓,鞉磬柷圉,既备乃奏,箫管备举。喤喤厥声,肃雝和鸣,先祖是听。我客戾止,永观厥成。"②对此,《诗经注析》评论说:"此诗首述乐师分布在庙堂庭院之位,次写各种乐器的陈列,一切演奏的准备工作都做好了,就开始奏乐。乐声是那样的宏亮和谐、肃穆和顺,感动了先祖和在座的客人,一直听到乐阕的终了。语简而生动,是颂诗中的杰作。"③诗歌通过描写祭祀时铿锵悦耳、婉转悠扬、优美动听的音乐之声,一下子就拉近了人神之间的距离。

《安世房中歌》中也有关于祭祀音乐的场景描写,如其第二章云:"《七始华始》,肃倡和声。神来宴娭,庶几是听。粥粥音送,细齐人情。忽乘青玄,熙事备成。清思眑眑,经纬冥

---

① 程俊英、蒋见元:《诗经注析》,第950页。
② 程俊英、蒋见元:《诗经注析》,第961页。
③ 程俊英、蒋见元:《诗经注析》,第961页。

冥。"①"肃倡和声",颜师古注称:"言歌者敬而倡谐和之声。"②"神来宴娱,庶几是听",颜师古注称:"言庶几神来宴戏听此乐也。"③"粥粥音送,细齐人情",晋灼注称:"粥粥,敬惧貌也。细,微也。以乐送神,微感人情,使之齐肃也。"④"忽乘青玄,熙事备成",颜师古注称:"言还神礼毕,忽登青天而去,福熙之事皆备成也。"⑤可见,《执竞》《有瞽》等关于祭祀音乐的描写,也对后世产生了很大的影响。

《周颂》中的《我将》,也是一首有名的祭歌。《我将》是以"天帝"为主要祭祀对象,同时又以文王"配祀"之。《我将》云:"我将我享,维羊维牛,维天其右之。仪式刑文王之典,日靖四方。伊嘏文王,既右飨之。我其夙夜,畏天之威,于时保之。"⑥方玉润《诗经原始》称:"《小序》曰:'祀文王于明堂也。'盖本《孝经》'宗祀文王于明堂,以配上帝'之文,其说自无可议。然诗以祀帝为主,文王配焉;自当云'祀帝于明堂,而以文王配之也'。"⑦又称:"首三句祀天,中四句祀文王,末三句则祭者本旨,宾主次序井然。"⑧正如方玉润所言,《我将》先

---

① 班固:《汉书》,第1046页。
② 班固:《汉书》,第1046页。
③ 班固:《汉书》,第1046页。
④ 班固:《汉书》,第1047页。
⑤ 班固:《汉书》,第1047页。
⑥ 程俊英、蒋见元:《诗经注析》,第945页。
⑦ 方玉润:《诗经原始》,第589页。
⑧ 方玉润:《诗经原始》,第589页。

祭"天帝",然后又以"祀文王"配之,最后点明祭祀之目的。全诗主次分明,思路清楚,语言简洁,也是一首特色独具的祭祀乐歌。

《周颂》之外,在《商颂》与《鲁颂》中也有一些写得较为成功的祭祀乐歌。如《商颂·烈祖》云:"嗟嗟烈祖,有秩斯祜。申锡无疆,及尔斯所。既载清酤,赉我思成。亦有和羹,既戒既平。鬷假无言,时靡有争。绥我眉寿,黄耇无疆。约軝错衡,八鸾鸧鸧。以假以享,我受命溥将。自天降康,丰年穰穰。来假来飨,降福无疆。顾予烝尝,汤孙之将。"①这应该是一首宋人用来祭祀其商代祖先的乐歌。据《史记·殷本纪》记载,周武王在灭掉商朝之后,曾经"封纣子武庚、禄父,以续殷祀"②,后来,"周武王崩,武庚与管叔、蔡叔作乱,成王命周公诛之,而立微子于宋,以续殷后焉"③。可见,《商颂·烈祖》应当是出自宋人(商人的后裔)之手。关于此诗祭祀的对象,《诗经注析》分析说:"这也是宋君祭祀祖先的乐歌。《毛序》:'《烈祖》,祀中宗也。'朱熹《诗序辨说》云:'详此诗,未见其为祀中宗,而末言汤孙,则亦祭成汤之诗耳。'"④可以确定的是,此诗的祭祀对象是宋人的商代祖先,具体是祭中宗、还是

---

① 程俊英、蒋见元:《诗经注析》,第1027页。
② 司马迁:《史记》,第108页。
③ 司马迁:《史记》,第109页。
④ 程俊英、蒋见元:《诗经注析》,第961页。

祭成汤就不得而知了。祭祀者献上的祭品可谓应有尽有,"既载清酤""亦有和羹";而祖先神"来假来飨"后,也将会"降福无疆"。诗歌既表现出对祖先神庄重、虔诚的缅怀与敬仰,也表达了祭祀者对祖先神纯真、美好的希冀与渴望。总体来说,"三颂"的文学价值,显然远不及《诗经》之"风""雅"。但是,仅就宗庙祭祀乐歌而言,"三颂"在某种程度上已为后世文人的创作树立了典范。

毋庸讳言,《诗经》作为中国现实主义诗歌的源头,因其真实再现周代社会生活、生动展现周人精神风貌而为后人所称道;但是,民间信仰的介入,又使得《诗经》的客观写实中,呈现出一定的神奇浪漫色彩。

第二节 民间信仰与汉代郊庙歌辞

郭茂倩在《乐府诗集》中曾经对于先秦两汉郊庙歌辞的发展演变情况,进行了较为全面的梳理和总结。郭茂倩指出:"《乐记》曰:'王者功成作乐,治定制礼。是以五帝殊时,不相沿乐,三王异世,不相袭礼。'明其有损益也。然自黄帝已后,至于三代,千有余年,而其礼乐之备,可以考而知者,唯周而已。《周颂·昊天有成命》,郊祀天地之乐歌也,《清庙》,祀太庙之乐歌也,《我将》,祀明堂之乐歌也,《载芟》《良耜》,藉田社稷之乐歌也。然则祭乐之有歌,其来尚矣。两汉已后,世有制作。其所以用于郊庙朝廷,以接人神之欢者,其金石之响,歌舞之容,亦各因其功业治乱之所起,而本其风俗之所由。武帝时,诏司马相如等造《郊祀歌》诗十九章,五郊互奏之。又作《安世歌》诗十七章,荐之宗庙。至明帝,乃分乐为四品:一曰《大予乐》,典郊庙上陵之乐。郊乐者,《易》所谓'先王以作乐崇德,殷荐上帝'。宗庙乐者,《虞书》所谓'琴瑟以咏,祖考来格'。《诗》云'肃雍和鸣,先祖是听'也。二曰雅颂乐,典六宗社稷之乐。社稷乐者,《诗》所谓'琴瑟击鼓,以御田祖'。《礼记》曰'乐施于金石,越于音声,用乎宗庙社稷,事乎山川鬼神'是也。永平三年,东平王苍造光武庙登歌一章,称述功德,而郊祀同用汉歌。"①可见,祭乐之有歌,自古而然。到了周代,就已经有了明确的记载。从周代的颂诗,到汉代的《郊祀歌》《安世歌》等,郊庙歌辞"各因其功业治乱之所起,而本其风俗之所由",其"金石之响""歌舞之容"也在不断地发生变化。汉代帝王特别重视郊庙祭祀,应劭在《风俗通义·祀典》中曾经说过:"自高祖受命,郊祀祈望,世有所增,武帝尤敬鬼神,于时盛矣。至平帝时,天地六宗已下,及诸小神,凡千七百所。"②汉代的郊庙歌辞正是在这样的背景下产生的。汉代郊庙歌辞的数量应该不会太少,《汉书·艺文志》就著录有西汉时期的《泰一杂甘泉寿宫歌诗》《宗庙歌诗》《诸神歌诗》

---

① 郭茂倩:《乐府诗集》,中华书局,1979,第 1 页。
② 王利器:《风俗通义校注》,第 350 页。

和《送迎灵颂歌诗》等郊庙歌辞共二十五篇。① 可惜的是，汉代的郊庙歌辞大多已经失传，现存的仅有《郊祀歌》十九章和《安世房中歌》十七章。

汉代郊庙歌辞受民间信仰的影响，主要体现在《郊祀歌》十九章之中。《郊祀歌》产生于西汉武帝时，与这一时期的民间信仰有着十分密切的关系。汉武帝崇信神仙方士，追求长生不死，将祭祀与求仙相结合。也正因为如此，《郊祀歌》才表现出了明显不同于其他郊庙歌辞的风格特点。

一、关于《郊祀歌》作者之探讨

《郊祀歌》十九章，是一组汉武帝时用以郊庙祭祀的乐歌。按照《汉书·礼乐志》之记载，《郊祀歌》依次有《练时日》《帝临》《青阳》《朱明》《西颢》《玄冥》《惟泰元》《天地》《日出入》《天马》《天门》《景星》《齐房》《后皇》《华烨烨》《五神》《朝陇首》《象载瑜》和《赤蛟》。② 需要特别指出的是，《天马》一章其实是由创作于不同时间的两首歌诗组成的，因而《郊祀歌》十九章实际上包括二十首歌诗。

---

① 这二十五篇郊庙歌辞分别是《泰一杂甘泉寿宫歌诗》十四篇、《宗庙歌诗》五篇、《诸神歌诗》三篇和《送迎灵颂歌诗》三篇，载班固：《汉书》，第1753—1755页。
② 班固：《汉书》，第1052—1070页。

《史记》是现存最早记载《郊祀歌》的文献。《史记·乐书》云:"至今上即位,作十九章,令侍中李延年次序其声,拜为协律都尉。通一经之士不能独知其辞,皆集会《五经》家,相与共讲习读之,乃能通知其意,多尔雅之文。"①司马迁认为,《郊祀歌》产生于汉武帝时,而负责为其配乐的人就是当时的著名乐工李延年。遗憾的是,司马迁在这里并未提及"歌辞"的作者。于是,关于《郊祀歌》的作者,便成了一个众说纷纭、争议不断的问题。

《汉书》最早提到了《郊祀歌》歌辞之作者。《汉书·礼乐志》记载:"至武帝定郊祀之礼,祠太一于甘泉,就乾位也;祭后土于汾阴,泽中方丘也。乃立乐府,采诗夜诵,有赵、代、秦、楚之讴。以李延年为协律都尉,多举司马相如等数十人造为诗赋,略论律吕,以合八音之调,作十九章之歌。"②班固认为《郊祀歌》的曲作者是李延年等乐工,而其歌辞则是由汉武帝召集司马相如等数十位文人共同创作的。不过,参与《郊祀歌》歌辞创作的这几十位文人,班固仅提到司马相如的名字,其余的人到底是谁就不得而知了。

《汉书·礼乐志》的这一说法,对于后世的《郊祀歌》研究影响颇为深远,也得到了一大批学者的肯定。罗根泽先生就认为:"是郊祀歌泰半出司马相如等,而李延年为之新声曲,或于词有所润色。但十九章之中,有四章题为邹子乐,邹子当为邹阳。邹阳,景帝时人,未知武帝时尚在否。志又载建始(成

---

① 司马迁:《史记》,第 1177 页。
② 班固:《汉书》,第 1045 页。

帝元号)元年,匡衡奏更换二句,则此十九章者,未必成于一时。"①《汉书·佞幸传》记载:"李延年,中山人,身及父母兄弟皆故倡也……延年善歌,为新变声。是时上方兴天地祠,欲造乐,令司马相如等作诗颂。延年辄承意弦歌所造诗,为之新声曲。"②可见,罗先生所论皆是以《汉书》为本。张永鑫先生则在《汉书·礼乐志》的基础上,又进一步指出:"《郊祀歌十九章》的作者除司马相如外,还有数十人,其中包括吾丘寿王、东方朔、枚皋、董仲舒、萧望之(班固《两都赋序》)、邹阳等人(《汉书·礼乐志》所谓的'邹子乐')。"③张先生的这一观点,主要是以班固的《两都赋序》作为立论根据。《两都赋序》云:"大汉初定,日不暇给。至于武、宣之世,乃崇礼官,考文章。内设金马、石渠之署,外兴乐府、协律之事。以兴废继绝,润色鸿业。是以众庶悦豫,福应尤盛。白麟、赤雁、芝房、宝鼎之歌,荐于郊庙。神雀、五凤、甘露、黄龙之瑞,以为年纪。故言语侍从之臣,若司马相如、虞丘寿王、东方朔、枚皋、王褒、刘向之属,朝夕论思,日月献纳。而公卿大臣:御史大夫倪宽、太常孔臧、太中大夫董仲舒、宗正刘德、太子太傅萧望之等,时时间作。"④此段文字,主要讲述的是武、宣之世辞赋创作的盛况;而其所列举的司马相如、虞丘寿王、东方朔、枚皋、董仲舒、萧望之等人,班固在这里也完全是着眼于他们的辞赋创作。以

---

① 罗根泽:《乐府文学史》,东方出版社,1996,第20页。
② 班固:《汉书》,第3725页。
③ 张永鑫:《汉乐府研究》,江苏古籍出版社,1992,第164页。
④ 费振刚:《全汉赋校注》,第464页。

上这些辞赋作家与《郊祀歌》的歌辞创作并没有必然的联系，因而仅据此就认定他们为《郊祀歌》歌辞的作者是不足以令人信服的。

《郊祀歌》十九章之中，《青阳》《朱明》《西颢》和《玄冥》这四章《汉书·礼乐志》皆注明为"邹子乐"①。《史记·乐书》记载："汉家常以正月上辛祠太一甘泉，以昏时夜祠，到明而终。常有流星经于祠坛上。使僮男僮女七十人俱歌。春歌《青阳》，夏歌《朱明》，秋歌《西暤》，冬歌《玄冥》。世多有，故不论。"②可见，司马迁在这里只是指出了《青阳》《朱明》《西暤》和《玄冥》四章的四时祭歌属性，却没有记载其歌辞的内容以及辞、曲的作者，原因也就在于司马迁认为这一组四时祭歌"世多有，故不论"。邹子是何人？邹子是歌辞作者还是曲作者？这两个问题一直是后世"邹子乐"研究争论的焦点。前面我们已经提到，罗根泽、张永鑫二位先生皆认为"邹子"就是汉景帝时的著名文人邹阳，是《青阳》《朱明》《西颢》和《玄冥》四章的歌辞作者。这一说法颇具代表性，因为多数学者赞同这种观点。如逯钦立就认为："《青阳》《朱阳（明）》《西颢》《玄冥》四篇署邹子乐，或即邹阳之作也。"③也有不少学者对此持不同意见，认定"邹子"应该是《青阳》《朱明》《西颢》和《玄冥》四章的曲作者。张强认为："《郊祀歌》的辞作者应该有武帝、司马相如等以及宣帝和匡衡，歌（曲）作者应有

---

① 班固：《汉书》，第1055—1056页。
② 司马迁：《史记》，第1178页。
③ 逯钦立：《先秦汉魏晋南北朝诗》，中华书局，1983，第154—155页。

李延年、邹子和民间鼓舞乐等。"①张先生仅指出"邹子"应是《郊祀歌》的曲作者之一,并没有考证"邹子"到底为何人。王福利则通过古人署名常规、邹衍其人及邹衍乐、古乐之称谓、汉时"邹子"之称特指"邹衍"、邹衍学说对董仲舒的影响及其在武帝朝的地位、《乐府诗集》所载乐歌的惯例等多方面的详细考证与综合分析,认为汉郊祀四时祭歌中的"邹子乐"实为所奏乐名,而非指歌辞作者,这里的"邹子"指战国时的邹衍而非汉时的邹阳。② 由此看来,"邹子乐"研究目前仍有很大的分歧,一时还难以达成共识。

《郊祀歌》的创作离不开汉武帝的领导与支持,《郊祀歌》能够问世汉武帝可以说是起着至关重要的作用。汉武帝不仅是此次创作活动的发起人和组织者,而且还亲自参与了部分歌辞的写作。逯钦立认为:"此乐歌如《天马》《景星》《齐房》《朝陇首》《象载瑜》诸篇,《武纪》悉谓武帝作……惟乐章既不容分割,歌辞亦当经人删定,故今统编阙名卷中,不再析出。"③龙文玲认为:"汉武帝在《郊祀歌》创作中不仅起领导作用,而且还亲自参与了其中五章颂瑞诗的创作。"④汉武帝本人直接参与了《郊祀歌》中《天马》等五章颂瑞诗的歌辞创作,这一观点应该说还是比较可信的。

---

①张强:《〈郊祀歌〉考论》,《淮阴师范学院学报》1998年第3期。
②王福利:《汉郊祀歌中"邹子乐"的含义及其相关问题》,载吴相洲:《乐府学》第三辑,学苑出版社,2008,第91—117页。
③逯钦立:《先秦汉魏晋南北朝诗》,第154—155页。
④龙文玲:《汉〈郊祀歌〉十九章作者辨证》,《学术论坛》2005年第4期。

《郊祀歌》十九章创作于汉武帝时期，但流传至今的歌辞肯定又经过了后世文人的加工、润色和改动。据《汉书·礼乐志》载，汉成帝时匡衡曾经对《郊祀歌》的歌辞作过改动。在《惟泰元》一章的篇名下面，班固作注称："建始元年，丞相匡衡奏罢'鸾路龙鳞'，更定诗曰'涓选休成'。"①而在《天地》一章的篇名下面，班固又注曰："丞相匡衡奏罢'黼绣周张'，更定诗曰'肃若旧典'。"②建始为汉成帝年号，而匡衡是元帝末年与成帝初年的丞相。再如由两首同名歌诗组成的《天马》一章，《汉书·礼乐志》所录的歌辞就与《史记·乐书》的记载有着很大的差异。所以说，《郊祀歌》十九章自汉武帝时期产生，到《汉书·礼乐志》最后改定，其间应该有一个再加工与润色的过程。

　　综上所述，《郊祀歌》十九章的歌辞作者，根据现存的文献记载研究者已经很难一一认定。但是，有一点还是明确的，那就是汉武帝对于《郊祀歌》的歌辞写作起到了极为重要的影响作用。汉武帝不仅是整个《郊祀歌》创作活动的组织者和领导者，而且他还亲自参与了一些歌辞的写作，再加上汉武帝人间帝王这一特殊的身份，其他参与歌辞写作的文人也必然会自觉地迎合汉家天子的心理需要。也正因为如此，汉武帝当年的创作动机与目的，自然也就成为了今天我们解读《郊祀歌》十九章不容忽视的一个关键性因素。

---

① 班固：《汉书》，第 1057 页。
② 班固：《汉书》，第 1058 页。

二、民间信仰与《郊祀歌》的神仙情结

《郊祀歌》十九章既不是出自一人之手,也不是一时一地之作。据《汉书·礼乐志》记载,《朝陇首》是"元狩元年行幸雍获白麟作"①,而《象载瑜》则是"太始三年行幸东海获赤雁作"②。从元狩元年(公元前122年)到太始三年(公元前94年),《郊祀歌》创作时间跨度之长由此可见。

《郊祀歌》十九章之中,首章《练时日》是迎神曲,末章《赤蛟》是送神曲;《天马》《景星》《齐房》《朝陇首》和《象载瑜》这五章属于一类,皆是歌咏祥瑞之作;其余十二章则分别祭祀天地诸神。

(一)祭神与求仙

西汉初年朝廷的郊祀活动,在沿袭秦时旧制的基础上,又有所发展。《史记·封禅书》记载:"(汉高祖)二年,东击项籍而还入关,问:'故秦时上帝祠何帝也?'对曰:'四帝,有白、青、黄、赤帝之祠。'高祖曰:'吾闻天有五帝,而有四,何也?'莫知其说。于是高祖曰:'吾知之矣,乃待我而具五也。'乃立黑帝祠,命曰北畤。有司进祠,上不亲往。悉召故秦祝官,复

---

① 班固:《汉书》,第1068页。
② 班固:《汉书》,第1069页。

置太祝、太宰,如其故仪礼。因令县为公社。下诏曰:'吾甚重祠而敬祭。今上帝之祭及山川诸神当祠者,各以其时礼祠之如故。'"①于是,秦朝原有的白、青、黄、赤四帝并祀,在汉高祖刘邦增设黑帝祠之后,就变成了汉初的五帝并祀。

到了汉武帝时,方士谬忌又建议朝廷在已有的五帝之上设立太一神。《史记·封禅书》云:"亳人谬忌奏祠太一方,曰:'天神贵者太一,太一佐曰五帝。古者天子以春秋祭太一东南郊,用太牢,七日,为坛开八通之鬼道。'于是天子令太祝立其祠长安东南郊,常奉祠如忌方。"②谬忌的这一提议,因其适应了汉家天子大一统的政治需要而被采纳。汉初祭祀上帝时五帝并祀的局面,便由此而结束。这样太一神就成了汉武帝时期天界与人间的最高统治者,成了真正意义上的众神之主,而原来的五帝则被降格为太一之佐。

太一神作为唯一的宇宙主宰,其至上神地位被汉武帝确立后,朝廷在举行郊祀活动时,太一神自然也就成了最为重要的祭祀对象。《郊祀歌》十九章之中,《惟泰元》一章便是用来祭祀太一神的。《惟泰元》云:

> 惟泰元尊,媪神蕃厘,经纬天地,作成四时。精建日月,星辰度理,阴阳五行,周而复始。云风雷电,降甘露雨,百姓蕃滋,咸循厥绪。继统共勤,顺皇之德,鸾路龙

---

① 司马迁:《史记》,第1378页。
② 司马迁:《史记》,第1386页。

鳞,罔不胗饰。嘉笾列陈,庶几宴享,灭除凶灾,烈腾八荒。钟鼓竽笙,云舞翔翔,招摇灵旗,九夷宾将。①

祭祀者对于太一神的顶礼膜拜,在这首歌诗中表现得非常明显。歌辞称太一神"经纬天地,作成四时""精建日月,星辰度理",是宇宙万物的开创者;宇宙中的一切,诸如"云风雷电""降甘露雨"和"百姓蕃滋"等,也都是由太一神来统一安排的;太一神还可以帮助世人"灭除凶灾"。

早在先秦时期,楚人就已经开始祭祀"东皇太一"了。屈原《九歌·东皇太一》云:"吉日兮辰良,穆将愉兮上皇。抚长剑兮玉珥,璆锵鸣兮琳琅。瑶席兮玉瑱,盍将把兮琼芳。蕙肴蒸兮兰藉,奠桂酒兮椒浆。扬枹兮拊鼓,疏缓节兮安歌,陈竽瑟兮浩倡。灵偃蹇兮姣服,芳菲菲兮满堂。五音纷兮繁会,君欣欣兮乐康。"②王逸《楚辞章句》注曰:"上皇,谓东皇太一也。言己将修祭祀,必择吉良之日,斋戒恭敬,以宴乐天神也。"③另外,在宋玉的《高唐赋》中,也出现了"太一"。《高唐赋》云:"有方之士,羡门、高溪、上成、郁林、公乐、聚谷。进纯牺,祷琁室,醮诸神,礼太一。"④"醮诸神,礼太一",作者在此刻意突出了"太一",有意识地将"太一"与其他众神区别开

---

① 班固:《汉书》,第 1057 页。
② 洪兴祖:《楚辞补注》,第 55—57 页。
③ 洪兴祖:《楚辞补注》,第 55 页。
④ 李善、吕延济、刘良等:《六臣注文选》,第 349 页。

来,"太一"作为众神之主的尊贵地位显而易见。由此看来,方士谬忌所谓"古者天子以春秋祭太一东南郊"的说法,应该是有所依据的,至少在战国时期的楚国就已经出现了祭祀"太一"之礼。《汉书·礼乐志》记载:"凡乐,乐其所生,礼不忘本。高祖乐楚声,故《房中乐》楚声也。"①汉高祖喜欢楚声,其后人汉武帝有楚歌《秋风辞》传世,亦颇好楚声。《郊祀歌》中的《天地》一章,就提到了当年汉武帝祭祀"泰一"时演奏"九歌"的情形:"千童罗舞成八溢,合好效欢虞泰一。九歌毕奏斐然殊,鸣琴竽瑟会轩朱。"②可见,《郊祀歌》所祭祀的"泰一(太一)",其源头可能就是《九歌》中的"东皇太一",二者应该是一脉相承的。

在汉武帝亲自参与制定的一系列郊祀之礼中,祭祀太一神的仪式应该是最为隆重的,其场面之大、规格之高,都远远超过了其他诸神。《史记·乐书》记载:"汉家常以正月上辛祠太一甘泉,以昏时夜祠,到明而终。常有流星经于祠坛上。使僮男僮女七十人俱歌。"③班固在《汉书·郊祀志》中也有关于汉武帝当年郊祀"泰一"时的场面描写:"上遂郊雍,至陇西,登空桐,幸甘泉。令祠官宽舒等具泰一祠坛,祠坛放亳忌泰一坛,三陔。五帝坛环居其下,各如其方。黄帝西南,除八

---

① 班固:《汉书》,第 1043 页。
② 班固:《汉书》,第 1058 页。
③ 司马迁:《史记》,第 1178 页。

通鬼道……泰一祝宰则衣紫及绣,五帝各如其色,日赤,月白。"①元封元年,汉武帝封禅泰山的时候,其所用的祭礼即"如郊祠泰一之礼"②。太一神既然是众神之主,那么,人世间的一切事情自然也都应该听从太一神的安排。《史记·孝武本纪》记载:"其秋,为伐南越,告祷泰一,以牡荆画幡日月北斗登龙,以象天一三星,为泰一锋,名曰'灵旗'。为兵祷,则太史奉以指所伐国。"③汉武帝时期,就连出兵讨伐敌国,也要先"告祷泰一"。可见,在汉武帝的心目中,太一神是可以帮助自己实现一切人生愿望的。

那么,汉武帝最大的人生愿望又是什么呢?《汉书·食货志》记载:"至武帝之初七十年间,国家亡事,非遇水旱,则民人给家足,都鄙廪庾尽满,而府库余财。京师之钱累百巨万,贯朽而不可校。太仓之粟陈陈相因,充溢露积于外,腐败不可食。众庶街巷有马,阡陌之间成群,乘牸牝者摈而不得会聚。守闾阎者食粱肉;为吏者长子孙;居官者以为姓号。人人自爱而重犯法,先行谊而黜愧辱焉。"④经过西汉初期几代帝王的无为而治、休养生息,到了汉武帝的时候,汉王朝的国力已经达到了前所未有的强盛。汉武帝可以说是一位具有雄才大略

---

① 班固:《汉书》,第 1230 页。
② 司马迁:《史记》,第 475 页。
③ 司马迁:《史记》,第 471 页。
④ 班固:《汉书》,第 1135—1136 页。

的君主,其在位期间北击匈奴、开疆拓土、罢黜百家、独尊儒术,从而形成了中国历史上规模空前的大一统的中央集权的政治格局。正如汉武帝本人所说的那样,"欢乐极兮哀情多,少壮几时兮奈老何"①,大汉王朝繁荣昌盛的辉煌景象、人间帝王应有尽有的奢侈生活,让汉武帝产生了人生短暂的悲哀与无奈,与此同时也使其萌生了追求长生不死的强烈愿望。

秦汉时期民间流行的神仙信仰,给汉武帝带来了长生不死的希望。神仙方士们也正是抓住和利用了汉武帝渴望升仙不死的这一心理,纷纷从民间走向帝都,通过卖弄各种各样的方术来欺骗汉武帝,借以达到他们自己不可告人的目的。李少君、齐人少翁、栾大和公孙卿等,都是活跃于汉武帝身边的有名的神仙方士。甘泉宫是汉武帝祭神的重要场所,而甘泉宫就是汉武帝接受齐人少翁的提议而修建的。《史记·封禅书》记载:"齐人少翁以鬼神方见上。上有所幸王夫人,夫人卒,少翁以方盖夜致王夫人及灶鬼之貌云,天子自帷中望见焉。于是乃拜少翁为文成将军,赏赐甚多,以客礼礼之。文成言曰:'上即欲与神通,宫室被服非象神,神物不至。'乃作画云气车,及各以胜日驾车辟恶鬼。又作甘泉宫,中为台室,画天、地、太一诸鬼神,而置祭具以致天神。"②显然,汉武帝祭祀诸神的主要目的,就是为了"与神通",跻身于神仙之列。

---

① 汉武帝:《秋风辞》,载逯钦立:《先秦汉魏晋南北朝诗》,第 94 页。
② 司马迁:《史记》,第 1387—1388 页。

既然太一神是统帅天地众神的宇宙主神,那么,汉武帝能否成为神仙,自然也应该听从太一神的安排。所以,汉武帝要想升仙不死,就必须与太一神建立联系。汉武帝深信在神仙方士们的帮助下,通过一系列的祭神、求仙等举措,自己与太一神之间最终就一定能够实现感应与沟通,"宝鼎""天马"等祥瑞物的出现就是人神之间已经相通的最好证明。董仲舒提出的"天人感应"理论,再加上神仙方士们祭神、求仙的种种虚妄言论,其结果就是汉武帝时期各种各样的祥瑞物大量涌现,最终导致"白麟、赤雁、芝房、宝鼎之歌,荐于郊庙"①。汉武帝时期郊庙歌辞中之所以会出现颂瑞诗,原因即在于此。

汉武帝在位期间,特别重视祭祀。《史记·孝武本纪》记载:"孝武皇帝初即位,尤敬鬼神之祀。"②汉武帝一生举行了大量的祭神活动,其中绝大多数都是在神仙方士们的怂恿和指导下进行的。汉武帝对神灵的祭拜,大多是带有求仙目的的。如《史记·封禅书》记载:"今天子所兴祠,太一、后土,三年亲郊祠,建汉家封禅,五年一修封。薄忌太一及三一、冥羊、马行、赤星,五,宽舒之祠官以岁时致礼。凡六祠,皆太祝领之。至如八神诸神,明年、凡山他名祠,行过则祠,行去则已。方士所兴祠,各自主,其人终则已,祠官不主。他祠皆如其故。今上封禅,其后十二岁而还,遍于五岳、四渎矣。而方士之候

---

① 班固:《两都赋序》,载费振刚:《全汉赋校注》,第 464 页。
② 司马迁:《史记》,第 451 页。

祠神人,入海求蓬莱,终无有验。而公孙卿之候神者,犹以大人之迹为解,无有效。天子益怠厌方士之怪迂语矣,然羁縻不绝,冀遇其真。自此之后,方士言神祠者弥众,然其效可睹矣。"①再如《史记·孝武本纪》记载:"是时既灭南越,越人勇之乃言'越人俗信鬼,而其祠皆见鬼,数有效。昔东瓯王敬鬼,寿至百六十岁。后世谩怠,故衰耗'。乃令越巫立越祝祠,安台无坛,亦祠天神上帝百鬼,而以鸡卜。上信之,越祠鸡卜始用焉。"②由此可见,只要能够让汉武帝实现长生不死的梦想,"天神上帝百鬼"都可以成为其祭祀的对象。

从其歌辞内容来看,《惟泰元》一章应该是不具有求仙意图的,它所表达的只是祭祀者对于太一神的虔诚敬仰、顶礼膜拜和热情颂扬。与《惟泰元》一样,《日出入》一章也是《郊祀歌》中用以祭神的歌诗,其所祭祀的对象显然就是日神。尽管二者同样都是用来祭神的歌诗,但是《日出入》与《惟泰元》之间又有着很大的差异。《日出入》所表现的,并不是世人对于日神的崇敬与赞颂;而是祭祀者本人的人生感受与生命追求。在《郊祀歌》十九章中,《日出入》是一首求仙旨趣表现得较为明显的歌诗:

> 日出入安穷?时世不与人同。故春非我春,夏非我夏,秋非我秋,冬非我冬。泊如四海之池,遍观是邪谓何?

---

① 司马迁:《史记》,第 1403—1404 页。
② 司马迁:《史记》,第 478 页。

吾知所乐,独乐六龙,六龙之调,使我心若。訾黄其何不徕下!①

《汉书·武帝纪》云:"(太始三年)行幸东海,获赤雁,作《朱雁之歌》。幸琅邪,礼日成山。登之罘,浮大海。"②由此可知,《日出入》应该就是创作于太始三年汉武帝"礼日成山"之时。很早以前,齐人就开始在成山举行祭祀日神的活动了,《史记·封禅书》记载:"八神将自古而有之,或曰太公以来作之。齐所以为齐,以天齐也。其祀绝莫知起时。八神:一曰天主,祠天齐……七曰日主,祠成山。成山斗入海,最居齐东北隅,以迎日出云。"③韦昭注曰:"成山在东莱不夜,斗入海。"④并不仅仅是齐地才有祭祀日神的传统,同样楚地也很早就形成了祭祀日神的风俗。战国后期,在屈原所创作的《九歌》之中,就出现了一首著名的祭祀日神的歌诗。《九歌·东君》云:

暾将出兮东方,照吾槛兮扶桑。抚余马兮安驱,夜皎皎兮既明。驾龙辀兮乘雷,载云旗兮委蛇。长太息兮将上,心低徊兮顾怀。羌声色兮娱人,观者憺兮忘归。緪瑟兮交鼓,萧钟兮瑶簴。鸣篪兮吹竽,思灵保兮贤姱。翾飞

---

① 班固:《汉书》,第 1059 页。
② 班固:《汉书》,第 206—207 页。
③ 司马迁:《史记》,第 1367 页。
④ 司马迁:《史记》,第 1368 页。

兮翠曾,展诗兮会舞。应律兮合节,灵之来兮敝日。青云衣兮白霓裳,举长矢兮射天狼。操余弧兮反沧降,援北斗兮酌桂浆。撰余辔兮高驼翔,杳冥冥兮以东行。①

《九歌》反映的是战国时期楚地盛行的巫风习俗,《东君》就是楚人在祭祀日神时由扮演日神的楚巫所唱的歌辞。屈原采用拟人化的手法,以第一人称的口吻,来具体描写日神在天空遨游的情景。与《东君》相比,《日出入》的主角已经不再是祭祀的对象日神,而是变成了歌辞的作者本人。《日出入》的主体内容,也不再是像《东君》那样着力刻画日神驾龙车遨游天空的景象,而是重在抒写由日神的出入无穷所引发的祭祀者自己的主观心理感受。

《日出入》开篇即云:"日出入安穷?时世不与人同。"晋灼注曰:"日月无穷,而人命有终,世长而寿短。"②日出日落,周而复始,没有尽头,而与之相比,人的生命却是那么短暂。"春非我春,夏非我夏,秋非我秋,冬非我冬",便是作辞者忧伤而又无奈心情的自然流露,于是他由此而产生了要像日神那样乘龙升天的强烈愿望:"吾知所乐,独乐六龙,六龙之调,使我心若。"应劭注曰:"《易》曰:'时乘六龙以御天'。武帝愿乘六龙,仙而升天,曰'吾所乐独乘六龙然,御六龙得其调,使

---

① 洪兴祖:《楚辞补注》,第 74—76 页。
② 班固:《汉书》,第 1059 页。

我心若'"。①据《史记·孝武本纪》记载，方士公孙卿曾经向汉武帝讲述过黄帝乘龙升仙的故事："中国华山、首山、太室、泰山、东莱，此五山黄帝之所常游，与神会。黄帝且战且学仙。患百姓非其道者，乃断斩非鬼神者。百余岁然后得与神通。黄帝郊雍上帝，宿三月。鬼臾区号大鸿，死葬雍，故鸿冢是也。其后黄帝接万灵明廷。明廷者，甘泉也。所谓寒门者，谷口也。黄帝采首山铜，铸鼎荆山下。鼎既成，有龙垂胡须下迎黄帝。黄帝上骑，群臣后宫从上龙七十余人，乃上去。余小臣不得上，乃悉持龙须，龙须拔，堕黄帝之弓。百姓仰望黄帝既上天，乃抱其弓与龙胡须号。故后世因名其处曰鼎湖，其弓曰乌号。"②公孙卿把黄帝乘龙升仙的情景描绘得活灵活现、有声有色，汉武帝听后非常羡慕，感叹不已，情不自禁地说："嗟乎！吾诚得如黄帝，吾视去妻子如脱躧耳。"③此后，乘龙升仙便成为汉武帝的向往和追求，驾龙车在太空自由遨游的日神，再一次引发了他乘龙升仙的渴望与幻想。

在诗歌的结尾处，作者更是毫不掩饰地大声呼唤："訾黄其何不徕下！"应劭注曰："訾黄一名乘黄，龙翼而马身，黄帝乘之而仙。"④这一声呼喊，是汉武帝热切期盼神龙由天而降、

---

① 班固：《汉书》，第1060页。
② 司马迁：《史记》，第468页。
③ 司马迁：《史记》，第468页。
④ 班固：《汉书》，第1060页。

实现升仙不死心理的直接表露。

可见,由于汉武帝将祭神与求仙相结合,使得《日出入》这样一首祭祀日神的歌诗,却表现出了追求升仙不死的人生意蕴。

(二) 颂瑞与求仙

《郊祀歌》十九章之中,《天马》《景星》《齐房》《朝陇首》和《象载瑜》这五章比较特殊,它们不是传统意义上的祭神歌诗,而是属于歌颂祥瑞之作。相对来说,在这类作品中,求仙旨趣表现得更为明显。

据《汉书·礼乐志》记载,《天马》一章,实际上是由同一题材的两首歌诗组成的。第一首是"元狩三年马生渥洼水中作"①,其辞为:"太一况,天马下,沾赤汗,沫流赭。志俶傥,精权奇,籋浮云,晻上驰。体容与,迣万里,今安匹,龙为友。"②第二首是"太初四年诛宛王获宛马作"③,其辞为:"天马徕,从西极,涉流沙,九夷服。天马徕,出泉水,虎脊两,化若鬼。天马徕,历无草,径千里,循东道。天马徕,执徐时,将摇举,谁与期? 天马徕,开远门,竦予身,逝昆仑。天马徕,龙之媒,游阊

---

① 班固:《汉书》,第 1060 页。
② 班固:《汉书》,第 1060 页。
③ 班固:《汉书》,第 1061 页。

阊,观玉台。"①因其所咏对象相同,所以在《郊祀歌》十九章中它们就被合并成了一章。在《史记·乐书》中,亦有这两首歌诗的相关记载:"又尝得神马渥洼水中,复次以为《太一之歌》。歌曲曰:'太一贡兮天马下,沾赤汗兮沫流赭。骋容与兮跇万里,今安匹兮龙为友。'后伐大宛得千里马,马名蒲梢,次作以为歌。歌诗曰:'天马来兮从西极,经万里兮归有德。承灵威兮降外国,涉流沙兮四夷服。'"②可见,《天马》一章,《汉书·礼乐志》所收录的歌辞,已经与《史记·乐书》的记载有了很大的差异。这说明从《史记·乐书》到《汉书·礼乐志》,其间《郊祀歌》又经过了进一步的加工和润色。

据《史记·乐书》记载,汉武帝当年将《天马》一章用于朝廷郊庙祭祀的时候,就有大臣对此公开表示反对:

中尉汲黯进曰:"凡王者作乐,上以承祖宗,下以化兆民。今陛下得马,诗以为歌,协于宗庙,先帝百姓岂能知其音邪?"上默然不说。丞相公孙弘曰:"黯诽谤圣制,当族。"③

汉武帝不顾大臣的反对而执意要把这两首歌颂"天马"的乐歌用于郊庙祭祀,他这样做是有原因的。在汉武帝看来,"天马"可不是一匹普通的马,而是一匹神马,是"龙之媒""龙之

---

① 班固:《汉书》,第 1060—1061 页。
② 司马迁:《史记》,第 1178 页。
③ 司马迁:《史记》,第 1178 页。

友"。在中国古代,龙、马经常并称,二者之间原本就有渊源关系。《周礼·廋人》曰:"马八尺以上为龙,七尺以上为𩢷,六尺以上为马。"①"天马徕,龙之媒",应劭注曰:"言天马者乃神龙之类,今天马已来,此龙必至之效也。"②自从听了方士公孙卿所讲述的黄帝乘龙升仙的故事后,乘龙升仙就成了汉武帝的梦想与追求。"天马"既然是"神龙之类",那么,它的到来,自然也就让汉武帝产生了"升仙"之幻想。

《天马》等专门歌颂祥瑞的乐歌,之所以会出现于《郊祀歌》十九章之中,这与汉武帝时期董仲舒提出的"天人感应"理论有着直接的关系。《汉书·五行志》记载:"汉兴,承秦灭学之后,景、武之世,董仲舒治《公羊春秋》,始推阴阳,为儒者宗。"③董仲舒的"天人感应"理论,是其在前人诸说的基础上,又经过了进一步发展完善而形成的一整套系统的思想体系。董仲舒先是确立了"天"作为宇宙主宰的至上神的地位,如董仲舒在《春秋繁露·郊祭》中称:"天者,百神之大君也。事天不备,虽百神犹无益也。"④然后,董仲舒又指出天人之间能够相互感应、沟通,是因为"人副天数"。《春秋繁露·人副天数》称:"天地之精所以生物者,莫贵于人……人有三百六十

---

① 孙诒让:《周礼正义》,第 2629 页。
② 班固:《汉书》,第 1061 页。
③ 班固:《汉书》,第 1317 页。
④ 董仲舒:《春秋繁露》,第 83 页。

节,偶天之数也;形体骨肉,偶地之厚也;上有耳目聪明,日月之象也;体有空窍理脉,川谷之象也;心有哀乐喜怒,神气之类也。"①最后,董仲舒认为"天人感应"的具体表现形式,就是"天"通过出祥瑞、降灾异对人间的政治得失作出反应,如《春秋繁露·王道》称:"道,王道也。王者,人之始也。王正则元气和顺,风雨时,景星见,黄龙下。王不正则上变天,贼气并见。"②再如《春秋繁露·同类相动》称:"帝王之将兴也,其美祥亦先见;其将亡也,妖孽亦先见。"③汉武帝时期的"太一神",就相当于被董仲舒称之为"百神之大君"的"天"。那么,根据董仲舒的"天人感应"理论,"天马"就是汉武帝这一圣主明君兴起后,上天(太一神)特意降下的祥瑞之物。

"太一况,天马下",诗歌一开篇就明确指出,"天马"可不是一般的马,它是太一神专门赐予汉家天子的神异之物。"沾赤汗,沫流赭",应劭注曰:"大宛马汗血沾濡也,流沫如赭也。"④又《后汉书·东平宪王苍传》记载:"并遗宛马一匹,血从前髆上小孔中出。常闻武帝歌天马,沾赤汗,今亲见其然也。"⑤可见,这一句歌辞并非完全出自作者的浪漫幻想,它是带有一定写实成分的。"今安匹,龙为友",则纯属于作者的

---

① 董仲舒:《春秋繁露》,第75页。
② 董仲舒:《春秋繁露》,第25页。
③ 董仲舒:《春秋繁露》,第76页。
④ 班固:《汉书》,第1060页。
⑤ 范晔:《后汉书》,第1439页。

想象之辞。"天马"既然属于神龙之类,那么它终将会腾飞上天的。"将摇举,谁与期",除了人间帝王,还能有谁?在辞作者的心目中,"天马"从遥远的"西极""涉流沙""历无草",不远万里,"循东道"而来,目的就是来迎接汉武帝的。有了"天马",汉武帝就能够进入昆仑仙境,"游阊阖""观玉台",实现升仙不死的梦想。

总之,《天马》等歌颂祥瑞的歌诗,之所以会出现于《郊祀歌》十九章之中,其根本原因就在于汉武帝对成仙不死的渴望与追求。

(三)封禅与求仙

《郊祀歌》中的这些歌颂祥瑞之作,能够成为朝廷的郊庙祭歌,除了与这一时期董仲舒的"天人感应"理论、太一神信仰直接相关外,与汉武帝所举行的泰山封禅活动亦有着十分密切的关系。如《象载瑜》云:

象载瑜,白集西,食甘露,饮荣泉。赤雁集,六纷员,殊翁杂,五采文。神所见,施祉福,登蓬莱,结无极。①

《象载瑜》又称《朱雁之歌》。据《汉书·武帝纪》记载,"(汉武帝太始三年)行幸东海,获赤雁,作《朱雁之歌》"②。《象载瑜》的产生,与汉武帝封禅泰山有关。封禅泰山也是汉武帝当

---

① 班固:《汉书》,第 1069 页。
② 班固:《汉书》,第 206 页。

年追求升仙不死的主要举措之一。方士李少君、公孙卿等人,都曾经向汉武帝鼓吹过所谓的"封禅不死"理论。据《史记·孝武本纪》记载,方士李少君曾经对汉武帝说过:"祠灶则致物,致物而丹沙可化为黄金,黄金成以为饮食器则益寿,益寿而海中蓬莱仙者可见,见之以封禅则不死,黄帝是也。臣尝游海上,见安期生,食臣枣,大如瓜。安期生仙者,通蓬莱中,合则见人,不合则隐。"①方士公孙卿也曾经欺骗汉武帝说:"申功,齐人也。与安期生通,受黄帝言,无书,独有此鼎书。曰'汉兴复当黄帝之时。汉之圣者在高祖之孙且曾孙也。宝鼎出而与神通,封禅。封禅七十二王,唯黄帝得上泰山封'。"②又说:"申功曰:'汉主亦当上封,上封则能仙登天矣。'"③汉武帝封禅泰山的真正目的,就是为了接遇"蓬莱仙者",实现升仙不死的梦想。所以,汉武帝在封禅泰山后,接下来大多都是要去东海边望祀蓬莱。如元封元年汉武帝举行的第一次封禅泰山活动:"封泰山下东方,如郊祠泰一之礼……明日,下阴道。丙辰,禅泰山下址东北肃然山,如祭后土礼……天子既已封禅泰山,无风雨灾,而方士更言蓬莱诸神山若将可得,于是上欣然庶几遇之,乃复东至海上望,冀遇蓬莱焉。"④再如太初

---

① 司马迁:《史记》,第 455 页。
② 司马迁:《史记》,第 467 页。
③ 司马迁:《史记》,第 467 页。
④ 司马迁:《史记》,第 475—476 页。

元年汉武帝的封禅:"十一月甲子朔旦冬至,推历者以本统。天子亲至泰山,以十一月甲子朔旦冬至日祠上帝明堂,每修封禅……东至海上,考入海及方士求神者,莫验,然益遣,冀遇之……十二月甲午朔,上亲禅高里,祠后土。临渤海,将以望祠蓬莱之属,冀至殊庭焉。"①服虔注曰:"殊庭者,异也。言入仙人异域也。"②汉武帝封禅泰山、望祀蓬莱的求仙活动,在《郊祀歌》的《天门》一诗中也有所反映:"泛泛滇滇从高斿,殷勤此路胪所求……专精厉意逝九阂,纷云六幕浮大海。"③"从高斿"与"浮大海",正是汉武帝封禅泰山、望祀蓬莱的真实写照。

太始三年,汉武帝又一次东巡海上,虽然依旧没有遇到自己朝思暮想的蓬莱仙人,但这次毕竟有所收获,获得了赤雁这一祥瑞物。赤雁的出现,给屡次求仙皆不遇的汉武帝带来了希望。在汉武帝的想象中,从大海上飞过来的赤雁,应该就是来自蓬莱仙山的神物。太一神将赤雁这一祥瑞物赐给自己,可能是因为自己祭祀太一、封禅泰山这一系列举措真的有了效果。

《象载瑜》就是歌咏赤雁这一祥瑞物的。在汉武帝看来,海上飞来的这些五彩缤纷的赤雁,可不是一般的飞鸟,而是太

---

① 司马迁:《史记》,第 481 页。
② 司马迁:《史记》,第 482 页。
③ 班固:《汉书》,第 1062 页。

一神特意赐给自己的祥瑞之物。它们"食甘露,饮荣泉",是来自蓬莱仙山的灵物。在汉武帝的幻想中,赤雁就是蓬莱仙人安期生的信使,它们将会引领汉武帝"登蓬莱,结无极",实现升仙不死的梦想。如果说《天马》所表现的是汉武帝对于昆仑仙境的神往,那么《象载瑜》所表现的则是汉武帝对于蓬莱仙境的渴望。

以上从三个方面,对《郊祀歌》的神仙情结进行了具体分析。汉武帝轻信神仙方士们的言论,将祭祀与求仙相结合,从而冲淡了《郊祀歌》作为郊庙祭祀歌诗所应有的庄重虔诚的宗教情绪,使之表现出了浓郁的渴望升仙不死的人生意绪。在中国古代郊庙祭祀歌诗中,《郊祀歌》十九章可以说是独树一帜。

三、民间信仰与《郊祀歌》的艺术特色

在《史记·乐书》中,司马迁曾经对《郊祀歌》进行了评价,他说:"通一经之士不能独知其辞,皆集会《五经》家,相与共讲习读之,乃能通知其意,多尔雅之文。"① 王世贞在《艺苑卮言》中也对《郊祀歌》有过评价,他说:"《诗谱》称《汉郊庙》十九章'锻意刻酷,炼字神奇',信哉。然失之太峻,有《秦

---

① 司马迁:《史记》,第1177页。

风·小戎》之遗,非《颂》诗比也。"①今天看来,《郊祀歌》确实是有点儿古奥艰深、晦涩难懂。导致《郊祀歌》难以索解的原因应该是多方面的,神仙信仰的渗入就是一个十分重要的原因。《郊祀歌》是汉武帝将祭祀与求仙相结合的产物,如果仅从郊庙歌辞传统的敬神崇祖这一角度来看,《郊祀歌》自然会有很多让人费解的地方。胡应麟在《诗薮》中曾称《郊祀歌》"虽语极古奥,倘潜心读之,皆文从字顺,旨趣瞭然"②。我们从《郊祀歌》的产生背景入手,对其神仙长生旨趣进行深入考察后,《郊祀歌》也就变得比较容易理解了。

《郊祀歌》对于升仙不死的渴望与追求,使其在中国古代郊庙祭祀歌诗中显得与众不同。而在艺术表现方面,《郊祀歌》关于人神相通的奇妙幻想以及虚实相生的场景描写等,也都有其值得称道的独特之处。

(一)人神相通的奇妙幻想

汉武帝时期,神仙方士们极为活跃,在他们的鼓吹、怂恿和指导下,汉武帝举行了一系列大规模的求仙活动。如《史记·孝武本纪》称:"(栾)大见数月,佩六印,贵振天下,而海上燕齐之间,莫不扼捥而自言有禁方,能神仙矣。"③又称:"上

---

① 罗仲鼎:《艺苑卮言校注》,齐鲁书社,1992,第77页。
② 胡应麟:《诗薮》,中华书局,1958,第7页。
③ 司马迁:《史记》,第463—464页。

遂东巡海上,行礼祠八神。齐人之上疏言神怪奇方者以万数,然无验者。乃益发船,令言海中神山者数千人求蓬莱神人……宿留海上,与方士传车及间使求仙人以千数……遂至东莱,宿留之数日,毋所见,见大人迹。复遣方士求神怪采芝药以千数。"①汉武帝在听了方士公孙卿"仙人好楼居"的一番话之后,就"令长安则作蜚廉桂观,甘泉则作益延寿观,使卿持节设具而候神人。乃作通天台,置祠具其下,将招来神仙之属。于是甘泉更置前殿,始广诸宫室"②。柏梁台被烧毁后,汉武帝就听从方士之言,开始建造建章宫。《史记·孝武本纪》记载:"上还,以柏梁灾故,朝受计甘泉。公孙卿曰:'黄帝就青灵台,十二日烧,黄帝乃治明庭。明庭,甘泉也。'方士多言古帝王有都甘泉者……勇之乃曰:'越俗有火灾,复起屋必以大,用胜服之。'于是作建章宫,度为千门万户。前殿度高未央,其东则凤阙,高二十余丈。其西则唐中,数十里虎圈。其北治大池,渐台高二十余丈,名曰泰液池,中有蓬莱、方丈、瀛洲、壶梁,象海中神山龟鱼之属。"③建章宫建有泰液池,池内专门修建了蓬莱、方丈、瀛洲等山,又把"龟鱼之属"防止其中,于是在建章宫泰液池内就出现了传说中的海外仙山景象。受汉武帝的影响,郡国各地也都开始大规模修建宫观楼台等

---

①司马迁:《史记》,第 474—477 页。
②司马迁:《史记》,第 478—479 页。
③司马迁:《史记》,第 482 页。

迎神候仙的场所。《史记·孝武本纪》记载:"(公孙)卿曰:'仙者非有求人主,人主求之。其道非少宽假,神不来。言神事,事如迂诞,积以岁乃可致。'于是郡国各除道,缮治宫观名山神祠所,以望幸矣。"①汉武帝时期用于迎神候仙的宫观楼台,几乎遍及全国各地。可见,汉武帝的求仙,已经到了十分荒唐的痴迷程度。

汉武帝对于求仙近乎疯狂的痴迷,使其在祭祀时内心总是充满着人神相通的幻想,热切期盼着神仙的降临。如《天门》云:"光夜烛,德信著,灵浸鸿,长生豫。大朱涂广,夷石为堂,饰玉梢以舞歌,体招摇若永望。星留俞,塞陨光,照紫幄,珠熉黄。幡比翅回集,贰双飞常羊。月穆穆以金波,日华耀以宣明……函蒙祉福常若期,寂谬上天知厥时。泛泛滇滇从高斿,殷勤此路胪所求。佻正嘉吉弘以昌,休嘉砰隐溢四方。专精厉意逝九阂,纷云六幕浮大海。"②"光夜烛,德信著",颜师古注曰:"神光夜照,应诚而来,是德信著明。"③"德"与"信"皆为星名,《史记·封禅书》记载:"其(元封元年)秋,有星茀于东井。后十余日,有星茀于三能。望气王朔言:'候独见填星出如瓜,食顷复入焉。'有司皆曰:'陛下建汉家封禅,天其报德星云。'其来年冬,郊雍五帝。还,拜祝祠太一。赞飨曰:

---

① 司马迁:《史记》,第 472 页。
② 班固:《汉书》,第 1061—1062 页。
③ 班固:《汉书》,第 1062 页。

'德星昭衍,厥维休祥。寿星仍出,渊耀光明。信星昭见,皇帝敬拜太祝之享。'"①"灵寖鸿,长生豫",颜师古注曰:"神灵德泽所浸,溥博无私,其福甚大,故我得长生之道而安豫也。"②由此看来,在《天门》一诗中,其作者所祈求的,实际上还是神仙长生之道。"函蒙祉福常若期,寂漻上天知厥时",应劭注曰:"言天虽寂漻高远,而知我飨荐之时也。"③至此,在祭祀者的想象中,人神之间已经实现了感应与沟通。

再如《景星》,其歌辞为:

　　景星显见,信星彪列,象载昭庭,日亲以察。参侔开阖,爰推本纪,汾脽出鼎,皇祐元始。五音六律,依韦飨昭,杂变并会,雅声远姚。空桑琴瑟结信成,四兴递代八风生。殷殷钟石羽籥鸣。河龙供鲤醇牺牲。百末旨酒布兰生。泰尊柘浆析朝酲。微感心攸通修名,周流常羊思所并。穰穰复正直往宁,冯蠵切和疏写平。上天布施后土成,穰穰丰年四时荣。④

据《汉书·礼乐志》记载,《景星》是"元鼎五年得鼎汾阴作"⑤。《景星》又被称为《宝鼎之歌》,《汉书·武帝纪》记载:"六月,得宝鼎后土祠旁。秋,马生渥洼水中。作《宝鼎》《天

---

① 司马迁:《史记》,第 1399 页。
② 班固:《汉书》,第 1062 页。
③ 班固:《汉书》,第 1063 页。
④ 班固:《汉书》,第 1063 页。
⑤ 班固:《汉书》,第 1064 页。

马之歌》。"①在《史记·孝武本纪》中,有关于"得鼎汾阴"的详细记载:"其夏六月中,汾阴巫锦为民祠魏脽后土营旁,见地如钩状,掊视得鼎。鼎大异于众鼎,文镂毋款识,怪之,言吏。吏告河东太守胜,胜以闻。天子使使验问巫锦得鼎无奸诈,乃以礼祠,迎鼎至甘泉,从行,上荐之。至中山,晏温,有黄云盖焉。有麃过,上自射之,因以祭云。至长安,公卿大夫皆议请尊宝鼎。天子曰:'间者河溢,岁数不登,故巡祭后土,祈为百姓育谷。今年丰庑未有报,鼎曷为出哉?'有司皆曰:'闻昔大帝兴神鼎一,一者一统,天地万物所系终也。黄帝作宝鼎三,象天地人也。禹收九牧之金,铸九鼎,皆尝鬺烹上帝鬼神。遭圣则兴,迁于夏商。周德衰,宋之社亡,鼎乃沦伏而不见……今鼎至甘泉,光润龙变,承休无疆。合兹中山,有黄白云降盖,若兽为符,路弓乘矢,集获坛下,报祠大飨。惟受命而帝者心知其意而合德焉。鼎宜见于祖祢,藏于帝廷,以合明应。'制曰:'可。'"②"景星",如淳注曰:"景星者,德星也,见无常,常出有道之国。"③德星已经显现了,而宝鼎也在汾阴出现了,这说明汉武帝的祭祀已经得到了天帝(太一神)的认可,人神之间已经开始感应与沟通了。"微感心攸通修名",颜师古注

---

① 班固:《汉书》,第 184 页。
② 司马迁:《史记》,第 464—465 页。
③ 班固:《汉书》,第 1064 页。

曰:"言精微所应,其心攸远,故得通达成长久之名。"①由此可见,《景星》的作者虔诚期盼天人感应、人神相通的目的,还是要实现自己升仙不死的梦想。"周流常羊思所并",颜师古注曰:"周流,犹周行也。常羊,犹逍遥也。思所并,思与神道合也,下言合所思是也。"②颜师古所说的"合所思",出自《华烨烨》一章。《华烨烨》云:"华烨烨,固灵根。神之斿,过天门,车千乘,敦昆仑。神之出,排玉房,周流杂,拔兰堂。神之行,旌容容,骑沓沓,般纵纵。神之徕,泛翊翊,甘露降,庆云集。神之揄,临坛宇,九疑宾,夔龙舞。神安坐,翔吉时,共翊翊,合所思。神嘉虞,申贰觞,福滂洋,迈延长。沛施祐,汾之阿,扬金光,横泰河,莽若云,增阳波。遍胪欢,腾天歌。"③在祭祀者的想象中,众多神仙经由天门、昆仑,一起从仙界来到人间;一路上,神仙队伍"车千乘""旌容容""骑沓沓""般纵纵",可以说是浩浩荡荡;神仙们所经之处,"甘露降""庆云集",已给世人带来了福祉。在降临人间祭坛之后,神仙们安坐回翔,开始尽情享用祭祀者提供的祭品。正是在这种匪夷所思的宗教体验中,人神之间最终完成了情感的交流,实现了心意的相通。这里的"共翊翊,合所思",与《景星》中的"微感心攸通修名,周流常羊思所并",还有《五神》中的"交于神,若有承"等,都

---

① 班固:《汉书》,第 1065 页。
② 班固:《汉书》,第 1065 页。
③ 班固:《汉书》,第 1066 页。

是祭祀者热切期盼天人感应、人神相通这一虔诚微妙心理的真实反映。而祭祀者渴望天人感应、人神相通的最终目的,则是要实现自己升仙不死的梦想。

再如《赤蛟》云:

> 赤蛟绥,黄华盖,露夜零,昼晻薆。百君礼,六龙位,勺椒浆,灵已醉。灵既享,锡吉祥,芒芒极,降嘉觞。灵殷殷,烂扬光,延寿命,永未央。杳冥冥,塞六合,泽汪濊,辑万国。灵禗禗,象舆轙,票然逝,旗逶蛇。礼乐成,灵将归,托玄德,长无衰。①

"托玄德,长无衰",颜师古注曰:"言托恃天德,冀获长生,无衰竭也。"②《赤蛟》是送神曲,祭祀即将结束,但祭祀者却仍在反复咏叹:"延寿命,永未央"、"托玄德,长无衰",还在幻想着通过天人感应、人神相通,实现成仙不死的梦想。可见,《郊祀歌》始终都贯穿着人神相通的奇妙幻想。

(二) 虚实相生的场景描写

虚实相生的场景描写,也是《郊祀歌》的一个比较突出的艺术特色。《郊祀歌》在具体描绘祭祀过程中天人感应、人神相通的各种奇思妙想时,大多采用虚实相生的表现手法,取得了亦真亦幻的艺术效果。

---

① 班固:《汉书》,第 1069—1070 页。
② 班固:《汉书》,第 1070 页。

《郊祀歌》虚实相生的场景描写，在那些歌颂祥瑞的作品中表现得最为明显。如《象载瑜》中的"赤雁集，六纷员，殊翁杂，五采文"，颜师古注曰："言六者，所获赤雁之数也。纷员，多貌也。"①又孟康注曰："翁，雁颈也。言其文采殊异也。"②可见，这几句歌辞基本上属于写实，是对汉武帝东巡海上时所获得的赤雁这一祥瑞物的形象描述。而接下来的"神所见，施祉福，登蓬莱，结无极"，就属于虚写。颜师古注曰："见，显示也。蓬莱，神山也，在海中。结，成也。"③很明显，这几句歌辞所描写的，则是汉武帝见到赤雁这一祥瑞物后所产生的登上蓬莱仙山、实现长生不死的幻想。再如《天马》中的"沾赤汗，沫流赭""志俶傥，精权奇"等，也基本上属于写实，主要描写了汗血宝马与众不同的形貌特征和精神气质；而"从西极，涉流沙""径千里，循东道""竦予身，逝昆仑""游阊阖，观玉台"等，则是由实写到虚写，着重描写由"天马"这一祥瑞物所引发的汉武帝进入昆仑仙境、实现长生不死的幻想。

　　《郊祀歌》虚实相生的场景描写，在那些祭祀天地众神的歌诗中，同样也有着较为明显的表现。如《五神》云："五神相，包四邻，土地广，扬浮云。挖嘉坛，椒兰芳，璧玉精，垂华光。益亿年，美始兴，交于神，若有承。广宣延，咸毕觞，灵舆

---

① 班固:《汉书》，第 1069 页。
② 班固:《汉书》，第 1069 页。
③ 班固:《汉书》，第 1069 页。

位,偃蹇骧。卉汨胪,析奚遗?淫渌泽,汪然归。"①《汉书·郊祀志》记载有汉武帝祭祀太一及五帝时的情形:"祠坛放亳忌泰一坛,三陔。五帝坛环居其下,各如其方。"②可见,"五神相,包四邻,土地广,扬浮云"这几句歌辞基本上属于写实,几乎就是对"五帝坛"形貌的客观描述。"抟嘉坛,椒兰芳",颜师古注曰:"谓摩拭其坛,加以椒兰之芳。"③"璧玉精,垂华光",颜师古注曰:"言礼神之璧乃玉之精英,故有光华也。"④很明显,"抟嘉坛,椒兰芳,璧玉精,垂华光"这几句歌辞所描写的则是用香草、美玉装饰后的"五帝坛"的景象,也应该是属于写实。"益亿年,美始兴",颜师古注曰:"言福庆方兴起也。"⑤"交于神,若有承",颜师古注曰:"言神来降临,故尽其肃恭。"⑥显然,"益亿年,美始兴,交于神,若有承"这几句歌辞则是属于虚写,着重描写祭祀者所产生的天人感应、人神相通的幻想。

再如《天门》云:"大朱涂广,夷石为堂,饰玉梢以舞歌,体招摇若永望。星留俞,塞陨光,照紫幄,珠烦黄。幡比翅回集,贰双飞常羊。月穆穆以金波,日华耀以宣明。假清风轧忽,激

---

① 班固:《汉书》,第 1067 页。
② 班固:《汉书》,第 1230 页。
③ 班固:《汉书》,第 1067 页。
④ 班固:《汉书》,第 1068 页。
⑤ 班固:《汉书》,第 1068 页。
⑥ 班固:《汉书》,第 1068 页。

长至重觞。神裴回若留放,殣冀亲以肆章。"①这段歌辞也属于典型的由实到虚、虚实相生的场景描写。

《郊祀歌》虚实相生的场景描写,与汉武帝时期郊庙祭祀所采用的夜祭形式应该有一定的关系。王长华、许倩在《汉〈郊祀歌〉与汉武帝时期的郊祀礼乐》一文中曾指出:"汉武帝时期的祭礼沿袭的是自夏至楚的夜祭旧制,而并未采用殷周的郊祀之礼,从而表现出与传统儒家礼乐在祭祀方式上的明显不同。"②《郊祀歌》中的不少歌辞,皆可以证明这一夜祭现象的存在。如《天门》中的"光夜烛,德信著""星留俞,塞陨光"和"月穆穆以金波,日华耀以宣明",再如《赤蛟》中的"露夜零,昼晻濴"等。《郊祀歌》所反映的这种夜祭现象,应该与汉人思想意识中鬼神多是在夜间降临这一观念有关。汉武帝时期,方士齐人少翁、栾大都是在夜间招致鬼神,《史记·孝武本纪》有相关记载:

> 齐人少翁以鬼神方见上。上有所幸王夫人,夫人卒,少翁以方术盖夜致王夫人及灶鬼之貌云,天子自帷中望见焉。③

> 天子又刻玉印曰"天道将军",使使衣羽衣,夜立白

---

① 班固:《汉书》,第 1061—1062 页。
② 王长华、许倩:《汉〈郊祀歌〉与汉武帝时期的郊祀礼乐》,《文学评论》2007 年第 1 期。
③ 司马迁:《史记》,第 458 页。

茅上,五利将军亦衣羽衣,立白茅上受印,以示弗臣也。而佩"天道"者,且为天子道天神也。于是五利常夜祠其家,欲以下神。神未至而百鬼集矣,然颇能使之。①

方士们装神弄鬼的欺骗活动,一般都是在夜间进行的。之所以会如此,除了鬼神多在夜晚出现这一传统思想观念的影响外,当然还有方士们想利用夜幕的遮掩而使其骗术不会轻易被人识破这一原因。汉武帝所举行的郊祀活动,大多都是在方士们的指导下进行的,求仙是其最主要的目的。在夜间祭祀时,热切期盼神灵降临的人们就更容易产生各种奇妙的幻想,甚至于还会出现一些幻觉。如《汉书·礼乐志》所记载的汉武帝当年在甘泉宫夜祭时的情形:"以正月上辛用事甘泉圜丘,使童男女七十人俱歌,昏祠至明。夜常有神光如流星止集于祠坛,天子自竹宫而望拜,百官侍祠者数百人皆肃然动心焉。"②《史记·孝武本纪》亦有汉武帝夜祭泰一时的场景描写:"其祠烈火满坛,坛旁烹炊具。有司云'祠上有光焉'。公卿言'皇帝始郊见泰一云阳,有司奉瑄玉嘉牲荐飨,是夜有美光,及昼,黄气上属天'。"③"夜常有神光如流星止集于祠坛""祠上有光""是夜有美光",这些亦真亦幻的景象简直让人真假难辨。《郊祀歌》人神相通的奇妙幻想以及虚实相生的场

---

① 司马迁:《史记》,第463页。
② 班固:《汉书》,第1045页。
③ 司马迁:《史记》,第470页。

景描写,正是在这样的背景下产生的。

四、《郊祀歌》与《安世房中歌》之比较

汉代的郊庙歌辞,今天我们能够见到的仅有《郊祀歌》十九章与《安世房中歌》十七章。尽管《郊祀歌》和《安世房中歌》都是西汉时期朝廷用于郊庙祭祀的乐歌,但是二者之间毕竟又有着很大的差异。

《安世房中歌》十七章,产生于汉高祖时期。《汉书·礼乐志》记载:"高祖时,叔孙通因秦乐人制宗庙乐。大祝迎神于庙门,奏《嘉至》,犹古降神之乐也。皇帝入庙门,奏《永至》,以为行步之节,犹古《采荠》《肆夏》也。干豆上,奏《登歌》,独上歌,不以管弦乱人声,欲在位者遍闻之,犹古《清庙》之歌也。《登歌》再终,下奏《休成》之乐,美神明既飨也。皇帝就酒东厢,坐定,奏《永安》之乐,美礼已成也。又有《房中祠乐》,高祖唐山夫人所作也。周有《房中乐》,至秦名曰《寿人》。凡乐,乐其所生,礼不忘本。高祖乐楚声,故《房中乐》楚声也。孝惠二年,使乐府令夏侯宽备其箫管,更名曰《安世乐》。"① 可见,唐山夫人所作《安世房中歌》,与叔孙通的《嘉至》《永至》《登歌》《休成》和《永安》一样,都是汉高祖用于宗

---

① 班固:《汉书》,第 1043 页。

庙祭祀的乐歌。

王世贞在《艺苑卮言》中曾经对《安世房中歌》进行了评价，称其为"雅歌之流"①。的确如此，《安世房中歌》十七章，直接继承了《诗经》"雅""颂"宗庙祭祀乐歌之雅正风格。《诗经》中的"大雅"与"三颂"，一直被后人尊奉为宗庙祭祀歌诗的正宗和楷模。《汉书·礼乐志》记载："然诗乐施于后嗣，犹得有所祖述。昔殷周之《雅》《颂》，乃上本有娀、姜原、契、稷始生，玄王、公刘、古公、大伯、王季、姜女、大任、太姒之德，乃及成汤、文、武受命，武丁、成、康、宣王中兴，下及辅佐阿衡、周、召、太公、申伯、召虎、仲山甫之属，君臣男女有功德者，靡不褒扬。功德既信美矣，褒扬之声盈乎天地之间，是以光名著于当世，遗誉垂于无穷也。"②《诗经》中的《雅》和《颂》，特别是"三颂"中的《周颂》，后世读者从中可以明显感受到周人祭祀仪式的隆重与庄严、祭祀者对其祖先神的尊崇与敬畏，以及他们在祈求祖先神灵保佑时的热切与虔诚。周人所祭祀的神灵，主要是自己的祖先，在郊祀天地时也总是以自己的祖先配飨，表现出了强烈的敬神崇祖意识。

《安世房中歌》创作于汉高祖时期，而平民出身的刘邦，其祖上自然也没有什么显赫的功业值得颂扬。于是，《安世房中歌》的歌颂对象，就由传统的宗庙祭祀乐歌的"祖先神灵"，

---

① 罗仲鼎：《艺苑卮言校注》，第 77 页。
② 班固：《汉书》，第 1070—1071 页。

变成了汉王朝的开国皇帝刘邦本人。《安世房中歌》作为汉初的郊庙歌辞,尽管其所赞颂的对象已经与《诗经》中的《雅》《颂》有了明显的不同,但二者尊祖崇德的基本精神仍然是一致的。如《安世房中歌》的第五章:"海内有奸,纷乱东北。诏抚成师,武臣承德。行乐交逆,《箫》《勺》群慝。肃为济哉,盖定燕国。"①"肃为济哉,盖定燕国",颜师古注曰:"匈奴服从,则燕国安静无寇难也。"②可见,这章乐歌所歌颂的对象,明显就是当朝皇帝刘邦;而歌辞的主要内容,则是赞颂刘邦的"孝"与"德",以及其平定天下、安抚四夷、稳定边疆的丰功伟绩。《安世房中歌》的第一章,可以说是开宗明义,其辞曰:"大孝备矣,休德昭清。高张四县,乐充官庭。芬树羽林,云景杳冥,金支秀华,庶旄翠旌。"③可见,诗人在第一章中就直接表明了其宣扬"孝""德"的主旨。沈德潜曾经评价《安世房中歌》说:"首言大孝备矣,以下反反覆覆,屡称孝德。汉朝数百年家法,自此开出,累代庙号,首冠以孝,有以也。"④《安世房中歌》宣扬"孝"与"德",尤其是其对于"德"的推崇,与《诗经》之《雅》《颂》可谓是一脉相承。

《郊祀歌》则明显不同于《安世房中歌》。《郊祀歌》已经

---

① 班固:《汉书》,第 1047 页。
② 班固:《汉书》,第 1048 页。
③ 班固:《汉书》,第 1046 页。
④ 沈德潜:《古诗源》,吉林人民出版社,1999,第 33 页。

背离了《诗经》的《雅》《颂》传统。汉武帝将《郊祀歌》用于郊庙祭祀,后人对此颇多指责。如《汉书·礼乐志》称:"是时,河间献王有雅材,亦以为治道非礼乐不成,因献所集雅乐。天子下大乐官,常存肄之,岁时以备数,然不常御,常御及郊庙皆非雅声。"①又称:"今汉郊庙诗歌,未有祖宗之事,八音调均,又不协于钟律,而内有掖庭材人,外有上林乐府,皆以郑声施于朝廷。"②很明显,其所批评的对象就是汉武帝时的《郊祀歌》。应劭《风俗通义》亦称:"汉兴,制氏世掌大乐,颇能纪其铿锵,而不能说其义。武帝始定郊祀,巡省告封,乐官多所增饰,然非雅正,故继其条畅曰《声音》也。"③《宋书·乐志》又称:"古者天子听政,使公卿大夫献诗,耆艾修之,而后王斟酌焉。秦、汉阙采诗之官,哥(歌)咏多因前代,与时事既不相应,且无以垂示后昆。汉武帝虽颇造新哥,然不以光扬祖考、崇述正德为先,但多咏祭祀见事及其祥瑞而已。商周《雅》《颂》之体阙焉。"④《郊祀歌》的确有别于传统的郊庙祭祀乐歌,它不仅"不以光扬祖考、崇述正德为先",而且在祭祀天地众神的同时,竟然还出现了歌颂祥瑞之作。导致《郊祀歌》不同于《安世房中歌》的主要原因,就是汉武帝对于长生不死的

---

① 班固:《汉书》,第1070页。
② 班固:《汉书》,第1071页。
③ 王利器:《风俗通义校注》,第267页。
④ 沈约:《宋书》,第550页。

向往与追求。汉武帝祭祀众神、封禅泰山、歌颂祥瑞皆带有求仙之目的。也正因为如此,《郊祀歌》所表现出的已经不再是郊庙祭祀歌诗所应有的虔诚的敬神崇祖意识,而是汉武帝个人强烈的追求升仙不死的人生情绪。

五、《郊祀歌》对后世的影响

《郊祀歌》的神仙长生旨趣,使其在中国古代的郊庙祭祀歌诗中独树一帜;而《郊祀歌》亦真亦幻、虚实结合的艺术表现手法,对其后的诗歌创作亦有着颇为深远的影响。如李白的《天马歌》,就受到了《郊祀歌·天马》的直接影响。我们来看李白的《天马歌》一诗:

　　天马来出月支窟,背为虎文龙翼骨。嘶青云,振绿发。兰筋权奇走灭没。腾昆仑,历西极,四足无一蹶。鸡鸣刷燕晡秣越。神行电迈蹑恍惚。天马呼,飞龙趋,目明长庚臆双凫,尾如流星首渴乌,口喷红光汗沟朱。曾陪时龙蹑天衢,羁金络月照皇都,逸气棱棱凌九区,白璧如山谁敢沽?回头笑紫燕,但觉尔辈愚。天马奔,恋君轩,駷跃惊矫浮云翻。万里足踟蹰,遥瞻阊阖门。不逢寒风子,谁采逸景孙。白云在青天,丘陵远崔嵬。盐车上峻坂,倒行逆施畏日晚。伯乐翦拂中道遗,少尽其力老弃之。愿逢田子方,恻然为我悲。虽有玉山禾,不能疗苦饥。严霜五月凋桂枝,伏枥衔冤摧两眉。请君赎献穆天子,犹堪弄影舞瑶池。①

显然,李白的《天马歌》,就是直接取材于《郊祀歌》中的《天马》。李白在对《天马》这一祭祀乐歌进行诠释、阐发的同时,又托物言志,借古讽今,倾诉了自己远大的政治抱负与严酷的社会现实之间的矛盾,变成了"失路天马"之嘶鸣。《天马歌》实际上就是对于《天马》一诗的再加工、再创造。

再如郭璞的《游仙诗》其四:"六龙安可顿,运流有代谢。时变感人思,已秋复愿夏。淮海变微禽,吾生独不化。虽欲腾丹溪,云螭非我驾。"②郭璞创作这首诗,也明显是受到了《郊祀歌》之《日出入》一诗的影响。

总的来说,汉武帝时期所出现的仙与鬼神观念之融合,是《郊祀歌》十九章产生的主要思想背景。汉武帝在神仙方士的怂恿下,期盼着能够通过祭神、封禅等以达到个人升仙不死之目的,从而使得《郊祀歌》淡化了传统郊庙歌辞应有的敬神崇祖意识,却表现出了强烈的渴望升仙不死的人生情绪。《郊祀歌》天人感应的神秘色彩、人神相通的奇妙幻想与虚实相生的场景描写等,都形成了它独具的特色,对于后世的游仙文学创作产生了深远的影响。

---

① 瞿蜕园:《李白集校注》,上海古籍出版社,1980,第 234—235 页。
② 逯钦立:《先秦汉魏晋南北朝诗》,第 865 页。

第三节　民间信仰与汉乐府民歌

游仙诗被钟嵘分为"坎壈咏怀""列仙之趣"两类①,其结果已经得到了后世学者的普遍认可。钟嵘所说的"坎壈咏怀",指的是"借游仙以抒情言志"这一类游仙诗。屈原就是"坎壈咏怀"的杰出代表。

钟嵘所说的"列仙之趣",则指的是"纯粹追求神仙长生旨趣"这一类游仙诗。这一类游仙诗没有明显的情感寄托,它不是以抒写怀抱为目的,仅仅就是为了追求升仙不死的快乐,也就是人们通常所说的"正宗"的游仙诗。这一类游仙诗最早出现于秦始皇时期。秦始皇巡行天下的时候,秦博士为其创作的《仙真人诗》,是中国文学史上第一首单纯歌咏"列仙之趣"的游仙诗,被鲁迅先生称之为"后世游仙诗之祖"②。可惜的是,《仙真人诗》早就失传了,其具体内容我们今天已经不得而知。现存最早追求"列仙之趣"的游仙诗,则是见之于汉乐府民歌,其在游仙诗发展史上占有十分重要的地位。

《汉书·艺文志》称:"自孝武立乐府而采歌谣,于是有代、赵之讴,秦、楚之风,皆感于哀乐,缘事而发,亦可以观风

---

① 陈延杰:《诗品注》,人民文学出版社,1961,第 39 页。
② 鲁迅:《汉文学史纲要》,载《鲁迅全集》第 9 册,第 395 页。

俗,知薄厚云。"①汉代的乐府民歌,就是来源于此。在两汉时期的乐府民歌中,游仙诗的数量还是比较多的,如《长歌行》《陇西行》《王子乔》《董逃行》《善哉行》和《艳歌》等,都是现存较为完整的游仙之作。汉代乐府民歌中的游仙诗,不仅数量较多,其游仙内容也可谓是丰富多彩,已经表现出了真正意义上的"列仙之趣"。

一、奇妙的升仙幻想

在两汉乐府民歌中,我们不难发现汉代民众关于"凡人成仙"的一些奇思妙想。如《瑟调曲·陇西行》,其诗曰:

邪径过空庐,好人常独居。卒得神仙道,上与天相扶。过谒王父母,乃在太山隅。离天四五里,道逢赤松俱。揽辔为我御,将吾天上游。天上何所有,历历种白榆。桂树夹道生,青龙对伏趺。凤凰鸣啾啾,一母将九雏。顾视世间人,为乐甚独殊。②

从汉代神仙信仰发展演变的阶段性特征来看,《瑟调曲·陇西行》应该是东汉人的诗歌作品。诗中的"王父母",指的是东王公与西王母。他们两个都是汉代神仙信仰中极为重要的神

---

① 班固:《汉书》,第 1756 页。
② 逯钦立编《先秦汉魏晋南北朝诗》,第 267 页。

仙。早在先秦时期西王母就已经出现了,而东王公出现的时间则比较晚。《山海经》中有关西王母的描述就有三处:

> 又西三百五十里,曰玉山,是西王母所居也。西王母其状如人,豹尾虎齿而善啸,蓬发戴胜,是司天之厉及五残。①

> 西王母梯几而戴胜杖,其南有三青鸟,为西王母取食。②

> 西海之南,流沙之滨,赤水之后,黑水之前,有大山,名曰昆仑之丘……有人,戴胜,虎齿,有豹尾,穴处,名曰西王母。③

朱芳圃说:"西王母犹言西方神貘。从《山海经》所载居处、形状、服饰考之,当为西方貘族所奉祀的图腾神像……此种似人非人,半人半兽的怪物,在原始氏族时代奉以为宗神,是人类文化发展必经的阶段,现今落后的民族,还保存有这种遗迹。"④出现于《竹书纪年》《穆天子传》等早期文献中的西王母,则又完全是另外一种形象。如《竹书纪年》云:"(周穆王)十七年,王西征昆仑丘,见西王母。其年,西王母来朝,宾于昭

---

① 《西山经》,载袁珂:《山海经校注》,第 50 页。
② 《海内北经》,载袁珂:《山海经校注》,第 306 页。
③ 《大荒西经》,载袁珂:《山海经校注》,第 407 页。
④ 朱芳圃:《中国古代神话与史实》,中州书画社,1982,第 146 页。

宫。"①再如《穆天子传》的记载："西王母为天子谣,曰:'白云在天,山陵自出。道里悠远,山川间之。将子无死,尚能复来?'天子答之,曰:'予归东土,和治诸夏。万民平均,吾顾见汝。比及三年,将复而野。'西王母又为天子吟,曰:'徂彼西土,爰居其野。虎豹为群,于鹊与处。嘉命不迁,我惟帝女。彼何世民,又将去子?吹笙鼓簧,中心翔翔。世民之子,唯天之望。'"②李剑国先生说:"《穆传》之西王母并无神性,'我惟帝女',反映着原始民族的原始宗教观念,并非西王母乃天帝之女。"③对于先秦文献《山海经》《穆天子传》中西王母形象竟然存在很大差异这一现象,朱芳圃先生解释说:"按《穆天子传》一书,文辞简质,确是周代的作品。记载两君相见的事,饮酒赋诗,温文尔雅,固然不免有缘饰的辞句,然大体皆可信为史实。后世史学家对于此事,疑信参半,甚或视为神话,盖由于不了解《山海经》所载之西王母是貘族的图腾,穆王所见的西王母是貘族的君长,人与神,混为一谈,自然不能得到事实的真象。"④

在先秦文献《归藏》之中,亦有关于西王母的记载。如刘

---

① 永瑢:《文渊阁四库全书》第 303 册,台湾商务印书馆,1960 年影印版,第 27 页。
② 郑杰文:《穆天子传通解》,山东文艺出版社,1992,第 52 页。
③ 李剑国:《唐前志怪小说史》,第 205 页。
④ 朱芳圃:《中国古代神话与史实》,第 151 页。

勰《文心雕龙·诸子》云："按归藏之经,大明迂怪,乃称羿弊十日,嫦娥奔月。"①再如王僧达《祭颜光禄文》引《归藏》云："昔常娥以西王母不死之药服之,遂奔月为月精。"②屈原在《天问》中也曾经问道："安得夫良药,不能固臧?"③可见,早在先秦时期,西王母已经掌管有"不死之药"了。

到了汉代,西王母的形象开始不断发生变化。如司马相如《大人赋》云："西望昆仑之轧沕荒忽兮,直径驰乎三危。排阊阖而入帝宫兮,载玉女而与之归。登阆风而遥集兮,亢鸟腾而壹止。低徊阴山翔以纡曲兮,吾乃今日睹西王母。皓然白首戴胜而穴处兮,亦幸有三足鸟为之使。必长生若此而不死兮,虽济万世不足以喜。"④再如《淮南子·览冥训》称"西老折胜,黄神啸吟"⑤,高诱注曰："西王母折其头上所戴胜,为时无法度。"⑥西王母之"戴胜",出自《山海经》。很明显,《览冥训》中的"西老",正是西王母。从"皓然白首"与"西老"来看,这时的西王母应是一个白发老人的形象。

汉初的西王母还是一个老人形象,这明显与其掌管"不死药"、能让世人长生不老的说法自相矛盾。所以,汉人又对她

①周振甫:《文心雕龙注释》,第189页。
②李善、吕延济、刘良等:《六臣注文选》,第1125页。
③洪兴祖:《楚辞补注》,第101页。
④费振刚:《全汉赋校注》,第119页。
⑤何宁:《淮南子集释》,第489页。
⑥何宁:《淮南子集释》,第489页。

的形象进行改造,让她变成了一位雍容华贵、端庄秀丽的年轻妇女,使她的容貌与其身份显得更为一致。到了西汉末年,西王母就已经是一位年轻美丽的女仙形象了。新时期各地出土的西汉晚期的画像砖及画像石上面,就有不少关于西王母的图画。如在成都市郊出土的"西王母"画像砖:"上方正中一圆形有盖之穴,左右云气围绕,为西王母所居'石室'……画象砖上的'石室'之中,西王母坐于龙虎座上……图中的西王母,身着女装,头上有饰,左右仙气萦绕,道貌威严。"①再如在山东沂南出土的汉代石墓,墓门西侧的支柱上有一面石刻画,画面上有三张相连的几,一只虎立于几间,端坐在中间一几上的就是西王母;西王母的背后生有一对翅膀,头上横插一笄;笄的两端就是所谓的"胜",笄与胜相连,即《山海经·海内北经》所说的"胜杖";而画中的西王母显得雍容尔雅、庄重大方。② 信立祥在《汉代画像石综合研究》中说:"早期西王母图像中,戴胜的西王母周围都有九尾狐、三足乌、拥臼捣药的玉兔等仙禽神兽,少数图像还在西王母周围画出绵延的昆仑山,表明西王母图像的构图格局已经初步形成。"③西王母变成年轻漂亮的女仙后,汉人又依据阴阳相需之观念,参照人世间美

---

① 刘志远等:《四川汉代画象砖与汉代社会》,文物出版社,1983,第131—132页。
② 吴曾德:《汉代画像石》,文物出版社,1984,第112页。
③ 信立祥:《汉代画像石综合研究》,文物出版社,2000,第148页。

满幸福之标准,给她找了叫东王公的丈夫。《神异经·中荒经》云:"昆仑之山有铜柱焉,其高入天,所谓天柱也……上有大鸟,名曰希有。南向,张左翼覆东王公,右翼覆西王母。背上小处无羽,一万九千里。西王母岁登翼上,之东王公也。故其柱铭曰:'昆仑铜柱,其高入天,员周如削,肤体美焉。'其鸟铭曰:'有鸟希有,碌赤煌煌,不鸣不食。东覆东王公,西覆西王母。王母欲东,登之自通。阴阳相须,唯会益工。'"①《神异经》的作者原署名为东方朔,但今天的学者大多认为它不是出自汉人之手。值得庆幸的是,在出土的大约两汉之交时的画像石、画像砖上,就已经出现了西王母与东王公在一起的画面。如河南南阳出土的石刻画:"最下部是玉兔捣药,中间是'豆'形几,几上有两人相对跪坐,即东王公与西王母。他俩的上方有一鸟,据说此鸟名'稀有',也在昆仑山上。"②可见,西王母与东王公的夫妻关系应该是形成于西汉末年或东汉初年。

在汉代的神仙信仰中,东王公和西王母结为夫妻后,他们两个分别做了男仙之主与女仙之主。汉人认为凡人得道升仙后,要先去拜见这两位仙主,将自己的名字加入仙册。《太平广记·木公》云:"昔汉初,小儿于道歌曰:'著青裙,入天门,揖金母,拜木公。'时人皆不识,唯张子房知之,乃再拜之曰:

---

① 永瑢:《文渊阁四库全书》第 879 册,第 558 页。
② 吴曾德:《汉代画像石》,第 113 页。

'此乃东王公之玉童也。盖言世人登仙,皆揖金母而拜木公焉。'"①金母就是西王母,而木公就是东王公。然而,汉初张良之时,还不可能产生"揖金母,拜木公"的传说;有关张良的这则仙话故事,显然纯属于后人的附会。《陇西行》中出现了"王父母"一语,可知此诗应该是出自东汉人之手。

幻想中的升仙过程与仙界景象,在诗人笔下竟然都变得如此的真实可感。陈祚明称:"好人必有所指,'邪径'即是狭邪繁华地也,而寥寥空庐,独居其中,常无与侣,此高士也。何以为娱,富贵不足系念,故期以神仙也。'卒得'字妙,与《善哉行》'要道不烦'同旨,极言其易。'与天相扶'语,奇。'王父母'即东公西母,乃在太山,荒唐可笑。天何可里计,乃言'四五里',见极近。最荒唐语写,若最真确,故佳。"②诗人写自己空庐独居,通过一番修炼,最后得道升仙了,开始由人间向天界飞升。上天之前,诗人先前往泰山去拜谒王父母(东王公和西王母)。此时的"王父母",竟然在东岳泰山上安了家。想象大胆奇特,而又趣味盎然。之后,诗人正式开始飞往天界。离天庭仅有四五里之时,仙人赤松子亲自驾车前来迎接诗人,与诗人一起来到天界。

接下来,诗人具体描绘了想象中的仙界景象:"天上何所

---

① 李昉:《太平广记》,中华书局,1961,第 5 页。
② 陈祚明:《采菽堂古诗选》清乾隆戊寅传万堂刻本,第二册第二卷,第 10 页。

有,历历种白榆。桂树夹道生,青龙对伏趺。凤凰鸣啾啾,一母将九雏。"萧涤非先生说过:"白榆,桂树,青龙,双关星名。"①张宏先生曾经从星象学的角度入手,结合汉代谶纬,对此进行了详细的考证,进一步证明诗中的"白榆""桂树""青龙"和"凤凰"等都是汉代的星名,他分析说:"这首诗看似地上自然景物的生动描写,实是将天上的星象一一对应排列组合,融入了丰富的神话传说和天人感应思想,表现了一种奇特的天上人间景象。"②可见,《陇西行》采用语意双关的手法,向人们描绘了一个神奇美妙的仙界景象。

二、想象中快乐、逍遥的神仙生活

汉人的神仙信仰,具有十分明显的追求享乐的特点。汉人企求升仙不死,其目的则是要像神仙那样永久享受快乐、逍遥的生活。汉乐府民歌中的《杂曲歌辞·艳歌》,就向人们描写了想象中快乐美好的神仙生活:

今日乐上乐,相从步云衢。天公出美酒,河伯出鲤鱼。青龙前铺席,白虎持榼壶。南斗工鼓瑟,北斗吹笙竽。妲娥垂明珰,织女奉瑛琚。苍霞扬东讴,清风流西

---

①萧涤非:《汉魏六朝乐府文学史》,第77页。
②张宏:《道骨仙风》,华文出版社,1997,第58—59页。

歙。垂露成帷幄,奔星扶轮舆。①

想象中,诗人来到了天庭,并受到了神仙们的盛情款待。天帝亲自设宴欢迎诗人。天帝拿出美酒,河伯献上鲤鱼。南斗和北斗,共同鼓瑟吹笙;姮娥和织女,一起翩翩起舞。天庭上下,一个个兴高采烈,殷勤奔忙。"青龙""白虎"这些天上的星宿,也都变成了天庭宴会里"铺席""持壶"的服务人员。天庭里,大家欢聚一堂,歌舞宴饮,其乐融融。诗人通过对幻想中一次天庭宴会的集中描写,来具体表现天界神仙生活的快乐美好。

其实,除了人神之别外,《艳歌》所描写的天庭中的宴会情景,与大家所熟悉的人世间达官贵人们的宴会场景根本就没有其他区别。李泽厚先生在谈到汉代艺术中的神仙观念时,曾经说过:"原始艺术中的梦境与现实不可分割的人神同一,变而为情感、意愿在这个想象的世界里得到同一。它不是如原始艺术请神灵来威吓、支配人间,而毋宁是人们要到天上去参与和分享神的快乐……人间生活的兴趣不但没有因向往神仙世界而零落凋谢,相反,是更为生意盎然,生机蓬勃,使天上也充满人间的乐趣,使这个神的世界也那么稚气天真。它不是神对人的征服,毋宁是人对神的征服。"②《艳歌》所描写

---

①逯钦立:《先秦汉魏晋南北朝诗》,第 298 页。
②李泽厚:《美的历程》,天津社会科学院出版社,2001,第 122 页。

的天庭里歌舞宴饮的欢乐场面,正是汉人神仙信仰追求享乐这一特点的反映。

我们再来看《吟叹曲·王子乔》。这首汉乐府民歌所表现的,主要是诗人对于幻想中自在、逍遥神仙生活的向往:

> 王子乔,参驾白鹿云中遨,参驾白鹿云中遨。下游来,王子乔,参驾白鹿上至云戏游遨。上建逋阴广里践近高,结仙宫,过谒三台。东游四海五岳上,过蓬莱紫云台。三王五帝不足令,令我圣朝应太平。养民若子事父明,当究天禄永康宁。玉女罗坐吹笛箫,嗟行圣人游八极,鸣吐衔福翔殿侧。圣主享万年,悲今皇帝延寿命。①

《乐府正义》说此诗作于汉武帝时,是以王子乔比戾太子,萧涤非先生认为此说"恐不足信"。② 从诗的内容看,若说以王子乔比戾太子,的确是有牵强附会之嫌。诗的前后两部分似乎有点儿脱节。诗的后半部分内容比较杂乱,所表达的主要也就是对今朝盛世的赞美,对皇帝万寿无疆的祝愿等。诗的前半部分内容则比较明确,主要是写仙人王子乔逍遥自在的生活。

---

① 逯钦立:《先秦汉魏晋南北朝诗》,第 261—262 页。
② 萧涤非:《汉魏六朝乐府文学史》,第 77 页。

三、有关寻仙问药过程的浪漫想象

前面我们已经提到,汉武帝追求长生不死,而为他求仙、寻药的方士常常是"以千数",可以想象,这对于当时社会各阶层的人们都会产生很大的影响。汉乐府民歌也有这方面的内容表现。《平调曲·长歌行》和《清调曲·董逃行》所描写的,就是有关寻仙问药过程的浪漫幻想。

我们先来看《平调曲·长歌行》的相关描写:

> 仙人骑白鹿,发短耳何长。导我上太华,揽芝获赤幢。来到主人门,奉药一玉箱。主人服此药,身体日康强。发白复更黑,延年寿命长。①

诗中的芝草,也就是我们通常所说的灵芝。在汉人的眼中,芝草乃是一种具有神奇功效的灵草。汉人认为通过服食芝草,人就可以成仙不死。《列仙传》中的仙人鹿皮公,就是靠"食芝草,饮神泉"而成仙的。② 在已经出土的汉代画像石、画像砖上,有很多画面是表现神仙世界的,而芝草就常常出现于这类画面之中。如四川彭县出土的"仙人骑鹿"画像砖:"一神仙骑于长角鹿上。右边一女神,头上有饰,左手握灵芝,右手

---

① 逯钦立:《先秦汉魏晋南北朝诗》,第262页。
② 刘向:《列仙传》,上海古籍出版社,1990,第16页。

执一物(亦似灵芝),正面向鹿头。"①据《史记·孝武本纪》记载,汉武帝当年就曾经"遣方士求神怪采芝药以千数"②。张衡《思玄赋》亦云:"聘王母于银台兮,羞玉芝以疗饥。"③可见,在汉代的神仙信仰中,芝草已经变成了可以让人升仙不死的仙草。

再来看《清调曲·董逃行》中的相关描写:

> 吾欲上谒从高山,山头危险道路难。遥望五岳端,黄金为阙班璘。但见芝草叶落纷纷。百鸟集来如烟,山兽纷纶麟辟邪其端。鹍鸡声鸣。但见山兽援戏相拘攀。小复前行,玉堂未心怀流还。传教出门来,门外人何求所言?欲从圣道,求一得命延。教敕凡吏受言:采取神药若木端,玉兔长跪捣药虾蟆丸。奉上陛下一玉柈,服此药可得神仙。服尔神药,莫不欢喜。陛下长生老寿,四面肃肃稽首,天神拥护左右,陛下长与天相保守。④

从诗中"采取神药若木端,玉兔长跪捣药虾蟆丸"一语可知,赐给诗人不死药的神仙,应该就是西王母。因为在汉人的神仙信仰中,西王母是掌管"不死药"的神仙,而玉兔则是西王母身边专门替她捣制仙药的灵物。如成都市郊出土的汉代

---

① 刘志远等:《四川汉代画象砖与汉代社会》,第146页。
② 司马迁:《史记》,第477页。
③ 费振刚:《全汉赋校注》,第594页。
④ 逯钦立:《先秦汉魏晋南北朝诗》,第264页。

"西王母"画像砖:西王母端坐在龙虎座上,左下方是三足乌,右上方是九尾狐;九尾狐的下面是玉兔,而玉兔手中所捧的就是"三珠树"(灵芝);西王母的下方跪着两个人,他们可能就是向西王母求取不死药的。① 与《陇西行》一样,《董逃行》中的西王母竟然也是在"五岳"之上。可见,《董逃行》所描写的就是幻想中向西王母求取仙药、然后献给皇帝的过程。

四、人间宴会上的升仙不死幻想

在汉乐府民歌中,还有一首与众不同的游仙诗,那就是《瑟调曲·善哉行》。这首诗所描写的,并非为大家熟知的、单纯的游仙幻想。诗人是将现实生活与游仙幻想穿插结合在一起来写的。我们来看这首诗:

来日大难,口燥唇干。今日相乐,皆当喜欢。(一解)经历名山,芝草翻翻。仙人王乔,奉药一九。(二解)自惜袖短,内手知寒。惭无灵辄,以报赵宣。(三解)月没参横,北斗阑干。亲交在门,饥不及餐。(四解)欢日尚少,戚日苦多。何以忘忧,弹筝酒歌。(五解)淮南八公,要道不烦。参驾六龙,游戏云端。(六解)②

沈德潜《古诗源》云:"此言来者难知,劝人及时行乐也。忽云

---

① 刘志远等:《四川汉代画象砖与汉代社会》,第131—133页。
② 逯钦立:《先秦汉魏晋南北朝诗》,第266页。

求仙,忽云报恩,忽云结客,忽云饮酒,而仍终之以求仙。无伦无次,杳渺恍惚。"①认为《善哉行》内容比较驳杂,因而难以索解。陈祚明《采菽堂古诗选》云:"合乐于堂者,皆富贵人也。为词以进者,皆以祝颂也。富贵人复何可祝?所不知者,寿耳。故多言神仙。为词以进者,大抵其客。此客承恩深,故其词如此。"②认为《善哉行》所描写的乃是人间贵族宴会上的场景,诗的内容主要就是宴会上主客之间的劝、祝之辞;至于诗中出现的神仙话题,则是客人对主人所表达的祝颂之辞。应该说,陈祚明对于《善哉行》的解说,还是较为准确的。

《善哉行》全诗共有六解组成。第一解"言来者难知,劝人及时行乐",应该是主人在宴会上所说的话。主人说未来难以预料,大灾难随时有可能到来,劝客人们开怀畅饮,及时行乐。汉武帝以后,汉帝国开始迅速由盛转衰。伴随着汉王朝国力的减弱,各种天灾人祸也随之而频繁发生。受董仲舒"天人感应"理论的影响,西汉晚期已经形成了极为严重的灾异思想,整个社会也由此而变得动荡不安。由灾异观念所引发的日渐强烈的生存危机意识,也使人们对于现实世界极度失望,社会生活已经没有了安全感。于是,人们开始幻想着通过某种超现实的力量来消除灾异,拯救世人。以灾异观念为基础,以神仙救世思想为核心的原始道经《包元太平经》正是在这

---

① 沈德潜:《古诗源》,第 75 页。
② 陈祚明:《采菽堂古诗选》第二册第二卷,第 9 页。

一背景下产生的。马克思说过:"宗教里的苦难既是现实的苦难的表现,又是对这种现实的苦难的抗议。"①汉成帝时,齐人甘忠可正是根据当时民众非常渴望消除灾异、恢复太平这一特殊的心理需要,造作了《包元太平经》,向人们提供了一套所谓的神仙救世理论。诗中的"来日大难,口燥唇干",就是这种灾异意识的反映,并由此而引出了下面的神仙话题。第二解"云求仙",是写游仙幻想。在"芝草翻翻"的名山上,遇见了仙人王乔,并得到了王乔赠送的一丸仙药。这一解应该是宴会上大家谈论的内容。汉代社会,神仙信仰已经广泛普及;神仙思想对于汉人的日常生活、风俗习惯等已经产生了很大的影响。近年来出土的汉代画像石、画像砖、铜镜及其他日常生活器皿上,有许多都是表现神仙世界的画面。神仙已经成为汉人喜欢谈论的一个热门话题。因此,《善哉行》所写,应该是客人对主人的感激、祝颂之辞,以此来表达客人希望自己能为主人寻找到仙人、仙药的美好愿望。第三解"云报恩",也应该是客人的话。此解运用了《左传》中的一个著名典故,《宣公二年》记载:"初,宣子田于首山,舍于翳桑,见灵辄饿,问其病。曰:'不食三日矣。'食之,舍其半。问之。曰:'宦三年矣,未知母之存否,今近焉,请以遗之。'使尽之,而为之箪食与肉,置诸橐以与之。既而与为公介,倒戟以御公徒而

---

① 马克思:《〈黑格尔法哲学批判〉导言》,载《马克思恩格斯选集》第1卷,人民出版社,1972,第2页。

免之。问何故。对曰:'翳桑之饿人也。问其名居,不告而退,遂自亡也。'"①由此可推知,客人是有意借用灵辄的典故,来向主人委婉表达其报恩情之心。四解"云结客",五解"云饮酒",也都是宴会上人们的谈话内容。到了第六解,谈话又回到了汉人喜欢的神仙话题,谈起了淮南八公的仙话故事。《论衡·道虚》云:"案淮南王刘安,孝武皇帝之时也。父长,以罪迁蜀严道,至雍道死。安嗣为王,恨父徙死,怀反逆之心,招会术人,欲为大事。伍被之属充满殿堂,作道术之书,发怪奇之文,合景乱首。《八公之传》,欲示神奇,若得道之状。道终不成,效验不立,乃与伍被谋为反事,事觉自杀。或言诛死。诛死自杀,同一实也。世见其书,深冥奇怪,又观《八公之传》似若有效,则传称淮南王仙而升天,失其实也。"②有关淮南王刘安与淮南八公的仙话传说,在汉代已经广为流传。客人在宴会上谈及淮南八公,实际上也就是把主人比作了仙人刘安。

所以说,《善哉行》所描写的,实际上就是人间贵族宴会上的情景;其所反映的,依然是汉代民众对于神仙长生的向往与追求。

以上我们从四个方面,具体考察了汉代乐府民歌中的游仙诗创作。萧涤非说过:"按《后汉书·方术传》叙:'汉自武帝颇好方术,天下怀协道艺之士,莫不负策抵掌,顺风而届焉。

---

① 杨伯峻:《春秋左传注》,第660—662页。
② 黄晖:《论衡校释》,中华书局,1983,第319—320页。

后王莽矫用符命,光武尤信谶言,自是习为内学。尚奇文,贵异数,不乏于时也'。夫上有好者,下必甚焉,此汉乐府所以多神仙迂怪之文也。"①自西汉武帝时至东汉中叶,正是汉乐府民歌的主要创作周期,同时也是汉代神仙信仰蓬勃发展、迅速普及的关键时期。神仙信仰的兴盛,为这一阶段的游仙诗创作提供了许多新鲜、有趣的仙话素材。汉人追求升仙不死与享受富贵快乐生活相结合的心理,又决定了这一时期游仙诗追求神仙享乐的特点。汉民间乐府游仙诗中所出现的寻仙问药的奇妙幻想以及对于神仙生活、仙界景象的生动描绘等,已表现出纯粹的"列仙之趣"。

从某种程度上讲,正是由于汉乐府游仙诗的出现,才完成了游仙诗由"坎壈咏怀"向"列仙之趣"的根本性转变。因此,在中国古代游仙诗的发展链条上,汉乐府游仙诗已经构成了不可或缺的重要一环。

五、汉乐府游仙诗对后世的影响

汉乐府游仙诗所开启的单纯追求"列仙之趣"这一基本表现形式,对于后世的游仙诗创作也产生了颇为重要的影响。

曹操的《气出唱》就是一组典型的纯粹歌咏"列仙之趣"

---

① 萧涤非:《汉魏六朝乐府文学史》,第 75—76 页。

的诗歌作品,而其受汉乐府游仙诗的影响也相当明显。《气出唱》曰:

> 游君山,甚为真。崔嵬砟硌,尔自为神。乃到王母台,金阶玉为堂,芝草生殿旁。东西厢,客满堂。主人当行觞,坐者长寿遽何央。长乐甫始宜孙子。常愿主人增年,与天相守。①

此诗乃是曹操《气出唱》组诗中的第三首。诗中的"王母台",是"金阶玉为堂,芝草生殿旁"。这自然会让我们联想到汉乐府游仙诗《清调曲·董逃行》中的仙境描写:"吾欲上谒从高山,山头危险道路难。遥望五岳端,黄金为阙班璘。但见芝草叶落纷纷……小复前行,玉堂未心怀流还。"②可见,曹操在此所描写的"君山"上的这一仙境,明显是受到了《董逃行》的影响。接下来,诗人又描写了"君山"上神仙聚会的情景:"东西厢,客满堂。主人当行觞,坐者长寿遽何央。长乐甫始宜孙子。常愿主人增年,与天相守。"这与汉乐府《瑟调曲·善哉行》中"忽云求仙,忽云报恩"的场景描写也有着明显的相似之处。与汉乐府游仙诗一样,曹操的这首游仙诗也是采用了以真切的叙事语言来描写浪漫的游仙幻想这一艺术表现手法。

曹植的《仙人篇》也是一篇纯粹歌咏"列仙之趣"的诗歌作品,汉乐府游仙诗对于它的影响也比较明显。《仙人

---

① 曹操:《曹操集》,中华书局,1959,第 2 页。
② 逯钦立:《先秦汉魏晋南北朝诗》,第 264 页。

篇》曰：

> 仙人揽六著，对博太山隅。湘娥拊琴瑟，秦女吹笙竽。玉樽盈桂酒，河伯献神鱼。四海一何局，九州安所如？韩终与王乔，要我于天衢。万里不足步，轻举陵太虚。飞腾逾景云，高风吹我躯。回驾观紫微，与帝合灵符。阊阖正嵯峨，双阙万丈余。玉树扶道生，白虎夹门枢。驱风游四海，东过王母庐。俯观五岳间，人生如寄居。①

诗人先描写了太山上神仙游戏、宴饮的欢乐场景。汉乐府《杂曲歌辞·艳歌》曰："今日乐上乐，相从步云衢。天公出美酒，河伯出鲤鱼。青龙前铺席，白虎持榼壶。"②很明显，曹植的这段场面描写是受到了《艳歌》的影响。接下来的游仙描写，则又受到了汉乐府《瑟调曲·陇西行》的影响。《陇西行》云："过谒王父母，乃在太山隅。离天四五里，道逢赤松俱。揽辔为我御，将吾天上游。天上何所有，历历种白榆。桂树夹道生，青龙对伏趺。凤凰鸣啾啾，一母将九雏。顾视世间人，为乐甚独殊。"③可见，曹植的《仙人篇》，实际上就是在汉乐府游仙诗的基础上，经过诗人进一步的加工、提炼而创作出来的。

虽然曹操、曹植等后世诗人纯粹歌咏"列仙之趣"的作

---

① 赵幼文：《曹植集校注》，人民文学出版社，1984，第 263 页。
② 逯钦立：《先秦汉魏晋南北朝诗》，第 289 页。
③ 逯钦立：《先秦汉魏晋南北朝诗》，第 267 页。

品,其成就已经明显超越了汉乐府游仙诗;但是作为最早单纯追求"列仙之趣"的作品,汉乐府游仙诗的开创之功及其对后世游仙诗的影响还是不容忽视的。

第四节　民间信仰与东汉文人诗

汉代的文人诗,兴起于东汉中期。汉末产生的《古诗十九首》,是东汉文人诗最杰出的代表。两汉是一个造神、造仙的时代,神仙信仰在汉代社会得到了长足的发展。特别是到了东汉时期,许多生动、优美的仙话故事已经在社会上广为流传。在东汉的文人诗中,已经出现了以仙话故事为素材的作品。《古诗十九首》中的《迢迢牵牛星》,就是借助仙话故事巧构诗歌意境的名篇:

> 迢迢牵牛星,皎皎河汉女。纤纤擢素手,札札弄机杼。终日不成章,涕泣零如雨。河汉清且浅,相去复几许。盈盈一水间,脉脉不得语。①

有关牵牛织女的传说,在中国历史上经历了一个相当漫长的发展演变过程。略考其源,可以上溯到《诗经》中的《小雅·大东》。《大东》云:"维天有汉,监亦有光,跂彼织女,终日七襄。虽则七襄,不成报章。睆彼牵牛,不以服箱。"②这时的牵

---

① 逯钦立:《先秦汉魏晋南北朝诗》,第 331 页。
② 程俊英、蒋见元:《诗经注析》,第 634—635 页。

牛织女传说,仅仅略具雏形,还不带有任何仙话色彩。

到了汉代,随着神仙信仰的迅速发展,牵牛织女传说也开始逐渐被汉人仙话化。至迟是在东汉时期,有关牵牛织女的仙话故事就已经出现了。汉赋中就涉及到了牵牛织女传说,如班固《西都赋》云:"集乎豫章之宇,临乎昆明之池。左牵牛而右织女,似云汉之无涯。"①李善注引《汉宫阙疏》曰:"昆明池有二石人,牵牛织女象。"②在现已出土的汉画像石、画像砖上,也出现了有关牵牛织女传说故事的画面。如四川郫县东汉墓中出土的石棺盖上就刻有"牵牛织女"画像:"牛郎挽牛向北遥望,姿态生动;织女执梭凝视其下,长袖飞扬。他们中间隔着一段较长的距离,似象征漫漫银河。这虽是一幅形象化的星象图,但其画像却明显地反映了牛郎织女的传说故事。"③在汉代的文献典籍中,还出现了"七夕""乞巧""鹊桥"等相关的记载。如《西京杂记》曰:"汉彩女常以七月七日穿七孔针于开襟楼,俱以习之。"④再如《说略·时序》的记载:"《淮南子》曰:'乌鹊填河而渡织女。'《风俗记》云:'织女七夕渡河,使鹊为桥。'"⑤可见,牵牛织女仙话故事的主要情节,在汉代就已经初步成型了。

---

① 费振刚:《全汉赋校注》,第468—469页。
② 李善、吕延济、刘良等:《六臣注文选》,第33页。
③ 刘志远等:《四川汉代画象砖与汉代社会》,第143页。
④ 葛洪:《西京杂记》,中华书局,1985,第3页。
⑤ 顾起元:《说略》,载永瑢:《文渊阁四库全书》第964册,第408页。

《迢迢牵牛星》堪称是《古诗十九首》中最具浪漫气息的一篇佳作。诗人以牵牛织女的仙话故事为素材，但又不是着意于故事本身的情节叙述，而是通过环境气氛的烘托与人物心理的暗示等，创造出了一个极具美学价值的诗歌艺术境界。织女的纤纤素手，轻轻拨弄着天庭的织机；虽然整日在织机前穿梭理线，但总是不能成章，只有滴滴泪珠挂在腮旁。身在机前，心在对岸。银河的水是那样的明澈清浅，对岸的牛郎又是那样的清晰可见；但是，有情人只能脉脉地深思凝望，却无法倾诉一句心中的情话。诗人所突出的乃是牵牛织女爱情的悲剧意义，而这一点也正是牵牛织女仙话故事的优美动人之处。

　　《迢迢牵牛星》借助仙话故事巧构诗歌意境，对于后世的诗词创作也产生了深远的影响。如宋代著名词人秦观的《鹊桥仙》云："纤云弄巧，飞星传恨，银汉迢迢暗度。金风玉露一相逢，便胜却人间无数。柔情似水，佳期如梦，忍顾鹊桥归路。两情若是久长时，又岂在朝朝暮暮！"①秦观也是借助牵牛织女的仙话故事来巧构意境，从而创作出了《鹊桥仙》这一脍炙人口、历代传唱的宋词名篇。《迢迢牵牛星》对后世的深远影响，于此可见。

---

①徐培均：《淮海居士长短句》，上海古籍出版社，1985，第 55 页。

第四章　民间信仰与先秦两汉辞赋

先秦两汉辞赋大致可分为"辞"和"赋"两大类别。"辞"包括两部分：一是先秦时期屈原等人所创作的楚辞作品；二是汉代楚辞，即两汉文人模仿《离骚》等所创作的楚辞作品，也就是人们通常所说的汉人拟骚作品。"赋"则主要是作为"一代文学之代表"的汉赋，从其外在体制来看，汉赋又可分为骚体赋与散体赋两类。下面我们将按照不同的文学体裁，分别探讨民间信仰对于先秦两汉时期的楚辞、骚体赋和散体赋的影响。

第一节　屈原首创的"情感托'游'"表现模式

屈原是先秦楚辞的主要作家，楚辞则是先秦浪漫主义文学最杰出的代表。屈原不仅创立了一种全新的文学样式——楚辞，同时也开启了中国文学史上"情感托'游'"这一独特的艺术表现模式。

一、《离骚》《九章》中的神游幻想

许地山说:"《楚辞》底《离骚》《九歌》《天问》等篇,都显示着超人间生活底神仙意识。"①实际上,《离骚》《九章》《九歌》《天问》等篇,尚未显示出明显的神仙意识。屈原楚辞作品中出现的主要还是中国早期神话传说里的神灵,很少涉及仙话传说里的仙人。

从先秦两汉神仙思想发展史来看,屈原所处的战国后期正是神仙信仰兴起之时。屈原不仅具备接触仙话传说的外部客观条件,而且也具有接受神仙信仰的个人主观原因。屈原的楚辞创作能够取得突出成就,应该是由多种因素共同促成的。以往的楚辞研究者,在论及屈原的思想文化背景时,一般都注意到了楚地特有的巫风习俗,却在不同程度上忽略了神仙说的影响。

屈原是否受到了神仙说的影响,学界对此一直有着很大争议;而争议的焦点,就在于《远游》是否为屈原所作。总体来看,凡是赞同屈原受到神仙说影响的学者,大多都认定《远游》出自屈原之手;而反对者一般都认为《远游》不是屈原之

---

① 许地山:《道教史》,第 139 页。

作。《远游》受神仙信仰的影响极为明显,但它的作者究竟是谁目前学术界依旧无法确定。因此,我们探讨神仙说对屈原的影响,将有意识地避开《远游》,而以没有争议的《离骚》《天问》《九章》《九歌》为考察对象。

不管是中国早期神话里的"长生不死"观念,还是战国时期兴起于齐、燕沿海地区的蓬莱仙话,在屈原的楚辞作品中皆有所涉及。《山海经》保存了不少以昆仑山为核心的中国早期神话传说。袁珂先生曾指出,《山海经》为"从战国初年到汉代初年的楚国或楚地人所作"①。顾颉刚先生又指出,楚国是昆仑神话向东流传到中原的主要途径之一。② 可见,战国时期昆仑神话已经在楚地流传甚广。《山海经》已有关于"长生不死"之记载,如"不死民":"其为人黑色,寿,不死。"③ 再如"轩辕国":"其不寿者八百岁。"④屈原在《天问》中曾问道:"何所不死? 长人何守?"⑤还问道:"延年不死,寿何所止?"⑥《天问》所问的,就是昆仑神话中的这些"不死"之说。

《山海经》还载录有传说中的"不死药",如《海内西经》云:"开明东有巫彭、巫抵、巫阳、巫履、巫凡、巫相,夹窫窳之

---

① 袁珂:《中国神话史》,上海文艺出版社,1988,第 17 页。
② 顾颉刚:《〈庄子〉和〈楚辞〉中昆仑和蓬莱两个神话系统的融合》,载朱东润主编《中华文史论丛》1979 第 2 辑,第 31—32 页。
③ 《海外南经》,载袁珂:《山海经校注》,第 196 页。
④ 《海外西经》,载袁珂:《山海经校注》,第 221 页。
⑤ 洪兴祖:《楚辞补注》,第 95 页。
⑥ 洪兴祖:《楚辞补注》,第 96 页。

尸,皆操不死之药以距之。"①屈原在《天问》中也问到了"不死药":"安得夫良药,不能固臧?"②《淮南子·览冥训》云:"譬若羿请不死之药于西王母,姮娥窃以奔月,怅然有丧,无以续之。何则?不知不死之药所由生也。是故乞火不若取燧,寄汲不若凿井。"③屈原在《天问》中所问的,正是早期神话中的"嫦娥奔月"这一仙话传说。显然,早期神话中的这些较为原始的"长生不死"观念,已直接影响到屈原。

战国后期流行于齐、燕沿海地区的蓬莱仙话,也影响到了屈原。据《史记·屈原贾生列传》记载,楚怀王在位时屈原曾一度被委以重任,"入则与王图议国事,以出号令;出则接遇宾客,应对诸侯"④。这一时期屈原就有可能接触到蓬莱仙话。被疏之后,屈原自己还到过齐国。《史记·屈原贾生列传》云:"屈平既疏,不复在位,使于齐。"⑤屈原出使齐国之时,蓬莱仙话已经在齐国朝野上下广为流传。《天问》问曰:"鳌戴山抃,何以安之?释舟陵行,何以迁之?"⑥屈原所问的,正是蓬莱仙话中的"巨鳌负山"这一神奇传说。

屈原的楚辞作品不仅表现出了十分执着的建功立业的人

---

① 袁珂:《山海经校注》,第 301 页。
② 洪兴祖:《楚辞补注》,第 101 页。
③ 何宁:《淮南子集释》,第 501—502 页。
④ 司马迁:《史记》,第 2482 页。
⑤ 司马迁:《史记》,第 2484 页。
⑥ 洪兴祖:《楚辞补注》,第 102 页。

生追求,同时也流露出了颇为浓重的生命悲剧意识。其实,早在《诗经》之中,就已经出现了对时光荏苒、人生短暂的悲叹,如《唐风·蟋蟀》曰:"蟋蟀在堂,岁聿其莫。今我不乐,日月其除。"①再如《曹风·蜉蝣》曰:"蜉蝣之羽,衣裳楚楚。心之忧矣,于我归处。"②屈原不仅有着崇高的政治理想,而且还极为重视自我价值的实现。但是,楚国君昏、臣暗的社会现实,却使得屈原难以实现自己的"美政"理想。正因为如此,屈原才会对时间的流逝特别敏感。日月的流转,季节的更替,都让屈原感到十分的惶恐、焦虑和不安。这种时光易逝、生命短促的哀叹,在屈原的楚辞作品中不断地出现。《离骚》云:"日月忽其不淹兮,春与秋其代序。惟草木之零落兮,恐美人之迟暮。"③正是这种时不我待的时间紧迫感与日益强烈的生命悲剧意识,使屈原产生了益寿延年之幻想。《离骚》云:"老冉冉其将至兮,恐修名之不立。朝饮木兰之坠露兮,夕餐秋菊之落英。"④洪兴祖《楚辞补注》注曰:"魏文帝云:芳菊含乾坤之纯和,体芬芳之淑气。故屈原悲冉冉之将老,思飡秋菊之落英,辅体延年,莫斯之贵。"⑤屈原对于延寿长生的渴望与追求,已经有了较为明显的表现。需要特别指出的是,屈原楚辞作品

---

① 程俊英、蒋见元:《诗经注析》,第 307 页。
② 程俊英、蒋见元:《诗经注析》,第 395 页。
③ 洪兴祖:《楚辞补注》,第 6 页。
④ 洪兴祖:《楚辞补注》,第 12 页。
⑤ 洪兴祖:《楚辞补注》,第 12 页。

中所出现的"延寿长生"幻想,总是由抒情主人公的时间紧迫感引起的。如《离骚》云:"灵氛既告余以吉占兮,历吉日乎吾将行。折琼枝以为羞兮,精琼靡以为粻。为余驾飞龙兮,杂瑶象以为车。"①王逸《楚辞章句》注曰:"言我将行,乃折取琼枝,以为脯腊,精凿玉屑,以为储粮,饮食香洁,冀以延年也。"②洪兴祖《楚辞补注》注曰:"张揖云:琼树生昆仑西,流沙滨,大三百围,高万仞,其华食之长生。"③当然,屈原接受神仙说的动机,明显不同于方士们对于神仙长生的憧憬与向往。屈原渴望延寿长生,其目的并不是要做一个快乐自由的活神仙,而是为了实现自己的"美政"理想。《远游》云:"惟天地之无穷兮,哀人生之长勤。往者余弗及兮,来者吾不闻。"④朱熹《楚辞集注》注曰:"此章四言,乃此篇所以作之本意也。夫神仙度世之说,无是理而不可期也,审矣!屈子于此,乃独眷眷而不忘者,何哉?正以往者之不可及,来者之不得闻,而欲久生以俟之耳……此屈子所以愿少须臾无死,而侥幸万一于神仙度世之不可期也!呜呼远矣,是岂易与俗人言哉!"⑤屈原或许并不是《远游》的作者,但朱熹在此所指出的屈原接受神仙说的主观原因,还是令人信服的。

---

① 洪兴祖:《楚辞补注》,第 42 页。
② 洪兴祖:《楚辞补注》,第 42 页。
③ 洪兴祖:《楚辞补注》,第 42 页。
④ 朱熹:《楚辞集注》,第 103 页。
⑤ 朱熹:《楚辞集注》,第 103—104 页。

屈原所生活的战国后期,神仙长生思想早已产生,只不过此时的神仙说还处于其早期发展阶段。神仙说在其问世之初,并没有与神灵、鬼魂等观念完全区分开来;战国时期兴起于齐、燕沿海地区的"方仙道",依旧是"形解销化,依于鬼神之事"①。屈原所接受的神仙说,就是这种在形成之初尚未与鬼神等完全分离的、较为原始的早期神仙观念。但是,这种还比较模糊、朦胧的早期神仙观念,反倒有利于屈原将它与楚地的神话传说、巫风习俗等融合在一起,在更加广阔的背景下,创造出抒情主人公登天神游的浪漫景象。

《远游》是否出自屈原之手,目前学术界还没有达成共识。鉴于此,我们论述神仙信仰对于屈原楚辞创作的影响,姑且先不把《远游》作为考察对象。后面我们将专门设置一节来对《远游》进行探讨。

屈原最早将神仙说引入楚辞创作,以昆仑神话为背景,并把它们与楚地盛行的巫风习俗完全融合在一起,在《离骚》等作品中,创造出一个前所未有的抒情主人公彻底挣脱现实社会束缚、率领众神天界巡游的浪漫景象。从某种意义上说,正是屈原的楚辞创作开了后世游仙文学之先河。

《离骚》是一首政治抒情诗,是屈原的代表作,也是中国文学史上具有划时代意义的经典之作。在《离骚》中,屈原精

---

① 司马迁:《史记》,第 1368—1369 页。

心描绘了一个个抒情主人公驱龙驭凤、役使天地众神登天神游的奇异画面：

> 朝发轫于苍梧兮，夕余至乎县圃；欲少留此灵琐兮，日忽忽其将暮……前望舒使先驱兮，后飞廉使奔属。鸾皇为余先戒兮，雷师告余以未具。吾令凤鸟飞腾兮，继之以日夜。飘风屯其相离兮，帅云霓而来御。纷总总其离合兮，斑陆离其上下。吾令帝阍开关兮，倚阊阖而望予。①
>
> …………
>
> 朝吾将济于白水兮，登阆风而绁马。忽反顾以流涕兮，哀高丘之无女。溘吾游此春宫兮，折琼枝以继佩。及荣华之未落兮，相下女之可诒。吾令丰隆乘云兮，求宓妃之所在。解佩纕以结言兮，吾令蹇修以为理。纷总总其离合兮，忽纬繣其难迁。夕归次于穷石兮，朝濯发乎洧盘。②
>
> …………
>
> 遭吾道夫昆仑兮，路修远以周流。扬云霓之晻蔼兮，鸣玉鸾之啾啾。朝发轫于天津兮，夕余至乎西极。凤皇翼其承旂兮，高翱翔之翼翼。忽吾行此流沙兮，遵赤水而容与。麾蛟龙使梁津兮，诏西皇使涉予。路修远以多艰

---

① 洪兴祖：《楚辞补注》，第 26—29 页。
② 洪兴祖：《楚辞补注》，第 30—32 页。

兮,腾众车使径待。路不周以左转兮,指西海以为期。①在屈原笔下,神仙传说、日月山川、风云雷电等齐聚在一起,彻底摆脱了现实时空观念对作家的束缚和限制。在抒情主人公登天神游的过程中,"望舒"(月御)、"飞廉"(风伯)、"丰隆"(云师)、"雷师"等众位神灵都成了可供抒情主人公随意驱遣的对象;"鸾凤""蛟龙",甚至是"飘风""云霓"等,也都加入了抒情主人公登天神游的仪仗队。再看抒情主人公所到之处:"县圃",王逸《楚辞章句》注曰:"县圃,神山,在昆仑之上。《淮南子》曰:昆仑县圃,维绝,乃通天。"②洪兴祖《楚辞补注》注曰:"《山海经》云:槐江之山,上多琅玕金玉,其阳多丹粟,阴多金银,实惟帝之平圃。南望昆仑。其光熊熊。其气魂魂。西望大泽,后稷所潜。平圃,即悬圃也。"③"阊阖",王逸《楚辞章句》注曰:"阊阖,天门也。"④洪兴祖《楚辞补注》注曰:"《说文》云:阊,天门也。阖,门扇也。楚人名门曰阊阖。《文选》注云:阊阖,天门也。王者因以为门。屈原亦以阊阖喻君门也。"⑤"白水",王逸《楚辞章句》注曰:"《淮南子》言:白水出昆仑之山,饮之不死。"⑥洪兴祖《楚辞补注》注曰:"《河图》

---

① 洪兴祖:《楚辞补注》,第43—46页。
② 洪兴祖:《楚辞补注》,第26页。
③ 洪兴祖:《楚辞补注》,第26页。
④ 洪兴祖:《楚辞补注》,第29页。
⑤ 洪兴祖:《楚辞补注》,第29—30页。
⑥ 洪兴祖:《楚辞补注》,第30页。

曰:昆山出五色流水,其白水入中国,名为河也。五臣云:白水,神泉。"①"春宫",王逸《楚辞章句》注曰:"春宫,东方青帝舍也。"②此外,还有"阆风""穷石""洧盘""天津""西极""流沙""赤水"等,所有这些都源自传说中的神仙世界。屈原驰骋想象,把抒情主人公天界巡游的过程,描绘得清晰如画;将登天神游的浪漫幻想,变成了具体可感的艺术真实。

《九章·涉江》中也出现了抒情主人公登天神游的浪漫幻想。在《涉江》的开头,屈原通过独特的"香草美人式"的比兴象征,来突出主人公与众不同的志趣、操守和价值追求:"余幼好此奇服兮,年既老而不衰。带长铗之陆离兮,冠切云之崔嵬。被明月兮珮宝璐。世溷浊而莫余知兮,吾方高驰而不顾。"③接下来便出现了抒情主人公神游昆仑山的浪漫幻想:

> 驾青虬兮骖白螭,吾与重华游兮瑶之圃。登昆仑兮食玉英,与天地兮同寿,与日月兮同光。④

想象中,抒情主人公"驾青虬"而"骖白螭",与传说中的古帝"舜"(重华)一起来到昆仑山上的"瑶之圃"。主人公不仅登上了昆仑山,而且还吃到了昆仑山上极其珍贵的"玉英",最终得以"与天地兮同寿,与日月兮同光"。《山海经·西山经》

---

① 洪兴祖:《楚辞补注》,第 30 页。
② 洪兴祖:《楚辞补注》,第 30 页。
③ 洪兴祖:《楚辞补注》,第 128 页。
④ 洪兴祖:《楚辞补注》,第 128—129 页。

云:"又西北四百二十里,曰峚山,其上多丹木,员叶而赤茎,黄华而赤实,其味如饴,食之不饥。丹水出焉,西流注于稷泽,其中多白玉,是有玉膏,其原沸沸汤汤,黄帝是食是飨。是生玄玉。玉膏所出,以灌丹木。丹木五岁,五色乃清,五味乃馨。黄帝乃取峚山之玉荣,而投之钟山之阳。瑾瑜之玉为良,坚粟精密,浊泽而有光。五色发作,以和柔刚。天地鬼神,是食是飨。君子服之,以御不祥。"①显然,《涉江》中的这一神游幻想,其所反映的正是以昆仑神话为核心的早期神话中的较为原始的"长生不死"观念。

在《九章·悲回风》中,同样也出现了抒情主人公登天神游的浪漫幻想。对于《悲回风》一题,王逸在《楚辞章句》中解释说:"此章言小人之盛,君子所忧,故托游天地之间,以泄愤懑,终沉汨罗,从子胥、申徒,以毕其志也。"②我们来看《悲回风》所描绘的抒情主人公升天远游的奇异景象:

> 上高岩之峭岸兮,处雌蜺之标颠。据青冥而攄虹兮,遂儵忽而扪天。吸湛露之浮源兮,漱凝霜之雰雰。依风穴以自息兮,忽倾寤以婵媛。冯昆仑以瞰雾兮,隐岷山以清江。惮涌湍之磕磕兮,听波声之汹汹。纷容容之无经兮,罔芒芒之无纪。轧洋洋之无从兮,驰委移之焉止。漂翻翻其上下兮,翼遥遥其左右。氾潏潏其前后兮,伴张弛

---

① 袁珂:《山海经校注》,第41页。
② 洪兴祖:《楚辞补注》,第162页。

之信期。观炎气之相仍兮,窥烟液之所积。悲霜雪之俱下兮,听潮水之相击。借光景以往来兮,施黄棘之枉策。求介子之所存兮,见伯夷之放迹。心调度而弗去兮,刻著志之无适。①

主人公是从山顶之上直接飞升而进入天界的。在天上,主人公手把蓝天,脚踏彩虹,"吸湛露之浮源""漱凝霜之雰雰"。想象新颖奇特,描写生动传神。接下来,主人公又从天上回到了人间,沿着"昆仑山——岷山——长江"这一路线进行了游览。主人公不仅能够在天界与人间自由往来,而且还可以穿梭于历史与现实之间,而这一切都融入了主人公登天神游的幻想之中。

二、开启了"情感托'游'"的艺术表现模式

钟嵘在《诗品》中将游仙诗分为"坎壈咏怀"与"列仙之趣"两大类别。② 钟嵘的这一做法,也得到了后世学者的广泛接受和认同。在《离骚》《九章》等作品中,屈原有意识地借助于神游幻想来抒情言志,通过描写抒情主人公登天神游的过程,借以抒发自己内心深处压抑已久的哀怨愤懑之情,展现作家的思想活动、情感变化和精神追求。屈原既是游仙文学的

---

① 洪兴祖:《楚辞补注》,第159—161页。
② 陈延杰:《诗品注》,第39页。

开创者,同时也开启了游仙文学"情感托'游'"这一独特的"坎壈咏怀"模式。

屈原品行高洁,志向远大,"美政"理想是他一生的不懈追求。屈原对自己的"宗国"(楚国)有着无比深厚的感情,希望通过内修法度、联齐抗秦等使楚国变得更加富强,最终由楚国一统天下。然而,楚国朝廷君王昏庸、群小乱政的黑暗现实,让屈原根本不可能实现自己的"美政"理想。"信而见疑,忠而被谤",接连不断地被疏、被贬的不幸遭遇,让屈原对楚国的黑暗现实深感绝望,由此产生了登天神游的幻想。可见,现实世界中的窘迫困境,才是促使屈原产生神游幻想的主要原因。当屈原感觉自己留在楚国已不可能再被楚王重用时,决心接受灵氛和巫咸的忠告,远走他乡,另寻明主。就在主人公准备带领自己的随从车队远走高飞之时,却又从天界向下望见了令他一直魂牵梦绕、根本无法割舍的故乡。这时候,抒情主人公由登天神游的浪漫幻想,突然回到眼前的现实世界,于是就出现了一个极其震撼人心的戏剧化场面:

> 屯余车其千乘兮,齐玉轪而并驰。驾八龙之婉婉兮,载云旗之委蛇。抑志而弭节兮,神高驰之邈邈。奏《九歌》而舞《韶》兮,聊假日以媮乐。陟升皇之赫戏兮,忽临睨夫旧乡。仆夫悲余马怀兮,蜷局顾而不行。①

---

① 朱熹:《楚辞集注》,第28页。

对于这一戏剧性描写,朱熹曾经评论说:"屈原托为此行,而终无所诣,周流上下,而卒反于楚焉,亦仁之至而义之尽也。"①当抒情主人公登天神游正好达到游乐高潮的时候,突然间又从幻想回落到了现实,登天神游的过程就此戛然而止。幻想中的神游之乐与现实中的矛盾痛苦,形成了极大的反差。通过这一戏剧化场面的设置,《离骚》的爱国主旨得到了艺术升华。

班固在《离骚序》中曾称:"今若屈原,露才扬己,竞乎危国群小之间,以离谗贼。然责数怀王,怨恶椒兰,愁神苦思,非其人,忿怼不容,沉江而死,亦贬絜狂狷景行之士。"②众所周知,儒家传统的诗教观,十分注重"温柔敦厚""情理中和"。班固正是依据儒家这一传统的诗教标准,来指责屈原的。今天看来,班固批评屈原"露才扬己",称屈原为"贬絜狂狷景行之士",这种认识显然失之偏颇。但是,班固在这里也确实指出了屈原的某些性格缺陷,如个性过强、有些偏执,且过于自负等。可以说,屈原根本就不是一个成熟的政治家,而是一个个性意识极强的文人。在《离骚》等作品中,屈原常常以鸾鸟、凤凰、骐骥自比,而楚国朝堂上的其他人在屈原眼中则都是燕雀、鸡鹜、驽马。屈原觉得只有他自己才有资格做楚王的领路人,带领楚国走上富强之路。屈原在作品中经常赞美自

---

① 朱熹:《楚辞集注》,第 29 页。
② 严可均:《全上古三代秦汉三国六朝文》,中华书局,1958,第 611 页。

己的品行节操,认为自己的品质就像幽兰、美玉一样美好。沈亚之在《屈原外传》中曾称:"屈原瘦细美髯,丰神朗秀。长九尺,好奇服,冠切云之冠。性洁,一日三濯缨。"①屈原忠贞高洁的个性品质,已经远远超脱于世俗之上。在《离骚》中,屈原对自己的品德、才能极为赞赏,其自恋程度已经超出常人的想象,简直到了有点儿迷狂的地步。正是因为屈原具有强烈的个性意识,才会使得其楚辞作品中的抒情主人公形象显得格外高大、特别突出,以至于"自我"就成为了整个宇宙之中心。也正因为如此,抒情主人公在登天神游的过程中,就可以统帅一切,天地众神也因此而变成了可以随意差遣的对象。

《史记·屈原贾生列传》云:"《国风》好色而不淫,《小雅》怨诽而不乱。若《离骚》者,可谓兼之矣……其文约,其辞微,其志洁,其行廉,其称文小而其指极大,举类迩而见义远。其志洁,故其称物芳。其行廉,故死而不容自疏。濯淖污泥之中,蝉蜕于浊秽,以浮游尘埃之外,不获世之滋垢,皭然泥而不滓者也。推此志也,虽与日月争光可也。"②在《离骚》中,抒情主人公自始至终都不曾忘记自己的"美政"理想,在登天神游过程中,其多次明确表达了对君臣遇合、建功立业的热切向往。如"汤禹严而求合兮,挚咎繇而能调。苟中情其好修兮,又何必用夫行媒。说操筑于傅岩兮,武丁用而不疑。吕望之

---

① 蒋骥:《山带阁注楚辞》,上海古籍出版社,1958,第21页。
② 司马迁:《史记》,第2482页。

鼓刀兮,遭周文而得举。宁戚之讴歌兮,齐桓闻以该辅"①。渴望君臣遇合、成就一代伟业,是屈原一生的政治抱负。《离骚》云:"路曼曼其修远兮,吾将上下而求索。"②抒情主人公登天神游、上下求索的过程,实际上就是屈原在现实社会里为了实现自己的"美政"理想而四方奔走、极力抗争的艺术写照。

总之,屈原将早期较为原始的神仙观念,与楚地流行的昆仑神话、巫风习俗等结合在一起,在《离骚》《九章》等楚辞作品中,创造了一个个抒情主人公登天神游、上下求索的奇幻境界。在这些浪漫、自由的幻想世界里,屈原在现实社会中被压抑的人性、被束缚的"自我"得以淋漓尽致地舒展和表现。屈原以虚实结合之手法,将主人公登天神游的幻想与现实社会、历史人物等巧妙地编织在一起,借此来抒情言志,奠定了后世游仙文学"情感托'游'"这一独特的"坎壈咏怀"的表现模式,在中国文学史上产生了极为深远的影响。

第二节 《远游》在游仙文学史上的贡献

在游仙文学史上,《远游》占有相当重要的地位。在先秦楚辞作品中,屈原的《离骚》《九章》最早出现抒情主人公登天

---

① 洪兴祖:《楚辞补注》,第 37—38 页。
② 洪兴祖:《楚辞补注》,第 27 页。

神游的浪漫幻想,开了后世游仙文学"情感托'游'"之先河。但是,《离骚》《九章》毕竟还没有表现出明显的神仙长生思想,而《远游》的神仙长生旨趣就表现得非常突出。《远游》在继承《离骚》的基础上,又进一步推动了游仙文学的发展。

一、《远游》的作者及时代问题

王逸《楚辞章句》曰:"《远游》者,屈原之所作也。屈原履方直之行,不容于世。上为谗佞所谮毁,下为俗人所困极,章皇山泽,无所告诉。乃深惟元一,修执恬漠。思欲济世,则意中愤然,文采铺发,遂叙妙思,托配仙人,与俱游戏,周历天地,无所不到。然犹怀念楚国,思慕旧故,忠信之笃,仁义之厚也。是以君子珍重其志,而玮其辞焉。"①从汉代王逸开始,一直到清代前期的学者,大家都认为《远游》是出自屈原之手。

最早对屈原作《远游》质疑的人,是清代中叶的胡濬源。胡濬源在《楚辞新注求确·凡例》中说:"屈子一书,虽及周流四荒,乘云上天,皆设想寓言,并无一句说神仙事……《远游》一篇,杂引王乔、赤松且及秦始皇时之方士韩众,则明系汉人所作。"②自清代中期的胡濬源之后,知名学者如吴汝纶、廖平、胡适、陆侃如、游国恩、郭沫若、胡念贻等,纷纷撰文,否定

---

① 洪兴祖:《楚辞补注》,第 163 页。
② 杨金鼎:《楚辞评论资料选》,湖北人民出版社,1985,第 492 页。

《远游》为屈原的作品。否定屈原作《远游》的这些学者,对于《远游》的"真正作者",有种种不同的推测。如游国恩认为是西汉人,陆侃如认为是东汉人,而郭沫若则认为是司马相如《大人赋》的"初稿"等。现代楚辞研究专家如姜亮夫、陈子展、汤炳正等人,则坚定地认为屈原就是《远游》作者。

《远游》是否出自屈原之手,目前学术界对此还有着较大争议。今天,学者大多倾向于认定《远游》为战国后期的作品,或是屈原晚年之作,或是宋玉前后某位楚国文人所作。如姜亮夫先生在《远游为屈子作品定疑》一文中就认为《远游》是屈原所作,他分别从《远游》的社会思潮背景、思想内涵、表现手法、文风、语法、音韵等方面进行深入、细致的论证,最后得出结论:《远游》确定无疑是屈原的作品。① 赵逵夫先生在《唐勒〈论义御〉与楚辞向汉赋的转变——兼论〈远游〉的作者问题》一文中则认定《远游》为唐勒所作,并且认为已经解决了楚辞研究关于《远游》作者的这一疑案。② 客观地说,将《远游》定为战国晚期作品,理由还是比较充分的;但要具体确定作者为何人,还需要学者作进一步探讨。鉴于此,本节论述《远游》在游仙诗发展史上的地位,将《远游》定为战国晚期楚国文人的作品,至于其作者则暂时存疑而不提。

---

① 姜亮夫:《楚辞学论文集》,上海古籍出版社,1984,第507—544页。
② 载《西北师大学报(社会科学版)》1994年第5期。

二、《远游》对《离骚》的模仿

屈原的楚辞作品中最早出现了"神游"幻想,同时也开创了游仙文学的"坎壈咏怀"模式。《远游》对《离骚》的继承,主要包括两个方面:一是登天神游的浪漫幻想;二是"情感托'游'"这一艺术表现形式。

(一)《远游》继承了《离骚》登天神游的浪漫幻想

《远游》在具体描写抒情主人公登天神游的浪漫场景时,其对于《离骚》的吸收、借鉴表现得相当明显。《远游》有时还会"有意化用"甚至于"直接袭用"《离骚》的原句。如《离骚》云:"吾令帝阍开关兮,倚阊阖而望予。"①《远游》则云:"命天阍其开关兮,排阊阖而望予。"②再如《离骚》云:"屯余车其千乘兮,齐玉轪而并驰。驾八龙之婉婉兮,载云旗之委蛇。"③《远游》则云:"屯余车之万乘兮,纷溶与而并驰。驾八龙之婉婉兮,载云旗之逶蛇。"④又如《离骚》云:"路曼曼其修远兮,吾将上下而求索。"⑤《远游》则云:"路曼曼其修远兮,徐弭节

---

① 洪兴祖:《楚辞补注》,第 29 页。
② 洪兴祖:《楚辞补注》,第 168 页。
③ 洪兴祖:《楚辞补注》,第 46 页。
④ 洪兴祖:《楚辞补注》,第 169 页。
⑤ 洪兴祖:《楚辞补注》,第 27 页。

而高厉。"①这样的例子还有很多,如《离骚》中有"前望舒使先驱兮,后飞廉使奔属"②,《远游》中则有"历太皓以右转兮,前飞廉以启路"③。看得出,《远游》与《离骚》一样,其所描述的重点也是抒情主人公驱龙驭凤、役使众神登天神游的浪漫情形。

(二)《远游》继承了《离骚》"情感托'游'"的艺术表现形式

《远游》继承了《离骚》所开启的"情感托'游'"这一独特的"坎壈咏怀"模式。在《远游》的开头,作者明确交代了游仙的缘起:

  悲时俗之迫厄兮,愿轻举而远游。质菲薄而无因兮,焉托乘而上浮。遭沉浊而污秽兮,独郁结其谁语!夜耿耿而不寐兮,魂茕茕而至曙。④

  惟天地之无穷兮,哀人生之长勤。往者余弗及兮,来者吾不闻。步徙倚而遥思兮,怊惝恍而乖怀。意荒忽而流荡兮,心愁凄而增悲。神儵忽而不反兮,形枯槁而独

---

① 洪兴祖:《楚辞补注》,第 171 页。
② 洪兴祖:《楚辞补注》,第 46 页。
③ 洪兴祖:《楚辞补注》,第 169 页。
④ 洪兴祖:《楚辞补注》,第 163 页。

留。内惟省以端操兮,求正气之所由。①

"悲时俗之迫厄兮,愿轻举而远游",作家正是因为"悲时俗之迫厄",才产生了"愿轻举而远游"的游仙幻想。这一点与《离骚》完全相同。朱熹在《楚辞集注》中曾经说过:"《远游》者,屈原之所作也。屈原既放,悲叹之余,眇观宇宙,陋世俗之卑狭,悼年寿之不长,于是作为此篇。思欲制炼形魂,排空御气,浮游八极,后天而终,以尽反复无穷之世变。虽曰寓言,然其所设王子之词,苟能充之,实长生久视之要诀也。"②蒋骥在《山带阁注楚辞》中也指明了这一点,他说:"幽忧之极,思欲飞举以舒其郁,故为此篇(指《远游》)。"③朱熹、蒋骥,还有此前已经提到的《楚辞章句》的作者王逸,他们都注意到了《远游》借游仙以抒情言志这一特点。《远游》云:"形穆穆以浸远兮,离人群而遁逸。因气变而遂曾举兮,忽神奔而鬼怪。时仿佛以遥见兮,精皎皎以往来。绝氛埃而淑尤兮,终不反其故都。免众患而不惧兮,世莫知其所如。"④显然,抒情主人公之所以登天远游,其目的就是要避开让他感到极其痛苦、压抑的现实世界,以求得到心理安慰与精神解脱。与《离骚》一样,《远游》中的抒情主人公,其在登天神游的过程中,也时常会

---

① 洪兴祖:《楚辞补注》,第 163—164 页。
② 朱熹:《楚辞集注》,第 103 页。
③ 蒋骥:《山带阁注楚辞》,第 145 页。
④ 洪兴祖:《楚辞补注》,第 165 页。

发出诸如时光易逝、生命短暂以及功业未成等人生感慨。如《远游》云:"恐天时之代序兮,耀灵晔而西征。微霜降而下沦兮,悼芳草之先零。聊仿佯而逍遥兮,永历年而无成。谁可与玩斯遗芳兮,晨向风而舒情。高阳邈以远兮,余将焉所程。"①可见,《远游》不仅继承了《离骚》所开启的"坎壈咏怀"这一表现模式,而且二者还有着大致相同的情感基调。

《远游》问世后,"悲时俗之迫厄兮,愿轻举而远游"逐渐成为对后世游仙文学"情感托'游'"这一艺术表现形式的高度概括与经典表达。从《离骚》到《远游》,游仙文学的"坎壈咏怀"模式得以最终确立。

三、《远游》在《离骚》基础上的开拓与发展

《远游》在继承《离骚》登天神游幻想以及"情感托'游'"这一艺术表现形式的同时,又有了较为明显的开拓和发展。

(一)出现了仙人和神仙修炼方术

在先秦楚辞中,《远游》不仅最早提到了有名的仙人,而且还涉及到了不少神仙修炼方术。与《离骚》相比,《远游》所反映的神仙观念已经有了较大的发展,表现出了更加明显的

---

① 洪兴祖:《楚辞补注》,第165—166页。

神仙长生旨趣。

《远游》云:"闻至贵而遂徂兮,忽乎吾将行。仍羽人于丹丘兮,留不死之旧乡。"①蒋骥《山带阁注楚辞》注曰:"羽人,飞仙也。丹邱,昼夜常明之处。不死之乡,仙灵所宅也。既得要道,故能直往仙乡。"②我们之前已经提到,早期神话中已经出现了"不死民"与"羽民"等关于"长生不死"和"自由飞升"的较为的原始神仙观念。如《山海经·海外西经》中载录的"轩辕国":"其不寿者八百岁。"③再如《山海经·大荒南经》中载录的"羽民国":"其民皆生毛羽。"④显然,这里的"羽人"与"不死之乡"等,其所反映的正是早期神话关于"长生不死"和"自由飞升"的较为的原始的神仙观念。

《远游》是最早提到仙人的楚辞作品。《远游》云:"闻赤松之清尘兮,愿承风乎遗则。贵真人之休德兮,美往世之登仙。与化去而不见兮,名声著而日延。奇傅说之托辰星兮,羡韩众之得一,形穆穆以浸远兮,离人群而遁逸。"⑤"赤松",就是著名的仙人赤松子,《列仙传》云:"赤松子者,神农时雨师也。服水玉以教神农,能入火自烧,往往至昆仑山上,常止西王母石室中,随风雨上下。炎帝少女追之,亦得仙,俱去。至

---

① 蒋骥:《山带阁注楚辞》,第 148 页。
② 蒋骥:《山带阁注楚辞》,第 148 页。
③ 袁珂:《山海经校注》,第 221 页。
④ 袁珂:《山海经校注》,第 368 页。
⑤ 洪兴祖:《楚辞补注》,第 164—165 页。

高辛时,复为雨师,今之雨师本是焉。"①傅说也是仙话传说里有名的仙人,洪兴祖《楚辞补注》注曰:"《音义》云:傅说死,其精神乘东维,托龙尾。今尾上有傅说星。其生无父母,登假三年而形遁。"②韩众,就是传说中的仙人韩终,洪兴祖《楚辞补注》注曰:"《列仙传》:齐人韩终,为王采药,王不肯服,终自服之,遂得仙也。"③《楚辞补注》所称引自《列仙传》的仙人韩终的故事,已不见于今本《列仙传》。顾颉刚就是根据《远游》中出现了仙人韩众,而韩众又是秦始皇时期的一个著名方士,从而认定《远游》的作者至少应该是秦朝之后的人。④ 从《楚辞补注》所引《列仙传》关于仙人韩终的这一记载来看,《远游》中出现的仙人韩众(韩终),应该是早期仙话传说里的一位仙人,根本就不是秦始皇时期的方士韩众。胡濬源、顾颉刚等人因《远游》提及仙人韩众,就认定《远游》的作者是秦朝以后的人,显然无法令人信服。王子乔则是《远游》中最重要的仙人。《远游》云:"春秋忽其不淹兮,奚久留此故居?轩辕不可攀援兮,吾将从王乔而娱戏!"⑤"王乔"就是早期仙话传说里的仙人王子乔。《远游》又云:"顺凯风以从游兮,至南巢而一

---

① 刘向:《列仙传》,第 1 页。
② 洪兴祖:《楚辞补注》,第 164 页。
③ 洪兴祖:《楚辞补注》,第 164—165 页。
④ 顾颉刚:《〈庄子〉和〈楚辞〉中昆仑和蓬莱两个神话系统的融合》,载朱东润主编《中华文史论丛》1979 年第 2 辑,第 56 页。
⑤ 洪兴祖:《楚辞补注》,第 166 页。

息。见王子而宿之兮,审壹气之和德。"①此处的"王子",指的也是仙人王子乔。《列仙传》云:"王子乔者,周灵王太子晋也。好吹笙,作凤凰鸣,游伊洛之间,道士浮丘公接以上嵩高山三十余年。后求之于山上,见柏良曰:'告我家,七月七日待我于缑氏山巅。'果乘白鹤驻山头,望之不得到,举手谢时人,数日而去。亦立祠于缑氏山下,及嵩高首焉。"②以上这四位仙人中,《远游》着重讲述了与王子乔的交往。主人公不仅见到了仙人王子乔,而且还在他那里留宿;主人公当面向王子乔请教成仙之道,并聆听了王子乔的一番至理名言。

顾颉刚先生说:"西方人说人可成神,他们的神有黄帝、西王母、禹、羿、帝江等等,是住在昆仑等山的。东方人说人可成仙,他们的仙有宋毋忌、正伯侨、羡门高等等,是住在蓬莱等岛的。西方人说神之所以能长生久视,是由于'食玉膏,饮神泉',另外还有不死树和不死之药;东方人说仙之所以能永生,是由于'餐六气、饮沆瀣、漱正阳、含朝霞',另外还有'形解消化',并藏着不死之药,所以'神'和'仙'的名词虽异,而他们的'长生不老'和'自由自在'的两个中心观念则没有什么两样。"③不管是源自中国早期神话的"食玉膏,饮神泉",还是来

---

① 洪兴祖:《楚辞补注》,第166—167页。
② 刘向:《列仙传》,第9页。
③ 顾颉刚:《〈庄子〉和〈楚辞〉中昆仑和蓬莱两个神话系统的融合》,载朱东润主编《中华文史论丛》1979年第2辑,第35页。

自我国东部沿海地区的"形解消化"以及"餐六气、饮沆瀣、漱正阳、含朝霞"等,早期神仙家们所鼓吹的这些神仙修炼方术,几乎都在《远游》中有着不同程度的表现。如《远游》云:"吸飞泉之微液兮,怀琬琰之华英。玉色頩以脕颜兮,精醇粹而始壮。"①主人公经过一番"吸飞泉之微液""怀琬琰之华英"的修炼之后,面目颜色愈发润泽美好,精气日益充盈纯正,整个身体也变得越来越健壮。"吸飞泉之微液",王逸《楚辞章句》注曰:"含吮玄泽之肥润也。"②"怀琬琰之华英",王逸《楚辞章句》注曰:"咀嚼玉英,以养神也。"③屈原在《涉江》中曾称:"登昆仑兮食玉英,与天地兮同寿,与日月兮同光。"④《远游》中的"吸飞泉之微液""怀琬琰之华英"等,其所反映的正是中国早期神话里已出现的"食玉膏,饮神泉"这种神仙修炼观念。

《远游》云:"贵真人之休德兮,美往世之登仙。与化去而不见兮,名声著而日延。"⑤又云:"质销铄以汋约兮,神要眇以淫放。"⑥朱熹《楚辞集注》注曰:"质销铄,所谓形解销化也。"⑦我们之前已经提到,战国中期齐威王、齐宣王的时候,

---

① 洪兴祖:《楚辞补注》,第 168 页。
② 洪兴祖:《楚辞补注》,第 168 页。
③ 洪兴祖:《楚辞补注》,第 168 页。
④ 洪兴祖:《楚辞补注》,第 129 页。
⑤ 洪兴祖:《楚辞补注》,第 164 页。
⑥ 洪兴祖:《楚辞补注》,第 168 页。
⑦ 朱熹:《楚辞集注》,第 108—109 页。

齐、燕沿海地区出现的"方仙道",其所鼓吹的神仙修炼方术主要就是"形解销化,依于鬼神之事"①。由此可见,《远游》中的"质销铄以汋约兮,神要眇以淫放"和"与化去而不见兮,名声著而日延"等,其所反映的就是"形解消化"这一兴起于齐、燕沿海地区的早期神仙修炼观念。

《远游》云:"餐六气而饮沆瀣兮,漱正阳而含朝霞。保神明之清澄兮,精气入而粗秽除。"②顾颉刚先生所说的"餐六气、饮沆瀣、漱正阳、含朝霞"这一神仙修炼方术,其所依据的正是《远游》中的"餐六气而饮沆瀣兮,漱正阳而含朝霞"一语。对此,王逸《楚辞章句》注曰:"《陵阳子明经》言:春食朝霞。朝霞者,日始欲出赤黄气也。秋食沦阴。沦阴者,日没以后赤黄气也。冬饮沆瀣。沆瀣者,北方夜半气也。夏食正阳。正阳者,南方日中气也。并天地玄黄之气,是为六气也。"③神仙家们有"辟谷"之说,他们鼓吹"弃五谷"而"餐六气",认为通过餐食六气,吐故纳新,炼养精气神,人就能够达到升仙不死之目的。精气说是稷下道家学派所创立的一个重要理论。《管子·内业》云:"凡人之生也,天出其精,地出其形,合此以为人。和乃生,不和不生。"④又云:"精存自生,其外安荣。内

---

① 司马迁:《史记》,第 1368—1369 页。
② 洪兴祖:《楚辞补注》,第 166 页。
③ 洪兴祖:《楚辞补注》,第 166 页。
④ 黎翔凤:《管子校注》,第 945 页。

藏以为泉原,浩然和平,以为气渊。渊之不涸,四体乃固。泉之不竭,九窍遂通。乃能穷天地,被四海。中无惑意,外无邪灾。心全于中,形全于外,不逢天灾,不遇人害,谓之圣人。"①神仙家们所宣扬的精气炼养方术,其理论基础正是稷下道家学派提出的精气说。在《远游》中,精气说已经与神仙说相结合,精气炼养已经成为了一个颇为重要的成仙途径。

在《远游》中,还出现了"登霞"观念。《远游》云:"载营魄而登霞兮,掩浮云而上征。"②王逸《楚辞章句》注曰:"抱我灵魂而上升也。霞谓朝霞,赤黄气也。"③王逸在此仅仅注解了"登霞"的字面意思而已。对于"登霞"一词,朱熹在《楚辞集注》中解释说:"霞,与遐通,谓远也。盖魄不受魂,魂不载魄,则魂游魄降而人死矣。故修炼之士,必使魂常附魄,如日光之载月质;魄常检魂,如月质之受日光。则神不驰而魄不死,遂能登仙远去而上征也。"④相对来说,朱熹对"登霞"注解就很准确,指出了"登霞"的真正含义。《墨子·节葬下》记载:"秦之西有仪渠之国者,其亲戚死,聚柴薪而焚之,熏上,谓之登遐,然后成为孝子。"⑤又《庄子·大宗师》云:"古之真人,不逆寡,不雄成,不谟士。若然者,过而弗悔,当而不自得

---

① 黎翔凤:《管子校注》,第938—939页。
② 洪兴祖:《楚辞补注》,第168页。
③ 洪兴祖:《楚辞补注》,第168页。
④ 朱熹:《楚辞集注》,第107页。
⑤ 吴毓江:《墨子校注》,第268页。

也。若然者,登高不栗,入水不濡,入火不热。是知之能登假于道者也若此。"①很明显,《墨子》中的"登遐",仅仅是"仪渠之国"的一种火葬风俗而已,其所反映的还是一种灵魂升天不死的鬼神观念;而《庄子》中的"登假"(按:"假"通"遐"),指的则是"真人"通过修道而得以升入道境。《庄子》中的"登假",是灵魂与肉体同归于道境,是一种对生命有限性的彻底超越;其与《墨子》中毁灭肉体而灵魂升天不死的"登遐"观念,已经有了本质上的不同。《远游》中的"载营魄而登霞兮,掩浮云而上征"一语,指的就是要像"真人"那样超越生死,升入道境,具体地说,就是要脱离尘世,得道升仙。

(二)利用阴阳五行说来设置主人公的游仙路径

在《远游》中,作者已经开始有意识地吸收、利用阴阳五行学说,来具体设置、安排抒情主人公在天界巡游的路径。与《离骚》相比,《远游》中主人公升天远游的行程,表现出了更加明显的空间方位感。

在《远游》中,主人公登天神游的行程,是从南方正式开始的。在此之前,主人公先来到了东方的汤谷。《远游》云:"闻至贵而遂徂兮,忽乎吾将行……朝濯发于汤谷兮,夕晞余

---

① 郭庆藩:《庄子集释》,第 226 页。

身兮九阳。"①王逸《楚辞章句》注曰:"汤谷,在东方少阳之位。"②洪兴祖《楚辞补注》注曰:"晞,日气干也。仲长统云:沉灌当餐,九阳代烛。注云:九阳,日也。阳谷上有扶木,九日居下枝,一日居上枝。《九歌》曰:晞汝发兮阳之阿。张衡赋曰:晞余发兮朝阳。"③主人公在汤谷濯发、在九阳晞身之后,就来到了"南州":

> 嘉南州之炎德兮,丽桂树之冬荣。山萧条而无兽兮,野寂漠其无人。载营魄而登霞兮,掩浮云而上征。命天阍其开关兮,排阊阖而望予。召丰隆使先导兮,问大微之所居。集重阳入帝宫兮,造旬始而观清都。④

主人公由"南州"登霞而上,升入天界,正式开始了登天神游的过程。"帝宫"是主人公升天远游的第一站。接下来,主人公根据阴阳五行理论,按照东、西、南、北这一空间顺序来进行巡游。在阴阳五行理论体系中,东方对应的季节是春天。《管子·四时》记载:"东方曰星,其时曰春,其气曰风。风生木与骨,其德喜嬴而发出节时。"⑤春天草木发芽,万物复苏,是生命开始的象征。正因为如此,主人公游历四方的行程特意选

---

① 洪兴祖:《楚辞补注》,第167页。
② 洪兴祖:《楚辞补注》,第167页。
③ 洪兴祖:《楚辞补注》,第167—168页。
④ 洪兴祖:《楚辞补注》,第168—169页。
⑤ 黎翔凤:《管子校注》,第842页。

择从东方开始:

> 朝发轫于太仪兮,夕始临乎于微闾。屯余车之万乘兮,纷溶与而并驰。驾八龙之婉婉兮,载云旗之逶蛇⋯⋯撰余辔而正策兮,吾将过乎句芒。历太皓以右转兮,前飞廉以启路。①

王逸《楚辞章句》注曰:"东方甲乙,其帝太皓,其神勾芒。"②主人公在游历了东方之后,紧接着,又来到了西方:

> 风伯为余先驱兮,氛埃辟而清凉。凤皇翼其承旂兮,遇蓐收乎西皇。揽彗星以为旍兮,举斗柄以为麾。③

王逸《楚辞章句》注曰:"西方庚辛,其帝少皓,其神蓐收。西皇,即少昊也。《离骚经》曰:召西皇使涉予。知西皇所居,在于西海之津也。"④在《离骚》的结尾处,屈原曾经刻意设置了一个以乐衬悲的戏剧性场面。在《远游》中,当主人公巡游四方从西往南、途经楚国上空的时候,作者也特意安插了一段与《离骚》颇为相似的场景描写:

> 欲度世以忘归兮,意恣睢以担挢。内欣欣而自美兮,聊媮娱以自乐。涉青云以泛滥游兮,忽临睨夫旧乡。仆夫怀余心悲兮,边马顾而不行。思旧故以想像兮,长太息

---

① 洪兴祖:《楚辞补注》,第169—170页。
② 洪兴祖:《楚辞补注》,第170页。
③ 洪兴祖:《楚辞补注》,第170页。
④ 洪兴祖:《楚辞补注》,第170—171页。

而掩涕。①

与《离骚》不同的是，《远游》中的主人公，其天界巡游的过程，并没有就此戛然而止。主人公继续向前，紧接着又来到了南方：

> 指炎神而直驰兮，吾将往乎南疑……祝融戒而还衡兮，腾告鸾鸟迎宓妃。张《咸池》奏《承云》兮，二女御《九韶》歌。使湘灵鼓瑟兮，令海若舞冯夷。玄螭虫象并出进兮，形蟉虬而逶蛇。雌蜺便娟以增挠兮，鸾鸟轩翥而翔飞。音乐博衍无终极兮，焉乃逝以徘徊。②

王逸《楚辞章句》注曰："南方丙丁，其帝炎帝，其神祝融。"③根据阴阳五行理论，南方对应的季节是夏天。《管子·四时》记载："南方曰日，其时曰夏，其气曰阳……其德施舍修乐。"④正是因为南方"其时曰夏""其德施舍修乐"，所以主人公的天界巡游才会在南方达到了游乐的高潮。

主人公在南方享受了歌舞之乐后，又由南方直奔北方：

> 舒并节以驰骛兮，逴绝垠乎寒门。轶迅风于清源兮，从颛顼乎增冰。历玄冥以邪径兮，乘间维以反顾。⑤

---

① 洪兴祖：《楚辞补注》，第 171—172 页。
② 洪兴祖：《楚辞补注》，第 172—173 页。
③ 洪兴祖：《楚辞补注》，第 172 页。
④ 黎翔凤：《管子校注》，第 846 页。
⑤ 洪兴祖：《楚辞补注》，第 173—174 页。

王逸《楚辞章句》注曰:"寒门,北极之门也。"①洪兴祖《楚辞补注》注曰:"北方壬癸,其帝颛顼,其神玄冥。"②在阴阳五行理论体系中,北方对应的季节是冬天。《管子·四时》记载:"北方曰月,其时曰冬,其气曰寒。"③房玄龄注曰:"冬,中也。谓藏收万物于中也。"④北方是"藏收万物"之地,自然也应该是人类最终的归依之处。正因为如此,《远游》才会将北方作为主人公天界巡游的最后一站,接下来从北方升入作者所向往的道境。

早在《管子》之前,《左传》已有关于"四方神"的记载。《左传·昭公二十九年》称:"有五行之官,是谓五官,实列受氏姓,封为上公,祀为贵神。社稷五祀,是尊是奉。木正曰句芒,火正曰祝融,金正曰蓐收,水正曰玄冥,土正曰后土。"⑤我们依据阴阳五行理论,来考察《远游》中主人公在登天神游的路径,其游历的路线清晰可见。在中国文学史上,《远游》最早吸收、利用阴阳五行理论,据此来设置主人公在天界巡游的路线。《远游》之后,游仙文学作品绝大多数都是利用阴阳五行学说来具体安排主人公的游仙路径。就此而言,《远游》已

---

① 洪兴祖:《楚辞补注》,第174页。
② 洪兴祖:《楚辞补注》,第174页。
③ 黎翔凤:《管子校注》,第854页。
④ 黎翔凤:《管子校注》,第854页。
⑤ 杨伯峻:《春秋左传注》,第1502页。

为后世的游仙文学创作提供了一个可资借鉴的成功范例。

(三)最早反映"修道成仙"理论的游仙之作

《远游》最早将神仙家的神仙长生思想与道家学派的修道养生学说结合在一起,成为中国文学史上最早反映"修道成仙"理论的游仙之作。

在《远游》中,神仙思想与道家学说已经融为一体。《远游》中尽管出现了不少神仙修炼方术,但在作者看来,通过"修道"而成仙,乃是最为重要的一个升仙不死途径。在《远游》中,主人公曾经遇见过仙人王子乔,并向他请教了成仙之道,而王子乔所传授的成仙秘诀就是"修道":

> 顺凯风以从游兮,至南巢而壹息。见王子而宿之兮,审壹气之和德。曰:道可受兮,不可传;其小无内兮,其大无垠;无滑而魂兮,彼将自然;壹气孔神兮,于中夜存;虚以待之兮,无为之先;庶类以成兮,此德之门。①

王子乔向主人公所讲授的这一大段"修道成仙"理论,实际上几乎都是取自先秦时期的老子、庄子以及稷下道家学派的"道论"。如"道可受兮,不可传",就是取自《庄子·大宗师》中的"夫道,有情有信,无为无形;可传而不可受,可得而不可见"②;而"其小无内兮,其大无垠",则是取自《庄子·天下》

---

① 洪兴祖:《楚辞补注》,第 171—172 页。
② 郭庆藩:《庄子集释》,第 246 页。

中的"至大无外,谓之大一;至小无内,谓之小一"①;"无滑而魂兮,彼将自然",是取自《管子·内业》中的"勿烦勿乱,和乃自成"②;而"虚以待之",则是取自《庄子·人世间》中的"气也者,虚而待物者也"③;"无为之先",是取自《老子·第六十七章》中的"不敢为天下先"④;而"庶类以成",则是取自《管子·内业》中的"凡道无根无茎,无叶无荣。万物以生,万物以成,命之曰道"⑤;"此德之门",乃是取自《老子·第一章》中的"玄之又玄,众妙之门"⑥。很明显,仙人王子乔向主人公传授的这一段"修道成仙"的秘诀,基本上就是用先秦道家代表性著作《老子》《庄子》《管子》中论"道"的原话,经过简单加工、拼凑而成的。

(四)不同于《离骚》的最终归宿

在《远游》中,诗人彻底改变了《离骚》的悲剧结尾;第一次将神仙思想与道家学派的道论结合在一起,创造了一个诗人理想中的神秘道境,并将其作为主人公升天远游的最后归宿。

---

① 郭庆藩:《庄子集释》,第 246 页。
② 黎翔凤:《管子校注》,第 932 页。
③ 郭庆藩:《庄子集释》,第 147 页。
④ 陈鼓应:《老子注译及评介》,中华书局,1984,第 318 页。
⑤ 黎翔凤:《管子校注》,第 937 页。
⑥ 陈鼓应:《老子注译及评介》,第 53 页。

在《远游》中，主人公依据东、西、南、北这一空间顺序，四方巡游之后，最终从北方飞升，进入了作者理想中的道境：

> 召黔嬴而见之兮，为余先乎平路。经营四荒兮，周流六漠。上至列缺兮，降望大壑。下峥嵘而无地兮，上寥廓而无天。视倏忽而无见兮，听惝恍而无闻。超无为以至清兮，与泰初而为邻。①

《庄子·天地》称："泰初有无，无有无名；一之所起，有一而未形。"②成玄英注释说："泰，太；初，始也。元气始萌，谓之太初，言其气广大，能为万物之始本，故名太初。太初之时，惟有此无，未有于有。有既未有，名将安寄！故无有无名。"③又《列子·天瑞》称："太初者，气之始也。"④《远游》最早把虚无缥缈的神仙说与道家玄妙杳冥的道论相结合，创造了一个完全超越现实时空观念、神秘莫测的道境，并将其作为主人公登天神游的最终归宿。《远游》这一做法，对后世的游仙文学创作产生了极其深远的影响。

总的来说，《远游》中不仅最早出现了仙人，还涉及到不少神仙修炼方术，表现出更加明显的神仙长生旨趣，而且还首次将神仙说与阴阳五行理论、道家的道论等结合在一起，极大

---

① 洪兴祖：《楚辞补注》，第 174—175 页。
② 郭庆藩：《庄子集释》，第 424 页。
③ 郭庆藩：《庄子集释》，第 425 页。
④ 杨伯峻：《列子集释》，第 6 页。

地拓展了游仙文学的艺术想象空间,进一步丰富了游仙文学创作的主要表现模式。《远游》可以说是中国文学史上第一篇真正意义上的游仙之作,在游仙文学史上占有极其重要的地位。

第三节 汉代楚辞中的游仙幻想

王逸的《楚辞章句》,不仅囊括了先秦时期屈原、宋玉等人楚辞作品,还收录了汉代文人的七篇模拟之作。这七篇作品分别是贾谊(或无名氏)的《惜誓》、淮南小山的《招隐士》、东方朔的《七谏》、严忌的《哀时命》、王褒的《九怀》、刘向的《九叹》和王逸的《九思》。汉代文人的楚辞作品,在继承屈原"情感托'游'"这一艺术表现模式的同时,又有了一定的突破与发展。

一、汉代楚辞对屈原"情感托'游'"表现模式的继承

楚辞产生于南方,带有明显的神奇浪漫色彩,与北方以《诗经》为代表的现实主义诗歌作品差异甚大。屈原是楚辞的开创者。屈原登天神游的幻想,源于现实社会的黑暗。屈原采用虚实结合的手法,将天界巡游的浪漫幻想与现实世界、历史人物相结合,借助于神游幻想来抒情言志,开创了"情感

托'游'"这一艺术表现模式,在中国文学史上产生了极为深远的影响。

《楚辞章句》所收录的七篇汉代文人的楚辞作品中,《九思》一篇是出自王逸本人之手。王逸在《楚辞章句·九思序》中称:

> 《九思》者,王逸之所作也。逸,南阳人,博雅多览,读《楚辞》而伤愍屈原,故为之作解。又以自屈原终没之后,忠臣介士游览学者读《离骚》《九章》之文,莫不怆然,心为悲感,高其节行,妙其丽雅。至刘向、王褒之徒,咸嘉其义,作赋骋辞,以赞其志。则皆列于谱录,世世相传。逸与屈原同土共国,悼伤之情与凡有异,窃慕向、褒之风,作颂一篇,号曰《九思》,以裨其辞。未有解说,故聊叙训谊焉。①

可见,汉代文人模仿《离骚》《九章》而创作的这些楚辞作品,所抒发的也都是屈原式的"忠臣介士"失志不遇的哀怨情怀。

汉人的楚辞作品直接模仿屈原首创的"情感托'游'"这一表现模式,都是将主人公在现实社会里的窘迫困境与幻想中的神仙世界交织结合在一起来写的。如王褒的《九怀·匡机》,作者开篇即云:

> 极运兮不中,来将屈兮困穷。余深愍兮惨怛,愿一列

---

① 洪兴祖:《楚辞补注》,第313—314页。

兮无从。乘日月兮上征,顾游心兮鄗酆。弥览兮九隅,彷徨兮兰宫。①

"极运兮不中",王逸《楚辞章句》注曰:"周转求君,道不合也。"②"周转求君"而不得,于是主人公产生了升天远游、求君索友的游仙幻想。在《昭世》与《陶壅》之中,王褒生动描写了主人公的求君索友历程。如《昭世》称:"志怀逝兮心懰栗,纡余辔兮踌躇。闻素女兮微歌,听王后兮吹竽。魂凄怆兮感哀,肠回回兮盘纡。抚余佩兮缤纷,高太息兮自怜。使祝融兮先行,令昭明兮开门。驰六蛟兮上征,竦余驾兮入冥。历九州兮索合,谁可与兮终生?忽反顾兮西囿,睹轸丘兮崎倾。横垂涕兮泫流,悲余后兮失灵。"③再如《陶壅》称:"览杳杳兮世惟,余惆怅兮何归?伤时俗兮溷乱,将奋翼兮高飞。驾八龙兮连蜷,建虹旌兮威夷。观中宇兮浩浩,纷翼翼兮上跻。浮溺水兮舒光,淹低佪兮京沶。屯余车兮索友,睹皇公兮问师。道莫贵兮归真,羡余术兮可夷。吾乃逝兮南娭,道幽路兮九疑。越炎火兮万里,过万首兮巍巍。济江海兮蝉蜕,绝北梁兮永辞。浮云郁兮昼昏,霾土忽兮塺塺。息阳城兮广夏,衰色罔兮中息。意晓阳兮燎寤,乃自轸兮在兹。思尧舜兮袭兴,幸咎繇兮获

---

① 洪兴祖:《楚辞补注》,第269页。
② 洪兴祖:《楚辞补注》,第269页。
③ 洪兴祖:《楚辞补注》,第273—274页。

谋。悲九州兮靡君,抚轼叹兮作诗。"①"历九州兮索合,谁可与兮终生""屯余车兮索友,睹皇公兮问师",主人公求君索友之游仙目的,在作品中有着相当明显的表现。

在《九思·逢尤》中,王逸一开篇就说:"悲兮愁,哀兮忧。天生我兮当暗时,被谗谮兮虚获尤。心烦愦兮意无聊,严载驾兮出戏游。周八极兮历九州,求轩辕兮索重华。"②很明显,主人公之所以会产生登天神游、求君索友的幻想,原因就在于其在现实生活中怀才而不遇的窘迫处境。王逸的《九思·遭厄》同样也有主人公在神界仙域中四方奔走、求索的情景描写:

> 载青云兮上升,适昭明兮所处。蹑天衢兮长驱,踵九阳兮戏荡。越云汉兮南济,秣余马兮河鼓。云霓纷兮晻翳,参辰回兮颠倒。逢流星兮问路,顾我指兮从左。俓娵觜兮直驰,御者迷兮失轨。遂踢达兮邪造,与日月兮殊道。志阏绝兮安如,哀所求兮不耦。③

"志阏绝兮安如,哀所求兮不耦",令其悲哀的是,主人公在幻想世界中的探寻,最终竟然一无所获。可以说,主人公在幻想世界里中的"求而不遇",正是作家本人在现实社会里贤人失志的艺术反映。

---

① 洪兴祖:《楚辞补注》,第 278—279 页。
② 洪兴祖:《楚辞补注》,第 314 页。
③ 洪兴祖:《楚辞补注》,第 321—322 页。

在《离骚》中,屈原特意设置了一个带有戏剧性的、以乐衬悲的场面描写:"陟升皇之赫戏兮,忽临睨夫旧乡。仆夫悲余马怀兮,蜷局顾而不行。"①《离骚》之后,在《远游》中,也出现了一个类似的场景描写:"欲度世以忘归兮,意恣睢以担挢。内欣欣而自美兮,聊媮娱以自乐。涉青云以泛滥游兮,忽临睨夫旧乡。仆夫怀余心悲兮,边马顾而不行。思旧故以想像兮,长太息而掩涕。"②与《离骚》不同的是,《远游》中的这一场景描写,不是出现在结尾处,而是被作者刻意放置于天界巡游的进程中。汉代的楚辞作品,也模仿《离骚》,在游仙过程中故意安插了一个这样的场景。如王褒的《九怀·株昭》曰:

  乘虹骖蜺兮,载云变化。焦明开路兮,后属青蛇。步骤桂林兮,超骧卷阿。丘陵翔舞兮,溪谷悲歌。神章灵篇兮,赴曲相和。余私娱兹兮,孰哉复加。还顾世俗兮,坏败罔罗。卷佩将逝兮,涕流滂沱。③

"余私娱兹兮,孰哉复加",在此游乐高潮到来之时,主人公却又突然回过头来,向下望见了那污浊、败坏的现实世界,主人公无比悲伤,情不自禁地泪眼滂沱。相似的场景,亦出现于王逸的《九思·遭厄》之中:

  攀天阶兮下视,见鄢郢兮旧宇。意逍遥兮欲归,众秽

---

① 洪兴祖:《楚辞补注》,第 47 页。
② 洪兴祖:《楚辞补注》,第 171—172 页。
③ 洪兴祖:《楚辞补注》,第 279—280 页。

盛兮沓沓。思哽饐兮诘诎,涕流澜兮如雨。①

幻想中正在游历的主人公,当他攀着"天阶"向下望时,正好看到故都旧居。主人公欲回而不得,于是就"思哽饐兮诘诎,涕流澜兮如雨"。需要特别指出的是,王褒和王逸尽管有意模仿屈原的《离骚》,但是他们所表达的已经不再是屈原那种强烈的爱国情怀,而是作家自己对于现实社会的不满与失望。

汉人的这些拟骚作品,通过描写游仙幻想来抒发作家时命不济、失志不遇的哀怨情怀。屈原在《离骚》《九章》中所开创的"情感托'游'"的艺术表现模式,经过汉代楚辞作家的自觉模仿,已经变成了一种程式化的抒情言志的浪漫主义表现手法,这对于游仙文学的发展也做出了一定的贡献。这种程式化的"情感托'游'"的表现手法,直接影响到了魏晋时期的游仙诗创作。在曹植、郭璞等人的游仙诗中,这一点表现得尤为明显。如曹植《游仙》云:

人生不满百,岁岁少欢娱。意欲奋六翮,排雾陵紫虚。蝉蜕同松乔,翻迹登鼎湖。翱翔九天上,骋辔远行游。东观扶桑曜,西临弱水流。北极玄天渚,南翔陟丹丘。②

这是中国文学史上第一首直接以"游仙"为题名的诗歌作品。

---

① 洪兴祖:《楚辞补注》,第 322 页。
② 赵幼文:《曹植集校注》,第 265 页。

在东汉著名的《古诗十九首》之中,有一首名叫《生年不满百》的诗,诗云:"生年不满百,常怀千岁忧。昼短苦夜长,何不秉烛游!为乐当及时,何能待来兹?愚者爱惜费,但为后世嗤。仙人王子乔,难可与等期。"①很明显,曹植的"人生不满百,岁岁少欢娱"就是对"生年不满百,常怀千岁忧"的化用。曹植的游仙诗基本上都是诗人后期的作品,这与他的人生经历密切相关。曹植后期一直处于被猜忌、被迫害的危险境地,"岁岁少欢娱"便是诗人悲苦心情的真实流露。正是这种现实生活中的苦闷和压抑,才使诗人产生了"翱翔九天上,骋辔远行游"的游仙幻想。再如曹植的《远游篇》,也是一首借游仙以抒情言志的名诗:

远游临四海,俯仰观洪波,大鱼若曲陵,乘浪相经过。灵鳌戴方丈,神岳俨嵯峨!仙人翔其隅,玉女戏其阿。琼蕊可疗饥,仰首吸朝霞。昆仑本吾宅,中州非我家。将归谒东父,一举超流沙。鼓翼舞时风,长啸激清歌。金石固易弊,日月同光华。齐年与天地,万乘安足多!②

此诗袭用了《楚辞·远游》的篇名。屈原《天问》问曰:"鳌戴山抃,何以安之?释舟陵行,何之迁之?"③张衡《思玄赋》亦曰:"登蓬莱而容与兮,鳌虽抃而不倾。留瀛洲而采芝兮,聊且

---

① 逯钦立:《先秦汉魏晋南北朝诗》,第333页。
② 赵幼文:《曹植集校注》,第402页。
③ 洪兴祖:《楚辞补注》,第102页。

以乎长生。"①在前人的基础上,曹植采用浪漫夸张的手法,为后人具体描绘了一幅生动美妙的蓬莱仙境图:"大鱼若曲陵,乘浪相经过。灵鳌戴方丈,神岳俨嵯峨!仙人翔其隅,玉女戏其阿。"紧接着,主人公去东方拜谒了东父(东王公),之后又向西飞越流沙,主人公"鼓翼舞时风,长啸激清歌",雄风浩荡,气势磅礴。可见,曹植的游仙描写,已经进入了一个新的境界。在诗的结尾处,诗人明确表达了自己卓立物外、离俗超逸的志趣:"齐年与天地,万乘安足多!"不管是魏文帝曹丕还是魏明帝曹睿,都对曹植存有防范之心。本诗结尾的这两句,曹植以此明志,也许是有意说给曹丕或曹睿听的。可见,曹植创作此诗,旨在借助于游仙描写来抒发情怀。

东晋时的郭璞,其游仙诗创作也继承了借游仙以抒情言志这一艺术表现形式。郭璞的代表作,就是他的《游仙诗》十九首。郭璞这组《游仙诗》,基本上都是借游仙以抒写怀抱。如他的《游仙诗》其九:

  采药游名山,将以救年颓。呼吸玉滋液,妙气盈胸怀。登仙抚龙驷,迅驾乘奔雷。鳞裳逐电曜,云盖随风回。手顿羲和辔,足蹈阊阖开。东海犹蹄涔,昆仑蝼蚁堆。遐邈冥茫中,俯视令人哀。②

---

① 费振刚:《全汉赋校注》,第593页。
② 逯钦立:《先秦汉魏晋南北朝诗》,第866页。

钟嵘在《诗品》中评价郭璞时曾称:"宪章潘岳,文体相辉,彪炳可玩。始变永嘉平淡之体,故称中兴第一。《翰林》以为诗首。但《游仙》之作,词多慷慨,乖远玄宗。其云:'奈何虎豹姿。'又云:'戢翼栖榛梗。'乃是坎壈咏怀,非列仙之趣也。"①郭璞的游仙诗,乃是真正意义上的"坎壈咏怀"之作。借游仙以抒发自己坎坷失意的愤懑情怀,成为郭璞游仙诗最为突出的特点。再如郭璞的《游仙诗》其十三云:"四渎流如泪,五岳罗若垤。寻我青云友,永与时人绝。"②诗人愤世嫉俗、超然独立的游仙旨趣,表现得更为明显。可见,曹植与郭璞的游仙诗创作,都自觉地继承了借游仙以抒情言志这一优良传统。也正是因为诗中有所寄托,曹植和郭璞的游仙诗才取得了很高的艺术成就。

二、汉代楚辞对屈原之"游"的突破与发展

神仙信仰在两汉社会的进一步发展,再加上汉代文人与屈原时代背景及人生价值追求等方面的差异,使得汉人的楚辞作品在继承屈原所开创的"情感托'游'"这一艺术表现模式的基础上,又有了一定的发展。

---

① 陈延杰:《诗品注》,第38—39页。
② 逯钦立:《先秦汉魏晋南北朝诗》,第867页。

(一) 从神游向游仙的演变

战国中后期,神仙信仰已经产生。从其作品来看,屈原本人也确实接触到了早期以追求长生不死为主要目的的神仙说。屈原在《天问》中,就多次问及长生不死传说。如《天问》曰:"延年不死,寿何所止?"①再如《天问》曰:"白蜺婴茀,胡为此堂? 安得夫良药,不能固臧?"②《淮南子·览冥训》云:"譬若羿请不死之药于西王母,姮娥窃以奔月,怅然有丧,无以续之。何则? 不知不死之药所由生也。"③可见,《天问》所问道的"良药",就是早期神仙信仰中的"不死药"。《天问》还问到了早期的仙人"彭祖":"彭铿斟雉,帝何飨? 受寿永多,夫何久长?"④《庄子·大宗师》称"彭祖得之,上及有虞,下及五伯"⑤。又《列仙传》云:"彭祖者,殷大夫也。姓篯名铿,帝颛顼之孙陆终氏之中子。历夏至殷末八百余岁。"⑥由《天问》所问到的这些问题可知,屈原的确受到了神仙说的影响。尽管如此,在屈原的《离骚》《九章》中,抒情主人公登天神游的浪漫景象,显然主要依托的还是起源于西部内陆的昆仑神话,抒情主人公神游时遇到的也主要是早期神话中的神灵。从严格

---

① 洪兴祖:《楚辞补注》,第 96 页。
② 洪兴祖:《楚辞补注》,第 101 页。
③ 何宁:《淮南子集释》,第 501—502 页。
④ 洪兴祖:《楚辞补注》,第 116 页。
⑤ 郭庆藩:《庄子集释》,第 247 页。
⑥ 刘向:《列仙传》,第 6 页。

意义上讲,《离骚》《九章》中的"游",应该称之为"神游",与后来的"游仙"还有明显区别。

楚辞之"游"能够实现从"神游"到"游仙"的根本性转变,这应该归功于汉人的楚辞创作。《远游》已涉及几位有名的仙人,如赤松子、王子乔和韩众等。《远游》中的这些早期仙人,也经常出现于汉人的楚辞作品之中。如《惜誓》云:"临中国之众人兮,讬回飙乎尚羊。乃至少原之野兮,赤松王乔皆在旁。"①《惜誓》是汉初著名的拟骚之作,其作者一说是贾谊,一说是无名氏,究竟是谁目前尚无定论。"赤松王乔",即仙人赤松子与王子乔。再如东方朔的《七谏·自悲》云:"见韩众而宿之兮,问天道之所在。借浮云以送予兮,载雌霓而为旌。驾青龙以驰骛兮,班衍衍之冥冥。"②关于"韩众",《楚辞章句》注称:"韩众,仙人也。天道,长生之道也。"③除了以上这些有名的早期仙人外,汉代楚辞中还出现了此前先秦楚辞从未提到过的像安期生这样的仙人。如王逸的《九思·伤时》云:"放余辔兮策驷,忽飙腾兮浮云。蹠飞杭兮越海,从安期兮蓬莱。缘天梯兮北上,登太一兮玉台。"④"安期",就是两汉神仙信仰中著名的仙人安期生。《列仙传》云:"安期先生者,琅

---

① 洪兴祖:《楚辞补注》,第228—229页。
② 洪兴祖:《楚辞补注》,第250页。
③ 洪兴祖:《楚辞补注》,第250页。
④ 洪兴祖:《楚辞补注》,第324页。

琅邪阜乡人也。卖药于东海边,时人皆言千岁翁。秦始皇东游,请见,与语三日三夜,赐金璧度数千万。出于阜乡亭,皆置去,留书,以赤玉舄一双为报,曰:'后数年求我于蓬莱山。'始皇即遣使者徐市、卢生等数百人入海,未至蓬莱山,辄逢风波而还。"①《史记·封禅书》云:"少君言上曰:'祠灶则致物,致物而丹沙可化为黄金,黄金成以为饮食器则益寿,益寿而海中蓬莱仙者乃可见,见之以封禅则不死,黄帝是也。臣尝游海上,见安期生,安期生食臣枣,大如瓜。安期生仙者,通蓬莱中,合则见人,不合则隐。'于是天子始亲祠灶,遣方士入海求蓬莱安期生之属,而事化丹沙诸药齐为黄金矣。"②可见,在汉人的信仰世界里,安期生已经成为了蓬莱仙话中影响最大的仙人。在先秦楚辞《远游》中,已经出现了"餐六气""饮沆瀣""漱正阳""含朝霞"之类的神仙修炼方术;而在汉人的楚辞作品中,此类神仙修炼方术就更为常见了。如贾谊(或无名氏)的《惜誓》云:"澹然而自乐兮,吸众气而翱翔。念我长生而久仙兮,不如反余之故乡。"③王逸《楚辞章句》注曰:"众气,谓朝霞、正阳、沦阴、沆瀣之气也。"④再如东方朔的《七谏·自悲》云:"观天火之炎炀兮,听大壑之波声。引八维以自道兮,含沆瀣

---

① 刘向:《列仙传》,第 10 页。
② 司马迁:《史记》,第 1385 页。
③ 洪兴祖:《楚辞补注》,第 229 页。
④ 洪兴祖:《楚辞补注》,第 229 页。

以长生。"①又如王逸的《九思·守志》云:"随真人兮翱翔,食元气兮长存。望太微兮穆穆,睨三阶兮炳分。相辅政兮成化,建烈业兮垂勋。"②显然,汉代楚辞作品中的这些"吸众气""含沆瀣""食元气"等,皆属于神仙修炼方术。正是由于大量的仙人及相关神仙方术出现于作品之中,才使得楚辞之"游"由"神游"转变为"游仙"。

汉代楚辞多写游仙幻想,与这一时期汉人的神仙信仰直接相关。神仙信仰在汉代社会出现了前所未有的兴盛局面,为汉人的楚辞创作提供了大量的仙话传说,汉代楚辞之"游"也因此而实现了从神游到游仙的转变。

(二) 从"神圣"向"世俗"的转变

汉代楚辞的游仙描写,亦让楚辞之"游"发生了从"神圣"到"世俗"的明显转变。屈原"神游"之神圣,一方面取决于神灵自身的崇高感。屈原"神游"中遇见的神灵,绝大多数都是来自早期的昆仑神话。此时的"神话",尚未经过汉代"仙话"及魏晋"鬼话"之改造。另一方面,则取决于屈原对神灵的虔诚期盼。在屈原心目中,神灵世界完全不同于黑暗、污浊的现实世界,其代表着公平和正义。屈原的"神游",表现出对"美

---

① 洪兴祖:《楚辞补注》,第 250 页。
② 洪兴祖:《楚辞补注》,第 327 页。

政"理想执着追求,是屈原在现实社会中"无路可走"后的精神追寻,具有使命感和崇高感。

汉人楚辞作品中的游仙描写,则具有的较为明显的世俗化特征。首先是主人公游历的经过,从渺远的天界又回归到了人世间。我们知道,《离骚》中主人公的神游,一直游走于世人遥不可及的天界;而在汉人的楚辞作品中,游仙描写中却出现了一些现实社会中真实存在的景点。如东方朔的《七谏·自悲》称:"苦众人之皆然兮,乘回风而远游。凌恒山其若陋兮,聊愉娱以忘忧。悲虚言之无实兮,苦众口之铄金。过故乡而一顾兮,泣歔欷而沾衿。厌白玉以为面兮,怀琬琰以为心。邪气入而感内兮,施玉色而外淫。何青云之流澜兮,微霜降之蒙蒙。徐风至而徘徊兮,疾风过之汤汤。闻南藩乐而欲往兮,至会稽而且止。见韩众而宿之兮,问天道之所在。"①主人公"凌恒山"而"至会稽",竟然可以自由穿梭于仙界与人间。更为奇妙的是,当他游历到会稽山时,主人公在山上拜谒了仙人韩众,又在韩众那里住了下来,主人公还向韩众学习了长生之道。正如李泽厚所说,汉人眼中的仙界,"不是与现实苦难相对峙的难及的彼岸,而是好像就存在于现实人间相距不远的此岸之中"②。正是汉人的这种神仙思想,才使得这一时期的楚辞作家将仙界移入了现实之中。游仙描写从天界到

---

① 洪兴祖:《楚辞补注》,第249—250页。
② 李泽厚:《美的历程》,第121页。

人间的这种转变,拓展了作家的想象空间,在游仙文学史上影响甚远。如曹植《飞龙篇》曰:"晨游泰山,云雾窈窕。忽逢二童,颜色鲜好。乘彼白鹿,手翳芝草。我知真人,长跪问道。"①可见,诗人就是将游仙、遇仙的地点设置在了东岳泰山上。

二是浓郁的世俗生活气息。如贾谊(或者无名氏)在《惜誓》中说:"乃至少原之野兮,赤松王乔皆在旁。二子拥瑟而调均兮,余因称乎清商。"②《楚辞章句》注称:"言赤松、王乔见已欢喜,持瑟调弦而歌。我因称清商之曲最为善也。"③仙人赤松子、王子乔热烈欢迎到访的主人公,不仅"持瑟调弦而歌",还同主人公一道称颂清商曲之美妙。王褒在《九怀·昭世》中说:"闻素女兮微歌,听王后兮吹竽。"④王逸在《九思·伤时》中也说:"使素女兮鼓簧,乘戈和兮讴谣。声噭誂兮清和,音晏衍兮要淫。"⑤看得出,汉代楚辞作品中的这种"仙乐"描写,已经表现出了较为明显的世俗生活情趣。

三是追求享乐的思想观念。如贾谊(或者无名氏)的《惜誓》云:"苍龙蚴虬于左骖兮,白虎骋而为右骓。建日月以为盖兮,载玉女于后车。驰骛于杳冥之中兮,休息乎昆仑之墟。

---

① 逯钦立:《先秦汉魏晋南北朝诗》,第 421 页。
② 洪兴祖:《楚辞补注》,第 228—229 页。
③ 洪兴祖:《楚辞补注》,第 229 页。
④ 洪兴祖:《楚辞补注》,第 273 页。
⑤ 洪兴祖:《楚辞补注》,第 324—325 页。

乐穷极而不厌兮,愿从容乎神明。"①《楚辞章句》注称:"载玉女于后车,以侍栖宿也。"②再如王逸《九思·守志》云:"历九宫兮遍观,睹秘藏兮宝珍。就傅说兮骑龙,与织女兮合婚。"③在汉人的楚辞创作中,竟然出现了"载玉女于后车"以及"与织女兮合婚"之类的奇思妙想。汉代作家这种游仙描写,亦让这一时期的楚辞作品更为世俗化。

汉代楚辞游仙所出现的这种世俗享乐意识,是由这一时期神仙信仰的特点决定的。汉人渴望成仙,其目的就是要享受美好的神仙生活,做一个快乐的"活神仙"。如司马相如在《大人赋》中就说:"低徊阴山翔以纡曲兮,吾乃今日睹西王母。皓然白首戴胜而穴处兮,亦幸有三足乌为之使。必长生若此而不死兮,虽济万世不足以喜。"④司马相如就觉得像西王母这样的生活状况,即便能够长生不死,也不值得羡慕。西王母形象之所以在汉代会发生"白发老人——年轻女仙——与东王公结为夫妻"这样的变化,就是汉代神仙信仰注重享乐这一特点的反映。汉代楚辞作品中的"载玉女于后车"及"与织女兮合婚"这一类,同样也出现于司马相如的《大人赋》之中:"西望昆仑之轧沕荒忽兮,直径驰乎三危。排阊阖而入帝

---

① 洪兴祖:《楚辞补注》,第 228 页。
② 洪兴祖:《楚辞补注》,第 228 页。
③ 洪兴祖:《楚辞补注》,第 326 页。
④ 费振刚:《全汉赋校注》,第 119 页。

宫兮,载玉女而与之归。"①所以说,正是汉代神仙信仰追求世俗享乐这一特点,导致了这一时期楚辞作品游仙描写的世俗化。

(三)由悯宗国转向哀时命

屈原所处的战国时代,群雄争霸,战乱频仍,民不聊生。屈原的"美政"理想,就是要通过修明法度、举贤授能,从而实现富国强兵,希望最终能够由楚国来统一中国。屈原的"美政"理想,是以对宗国故土深挚的爱恋为基础的。在《离骚》的开头,抒情主人公先是回顾了自己"帝高阳之苗裔"的美好身世,以及在现实世界中对于"美政"理想的热烈追求。主人公早年就有远大的政治抱负,为了实现自己的崇高理想,他努力加强自身的修养,希望能够做楚王的领路人,带领楚国走上富强之路。然而,正当主人公殚精竭虑、为国家奔走效力的时候,竟然遭到了群小的妒忌、诬陷与君王的猜疑、疏远。在屡受打击之后,主人公对于楚国的黑暗现实已经感到彻底绝望。于是,主人公由此而产生了远离黑暗的现实社会、登天神游的浪漫幻想。主人公登天远游、上下求索的过程,实际上就是其在现实世界中为了理想而努力抗争的艺术写照。在《离骚》中,正是由于对"美政"理想的执着追求和对宗国故土的无限

---

① 费振刚:《全汉赋校注》,第119页。

眷恋,才会让主人公"无路可走";当爱国情感压倒一切,以死明志就成为了主人公最后的选择。

汉代文人创作楚辞,多是对《离骚》《九章》的直接模仿。他们之所以会这样做,对屈原不幸遭遇的深切同情乃是其最主要的内在动因。王逸《楚辞章句·九辩序》称:"宋玉者,屈原弟子也。悯惜其师,忠而放逐,故作《九辩》以述其志。至于汉兴,刘向、王褒之徒,咸悲其文,依而作词,故号为'楚辞'。"①可见,汉代文人与宋玉一样,他们也是采用"拟骚"的方式来为屈原鸣不平,而打动他们的同样也是屈原"忠而放逐"的不幸遭遇。但是,由于时代及文人个性等方面的差异,又导致汉代楚辞作品所表达的思想情感与《离骚》《九章》有所不同,由屈原的"悯宗国"转向了汉代楚辞作家的"哀时命"。我们先来看贾谊(或者无名氏)的《惜誓》,作者开篇就说:"惜余年老而日衰兮,岁忽忽而不反。"②文中的"余"显然是指屈原。紧接着,作家开始了游仙描写:"登苍天而高举兮,历众山而日远。观江河之纡曲兮,离四海之沾濡。攀北极而一息兮,吸沆瀣以充虚。飞朱鸟使先驱兮,驾太一之象舆。"③游仙描写刚一结束,作者便情不自禁地感慨说:"彼圣人之神

---

① 洪兴祖:《楚辞补注》,第 182 页。
② 洪兴祖:《楚辞补注》,第 227 页。
③ 洪兴祖:《楚辞补注》,第 227—228 页。

德兮,远浊世而自藏。使麒麟可得羁而系兮,又何以异乎犬羊?"①麒麟若是生不逢时而被"羁而系"的话,那它与犬羊还会有多少区别呢? 而到了东方朔创作《七谏·哀命》时,作家直接就以"哀命"名篇,汉人楚辞作品中的"时命"思想表现得更为明显。《哀命》称:"哀时命之不合兮,伤楚国之多忧。内怀情之洁白兮,遭乱世而离尤。恶耿介之直行兮,世溷浊而不知。何君臣之相失兮,上沅湘而分离。测汨罗之湘水兮,知时固而不反。"②东方朔认为,"时命之不合"乃是屈原人生悲剧发生的主要原因。到了严忌创作《哀时命》时,汉代楚辞的"时命观",就表现得更为突出,也更加明显了。《哀时命》开宗明义,严忌称:"哀时命之不及古人兮,夫何予生之不遘时。往者不可扳援兮,来者不可与期。志憾恨而不逞兮,杼中情而属诗。"③紧接着,作家着重突出了"进"之难:"夜炯炯而不寐兮,怀隐忧而历兹。心郁郁而无告兮,众孰可与深谋?欲愁悴而委惰兮,老冉冉而逮之。居处愁以隐约兮,志沉抑而不扬。道壅塞而不通兮,江河广而无梁。愿至昆仑之悬圃兮,采钟山之玉英。"④于是主人公便有了远离尘世的幻想。主人公在游仙之后,又产生了"退"而自保的念头:"鸾凤翔于苍云兮,故

---

① 洪兴祖:《楚辞补注》,第231页。
② 洪兴祖:《楚辞补注》,第250—251页。
③ 洪兴祖:《楚辞补注》,第259页。
④ 洪兴祖:《楚辞补注》,第259—260页。

矰缴而不能加。蛟龙潜于旋渊兮,身不挂于罔罗。知贪饵而近死兮,不如下游乎清波。宁幽隐以远祸兮,孰侵辱之可为?"①在《哀时命》的结尾处,作家再一次发出了"哀时命"的人生感慨:

> 时曖曖其将罢兮,遂闷叹而无名。伯夷死于首阳兮,卒夭隐而不荣。太公不遇文王兮,身至死而不得逞。怀瑶象而佩琼兮,愿陈列而无正。生天地之若过兮,忽烂漫而无成。邪气袭余之形体兮,疾憯怛而萌生。愿壹见阳春之白日兮,恐不终乎永年。②

《哀时命》是汉代楚辞"时命观"的集中表现。其后,王褒在《九怀·通路》中又称:"启匮兮探筴,悲命兮相当。纫蕙兮永辞,将离兮所思。浮云兮容与,道余兮何之?"③而在《九叹·愍命》中,刘向亦称:"惜今世其何殊兮,远近思而不同。或沉沦其无所达兮,或清激其无所通。哀余生之不当兮,独蒙毒而逢尤。虽謇謇以申志兮,君乖差而屏之。诚惜芳之菲菲兮,反以兹为腐也。怀椒聊之蔎蔎兮,乃逢纷以罹诟也。"④此外,王逸在《九思·伤时》中又称:"愍贞良兮遇害,将夭折兮碎糜。时混混兮浇饡,哀当世兮莫知。"⑤从《惜誓》到《七谏·哀命》

---

① 洪兴祖:《楚辞补注》,第 265 页。
② 洪兴祖:《楚辞补注》,第 266—267 页。
③ 洪兴祖:《楚辞补注》,第 271 页。
④ 洪兴祖:《楚辞补注》,第 305 页。
⑤ 洪兴祖:《楚辞补注》,第 324 页。

《哀时命》,再到《九怀·通路》《九叹·愍命》,直至《九思·伤时》,汉代楚辞之"哀时命"主题不断出现、贯穿始终。

屈原曾经有过生不逢时的哀怨,如《离骚》云:"曾歔欷余郁邑兮,哀朕时之不当。揽茹蕙以掩涕兮,沾余襟之浪浪。"①再如《九章·涉江》云:"鸾鸟凤凰,日以远兮。燕雀乌鹊,巢堂坛兮。露申辛夷,死林薄兮。腥臊并御,芳不得薄兮。阴阳易位,时不当兮。"②然而,屈原在作品中感慨"时不当"的这些诗句,只不过是他在其"美政"理想受阻之后,发泄不满时偶尔说出的几句牢骚语。到了两汉时期,"哀时命"显然已是汉人楚辞作品中所表现的一个非常重要的主题。从表面上看,汉代文人是代屈原立言,其实,他们在楚辞作品中所抒发的已是自己的人生感慨。在汉代"大一统"君主专制之下,文人的命运在一定程度上已被汉家天子所掌控。此时文人的生存境遇,恰如东方朔《答客难》所说,"绥之则安,动之则苦;尊之则为将,卑之则为虏;抗之则在青云之上,抑之则在深泉之下;用之则为虎,不用则为鼠"③。正因为如此,司马迁《悲士不遇赋》及董仲舒《士不遇赋》,皆出现于汉武帝在位时,即西汉王朝的鼎盛时期。汉代楚辞"哀时命"主题的形成,原因即在于此。

---

① 洪兴祖:《楚辞补注》,第 25 页。
② 洪兴祖:《楚辞补注》,第 131—132 页。
③ 引自《汉书·东方朔传》,载班固:《汉书》,第 2865 页。

(四)由以身殉国到退隐自保

《史记·屈原贾生列传》称:"《国风》好色而不淫,《小雅》怨诽而不乱。若《离骚》者,可谓兼之矣。上称帝喾,下道齐桓,中述汤武,以刺世事。明道德之广崇,治乱之条贯,靡不毕见。其文约,其辞微,其志洁,其行廉,其称文小而其指极大,举类迩而见义远。其志洁,故其称物芳。其行廉,故死而不容自疏。濯淖污泥之中,蝉蜕于浊秽,以浮游尘埃之外,不获世之滋垢,皭然泥而不滓者也。推此志也,虽与日月争光可也。"①沈亚之《屈原外传》又称屈原"性洁,一日三濯缨"②。屈原之所以最终会选择自投汨罗、以身殉国,原因就在于他对"宗国"无比深厚的爱恋、对"美政"理想"九死未悔"的执着追求,以及"出淤泥而不染"的、远超世俗之上的高洁品行。在《离骚》的结尾处,主人公明确表示:"已矣哉,国无人莫我知兮,又何怀乎故都?既莫足与为美政兮,吾将从彭咸之所居。"③主人公这一人生抉择,令后人感叹不已。

汉代文人尽管十分同情屈原的遭遇,但是他们却并不赞同屈原以身殉国的做法,甚至还有个别人对此提出了颇为严厉的批评。如班固在《离骚序》中称:"今若屈原,露才扬己,

---

① 司马迁:《史记》,第 2482 页。
② 蒋骥:《山带阁注楚辞》,第 21 页。
③ 洪兴祖:《楚辞补注》,第 47 页。

竟乎危国群小之间,以离谗贼。然责数怀王,怨恶椒兰,愁神苦思,非其人,忿怼不容,沉江而死,亦贬絜狂狷景行之士。"①不过,像班固那样公然批评、指责屈原的文人,在两汉社会毕竟还是属于极少数。汉代文人大多都敬仰、羡慕屈原的品行和文辞,他们之所以不赞同屈原自投汨罗、以身殉国这一做法,主要是因为他们发自内心地替屈原感到惋惜,他们认为屈原应该顺时而动,实在没有必要这样做。如《汉书·扬雄传》称:"(扬雄)怪屈原文过相如,至不容,作《离骚》,自投江而死,悲其文,读之未尝不流涕也。以为君子得时则大行,不得时则龙蛇,遇不遇命也,何必湛身哉!"②扬雄以为"君子得时则大行,不得时则龙蛇",根本就没有必要"自杀殒身"。对于汉代文人来说,扬雄的这一认识,还是颇有代表性的。

汉代楚辞作家绝大多数都与扬雄一样,他们对于屈原的高洁品性非常认可,对于屈原的不幸遭遇也都寄予了深切的同情,也都十分喜爱屈原的文章,但他们对屈原的以身殉国的壮举却并不赞同。如《惜誓》云:

> 黄鹄后时而寄处兮,鸱枭群而制之。神龙失水而陆居兮,为蝼蚁之所裁。夫黄鹄神龙犹如此兮,况贤者之逢乱世哉……彼圣人之神德兮,远浊世而自藏。使麒麟可

---

① 班固:《离骚序》,载严可均:《全上古三代秦汉三国六朝文》,第611页。
② 班固:《汉书》,第3515页。

得羁而系兮,又何以异乎犬羊?①

很明显,贾谊(或者无名氏)认为,屈原既然遭遇到了历史上有名的混乱、污浊之世,就应该远离朝廷,把自己隐藏起来,退隐以自保。王夫之《楚辞通释》云:"惜誓者,惜屈子之誓死,而不知变计也。谊意以为原之忠贞既竭,君不能用,即当高举远引,洁处山林,从松、乔之游。而依恋昏主,迭遭谗毁,致为顷襄所窜徙,乃愤不可惩,自沉汨罗,非君子远害全身之道,故为致惜焉。"②尽管《惜誓》一文的作者是否为贾谊,目前学术界还无法确定,但是王夫之对于《惜誓》所作的这一题解,应该说还是很有见地的。再如东方朔的《七谏·谬谏》云:

> 却骐骥而不乘兮,策驽骀而取路。当世岂无骐骥兮,诚无王良之善驭。见执辔者非其人兮,故駒跳而远去……众鸟皆有行列兮,凤独翔翔而无所薄。经浊世而不得志兮,愿侧身岩穴而自托。③

"列子隐身而穷处兮,世莫可以寄托",王逸《楚辞章句》注云:"言列子所以隐佚不仕而穷处者,以世多诈伪,无可以寄命托身也。"④"经浊世而不得志兮,愿侧身岩穴而自托",王逸《楚辞章句》注云:"言己历贪浊之世,终不得展其志意,但甘处岩

---

① 洪兴祖:《楚辞补注》,第229—231页。
② 王夫之:《楚辞通释》,中华书局,1959,第159页。
③ 洪兴祖:《楚辞补注》,第253—256页。
④ 洪兴祖:《楚辞补注》,第256页。

穴之中而隐伏也。"①可见，与《惜誓》一样，《谬谏》也认为屈原既然"经浊世而不得志"，就应该像列子那样"隐身而穷处"，或者是"侧身岩穴而自托"，只有这样才能做到避祸全身。再如严忌的《哀时命》云：

> 外迫胁于机臂兮，上牵联于矰隿。肩倾侧而不容兮，固狭腹而不得息。务光自投于深渊兮，不获世之尘垢。孰魁摧之可久兮，愿退身而穷处……撰尘垢之枉攘兮，除秽累而反真。形体白而质素兮，中皎洁而淑清。时厌饫而不用兮，且隐伏而远身。②

《庄子·外物》记载："尧与许由天下，许由逃之；汤与务光，务光怒之。"③成玄英解释说："尧知由贤，禅以九五，洒耳辞退，逃避箕山。汤与务光，务光不受，呵骂瞋怒，远之林籁。"④严忌认为既要摆脱现实生活中的窘迫困境，又要保全自己的品节，最好的办法就是像务光等隐士那样，远避于山野丛林之中。可见，汉代楚辞作家皆是用道家的退隐保身，来否定屈原的以身殉国。

汉代楚辞作家在借用道家的退隐保身，以此否定屈原以身殉国之后，又将游仙与退隐结合在一起，从而开启了汉代辞

---

① 洪兴祖：《楚辞补注》，第 256 页。
② 洪兴祖：《楚辞补注》，第 264—266 页。
③ 郭庆藩：《庄子集释》，第 943—944 页。
④ 郭庆藩：《庄子集释》，第 945 页。

赋的游仙隐逸化倾向。如东方朔《七谏·自悲》称:"居不乐以时思兮,食草木之秋实。饮菌若之朝露兮,构桂木而为室。杂橘柚以为囿兮,列新夷与椒桢。鹍鹤孤而夜号兮,哀居者之诚贞。"①很明显,东方朔这段描写应该是受到了《离骚》的"善鸟香草,以配忠贞"②这一比兴象征手法的影响,而汉代辞赋的游仙隐逸化倾向亦发端于此。

至严忌创作《哀时命》之时,游仙隐逸化就比较明显了。在《哀时命》中,作者的游仙描写中还突出了隐者的居住环境:

> 凿山楹而为室兮,下被衣于水渚。雾露蒙蒙其晨降兮,云依斐而承宇。虹霓纷其朝霞兮,夕淫淫而淋雨。怊茫茫而无归兮,怅远望此旷野。③

严忌这段环境描写,应该是受到了屈原的影响。《九章·涉江》云:"入溆浦余儃佪兮,迷不知吾所如。深林杳以冥冥兮,猿狖之所居。山峻高而蔽日兮,下幽晦以多雨。霰雪纷其无垠兮,云霏霏其承宇。哀吾生之无乐兮,幽独处乎山中。"④可见,二者又有着明显的不同,因为严忌的这段环境描写,已经退去了流放者眼中的荒凉和惨厉,换成了退隐者所追求的清

---

① 洪兴祖:《楚辞补注》,第 250 页。
② 王逸:《离骚经序》,载洪兴祖:《楚辞补注》,第 2 页。
③ 洪兴祖:《楚辞补注》,第 264 页。
④ 洪兴祖:《楚辞补注》,第 130—131 页。

幽与宁静。主人公与仙人一起,在这空旷、幽静的环境中,开始享受隐居生活的悠闲与快乐:

> 下垂钓于溪谷兮,上要求于仙者。与赤松而结友兮,比王侨而为耦。使枭杨先导兮,白虎为之前后。浮云雾而入冥兮,骑白鹿而容与。①

主人公溪谷垂钓、与仙结友,过上了十分惬意的隐居生活。可见,《哀时命》已将游仙、退隐相融合,正式开启了游仙隐逸化的表现模式。这是一种全新的诗歌表现形式,其对后世的游仙文学创作有着非常重要的影响。

严忌《哀时命》中的这段描写,对于魏晋时期的游仙文学创作产生了直接的影响。如曹植的《苦思行》与郭璞的《游仙诗》其三:

> 绿萝缘玉树,光耀灿相晖。下有两真人,举翅翻高飞。我心何踊跃,思欲攀云追。郁郁西岳巅,石室青青与天连。中有耆年一隐士,须发皆皓然。策杖从我游,教我要忘言。②

> 翡翠戏兰苕,容色更相鲜。绿萝结高林,蒙笼盖一山。中有冥寂士,静啸抚清弦。放情凌霄外,嚼蕊挹飞

---

① 洪兴祖:《楚辞补注》,第264—265页。
② 曹植:《苦思行》,载赵幼文:《曹植集校注》,第316页。

泉。赤松临上游,驾鸿乘紫烟。左把浮丘袖,右拍洪崖肩。①

"下有两真人,举翅翻高飞""中有耆年一隐士,须发皆皓然";"中有冥寂士,静啸抚清弦""赤松临上游,驾鸿乘紫烟"。都是隐迹山林,与仙为友。曹植与郭璞的这两首游仙诗,受严忌《哀时命》的影响非常明显。

总的来说,古往今来的文学创作,模拟者通常都难以达到原创者的水平,更不用说超越原作了。汉代楚辞自然也无法与以屈原的《离骚》为代表的先秦楚辞相比。尽管如此,由于神仙信仰的发展,再加上时代及作家人生经历等方面的不同,使得汉代楚辞作家之"游",在屈原"神游"的基础上,又有所创造与发展,在游仙文学发展史上也做出了一定的贡献。

第四节　民间信仰与汉代骚体赋

骚体赋亦称之为拟骚赋,其与以《离骚》为代表的先秦楚辞之间的渊源流变关系甚为明显。汉代骚体赋的游仙描写,显然也受到了先秦楚辞的影响。先秦楚辞中,只有《远游》可称得上是一首真正的游仙之作。尽管《远游》的作者、创作时

---

① 郭璞:《游仙诗》(其三),载逯钦立:《先秦汉魏晋南北朝诗》,第 865 页。

代等,目前学术界皆无定论;但是,研究者一般都认为,《远游》问世的时间,肯定早于司马相如的《大人赋》。再者,汉代骚体赋之中,《大人赋》最早出现了游仙描写。也正因为如此,我们才会以《离骚》《九章》和《远游》为参照,来具体探讨汉代骚体赋之"游"的新变。

一、神界、仙界之融合

《离骚》《九章》之"游",并未涉及仙话,是神游而非游仙。尽管如此,毕竟是屈原之"游",开启了后世情感托"游"这一艺术表现的基本模式。《远游》之"游",出现了仙人、神仙方术,变成了真正的游仙。汉代骚体赋最早将"仙"与"神"相结合,神界与仙域得以融为一体。

首先,汉代骚体赋之"游",完全打破了"神"和"仙"之间的界限。在《离骚》《九章》中,仅有神游,还与"仙"无关。《远游》有神游,有游仙,但"仙"不仅数量少,且与"神"并无什么关联。汉代骚体赋则不然,其游仙描写中"仙"与"神"已融合在一起。如司马相如的《大人赋》云:

> 悉征灵圉而选之兮,部署众神于摇光。使五帝先导兮,反大壹而从陵阳。左玄冥而右黔雷兮,前长离而后矞皇。厮征伯侨而役羡门兮,诏岐伯使尚方。祝融警而跸

御兮,清气氤而后行。"①

"陵阳",裴骃《史记集解》注云:"《汉书音义》曰:'仙人陵阳子明也。'"②"征伯侨",裴骃《史记集解》注云:"徐广曰:'燕人也,形解而仙也。'"③"羡门",张守节《史记正义》注曰:"张云:'羡门,碣石山上仙人羡门高也。'"④"岐伯",裴骃《史记集解》注云:"徐广曰:'岐伯,黄帝臣。'骃案:《汉书音义》曰'尚,主也。岐伯,黄帝太医,属使主方药'"。⑤征伯侨、羡门、岐伯等仙人,都是在《远游》中不曾出现过的新面孔。这些新出现的仙人,同五帝、玄冥、祝融等神一起构成了出行队伍。可见,在《大人赋》中,"仙"与"神"已经没有任何差异,完全混同在一起。而陵阳子明、征伯侨、羡门高这些著名的仙人,在赋中竟然都成为了随从"大人"出游的小厮与奴仆。

其次,汉代骚体赋之"游",进一步扩大了仙界的领域。《离骚》《九章》中没仙境。《远游》中首次出现"仙乡",作者称:"闻至贵而遂徂兮,忽乎吾将行。仍羽人于丹丘兮,留不死之旧乡。"⑥显然,《远游》所描述的"仙乡",还很弱小,也不清晰,根本就无法神界相比。然而,到了汉代的骚体赋之中,仙

---

① 费振刚:《全汉赋校注》,第119页。
② 司马迁:《史记》,第3059页。
③ 司马迁:《史记》,第3059页。
④ 司马迁:《史记》,第3059页。
⑤ 司马迁:《史记》,第3059页。
⑥ 洪兴祖:《楚辞补注》,第167页。

界就变得相对阔大,也比较清楚、明朗了。如张衡《思玄赋》对东海"仙山"的描写,作家云:"何道真之淳粹兮,去秽累而飘轻。登蓬莱而容与兮,鳌虽抃而不倾。留瀛洲而采芝兮,聊且以乎长生。凭归云而遐逝兮,夕余宿乎扶桑。"①《史记》记载了东海"仙山",《封禅书》云:"自威、宣、燕昭使人入海求蓬莱、方丈、瀛洲。此三神山者,其传在勃海中,去人不远;患且至,则船风引而去。盖尝有至者,诸仙人及不死之药皆在焉。"②《思玄赋》问世以后,在游仙文学作品之中,蓬莱仙境才开始有资格与昆仑神境并称。

最后,汉代骚体赋之"游",进一步拓展了游仙空间。《远游》首次借用阴阳五行理论来为主人公的神游设置路径,表现出了较为明显的方位感。与《远游》相比,在利用阴阳五行理论安排游历路线方面,《大人赋》又有了进一步的创造和发展。在《大人赋》中,司马相如有意识地让主人公依据东、南、西、北这样空间顺序来完成天界巡游,其游仙路径也因此而变得更为清楚明了。《大人赋》曰:"邪绝少阳而登太阴兮,与真人乎相求。互折窈窕以右转兮,横厉飞泉以正东。"③"少阳""太阴",裴骃《史记集解》注云:"《汉书音义》曰:'少阳,东

---

① 费振刚:《全汉赋校注》,第 593 页。
② 司马迁:《史记》,第 1369—1370 页。
③ 费振刚:《全汉赋校注》,第 119 页。

极;太阴,北极。'"①可见,"大人"出游的行程是从东方开始的。"大人"从东极出发后,先是来到了北极。但是,"大人"并未在此停留,紧接着又横渡飞泉,奔向了东方。"大人"在东方巡游后,便来到了南方。《大人赋》云:"屯余车而万乘兮,綷云盖而树华旗。使句芒其将行兮,吾欲往乎南娭。历唐尧于崇山兮,过虞舜于九疑。"②然后,"大人"又从南方来到西方。《大人赋》云:"遍览八纮而观四海兮,揭渡九江越五河。经营炎火而浮弱水兮,杭绝浮渚涉流沙。奄息葱极泛滥水娭兮,使灵娲鼓琴而舞冯夷。时若暧暧将混浊兮,召屏翳,诛风伯,刑雨师。西望昆仑之轧沕荒忽兮,直径驰乎三危。"③董仲舒《春秋繁露·五行顺逆》称:"金者秋,杀气之始也。建立旗鼓,杖把旄钺,以诛贼残,禁暴虐……警百官,诛不法。恩及于金石,则凉风出;恩及于毛虫,则走兽大为,麒麟至。"④西方对应的季节是秋天,而秋天乃是刑杀的季节。因此,根据阴阳五行理论,当"大人"在西方游历时,《大人赋》着重突出了"大人"所具有的"召屏翳,诛风伯,刑雨师"的杀罚权力。"大人"游历了西方之后,又来到了北方。《大人赋》云:"回车朅来兮,绝道不周,会食幽都。呼吸沆瀣兮餐朝霞,咀噍芝英兮叽

---

① 司马迁:《史记》,第 3059 页。
② 费振刚:《全汉赋校注》,第 119 页。
③ 费振刚:《全汉赋校注》,第 119 页。
④ 董仲舒:《春秋繁露》,第 79 页。

琼华。僷倢寻而高纵兮,纷鸿溶而上厉。贯列缺之倒景兮,涉丰隆之滂濞。骋游道而修降兮,骛遗雾而远逝。近区中之隘陕兮,舒节出乎北垠。遗屯骑于玄阙兮,轶先驱于寒门。下峥嵘而无地兮,上嶛廓而无天。视眩泯而亡见兮,听敞恍而亡闻。乘虚亡而上遐兮,超无友而独存。"①在北方,"大人"通过"呼吸沆瀣兮餐朝霞""咀噍芝英兮叽琼华",身体变得更加轻飘,最后从这里升入了"超无友而独存"的理想境界。《汉书·五行志》云:"水,北方,终臧万物者也。"②根据阴阳五行理论,北方是万物的终藏地,也是人的最后归宿。因此,《大人赋》就将北方作为"大人"游历的最后一站。

张衡的《思玄赋》,进一步拓展了骚体赋的游仙空间。在《思玄赋》中,东南西北四方游历后,主人公又来到地底下,传说中的"土精"坟羊也首次出现于游仙描写中:"经重阴乎寂寞兮,愍坟羊之潜深。"③《后汉书》收录了《思玄赋》,李贤注称:"重阴,地中也。《国语》曰:'鲁季桓子穿井,获土缶,中有虫若羊焉,使问仲尼。仲尼对曰:土之怪曰坟羊。'"④紧接着,主人公又从地下来到了天上,并游历了"天宫":"追慌忽于地底兮,轶无形而上浮。出右密之暗野兮,不识蹊之所由。速烛

---

① 费振刚:《全汉赋校注》,第 119—120 页。
② 班固:《汉书》,第 1342 页。
③ 费振刚:《全汉赋校注》,第 594 页。
④《后汉书》李贤注,载范晔:《后汉书》,第 1930 页。

龙令执炬兮,过钟山而中休……涉清霄而升遐兮,浮蒙蒙而上征。纷翼翼以徐戾兮,焱回回其扬灵。叫帝阍使辟扉兮,觌天皇于琼宫。聆广乐之九奏兮,展泄泄以肜肜。考理乱于律钧兮,意建始而思终。"①由此,骚体赋的游仙空间,已从"四方"进一步拓展到了"六合"。

汉代骚体赋神界、仙界之融合,是由汉人神仙信仰的特点决定的。我们知道,汉武帝时期神仙方士假鬼神以罔上惑众,神仙信仰开始出现了神学化倾向。汉武帝听信神仙方士之言论,将祭神、封禅与求仙相结合,从而使得"仙"与传统的鬼神观念逐渐融合在一起。汉武帝时期,神仙信仰已被纳入汉人的"天人感应"理论体系,太一神(天帝)成为了统领"仙"与"神"的宇宙主宰。在《太平经》中,"仙"与"神"已融合在一起,已初步形成简单的神仙谱系。如《太平经》云:"奴婢贤者得为善人,善人好学得成贤人;贤人好学不止,次圣人;圣人学不止,知天道门户,入道不止,成不死之事,更仙;仙不止入真,成真不止入神,神不止乃与皇天同形。"②可见,汉代骚体赋神界、仙界之融合,正是汉人神仙信仰神、仙逐步走向融合这一特点的反映。

---

① 费振刚:《全汉赋校注》,第 594—595 页。
② 王明:《太平经合校》,第 222 页。

二、游仙与玄思、玄想的融合

游仙与玄思、玄想的融合,是汉代骚体赋之"游"极其重要的一个新变。汉代骚体赋之"游",继承了先秦楚辞的抒情传统,但同时又发生了一些明显的变化。汉代骚体赋之"游",通过游仙与玄想之融合,使儒、道思想相互渗透、相互补充,借以探寻人生归趣,又呈现出其特有的理性之美。

扬雄的《太玄赋》,最早将游仙与玄思、玄想相结合。《古文苑》收录了《太玄赋》,章樵注称:"子云以为经莫深于《易》,故作《太玄》以拟之,言其理微妙极于幽玄也。此赋推《太玄》之理,以保性命之真。"①在《太玄赋》的开头,扬雄便说:"观大易之损益兮,览老氏之倚伏。省忧喜之共门兮,察吉凶之同域……若飘风不终朝兮,骤雨不终日。雷隆隆而辄息兮,火犹炽而速灭。自夫物有盛衰兮,况人事之所极。奚贪婪于富贵兮,迄丧躬而危族。丰盈祸所栖兮,名誉怨所集。"②扬雄将"大易"(《周易》)之"损益"与"老氏"(《老子》)之"倚伏"相关联,儒道两种学说在此已初步融合在一起。后世作家的"玄思"与"玄想"即发端于此。扬雄创立"太玄",是起因于《周易》。《汉书·扬雄传》称扬雄"以为经莫大于《易》,故作《太

---

① 章樵:《古文苑》,第93页。
② 费振刚:《全汉赋校注》,第285页。

玄》;传莫大于《论语》,作《法言》"①。然而,《太玄赋》却表现出了更为明显的道家思想倾向。另外,《太玄赋》还对儒家学说有所质疑,如称:"圣作典以济时兮,驱蒸民而入甲。张仁义以为网兮,怀忠贞以矫俗。指尊选以诱世兮,疾身殁而名灭。"②《太玄赋》在对儒、道两家学说进行理性思辨后,于是就把游仙与玄思、玄想相结合,创造了一个"玄静自适"的新境界。《太玄赋》称"岂若师由聃兮,执玄静于中谷。纳僑禄于江淮兮,揖松乔于华岳。升昆仑以散发兮,踞弱水以濯足。朝发轫于流沙兮,夕翱翔乎碣石。忽万里而一顿兮,过列仙以托宿。役青要以承戈兮,舞冯夷以作乐。听素女之清声兮,观宓妃之妙曲。茹芝英以御饿兮,饮玉醴以解渴。排阊阖以窥天庭兮,骑骍駼以踟蹰。载羡门与俪游兮,永览周乎八极。"③扬雄的这一境界,就像许结所说的那样,乃是"沉浸于'知玄知默'的思虑与浮游于'爱清爱静,游神之廷'(《解嘲》)的玄虚神奇的空间而汲取的一种超拔躯体的灵动"④。据《汉书·扬雄传》记载,扬雄本人"默而好深湛之思,清静亡为,少耆欲,不汲汲于富贵,不戚戚于贫贱"⑤。扬雄这一个性特点,使其

---

① 班固:《汉书》,第 3583 页。
② 费振刚:《全汉赋校注》,第 285 页。
③ 费振刚:《全汉赋校注》,第 285 页。
④ 许结:《汉代文学思想史》,南京大学出版社,1990,第 209 页。
⑤ 班固:《汉书》,第 3514 页。

能够静下心来深入思考儒、道思想之优劣,形成儒、道调和之玄思,并把玄思、玄想与游仙相融合,创造出一个理想中的"玄静自适"的境界。

《显志赋》是冯衍的代表作,赋前"自论"称:"冯子以为夫人之德,不碌碌如玉,落落如石。风兴云蒸,一龙一蛇,与道翱翔,与时变化,夫岂守一节哉?用之则行,舍之则藏,进退无主,屈申无常……然后阖门讲习道德,观览乎孔老之论,庶几乎松乔之福。上陇阪,陟高冈,游精宇宙,流目八纮……显志者,言光明风化之情,昭章玄妙之思也。"①冯衍明确指出,自己创作《显志赋》的目的,就是要"言光明风化之情,昭章玄妙之思"。《显志赋》在游仙描写之后,赋作家又云:"山峨峨而造天兮,林冥冥而畅茂;鸾回翔索其群兮,鹿哀鸣而求其友。诵古今以散思兮,览圣贤以自镇;嘉孔丘之知命兮,大老聃之贵玄;德与道其孰宝兮?名与身其孰亲?"②《显志赋》把"孔丘之知命"和"老聃之贵玄"联结在一起,在此基础上,提出德与道、名与身孰重孰轻之问题。由此可见,在冯衍的《显志赋》中,也出现了明显的融合儒道之玄思。

张衡的《思玄赋》亦是著名的游仙与玄思、玄想相融合的作品。《后汉书·张衡传》记载:"衡善机巧,尤致思于天文、阴阳、历算。常耽好《玄经》,谓崔瑗曰:'吾观《太玄》,方知子

---

① 费振刚:《全汉赋校注》,第 366—367 页。
② 费振刚:《全汉赋校注》,第 370 页。

云妙极道数,乃与《五经》相拟,非徒传记之属,使人难论阴阳之事,汉家得天下二百岁之书也。复二百岁,殆将终乎?所以作者之数,必显一世,常然之符也。汉四百岁,《玄》其兴矣。'"①很明显,张衡创作《思玄赋》,应该是受到了扬雄《太玄赋》的直接影响。关于《思玄赋》的创作背景,《后汉书·张衡传》亦有明确的记载:"后迁侍中,帝引在帷幄,讽议左右。尝问衡天下所疾恶者。宦官惧其毁己,皆共目之,衡乃诡对而出。阉竖恐终为其患,遂共谗之。衡常思图身之事,以为吉凶倚伏,幽微难明,乃作《思玄赋》,以宣寄情志。"②可见,正是由于张衡有感于人生的"吉凶倚伏,幽微难明",才创作了《思玄赋》。但是,尽管《思玄赋》与《太玄赋》皆是抟合儒道之作,二者之间却又有颇为明显的不同。《太玄赋》以《周易》为本,而作者却有意识地借用道家哲学来否定儒家信条,其思想更倾向于道家;而《思玄赋》是以儒家思想为主导,此基础上只是又融入一些道家的思想观念罢了。《思玄赋》在游仙过程中,作者内心一直有强烈的情感活动,与《离骚》颇为相似,这显然与《太玄赋》的超然脱俗有着很大的差异。《思玄赋》在游仙描写结束后,作家称:"收畴昔之逸豫兮,卷淫放之遐心。修初服之娑娑兮,长余珮之参参。文章焕以粲烂兮,美纷纭以从风。御六艺之珍驾兮,游道德之平林。结典籍而为罟兮,欧

---

① 范晔:《后汉书》,第 1897 页。
② 范晔:《后汉书》,第 1914 页。

儒、墨而为禽。玩阴阳之变化兮,咏《雅》《颂》之徽音。嘉曾氏之《归耕》兮,慕历陵之钦崟。夙昔而不贰兮,固终始之所服也;夕惕若厉以省愆兮,惧余身之未敕也。苟中情之端直兮,莫吾知而不恧。嘿无为以凝志兮,与仁义乎消摇。不出户而知天下兮,何必历远以劬劳?"①可见,赋作家并没有在游仙、游玄的幻想中得到彻底解脱,《思玄赋》最终又回到了现实社会。老子曾说过"上德无为而无以为"②,还说过"不出户,知天下"③。赋作家把儒道两家思想相关联、相融通,从而创造了一个淡泊名利、安身守志的人生境界。

骚体赋游仙与玄思、玄想的融合,是这一时期文人试图调和儒道之产物,也是赋作家在现实困境中的一种人生感悟。罢黜百家、独尊儒术后,道家学说依然影响着汉代文人。尤其是当汉王朝由盛转衰、日趋没落之时,文人由于仕途无望,开始更多地转向道家以寻求出路,于是就产生了融合儒道、超越世俗之玄思、玄想。这种抟合儒道之玄思,正是魏晋玄学之先导。骚体赋游仙与玄思、玄想之结合,使其在"坎壈咏怀"之时,又带有了一定的理性色彩。

---

① 费振刚:《全汉赋校注》,第596页。
②《老子·三十八章》,载陈鼓应:《老子注译及评介》,第212页。
③《老子·四十七章》,载陈鼓应:《老子注译及评介》,第248页。

三、游仙隐逸化的表现模式的确立

朱熹在《楚辞集注》中曾经指出:"司马相如作《大人赋》,多袭其(指《远游》)语,然屈子所到,非相如所能窥其万一也。"①朱熹认为,司马相如创作《大人赋》,虽多用《远游》语,但实际上《大人赋》已经没有了《远游》的主体意识和情感体验。《远游》与《离骚》有着相似的情感表达,蒋骥曾说过《远游》乃是作家"幽忧之极,思欲飞举以舒其郁,故为此篇"②。《远游》毕竟抒发了作家个体的人生感慨,如称:"恐天时之代序兮,耀灵晔而西征。微霜降而下沦兮,悼芳草之先零。"③又称:"涉青云以泛滥游兮,忽临睨夫旧乡。仆夫怀余心悲兮,边马顾而不行。思旧故以想像兮,长太息而掩涕。"④《远游》这种对于宗国故土的真挚情感,显然也是与《离骚》一致的。

《大人赋》主体意识、抒情精神的缺失,是司马相如投汉武帝之所好这一创作意图导致的。《汉书·扬雄传》记载:"雄以为赋者,将以风也,必推类而言,极丽靡之辞,闳侈巨衍,竞于使人不能加也,既乃归之于正,然览者已过矣。往时武帝

---

① 朱熹:《楚辞集注》,第 111 页。
② 蒋骥:《山带阁注楚辞》,第 145 页。
③ 洪兴祖:《楚辞补注》,第 165 页。
④ 洪兴祖:《楚辞补注》,第 172 页。

好神仙,相如上《大人赋》,欲以风,帝反缥缥有凌云之志。由是言之,赋劝而不止,明矣。"①可见,《大人赋》仅是汉代骚体赋的一个特例。汉代骚体赋之"游",大多具有《离骚》《远游》的主体性和抒情性。"路曼曼其修远兮,吾将上下而求索"②,显然《离骚》的神游,是为国家寻求出路之"游",是一种带有崇高使命感的精神追求。相对而言,《远游》的游仙,更多带有寻求个体解脱的色彩,情感体验已经明显减弱了。

汉代骚体赋的游仙,其目的则几乎全都是为了个体的慰藉和解脱,赋作家所抒发的也是个人"悲不遇"人生感慨。如冯衍在《显志赋》的"自论"中说:"正身直行,恬然肆志。顾尝好俶傥之策,时莫能听用其谋,喟然长叹,自伤不遭。久栖迟于小官,不得舒其所怀。抑心折节,意凄情悲……历观九州山川之体,追览上古得失之风,愍道陵迟,伤德分崩。夫睹其终必原其始,故存其人而咏其道。疆理九野,经营五山,眇然有思陵云之意。乃作赋自厉,命其篇曰《显志》。"③显然,冯衍作《显志赋》的起因,就在于"自伤不遭"。《显志赋》云:"悲时俗之险厄兮,哀好恶之无常。弃衡石而意量兮,随风波而飞扬。纷纶流于权利兮,亲雷同而妒异;独耿介而慕古兮,岂时人之所憙……欣吾党之唐虞兮,愍吾生之愁勤;聊发愤而扬情

---

① 班固:《汉书》,第 3575 页。
② 洪兴祖:《楚辞补注》,第 27 页。
③ 费振刚:《全汉赋校注》,第 366—367 页。

兮,将以荡夫忧心。往者不可攀援兮,来者不可与期;病没世之不称兮,愿横逝而无由。"①可见,《显志赋》所抒发的,也主要是作者怀才不遇的悲愤。在此赋的结尾处,冯衍明确表达了自己的"志向",赋云:"游精神于大宅兮,抗玄妙之常操;处清静以养志兮,实吾心之所乐……陂山谷而闲处兮,守寂寞而存神。夫庄周之钓鱼兮,辞卿相之显位;于陵子之灌园兮,似至人之髣髴。盖隐约而得道兮,羌穷悟而入术;离尘垢之窈冥兮,配乔、松之妙节。惟吾志之所庶兮,固与俗其不同;既俶傥而高引兮,愿观其从容。"②赋作家明确表示将要"陂山谷而闲处兮,守寂寞而存神",就像庄周等隐士那样,"离尘垢之窈冥兮,配乔、松之妙节"。退隐于山林,以保全自己的品节,这就是赋作家的"志向"。在某种程度上,《显志赋》已开魏晋名士之风气。

在张衡的《思玄赋》中,赋作家开篇即云:"仰先哲之玄训兮,虽弥高其弗违。匪仁里其焉宅兮,匪义迹其焉追?潜服膺以永靓兮,绵日月而不衰。伊中情之信修兮,慕古人之贞节。竦余身而顺止兮,遵绳墨而不跌……既姱丽而鲜双兮,非是时之攸珍。奋余荣而莫见兮,播余香而莫闻……何孤行之茕茕兮,孑不群而介立?感鸾鷖之特栖兮,悲淑人之稀合……行陂僻而获志兮,循法度而离殃。惟天地之无穷兮,何遭遇之无

---

① 费振刚:《全汉赋校注》,第 367—368 页。
② 费振刚:《全汉赋校注》,第 370 页。

常！不抑操而苟容兮,譬临河而无航。欲巧笑以千媚兮,非余心之所尝。"①与《显志赋》一样,张衡在《思玄赋》中所抒发的也是怀才不遇的感慨。在《思玄赋》的篇末,赋作家曰:"天长地久岁不留,俟河之清祇怀忧。愿得远度以自娱,上下无常穷六区。超逾腾跃绝世俗,飘飘神举逞所欲。天不可阶仙夫希,《柏舟》悄悄吝不飞。松、乔高跱孰能离？结精远游使心携。回志朅来从玄諆,获我所求夫何思！"②"松乔高跱孰能离",刘良注曰:"言仙人赤松子、王子乔高立物外,谁能往而附之？"③"回志朅来从玄諆,获我所求夫何思",吕向注曰:"回其志情,以从玄圣之道,而复行之。亦可谓获我所求之事,夫复何思虑也。"④赋作家最终也是由游仙转为退隐。

与冯衍、张衡一样,扬雄在《太玄赋》中也是把退隐作为了人生的最后归宿。《太玄赋》的结尾处,在游仙描写之后,赋作家曰:"甘饵含毒,难数尝兮。麟而可羁,近犬羊兮。鸾凤高翔,戾青云兮。不挂网罗,固足珍兮。斯、错位极,离大戮兮。屈子慕清,葬鱼腹兮。伯姬曜名,焚厥身兮。孤竹二子,饿首山兮。断迹属娄,何足称兮。辟斯数子,智若渊兮。我异于此,执太玄兮。荡然肆志,不拘挛兮。"⑤在其倾心打造的

---

① 费振刚:《全汉赋校注》,第591—592页。
② 费振刚:《全汉赋校注》,第596页。
③ 李善等:《六臣注文选》,第287页。
④ 李善等:《六臣注文选》,第287页。
⑤ 费振刚:《全汉赋校注》,第285—286页。

"玄境"中,扬雄终于可以"荡然肆志,不拘挛兮"。可见,在《太玄赋》中,赋作家的游仙最后也是转向了退隐。

汉代楚辞最先把游仙与隐居结合在一起,出现了游仙隐逸化倾向。随后的《太玄赋》《显志赋》《思玄赋》等骚体赋,作者最终都是将游仙转为退隐,游仙隐逸化愈加明显。应该说,汉代骚体赋已确立了"仕途受阻——游仙解脱——退隐归宿"这一游仙隐逸化表现模式。而这一游仙隐逸化表现模式,直接影响到了魏晋的游仙诗创作。如郭璞的《游仙诗》其一:

> 京华游侠窟,山林隐遁栖。朱门何足荣,未若托蓬莱。临源挹清波,陵冈掇丹荑。灵溪可潜盘,安事登云梯。漆园有傲吏,莱氏有逸妻。进则保龙见,退为触藩羝。高蹈风尘外,长揖谢夷齐。①

郭璞采用对比手法,以托身蓬莱之幻想,来否定仕宦追求;再以山林隐居之乐来否定求仙。在此之后,又借用庄周、老莱子夫妻、伯夷与叔齐等著名隐士的典故以表明自己的心志。可见,汉代骚体赋游仙隐逸化的基本表现模式,对于郭璞的这首《游仙诗》有着直接的影响。

汉代社会,文人主要受儒道思想之影响。相对而言,这一时期神仙信仰对文人的影响还比较有限。特别是当文人仕途受阻之后,融合儒道之退隐,于是就成为了汉代文人的最好选

---

① 逯钦立:《先秦汉魏晋南北朝诗》,第 865 页。

择。汉代骚体赋之游仙,最后皆转为退隐,这既反映了汉代士人在现实困顿中对儒、道、仙诸家进行深刻思考后所形成的理性价值判断,同时也揭示了汉代文人颇为曲折、复杂的人生追求。

第五节　民间信仰与汉代散体赋

汉赋作为一代文学之代表,在汉代文坛一直占据着正宗地位。据葛洪《西京杂记》记载,"司马相如为《上林》、《子虚》赋,意思萧散,不复与外事相关,控引天地,错综古今,忽然如睡,焕然而兴,几百日而后成。"①司马相如的友人盛览,曾经问过司马相如如何作赋,司马相如回答说:"合綦组以成文,列锦绣而为质,一经一纬,一宫一商,此赋之迹也。赋家之心,苞括宇宙,总览人物,斯乃得之于内,不可得而传。"②相对于骚体赋来说,汉代的散体赋(汉大赋)则更具有典型性;而真正能够称得上"苞括宇宙,总览人物"的,恐怕也只有汉代的散体赋。民间信仰不仅是汉代散体赋极为重要的题材内容之一,而且也是形成汉代散体赋"巨丽"之美的一个关键性因素。

---

①葛洪:《西京杂记》,第 12 页。
②葛洪:《西京杂记》,第 12 页。

一、天子宫苑里的仙人仙境

《三都赋序》云:"相如赋上林,而引卢橘夏熟;杨雄赋甘泉,而陈玉树青葱。班固赋西都,而叹以出比目;张衡赋西京,而述以游海若。假称珍怪,以为润色。若斯之类,匪啻于兹。考之果木,则生非其壤;校之神物,则出非其所。于辞则易为藻饰,于义则虚而无征。"①左思在此已经注意到了两汉散体大赋注重夸张描述的写作特点。其后,刘勰在《文心雕龙·夸饰》中又进一步指出:"自宋玉景差,夸饰始盛。相如凭风,诡滥愈甚:故上林之馆,奔星与宛虹入轩;从禽之盛,飞廉与焦明俱获。及扬雄甘泉,酌其余波,语瑰奇则假珍于玉树,言峻极则颠坠于鬼神。至西都之比目,西京之海若,验理则理无可验,穷饰则饰犹未穷矣。"②显然,二人都认识到了汉大赋特色鲜明的夸饰描写。

很明显,刘勰和左思在论及汉代散体赋注重夸饰的特点时,是持否定态度的。他们明确表达了对于这种夸饰描写的不满,指责其"验理则理无可验""于义则虚而无征"。当然,今天人们对于此种夸饰描写,已有客观的认识及评价。汉代的散体赋,作为当时统治者最为喜爱和极力倡导的主要用以

---

① 李善、吕延济、刘良等:《六臣注文选》,第 90 页。
② 周振甫:《文心雕龙注释》,第 404 页。

歌功颂德、润色鸿业的一种文学样式,在《诗经》《楚辞》之后奇文勃发并盛极一时,正是因其独特的铺张扬厉、阔大恢宏的文体特点,才成为汉代最具有代表性的文学样式。而散体赋中的夸饰描写,也正是汉赋的艺术特质与审美魅力之所在。就连刘勰本人在批评之余,也不得不承认汉赋作家的这些夸饰描写,也起到了"因夸以成状,沿饰而得奇"①的艺术效果。

铺张扬厉是汉代散体赋最为突出的描写特点,铺张即铺叙,而扬厉就是夸饰。汉代散体大赋自诞生之日起,就肩负有歌功颂德、润色鸿业的使命;而这样的创作目的,自然会要求赋作家注重"夸饰其威"②,通过艺术虚构对空前强盛的大汉王朝进行夸张性描述。人间帝王对神仙的迷恋,正好给赋作家提供了依托神仙说进行夸饰描写的契机。这样一来,汉赋作家无论其本人是否相信神仙说,大多都有意识地把神仙传说作为其散体赋创作的素材之一。

汉赋作家借助神仙传说进行夸饰描写,在以帝王宫苑为主要表现对象的那些作品中表现得最为突出、也最为明显。在汉代的散体赋中,京都、畋猎、郊祀与宫观等赋作,基本上都属于这一类。此类作品中大多出现了有关仙人、仙境的夸饰描写;在这类赋作中,所谓的仙人、仙境都成了人间帝王宫苑中的装饰品。汉代散体赋中出现的仙人、仙境,仅很小一部分

---

① 周振甫:《文心雕龙注释》,第 405 页。
② 周振甫:《文心雕龙注释》,第 405 页。

有现实社会真实存在的事物为依托,而绝大部分则纯粹是来自汉赋作家的浪漫想象。

刘勰所说的"西都之比目,西京之海若"与左思所说的"班固赋西都,而叹以出比目;张衡赋西京,而述以游海若",指的都是班固和张衡京都赋中的两处夸张性描述。一处是班固在《两都赋》中的描写,《西都赋》称:"尔乃正殿崔巍,层构厥高,临乎未央……排飞闼而上出,若游目于天表,似无依而洋洋。前唐中而后太液,揽沧海之汤汤,扬波涛于碣石,激神岳之嶈嶈。滥瀛洲与方壶,蓬莱起乎中央。于是灵草冬荣,神木丛生,岩峻崔崒,金石峥嵘。抗仙掌以承露,擢双立之金茎,轶埃壒之混浊,鲜颢气之清英。骋文成之丕诞,驰五利之所刑。庶松乔之群类,时游从乎斯庭。实列仙之攸馆,匪吾人之所宁。"①另一处是张衡在《二京赋》中的描写,《西京赋》称:"柏梁既灾,越巫陈方。建章是经,用厌火祥……前开唐中,弥望广潒。顾临太液,沧池漭沆。渐台立于中央,赫昈昈以弘敞。清渊洋洋,神山峨峨。列瀛洲与方丈,夹蓬莱而骈罗。上林岑以垒嵬,下崭严以岩龉。长风激于别岛,起洪涛而扬波,浸石菌于重涯,濯灵芝以朱柯。海若游于玄渚,鲸鱼失流而蹉跎。于是采少君之端信,庶栾大之贞固。立修茎之仙掌,承云表之清露。屑琼蕊以朝餐,必性命之可度。美往昔之松乔,要

---

① 费振刚:《全汉赋校注》,第467—468页。

羡门乎天路。想升龙于鼎湖,岂时俗之足慕。若历世而长存,何遽营乎陵墓。"①班固和张衡赋中所写的瀛洲、蓬莱等仙山,并非是出现于东海中的蓬莱仙境;而是汉家天子宫中的真实景象。据《史记·孝武本纪》记载,柏梁台被大火烧毁后,汉武帝听从方士的建议,又让建造了有名的建章宫,"前殿度高未央,其东则凤阙,高二十余丈。其西则唐中,数十里虎圈。其北治大池,渐台高二十余丈,名曰泰液池,中有蓬莱、方丈、瀛洲、壶梁,象海中神山龟鱼之属。"②所以说,《西都赋》《西京赋》所描述的"仙山"景象,乃是汉赋作家以现实世界实际存在的事物为依托,在建章宫真实景观的基础上进一步发挥想象创造出来的。

再如李尤和张衡二人赋作中出现的"神仙戏",也不是赋作家凭空想象出来的,而是他们对于长安平乐观所演"百戏"场景的生动再现。据《汉书》记载,平乐观当年就是西都长安著名的"百戏"演出场所,如《武帝纪》称:"(元封)三年春,作角抵戏,三百里内皆观。"③又称:"(元封六年)夏,京师民观角抵于上林平乐观。"④我们先来看李尤的《平乐观赋》,赋云:

乃设平乐之显观,章秘玮之奇珍。习禁武以讲捷,厌

---

① 费振刚:《全汉赋校注》,第 631—632 页。
② 司马迁:《史记》,第 482 页。
③ 班固:《汉书》,第 194 页。
④ 班固:《汉书》,第 198 页。

不羁之逴邻……尔乃大和隆平,万国肃清。殊方重译,绝域造庭。四表交会,抱珍远并。杂遝归谊,集于春正。玩屈奇之神怪,显逸才之捷武。百僚于时,各命所主。方曲既设,秘戏连叙,逍遥俯仰,节以鞀鼓。戏车高橦,驰骋百马,连翩九仞,离合上下。或以驰骋,覆车颠倒。乌获扛鼎,千钧若羽。吞刃吐火,燕跃鸟跱。陵高履索,踊跃旋舞。飞丸跳剑,沸渭回扰。巴渝隈一,逾肩相受。有仙驾雀,其形蚴虬。骑驴驰射,狐兔惊走。侏儒巨人,戏谑为耦。禽鹿六駮,白象朱首。①

李尤大致生活于东汉中期,略早于张衡。《平乐观赋》是今天我们能够见到的最早描绘长安平乐观杂技、百戏演出场景的赋作。由此赋可知,当时演出的杂技、百戏中,就有"神仙戏"。赋中的"有仙驾雀,其形蚴虬"一语,足以说明神仙题材已是汉代"百戏"表现的一项内容。

　　李尤的《平乐观赋》毕竟篇幅有限,其有关"神仙戏"的场面描写也还比较简略。相对来说,张衡的《西京赋》,其对于长安平乐观上演的"神仙戏",就描述得更为细致,也更加精彩了。《西京赋》云:

既定且宁,焉知倾陁?大驾幸乎平乐,张甲乙而袭翠被。攒珍宝之玩好,纷瑰丽以侈靡。临迥望之广场,程角

---

① 费振刚:《全汉赋校注》,第578—579页。

抵之妙戏。乌获扛鼎,都卢寻橦。冲狭燕濯,胸突铦锋。跳丸剑之挥霍,走索上而相逢。华岳峨峨,冈峦参差。神木灵草,朱实离离。总会仙倡,戏豹舞罴。白虎鼓瑟,苍龙吹篪。女娥坐而长歌,声清畅而蜲蛇。洪涯立而指麾,被毛羽之襳襹。度曲未终,云起雪飞。初若飘飘,后遂霏霏。复陆重阁,转石成雷。礔砺激而增响,磅礚象乎天威。巨兽百寻,是为曼延。神山崔巍,欻从背见。熊虎升而挐攫,猿狖超而高援。怪兽陆梁,大雀踆踆。白象行孕,垂鼻辚囷。海鳞变而成龙,状蜿蜿以蝹蝹。含利颬颬,化为仙车。骊驾四鹿,芝盖九葩。蟾蜍与龟,水人弄蛇。奇幻倏忽,易貌分形;吞刀吐火,云雾杳冥;画地成川,流渭通泾。东海黄公,赤刀粤祝,冀厌白虎,卒不能救,挟邪作蛊,于是不售。尔乃建戏车,树修旃。侲僮程材,上下翩翻。突倒投而跟絓,譬陨绝而复联。①

薛综在为《文选·西京赋》作注时,曾称:"平乐馆,大作乐处也。"②可见,平乐观(馆)的确是当时有名的大型游戏娱乐场合。张衡这段"百戏"描写,颇为形象,也颇为生动。高高的山上,"神木灵草,朱实离离";"白虎鼓瑟,苍龙吹篪",仙人与神兽聚集在一起;巍峨的神山,在背后突然显现;海里的游鱼,眨眼间就变成了空中飞龙;"含利"神兽正在张口吐气,转眼

---

① 费振刚:《全汉赋校注》,第635页。
② 李善、吕延济、刘良等:《六臣注文选》,第58页。

间竟变成了"骊驾四鹿,芝盖九葩"的"仙车"。这是一个多么神奇而又壮观的"仙戏"表演场面!可见,神仙已经成为汉代艺术表现的一个重要题材,也成为了这一时期大众娱乐生活的构成元素之一。今天的读者,通过《西京赋》这段形象描述,依然能够感受到平乐观当年"仙戏"演出时的美妙、动人场面。

汉代散体赋中所描述的人间仙境及"神仙戏"等,虽然其中也许会有赋作家的想象、夸饰成分存在,但这些基本上还都属于客观描写,都是作家们依托现实存在的事物所进行描述。与之不同的是,两汉京都、畋猎、宫观等赋作中还出现了另外一种有关仙人、仙境的描写。而这一种描写,更多的则是出自赋作家的浪漫幻想,完全就是想象、虚构出来的;其目的就是要借助于此类仙人、仙境描写,来刻意对现实景观进行烘托和美化。

刘勰所说的"上林之馆,奔星与宛虹入轩",指的则是司马相如《上林赋》中所出现的一段著名的夸饰描写。如《上林赋》云:

> 于是乎离宫别馆,弥山跨谷,高廊四注,重坐曲阁,华榱璧珰,辇道纚属,步櫩周流,长途中宿⋯⋯俯杳眇而无见,仰攀橑而扪天,奔星更于闺闼,宛虹拖于楯轩。青虬蚴蟉于东箱,象舆婉僤于西清,灵圉燕于闲馆,偓佺之伦

暴于南荣；醴泉涌于清室，通川过乎中庭。①

灵圉和偓佺都是来自神仙世界里的仙人。"灵圉"，裴骃《史记集解》注云："郭璞曰：'灵圉，淳圉，仙人名也。'"②司马贞《史记索隐》又注曰："张揖云：'众仙号。'《淮南子》云'骑飞龙，从淳圉'，许慎曰'淳圉，仙人也'。"③"偓佺"，裴骃《史记集解》注云："《汉书音义》曰：'偓佺，仙人名也。'"④刘向《列仙传》云："偓佺者，槐山采药父也。好食松实，形体生毛，长数寸。两目更方，能飞行逐走马。"⑤"象舆"，裴骃《史记集解》注云："《汉书音义》曰：'山出象舆，瑞应车也。'"⑥很明显，司马相如有意识地让传说中的仙人、神物，出现于汉家天子的宫苑中，这样做的主要目的就是为了对上林苑中"弥山跨谷"的"离宫别馆"进行夸饰描写，以突出上林苑的宏伟、壮观。

在《上林赋》中，司马相如还对人间帝王于上林苑里置酒张乐的盛大、热烈场面，进行了夸饰描写。如《上林赋》云：

于是乎游戏懈怠，置酒乎颢天之台，张乐乎胶葛之㝢，撞千石之钟，立万石之虡，建翠华之旗，树灵鼍之鼓。

---

① 费振刚：《全汉赋校注》，第89页。
② 司马迁：《史记》，第3027页。
③ 司马迁：《史记》，第3027页。
④ 司马迁：《史记》，第3027页。
⑤ 刘向：《列仙传》，第2页。
⑥ 司马迁：《史记》，第3027页。

奏陶唐氏之舞,听葛天氏之歌;千人倡,万人和;山陵为之震动,川谷为之荡波……荆吴郑卫之声,《韶》《濩》《武》《象》之乐,阴淫案衍之音,鄢郢缤纷,《激楚》《结风》。俳优侏儒,《狄鞮》之倡,所以娱耳目乐心意者,丽靡烂漫于前,靡曼美色于后。若夫青琴宓妃之徒,绝殊离俗,妖冶闲都,靓庄刻饰,便嬛绰约……皓齿粲烂,宜笑的皪,长眉连娟,微睇绵藐,色授魂予,心愉于侧。①

"青琴宓妃",裴骃《史记集解》注云:"《汉书音义》曰:'皆古神女名。'"②司马贞《史记索隐》又注曰:"伏俨曰:'青琴,古神女也。'如淳曰:'宓妃,伏羲女,溺死洛水,遂为洛水之神。'"③可见,青琴和宓妃都是来自神仙传说中的神女。出于烘托、渲染最高统治者在上林苑中歌舞宴饮时欢乐场景,赋作家让"绝殊离俗,妖冶闲都"的神女,也出现在皇帝的宴会中,成为了与"俳优侏儒""狄鞮之倡"一样用来"娱耳目而乐心意"的点缀品。

刘勰所谓的"及扬雄甘泉,酌其余波,语瑰奇则假珍于玉树,言峻极则颠坠于鬼神"与左思所说的"杨雄赋甘泉,而陈玉树青葱",指的都是扬雄在《甘泉赋》中的一段颇为精彩的夸饰描写。《甘泉赋》云:

---

① 费振刚:《全汉赋校注》,第 90—91 页。
② 司马迁:《史记》,第 3040 页。
③ 司马迁:《史记》,第 3040 页。

是时未臻夫甘泉也,乃望通天之绎绎。下阴潜以惨廪兮,上洪纷而相错。直嶢嶢以造天兮,厥高庆而不可乎疆度……翠玉树之青葱兮,璧马犀之瞵珊。金人仡仡其承钟虡兮,嵌岩岩其龙鳞。扬光曜之燎烛兮,乘景炎之炘炘。配帝居之悬圃兮,象泰壹之威神。洪台掘其独出兮,撠北极之嶟嶟。列宿乃施于上荣兮,日月才经于桭。雷郁律于岩突兮,电倏忽于墙藩。鬼魅不能自还兮,半长途而下颠,历倒景而绝飞梁兮,浮蔑蠓而撇天。①

"是时未臻夫甘泉也,乃望通天之绎绎",颜师古注曰:"臻与同臻,臻,至也。通天,台名也。言虽未至甘泉,则遥望见通天台也。绎绎,相连貌。"②可见,本段所描写的乃是赋作家在进入甘泉宫之前,从远处遥望时看到的甘泉宫的景象。"翠玉树之青葱兮,璧马犀之瞵珊",颜师古注曰:"玉树者,武帝所作,集众宝为之,用供神也,非谓自然生之。而左思不晓其意,以为非本土所出,盖失之矣。马犀者,马脑及犀角也。以此而种饰殿之壁。瞵珊,文貌。"③刘勰所说的"语瑰奇则假珍于玉树"与左思所说的"陈玉树青葱",就是指的这一描写。"金人仡仡其承钟虡兮,嵌岩岩其龙鳞",颜师古注曰:"仡仡,勇健

---

① 费振刚:《全汉赋校注》,第231页。
② 班固:《汉书》,第3525页。
③ 班固:《汉书》,第3527页。

状。嵌,开张貌,言其鳞甲开张,若真龙之形也。"①《史记·匈奴列传》记载:"汉使骠骑将军去病将万骑出陇西,过焉支山千余里,击匈奴,得胡首虏万八千余级,破得休屠王祭天金人。"②司马贞《史记索隐》注曰:"得休屠金人,后置之于甘泉也。"③由此看来,赋中的"翠玉树之青葱兮,璧马犀之瞵珣""金人仡仡其承钟虡兮,嵌岩岩其龙鳞"等夸饰描写,皆是以当年甘泉宫内实际上存在的事物为依托,其中虽有一定的想象与夸张成分,但并不是赋作家凭空虚构出来的。刘勰所说的"言峻极则颠坠于鬼神",则指的是赋中的"列宿乃施于上荣兮,日月才经于柍桭。雷郁律于岩突兮,电倏忽于墙藩。鬼魅不能自还兮,半长途而下颠,历倒景而绝飞梁兮,浮蔑蠓而撤天"这一段夸饰描写。"鬼魅不能自还兮,半长途而下颠",颜师古注曰:"言屋之高深,虽鬼魅亦不能至其极而反,故于长途之半而颠坠也。"④可见,这一夸饰描写才是完全出自赋作家的浪漫想象。

扬雄在《甘泉赋》中,对于甘泉宫内雄伟壮观、巧夺天工的宫殿建筑,也进行了一番生动传神的夸饰描写。赋云:

前殿崔巍兮,和氏珑玲,炕浮柱之飞榱兮,神莫莫而

---

① 班固:《汉书》,第 3527 页。
② 司马迁:《史记》,第 2908 页。
③ 司马迁:《史记》,第 2909 页。
④ 班固:《汉书》,第 3528 页。

扶倾，闶阆阆其寥廓兮，似紫宫之峥嵘……乘云阁而上下兮，纷蒙笼以掍成。曳红采之流离兮，扬翠气之宽延。袭璇室与倾宫兮，若登高妙远，肃乎临渊……排玉户而扬金铺兮，发兰蕙与穹穷。惟弸彋其拂汩兮，稍暗暗而靓深。阴阳清浊穆羽相和兮，若夔、牙之调琴。般、倕弃其剞劂兮，王尔投其钩绳。虽方征侨与偓佺兮，犹仿佛其若梦。①

晋灼注曰："方，常也。征，行也。言宫观之高峻，虽使仙人常行其上，恐遽不识其形观，犹仿佛若梦也。"②颜师古注曰："方谓并行也。征侨，姓征名伯侨，仙人也。"③"征侨"，应该就是在司马相如《大人赋》中已经出现过的仙人"征伯侨"，晋灼的注解有误，而颜师古的注解才是正确的。

扬雄先对甘泉宫内的宫殿建筑作一番具体的描绘：前殿崔巍，美玉装饰壁带；浮柱飞榱，危竦而不倾，似有神物相扶；殿门高大而寥远，就像天帝之紫宫。接下来，赋作家进一步夸饰说：在这样美妙的宫殿面前，就算是传说中的鲁班、共工、王尔这一类的能工巧匠，也会情不自禁地扔掉他们手中的工具；即便是仙人征伯侨与偓佺在此，也会产生自己在做梦的幻觉。

甘泉宫是汉家天子举行祭祀活动的重要场所之一。扬雄

---

① 费振刚：《全汉赋校注》，第231—232页。
② 班固：《汉书》，第3530页。
③ 班固：《汉书》，第3530页。

的《甘泉赋》,也有对于甘泉宫中祭祀情景的夸饰描写。《甘泉赋》云:

> 靡薜荔而为席兮,折琼枝以为芳。噏清云之流瑕兮,饮若木之露英。集乎礼神之囿,登乎颂祇之堂。建光耀之长旓兮,昭华覆之威威。攀琁玑而下视兮,行游目乎三危。陈众车于东坑兮,肆玉钒而下驰;漂龙渊而还九垠兮,窥地底而上回。风傱傱而扶辖兮,鸾凤纷其御蕤。梁弱水之濎濙兮,蹠不周之逶蛇。想西王母欣然而上寿兮,屏玉女而却宓妃。玉女亡所眺其清卢兮,宓妃曾不得施其蛾眉。方擥道德之精刚兮,侔神明与之为资。①

《汉书·扬雄传》记载:"孝成帝时,客有荐雄文似相如者,上方郊祠甘泉泰畤、汾阴后土,以求继嗣,召雄待诏承明之庭。正月,从上甘泉,还奏《甘泉赋》以风。"②赋中的"屏玉女""却宓妃"等语,人们多认为是对汉成帝宠幸赵飞燕的讽刺。"靡薜荔而为席兮,折琼枝以为芳""噏清云之流瑕兮,饮若木之露英",这是写祭祀前大家的准备活动;"梁弱水之濎濙兮,蹠不周之逶蛇""想西王母欣然而上寿兮,屏玉女而却宓妃",这是写祭祀时人们的幻想。在这里,眼前的现实世界与传说中的神仙世界,已经完全交织融合在一起。

《史记·秦始皇本纪》记载:"二十七年,始皇巡陇西、北

---

① 费振刚:《全汉赋校注》,第 232 页。
② 班固:《汉书》,第 3522 页。

地,出鸡头山,过回中。焉作信宫渭南,已更命信宫为极庙,象天极。自极庙道通郦山,作甘泉前殿。筑甬道,自咸阳属之。"①汉代著名的甘泉宫,就是汉武帝在秦宫的基础上,进一步扩建而成的。甘泉宫规模宏大、壮观而又美丽,是汉代重要的宫殿建筑之一。因此,汉代产生了不少以甘泉宫为主要表现对象的赋作。刘歆在《甘泉宫赋》中也有对于甘泉宫的夸饰描写。如《甘泉宫赋》云:

> 轶陵阴之地室,过阳谷之秋城。迥天门而凤举,蹑黄帝之明庭。冠高山而为居,乘昆仑而为宫。按轩辕之旧处,居北辰之闳中。背共工之幽都,向炎帝之祝融。封峦为之东序,缘石阙之天梯。桂木杂而成行,芳盼向之依依,翡翠孔雀,飞而翱翔,凤皇止而集栖。甘醴涌于中庭兮,激清流之弥弥。黄龙游而蜿蟺兮,神龟沉于玉泥。离宫持观,楼比相连。云起波骇,星布弥山。高峦峻阻,临眺旷衍。深林蒲苇,涌水清泉。②

"凌阴之地室""阳谷之秋城""黄帝之明庭""共工之幽都""天门""昆仑"以及黄龙、神龟等,所有这些都来自传说中的神界仙域。可见,刘歆也是借助神仙传说,来对甘泉宫的建筑环境进行夸饰描写的。

总的来说,汉代散体赋借助神仙传说对于帝王宫苑进行

---

① 司马迁:《史记》,第241页。
② 费振刚:《全汉赋校注》,第326—327页。

夸饰描写，已经明显不同于汉代楚辞和骚体赋中的游仙描写。汉代散体赋作家已经不再是幻想着离开现实世界而进入神界仙域，而是企图将神仙世界移入到现实世界之中。出现于汉家天子宫苑中的这些仙人、仙境，其实都是赋作家出于渲染、衬托和美化现实生活这一写作目的，经过一番刻意的想象、虚构而创造出来的。仙人、仙境实际上已经变成了人间帝王宫观苑囿里的点缀与装饰品。

二、有关人间帝王的游仙描写

楚辞最早出现游仙描写，是游仙文学的源头。汉赋作家上承楚辞，汉代骚体赋与散体赋中皆有大量的游仙描写。汉赋的游仙描写，最引人注目的就是散体赋中有关人间帝王的游仙描写。因为在这类赋作中，汉赋作家本人并没有直接出现于游仙过程之中，而是将人间帝王作为游仙的主角来描写的。

汉代散体赋中有关人间帝王的游仙描写，汉赋作家本人已经不再是游仙活动的主体，甚至根本就没有直接参与其中，而是把人间帝王想象成了游仙的主角。这一点与汉代楚辞和骚体赋的游仙描写有着明显的不同。汉代散体赋的这种游仙描写，实际上是受到了司马相如《大人赋》的影响。

骚体赋的游仙描写，一般都是借游仙以抒怀，具有强烈的主观抒情性。而这一特点的形成,则主要是因为它受到了以《离骚》为代表的楚辞作品的直接影响。然而,司马相如的《大人赋》,应该说是汉代骚体赋中的一篇另类作品。很明显,《大人赋》已经完全背离了楚辞与骚体赋的主体精神和抒情传统。司马相如创作《大人赋》的动机与目的,并不是要借游仙以抒情言志,而完全就是出于迎合汉武帝"好仙"心理需求。《史记·司马相如列传》记载:"天子既美《子虚》之事,相如见上好仙道,因曰:'《上林》之事未足美也,尚有靡者。臣尝为《大人赋》,未就,请具而奏之。'相如以为列仙之传居山泽间,形容甚臞,此非帝王之仙意也,乃遂就《大人赋》。"①"大人",司马贞《史记索隐》注曰:"张揖云:'喻天子。'"②可见,《大人赋》所表现的,乃是"帝王之仙意"。可以说,司马相如作《大人赋》,其目的就是要投汉武帝之所好。

《大人赋》写"大人"的天界巡游,是文学史上第一篇专门表现"帝王之仙意"的赋作。刘勰在《文心雕龙·风骨》中曾称:"相如赋仙,气号凌云,蔚为辞宗,乃其风力遒也。"③刘勰所谓的"风力",实际上就是指《大人赋》特有的想象力及其豪迈气势。在《大人赋》中,司马相如把"大人"的天界游历描绘

---

① 司马迁:《史记》,第 3056 页。
② 司马迁:《史记》,第 3057 页。
③ 周振甫:《文心雕龙注释》,第 320 页。

得特别美妙诱人,以至于汉武帝读罢竟然"缥缥有凌云之志"①。

《大人赋》问世后,受其影响,后来在两汉京都、畋猎、宫观等散体赋中,每当人间帝王出游时,总是会出现汉家天子统帅众神的特殊场面描写。这些天子出行的场面描写,与《大人赋》又有所不同。《大人赋》之"大人",是在邈远的天界游历;散体赋中的这些描写,乃是现实中的帝王出行,属于把神界仙域里的众多神仙移入到了现实世界之中,是一种更为浪漫奇特的"游仙"描写。

《汉书·扬雄传》记载:"雄少而好学,不为章句,训诂通而已,博览无所不见……先是时,蜀有司马相如,作赋甚弘丽温雅,雄心壮之,每作赋,常拟之以为式。"②扬雄早年十分欣赏司马相如的赋作,因而作赋时"常拟之以为式"。在扬雄的《河东赋》《羽猎赋》等赋中,同样也都有关于帝王统帅众神出游的场景描写。我们看扬雄的《河东赋》,赋云:

> 于是命群臣,齐法服,整灵舆,乃抚翠凤之驾,六先景之乘,掉奔星之流旃,矍天狼之威弧。张燿日之玄旄,扬左纛,被云梢。奋电鞭,骖雷辎,鸣洪钟,建五旗。羲和司日,颜伦奉舆,风发飙拂,神腾鬼趡……乘翠龙而超河兮,

---

① 班固:《汉书》,第 3575 页。
② 班固:《汉书》,第 3514—3515 页。

陟西岳之峣崝……郁萧条其幽蔼兮，滃泛沛以丰隆。叱风伯于南北兮，呵雨师于西东，参天地而独立兮，廓荡荡其亡双……丽钩芒与骖蓐收兮，服玄冥及祝融。敦众神使式道兮，奋六经以摅颂。①

《汉书·扬雄传》记载有《河东赋》的创作背景："其三月，将祭后土，上乃帅群臣横大河，凑汾阴。既祭，行游介山，回安邑，顾龙门，览盐池，登历观，陟西岳以望八荒，迹殷、周之虚，眇然以思唐、虞之风。雄以为临川羡鱼不如归而结网，还，上《河东赋》以劝。"②人间帝王出行的时候，"羲和司日，颜伦奉舆""滃泛沛以丰隆""叱风伯于南北兮，呵雨师于西东""丽钩芒与骖蓐收兮，服玄冥及祝融"。可见，扬雄在《河东赋》中，竟然让羲和、风伯、雨师、玄冥等神灵，从天界下到人间，进入了人间帝王出行时的仪仗队。

再如扬雄的《羽猎赋》云：

于是天子乃以阳晁始出乎玄宫。撞鸿钟，建九旒。六白虎，载灵舆。蚩尤并毂，蒙公先驱。立历天之旅，曳捎星之旃。霹雳列缺，吐火施鞭。萃傱允溶，淋离廓落，戏八镇而开关。飞廉、云师，吸嚊潚率，鳞罗布列，攒以龙翰。秋秋跄跄，入西园，切神光。望平乐，径竹林，蹂蕙圃，践兰唐。举烽烈火，辔者施技，方驰千驷，校骑万师。

---

①费振刚：《全汉赋校注》，第248页。
②班固：《汉书》，第3535页。

虓虎之陈，从横胶辀。焱泣雷厉，骉駢駖磕。汹汹旭旭，天动地吸。羨漫半散，萧条数千万里外。①

《汉书·扬雄传》也记载了《羽猎赋》的创作背景："其十二月羽猎，雄从……（武帝）游观侈靡，穷妙极丽。虽颇割其三垂以赡齐民，然至羽猎田车戎马器械储偫禁御所营，尚泰奢丽夸诩，非尧、舜、成汤、文王三驱之意也。又恐后世复修前好，不折中以泉台，故聊因《校猎赋》以风。"②《汉书》所载《校猎赋》，今人一般称之为《羽猎赋》。汉家天子出游时，"六白虎，载灵舆。蚩尤并毂，蒙公先驱""飞廉、云师，吸嚊潚率，鳞罗布列，攒以龙翰"。蚩尤、飞廉、云师等神灵，也都成为了人间帝王出行时的侍从。

傅毅在《洛都赋》中，已有关于汉家天子出行时驱遣天地众神这种神奇浪漫的"游仙"场景描写。《洛都赋》云：

> 惟汉元之运会，世祖受命而弭乱。体神武之圣姿，握天人之契赞。挥电旗于四野，拂宇宙之残难。受皇号于高邑，修兹都之城馆……于是乘舆鸣和，按节发轫。列翠盖，方龙輈。备五路之时副，槛三辰之旗斿。傅说作仆，羲和奉时。千乘雷骇，万骑星铺。络绎相属，挥沫扬镳。群仙列于中庭，发鱼龙之巨伟，羡门拊鼓，偓佺操麾。讲武农隙，校猎因田。搜幽林以集禽，激通川以御兽。跨乘

---

① 费振刚：《全汉赋校注》，第 255 页。
② 班固：《汉书》，第 3540—3541 页。

黄,射游麋。弦不虚控,目不徒睎。解腋分心,应箭殪夷。然后弭节容与,渌水之滨,垂芳饵于清流,出澉濑之潜鳞。①

赋中的傅说、羡门和偓佺,都是仙话传说中的仙人。《庄子·大宗师》云:"傅说得之,以相武丁,奄有天下,乘东维,骑箕尾,而比于列星。"②《楚辞·远游》亦云:"贵真人之休德兮,美往世之登仙。与化去而不见兮,名声著而日延。奇傅说之托辰星兮,羡韩众之得一,形穆穆以浸远兮,离人群而遁逸。"③洪兴祖《楚辞补注》注曰:"《音义》云:傅说死,其精神乘东维,托龙尾。今尾上有傅说星。其生无父母,登假三年而形遁。"④《山海经·海外西经》云:"白民之国在龙鱼北,白身被发。有乘黄,其状如狐,其背上有角,乘之寿二千岁。"⑤郭璞注云:"《周书》曰:'白民乘黄,似狐,背上有两角。'即飞黄也。"⑥郝懿行注曰:"《周书·王会篇》云:'乘黄似骐。'"⑦汉武帝时期的《郊祀歌·日出入》云:"訾黄其何不徕下!"⑧应劭注曰:"訾黄一名乘黄,龙翼而马身,黄帝乘之而仙。武帝意

---

① 费振刚:《全汉赋校注》,第 408—409 页。
② 郭庆藩:《庄子集释》,第 247 页。
③ 洪兴祖:《楚辞补注》,第 164—165 页。
④ 洪兴祖:《楚辞补注》,第 164 页。
⑤ 袁珂:《山海经校注》,第 225 页。
⑥ 袁珂:《山海经校注》,第 225 页。
⑦ 袁珂:《山海经校注》,第 225 页。
⑧ 班固:《汉书》,第 1059 页。

欲得之,曰:'何不来邪?'"①"傅说作仆,羲和奉时""千乘雷骇,万骑星铺""群仙列于中庭""羡门拊鼓,偓佺操麾""跨乘黄,射游麋"。可见,汉家天子"讲武""校猎"的时候,神仙们都成了随从服务人员。

汉代散体赋关于汉家天子的这些游仙描写,无论是在天界游历,还是在人间出行,表现出的都不是人间帝王对神仙的膜拜,恰好相反,在此类赋作中,神仙都是被用作天子出游时的随从人员。显然,赋作家是有意识地借此来烘托、渲染人间帝王出游时的宏大、热烈的场面。

董仲舒《春秋繁露》云:"天子号天之子也。"②根据董仲舒的"天人感应"理论,人间帝王号称"天子",乃是"天帝"之子。因而,除了宇宙之主"天帝"外,其他天地众神自然都应该为"天子"服务。在汉代的神仙信仰中,仙人的地位是处于人神之间,在凡人之上,而又在神人之下。如《太平经》云:"圣人学不止,知天道门户,入道不止,成不死之事,更仙;仙不止入真;成真不止入神;神不止乃与皇天同形。"③汉代散体赋有关人间帝王役使天地众神的这些游仙描写,其所反映的正是汉人神仙观念的这一特点。

---

① 班固:《汉书》,第1060页。
② 董仲舒:《春秋繁露》,第83页。
③ 王明:《太平经合校》,第222页。

三、赋作家对遗世高蹈的向往

骚体赋多借游仙以抒情言志,主要表现的也都是辞赋作家生不逢时、怀才不遇的人生感慨。在两汉散体赋中,亦有借游仙以明志的作品,如桓谭的《仙赋》、班彪的《览海赋》和班固《终南山赋》等。就是此类赋作的典型代表。汉代散体赋之游仙,已经明显不同于汉代楚辞和骚体赋的"坎壈咏怀",它们主要是借助于游仙描写,来表达赋作家对遗世高蹈向往之情。

桓谭的《仙赋》,是今天人们能够见到的唯一一篇直接以"仙"字名篇的汉赋作品。东汉光武帝时期,谶纬开始盛行于世,而桓谭却是当时有名的反对者。《后汉书·桓谭传》记载:"其后有诏会议灵台所处,帝谓谭曰:'吾欲以谶决之,何如?'谭默然良久,曰:'臣不读谶。'帝问其故,谭复极言谶之非经。帝大怒曰:'桓谭非圣无法,将下斩之。'谭叩头流血,良久乃得解。"①可见,桓谭是反对谶纬的,还因此而差点儿丢掉了性命。桓谭的《仙赋》,赋前还有一段"序文","序文"交代了《仙赋》的写作缘起。桓谭说:"余少时为中郎,从孝成帝出祠甘泉河东,见郊。先置华阴集灵宫,宫在华山之下,武帝

---

① 范晔:《后汉书》,第 961 页。

所造,欲以怀集仙者王乔、赤松子,故名殿为'存仙'。端门南向山,署曰'望仙门'。余居此焉,窃有乐高妙之志,即书壁为小赋。"①由此可知,桓谭当年随汉成帝祠甘泉、河东之时,因见到汉武帝留下的"存仙殿"和"望仙门",于是就触发了作家的"乐高妙之志",遂作《仙赋》。赋曰:

> 夫王乔赤松,呼则出故,翕则纳新。夭矫经引,积气关元。精神周洽,鬲塞流通。乘凌虚无,洞达幽明。诸物皆见,玉女在旁。仙道既成,神灵攸迎。乃骖驾青龙,赤腾为历,蹑玄厉之擢嶫。有似乎鸾凤之翔飞,集于膠葛之宇,泰山之台。吸玉液,食华芝,漱玉浆,饮金醪。出宇宙,与云浮,洒轻雾,济倾崖。观仓川而升天门,驰白鹿而从麒麟。周览八极,还崦华坛。泛泛乎滥滥,随天转旋,容容无为,寿极乾坤。②

桓谭先是描述了仙人王子乔和赤松子"呼则出故,翕则纳新;夭矫经引,积气关元;精神周洽,鬲塞流通;乘凌虚无,洞达幽明"这一修炼成仙过程。紧接着,桓谭又描写了二位仙人升仙不死后"观仓川而升天门,驰白鹿而从麒麟"这一快乐、自由的神仙生活。正如桓谭在"序文"中所说的那样,其创作《仙赋》,就是要表现赋作家的"乐高妙之志"。

《论语·公冶长》云:"子曰:'道不行,乘桴浮于海。从我

---

① 费振刚:《全汉赋校注》,第341页。
② 费振刚:《全汉赋校注》,第341—342页。

者其由与?'"①桓谭写《仙赋》,是由"存仙殿""望仙门"引发的;班彪作《览海赋》,则是由孔子"乘桴浮于海"一语而引起的。我们来看《览海赋》:

> 余有事于淮浦,览沧海之茫茫。悟仲尼之乘桴,聊从容而遂行。驰鸿濑以缥鹜,翼飞凤而回翔。顾百川之分流,焕烂漫以成章……指日月以为表,索方瀛与壶梁。曜金璆以为阙,次玉石而为堂。蓂芝列于阶路,涌醴渐于中唐。朱紫彩烂,明珠夜光。松乔坐于东序,王母处于西箱。命韩众与岐伯,讲神篇而校灵章。愿结旅而自托,因离世而高游。骋飞龙之骖驾,历八极而迥周。遂竦节而响应,勿轻举以神浮。遵霓雾之掩荡,登云途以凌厉。乘虚风而体景,超太清以增逝。麾天阍以启路,辟阊阖而望余。通王谒于紫宫,拜太一而受符。②

桓谭作《仙赋》,作家本人并未置身于具体的游仙过程中,桓谭正是表达了神仙生活的向往。班彪的《览海赋》却与之不同,《览海赋》不仅生动地描绘了幻想中的仙界景象,而且在游仙描写之后,班彪又明确表示"愿结旅而自托,因离世而高游"。不仅如此,赋作家由此萌生了"骋飞龙之骖驾,历八极而迥周""通王谒于紫宫,拜太一而受符"等游仙幻想。可见,

---

① 朱熹:《四书章句集注》,第77页。
② 费振刚:《全汉赋校注》,第355—356页。

在《览海赋》中，赋作家对于遗世高蹈的渴望与向往，表现得更加明显。

在班固的《终南山赋》中，也出现了有关"仙道"的幻想：

> 伊彼终南，岿巍嶙囷。概青宫，触紫辰。欽崟郁律，萃于霞雰，暧曃晻蔼，若鬼若神。傍吐飞濑，上挺修竹，玄泉落落，密荫沉沉。荣期绮季，此焉恬心。三春之季，孟夏之初，天气肃清，周览八隅。皇鸾鸑鸑，警乃前驱。尔其珍怪，碧玉挺其阿，蜜房溜其巅。翔凤哀鸣集其上，清水泌流注其前。彭祖宅以蝉蜕，安期飱以延年。唯至德之为美，我皇应福以来臻。扫神坛以告诚，荐珍馨以祈仙。嗟兹介福，永钟亿年。①

终南山上"碧玉挺其阿，蜜房溜其巅"的奇妙景象，直接引发了班固的神仙长生幻想。"彭祖宅以蝉蜕，安期飱以延年"，班固借神仙传说夸饰描写终南山优美环境的同时，亦流露出了对于遗世高蹈的羡慕与向往。

总的来说，两汉散体赋中所出现的仙人生活及仙界景象，都是那样的自由、美好，已经成为一种精神象征，寄托了汉代文人超脱世俗、遗世高蹈的人生志趣，其对后世游仙文学创作亦有着很大的影响。

---

① 费振刚：《全汉赋校注》，第534页。

四、汉代上巳节民俗风情画面

上巳节举行祓禊活动,是汉代社会较为流行的一种民间信仰风俗。两汉时期,上巳节的时间定于三月上旬的第一个巳日。上巳节这天,汉人总会来到流水之滨,洗濯祓除、游戏娱乐。杜笃《祓禊赋》和张衡《南都赋》中的祓禊场景描写,给后世留下了汉代上巳节生动传神的民俗风情画面。

杜笃是东汉前期著名作家,其文章曾经得到过光武帝的赞赏。《后汉书·文苑列传》记载:"杜笃字季雅,京兆杜陵人也。高祖延年,宣帝时为御史大夫。笃少博学,不修小节,不为乡人所礼。居美阳,与美阳令游,数从请托,不谐,颇相恨。令怒,收笃送京师。会大司马吴汉薨,光武诏诸儒诔之,笃于狱中为诔,辞最高,帝美之,赐帛免刑。"①《论都赋》是杜笃的代表作,被《后汉书·文苑列传》全文载录。杜笃的《祓禊赋》则是唯一一篇直接以"祓禊"为题的汉赋作品;只可惜这篇赋作已经失传,今人已无法睹其全貌。费振刚的《全汉赋校注》,辑录了杜笃的《祓禊赋》残篇,共两段文字,分别为:

> 王侯公主,暨乎富商,用事伊雒,帷幔玄黄。于是旨酒嘉肴,方丈盈前,浮枣绛水,酹酒酳川。若乃窈窕淑

---

① 范晔:《后汉书》,第 2595 页。

女,美膝艳姝,戴翡翠,珥明珠,曳离袿,立水涯。微风掩壒,纤縠低徊。兰苏盻蟹,感动情魂。若乃隐逸未用,鸿生俊儒,冠高冕,曳长裾,坐沙渚,谈诗书,咏伊吕,歌唐虞。①

巫咸之伦,秉火祈福。浮枣绛水,酹洒醴川。沿以素波,鱼踊跃渊。②

两段文字出处不同。第一段文字是"录自《艺文类聚》卷四"③,第二段文字是"录自《北堂书钞》卷一五五,题作《上巳赋》"④。汉代的祓禊活动,主要是在暮春三月的上巳节举行。杜笃的《祓禊赋》又名《上巳赋》,很明显,此赋所描写的乃是东汉京都洛阳民众上巳节在伊水、洛水岸边祓禊时的情形。上巳节这天,不管是王侯公主,还是鸿生俊儒,大家结伴来到伊、洛之滨,举行一年一度的祓禊活动。"旨酒嘉肴,方丈盈前",大意是说,人们将丰盛美酒佳肴摆放在水边,足足摆有一丈见方。汉代的上巳节,除了传统的洗濯祓除仪式之外,人们还常常在河岸边举行一些游戏、宴饮等娱乐活动。《宋书·礼志》记载:"旧说后汉有郭虞者,有三女。以三月上辰产二女,上巳产一女。二日之中,而三女并亡,俗以为大忌。至此月此

---

① 费振刚:《全汉赋校注》,第 401—402 页。
② 费振刚:《全汉赋校注》,第 402 页。
③ 费振刚:《全汉赋校注》,第 402 页。
④ 费振刚:《全汉赋校注》,第 403 页。

日,不敢止家,皆于东流水上为祈禳,自洁濯,谓之禊祠。分流行觞,遂成曲水。"①上巳节举行祓禊活动,并非起源于此。但是,汉代的上巳节,的确已经出现了人们设宴于流水之滨的现象。前面我们已经提到,东汉时期大将军梁商就曾经在三月上巳日也就是上巳节那天大会宾客,宴于洛水。赋中人们在流水旁边摆放的足有一丈见方的这些"旨酒嘉肴",并不一定是专门为祓禊仪式准备的用品。这些"旨酒嘉肴",应该是上巳节这天亲朋好友齐聚河边时,让大家尽情享用的宴席。"浮枣绛水,酹酒酖川",《全汉赋评注》注曰:"浮枣:指用枣泡酒。绛水:浅红色的酒。酹:把酒洒在地上表示祭奠。酖:味厚的酒,这里活用作动词。"②《全汉赋校注》则注曰:"浮枣绛水:古时风俗,将大红枣撒向江中,水面上一片红色。酹:洒酒于江中,表示祭奠。酖:通'浓',浓厚。酹酒酖川:古时习俗,将酒洒在江中,河水泛出酒香。"③上巳节那天,古人常常将红枣或煮熟的鸡蛋放在河流中,让其顺流而下,不管是谁,只要捡到就可以自己吃掉。久而久之,在流水中"浮枣"或"浮卵",便成为了上巳节所特有的一种习俗。西晋时期的一些诗文就描写了上巳节人们在流水中"浮卵"的情形。如潘尼《三月三日洛水作诗》云:"沉钩出比目,举弋落双飞。羽觞乘波进,素

---

① 沈约:《宋书》,第385—386页。
② 龚克昌:《全汉赋评注》后汉上部,花山文艺出版社,2003,第112页。
③ 费振刚:《全汉赋校注》,第402页。

卵随流归。"①张协《禊赋》又云:"浮素卵以蔽水,洒玄醪于中河,水禽为之骇踊,阳侯为之动波。"②汉代文献中还出现了与这种在流水中"浮枣""浮卵"风俗颇为相似的记载,如《列仙传·江妃二女》云:"交甫曰:'橘是柚也,我盛之以笥,令附汉水,将流而下。我遵其傍,采其芝而茹之。以知吾为不逊也,愿请子之佩。'二女曰:'橘是柚也,我盛之以笥,令附汉水,将流而下。我遵其旁,采其芝而如之。'"③可见,赋中"浮枣绛水,酹酒酕川"所描述的,就是汉代上巳节之风俗,是汉人祓禊时的真实情景——红枣撒向河中后,水面上出现了一片片的红色;美酒被人们洒向河中,水中飘起了浓浓的酒香。

"若乃窈窕淑女,美媵艳姝,戴翡翠,珥明珠,曳离袿,立水涯",上巳节这天,不管是"窈窕淑女"还是"美媵艳姝",经过一番精心地梳妆打扮后,她们一起来到河边。"微风掩壒,纤縠低徊",其意大致是说,微风轻轻吹过,女人们穿戴的薄纱亦随风飘摆。"兰苏盼蠲,感动情魂",兰指兰花,苏指紫苏,兰花、紫苏等皆为女人们喜爱的香草。这句话的意思是说,她们身上佩戴的兰花、紫苏这些香草,气味芬芳,令人不觉已为之动心。流水边这些"戴翡翠,珥明珠,曳离袿"的众多佳丽,已经成为了上巳节特有的亮丽风景。

---

① 逯钦立:《先秦汉魏晋南北朝诗》,第 767 页。
② 李昉:《太平御览》,第 145 页。
③ 刘向:《列仙传》,第 8 页。

接下来,赋作家将描写的重点从流水边的女子转向了沙渚上的文人。"若乃隐逸未用,鸿生俊儒,冠高冕,曳长裾,坐沙渚,谈诗书,咏伊吕,歌唐虞",坐在沙渚上的这些文人,有的是不愿做官的隐士,有的是知识渊博的学者,还有的是举止俊雅的儒生。汉代文人于上巳节这天齐聚河边,"谈诗书,咏伊吕,歌唐虞",大家吟诗作文,高谈阔论,其乐融融。众所周知,王羲之的《兰亭集序》,是写上巳节文人墨客水边聚会的名篇。《兰亭集序》云:"永和九年,岁在癸丑,暮春之初,会于会稽山阴之兰亭,修禊事也。群贤毕至,少长咸集。此地有崇山峻岭,茂林修竹,又有清流激湍,映带左右,引以为流觞曲水,列坐其次。虽无丝竹管弦之盛,一觞一咏,亦足以畅叙幽情。"①显然,杜笃《祓禊赋》"坐沙渚,谈诗书,咏伊吕,歌唐虞"这一描写,首开上巳节文人雅集的先河。

　　流水边的女子与沙渚上的文人,是杜笃《祓禊赋》中两个最为重要的场景描写。赋作家的这一安排,与古人举行祓禊活动的传统风俗有着十分密切的关系。暮春三月的上巳日,人们皆来到流水之滨参加一年一度的祓禊活动,这也为青年男女提供了一个难得的见面机会和约会场所,于是男女相邀、幽会乃至野合,随之也成为上巳节特有的民俗风情。此风俗形成时间应该很早,《诗经》中已有相关记载。如《郑风·溱

---

① 引自《晋书·王羲之传》,载房玄龄:《晋书》,第 2099 页。

洧》曰:"溱与洧,方涣涣兮。士与女,方秉蕳兮。女曰:'观乎?'士曰:'既且。''且往观乎!洧之外,洵訏且乐。'维士与女,伊其相谑,赠之以勺药。溱与洧,浏其清矣。士与女,殷其盈矣。女曰:'观乎?'士曰:'既且。''且往观乎?洧之外,洵訏且乐。'维士与女,伊其将谑,赠之以勺药。"①对此,方玉润在《诗经原始》中曾经评论说:"此诗人自叙其国俗如此,不必言刺而刺自在。想郑当国全盛时,士女务为游观。莳花地多,耕稼人少。每值风日融和,良辰美景,竞相出游,以至兰勺互赠,播为美谈,男女戏谑,恬不知羞。则其俗流荡而难返也。在三百篇中别为一种,开后世冶游艳诗之祖。"②方氏认为,《溱洧》乃是"诗人自叙其国俗如此",可谓是一语中的。然而,方氏又视《溱洧》为"后世冶游艳诗之祖",属于刺淫之作,并称此诗"不必言刺而刺自在",显然又失之偏颇。《宋书·礼志》曾引《韩诗》曰:"郑国之俗,三月上巳,之溱、洧两水之上,招魂续魄。秉兰草,拂不祥。"③很明显,《溱洧》所描写的,正是郑国溱、洧河畔举行祓禊活动时青年男女相互邀约、赠送兰勺之情形。曹植《洛神赋》云:"含辞未吐,气若幽兰;华容婀娜,令我忘餐。"④李善注称:"杜笃《禊祝》曰:'怀季女使不

---

① 程俊英、蒋见元:《诗经注析》,第 261—262 页。
② 方玉润:《诗经原始》,第 226 页。
③ 沈约:《宋书》,第 385—386 页。
④ 李善、吕延济、刘良等:《六臣注文选》,第 355 页。

飨。'"①刘良注曰:"思此之美,遂忘其餐。"②李善所引杜笃《禊祝》,当为杜笃《祓禊赋》。"怀季女使不飨",其意大致是说,由于心中日夜思恋着那位可爱的少女而使我吃不下饭。从《祓禊赋》的这句佚文来看,先秦时期上巳节青年男女相约相恋的古老风俗在汉代社会依然存在。也正因为如此,流水边的女子与沙渚上的文人才成为赋作家描写的重点,二者共同构成了汉代上巳节美妙动人的民俗风情画面。

"巫咸之伦,秉火祈福。浮枣绛水,醑洒酖川。沿以素波,鱼踊跃渊",这一段文字,只有三句话,不仅内容较少,而且中间一句"浮枣绛水,醑洒酖川"在前一段中就已经出现过了,基本上属于前后重复,仅有"洒"与"酒"一字之差别。"巫咸之伦,秉火祈福",这一句应该是赋作家对于祓禊仪式的具体描写。"巫咸"为"巫"之一种,《说文解字》解释说:"古者巫咸初作巫,凡巫之属皆从巫。"③《山海经·大荒西经》亦云:"有灵山,巫咸、巫即、巫朌、巫彭、巫姑、巫真、巫礼、巫抵、巫谢、巫罗十巫,从此升降,百药爰在。"④关于"巫咸"之兴起,《史记·封禅书》有明确记载:"至帝太戊,有桑榖生于廷,一暮大拱,惧。伊陟曰:'妖不胜德。'太戊修德,桑榖死。伊陟

---

① 李善、吕延济、刘良等:《六臣注文选》,第 355 页。
② 李善、吕延济、刘良等:《六臣注文选》,第 355 页。
③ 许慎:《说文解字》,第 100 页。
④ 袁珂:《山海经校注》,第 396 页。

赞巫咸，巫咸之兴自此始。"①《史记索隐》注曰："案《尚书》，巫咸殷臣名，伊陟赞告巫咸。今此云'巫咸之兴自此始'，则以巫咸为巫觋。然《楚词》亦以巫咸主神。盖太史公以巫咸是殷臣，以巫接神事，太戊使禳桑谷之灾，所以伊陟赞巫咸，故云巫咸之兴自此始也。"②又《尚书·君奭》云："在太戊时，则有若伊陟、臣扈，格于上帝。巫咸乂王家。在祖乙时，则有若巫贤。"③《尚书·咸乂序》亦云："伊陟相太戊，亳有祥桑谷共生于朝。伊陟赞于巫咸，作《咸乂》四篇。"④可见，禳灾除凶乃是"巫咸"的主要职能之一。祓禊作为一种除病消灾的祭祀仪式，让"巫咸"来主持亦在情理之中。"秉火祈福"，"秉火"即举火，这句话的意思是说，巫咸举起火把，虔诚祈祷，希望神灵能够赐福消灾。"沿以素波，鱼踊跃渊"，"素波"，指的就是河水。这句话上承"浮枣绛水，酹酒酸川"一语，其意是说，红枣被人们抛到河中后，漂浮在水面上顺流而下，这吸引了河中的鱼儿，它们兴奋得不断跃出水面。

杜笃的《祓禊赋》是残篇，文字不多，内容亦不完整，且前后两段因出处不同而又有所重复。尽管如此，赋作家通过精彩的场景描写，生动地再现了汉代民众上巳节在流水之滨祓

---

① 司马迁：《史记》，第 1356 页。
② 司马迁：《史记》，第 1357 页。
③ 孙星衍：《尚书今古文注疏》，中华书局，1986，第 449—450 页。
④ 孙星衍：《尚书今古文注疏》，第 575—576 页。

禊时的真实情形。杜笃的《祓禊赋》也因此而成为了文学史上颇有价值的一篇直接反映古代上巳节民俗风情的佳作。

杜笃《祓禊赋》是最早反映汉代民众上巳节祓禊风俗的赋作。其后,张衡《南都赋》中亦有对于上巳节祓禊活动的场景描写。《南都赋》云:

> 于是暮春之禊,元巳之辰,方轨齐轸,祓于阳濒。朱帷连网,曜野映云。男女姣服,骆驿缤纷。致饰程蛊,便绍便娟。微眺流睇,蛾眉连卷。于是齐僮唱兮列赵女,坐南歌兮起郑舞,白鹤飞兮茧曳绪。修袖缭绕而满庭,罗袜蹑蹀而容与。翩绵绵其若绝,眩将坠而复举。翘遥迁延,䠧虋蹁跹。结九秋之增伤,怨西荆之折盘。弹筝吹笙,更为新声。寡妇悲吟,鹍鸡哀鸣。坐者凄欷,荡魂伤精。①

每年农历三月的第一个巳日,是汉人举行祓禊活动的固定日子。这一天,通往河边的道路上,"方轨齐轸",人们纷纷乘车前往河边,参加传统的洗濯祓除仪式。原野中,红色的帷幔连成了一片,"曜野映云",显得格外鲜艳美丽。不管是男人还是女人,大家都换上了自己最漂亮的服装,陆陆续续来到了流水之滨。特别是年轻女子,她们"致饰程蛊,便绍便娟。微眺流睇,蛾眉连卷",尤其注重梳妆打扮,一个个风姿绰约,轻盈妩媚,细眉秀目,顾盼生辉。

---

① 费振刚:《全汉赋校注》,第727页。

接下来,赋作家着重描写了上巳节大家在河边歌舞娱乐之情形。"齐僮唱兮列赵女,坐南歌兮起郑舞",人们聚集在流水之滨,载歌载舞,场面颇为壮观,气氛也很热烈。"白鹤飞兮茧曳绪",少女曼妙的舞姿就像展翅而飞的白鹤,悠扬的歌声就像茧中抽出的蚕丝。"修袖缭绕而满庭,罗袜蹑蹀而容与。翩绵绵其若绝,眩将坠而复举。翘遥迁延,䠣蘙蹁跹",属于对舞姿的生动描写;"结九秋之增伤,怨西荆之折盘。弹筝吹笙,更为新声。寡妇悲吟,鹍鸡哀鸣。坐者凄欷,荡魂伤精",则是对歌声的传神表现。

很明显,汉代南阳民众上巳节的祓禊活动,只不过是张衡在《南都赋》中所表现的众多内容之一。尽管如此,《南都赋》这段对于上巳节人们在河边载歌载舞场景的描写,真可以说是妙笔生花、细腻、传神而又形象、逼真,它生动地再现了东汉时期南阳民众上巳日在流水之滨歌舞娱乐的情景。

接下来,《南都赋》又云:

> 于是群士放逐,驰乎沙场。骆骥齐镳,黄间机张。足逸惊飚,镞析毫芒。俯贯鲂鱮,仰落双鸧。鱼不及窜,鸟不暇翔。尔乃抚轻舟兮浮清池,乱北渚兮揭南涯。汰瀺灂兮船容裔,阳侯浇兮掩凫鹥。追水豹兮鞭蝄蜽,惮蘷龙兮怖蛟螭。于是日将逮昏,乐者未荒。收欢命驾,分背回塘。车雷震而风厉,马鹿超而龙骧。夕暮言归,其乐难

忘。此乃游观之好,耳目之娱,未睹其美者,焉足称举!①《南都赋》在描写了上巳节人们在河边歌舞娱乐的场景后,紧接着出现的就是这段文字。由"抚轻舟兮浮清池,乱北渚兮揭南涯。汰瀺灂兮船容裔,阳侯浇兮掩凫鹥。追水豹兮鞭蝄蜽,惮夔龙兮怖蛟螭"和"日将逮昏,乐者未荒。收欢命驾,分背回塘。车雷震而风厉,马鹿超而龙骧"这些话语可知,这段文字所描述的,依然是上巳节南阳民众在河边举行的游戏娱乐活动。

值得注意的是,《南都赋》中还出现了"于是群士放逐,驰乎沙场。骡骥齐镳,黄间机张。足逸惊飚,镞析毫芒。俯贯鲂䱝,仰落双鸧。鱼不及窜,鸟不暇翔"这一场面描写。由此可见,南阳民众在上巳节这天还在河边旷野中举行一些"游猎"活动。张衡的《南都赋》,乃是最早反映上巳节这天人们在传统的祓禊仪式之外还举行"游猎"活动这一民俗行为的文学作品。

庾信是南北朝末年著名的赋作家,其《三月三日华林园马射赋》云:"于时玄鸟司历,苍龙御行;羔献冰开,桐华萍生。皇帝幸于华林之园。玉衡正而泰阶平,阊阖开而勾陈转。千乘雷动,万骑云屯。落花与芝盖同飞,杨柳共春旗一色。乃命群臣,陈大谢之礼。虽行祓禊之饮,即用春蒐之仪。止立行

---

① 费振刚:《全汉赋校注》,第 727—728 页。

宫,裁舒帐殿。阶无玉璧,既异河间之碑;户不金铺,殊非许昌之赋。洞庭既张,《承云》乃奏。《驺虞》九节,《狸首》七章。正绘五彩之云,壶宁百福之酒。"①自曹魏开始,上巳节的时间便固定为三月三日;而赋中亦有"虽行祓禊之饮,即用春蒐之仪"之语。可知此赋所描写的,乃是皇帝在华林园组织的上巳节"马射"活动。可见,张衡《南都赋》有关上巳节南阳民众在河边歌舞、游戏、射猎的这些场景描写,对于后世的文学创作亦产生了颇为重要的影响。

五、汉代大傩场景描写

大傩是中国古代颇为流行的一种驱逐疫鬼活动,也是两汉社会重要的民间信仰风俗之一。廉品《大傩赋》与张衡《二京赋》对于汉代宫廷驱除疫鬼场面的精彩描写,生动地再现了大傩这一奇特的民俗景象。

廉品的《大傩赋》,是汉代唯一一篇直接以"大傩"为题目的赋作。廉品是东汉时期人,其生平事迹已难以考证。《隋书·经籍志》云:"议郎《廉品集》二卷。亡。"②据此可知,廉品曾做过议郎这样的小官,著作有《廉品集》二卷,但均已失传。费振刚《全汉赋校注》辑录有《大傩赋》残篇,仅有两段文

---

① 倪璠:《庾子山集注》,中华书局,1980,第 4—5 页。
② 魏征:《隋书》,中华书局,1973,第 1058 页。

字,"首段录自《御览》卷五三。次段录自《玉烛宝典》卷一二。"①

第一段文字为:

> 于吉日之上戊,将大蜡于腊烝。先兹日之酉久,宿洁静以清澄。乃班有司,聚众大傩。天子坐华殿,临朱轩。凭玉几,席文旆。率百隶之侲子,群鼓噪于宫垣。②

先写大傩之前,人们要沐浴更衣,另居一室,不饮酒食肉,以清洁身心。接着写大傩仪式开始,皇帝"坐华殿,临朱轩"、"凭玉几,席文旆",亲临现场。最后写侲子们一起击鼓并呼喊,在宫廷内外驱除疫鬼。

第二段文字为:

> 弦桃刺棘,弓矢斯张。赭鞭朱朴击不祥,彤戈丹斧,芟夷凶殃。投妖匿于洛裔,辽绝限于飞梁。③

《左传·昭公四年》称"桃弧、棘矢以除其灾"④,古人认为桃木做成的弓和棘枝做成的箭乃是除害辟邪之物。赋中的"弦桃刺棘",指的应该就是"桃弧"与"棘矢"这些主要用来除凶避邪的物品。"赭鞭朱朴",则是指赤褐色的鞭子与朱红色的木棍,汉人主要是用它们来驱疫打鬼。《史记·陈涉世家》中

---

① 费振刚:《全汉赋校注》,第884页。
② 费振刚:《全汉赋校注》,第884页。
③ 费振刚:《全汉赋校注》,第884页。
④ 杨伯峻:《春秋左传注》,第1249页。

有"执敲朴以鞭笞天下"①,司马贞《史记索隐》注曰:"臣瓒云:'短曰敲,长曰朴。'"②大傩仪式开始后,人们使用桃弓、棘箭、赭鞭、朱朴、肜戈、丹斧等工具来驱除疫鬼,一直将疫鬼驱逐到洛水之滨,甚至更加遥远荒凉的地方,让疫鬼再也不能回来害人。这一段场面描写文字虽少,但还是颇为精彩的。

廉品的《大傩赋》,是一篇专门描写汉代大傩礼仪的赋作。可惜的是,《大傩赋》久已失传,仅有残篇留存至今,今人已无法睹其全貌。张衡的《东京赋》中亦有关于汉代大傩的场景描写,赋曰:

> 尔乃卒岁大傩,殴除群厉。方相秉钺,巫觋操茢。侲子万童,丹首玄制。桃弧棘矢,所发无臬。飞砾雨散,刚瘅必毙。煌火驰而星流,逐赤疫于四裔。然后凌天池,绝飞梁。捎魖魅,斫獝狂。斩蜲蛇,脑方良。囚耕父于清泠,溺女魃于神潢。残夔魖与罔像,殪野仲而歼游光。八灵为之震慑,况魍蜮与毕方。度朔作梗,守以郁垒,神荼副焉,对操索苇。目察区陬,司执遗鬼。京室密清,罔有不韪。③

"方相秉钺,巫觋操茢",李善注曰:"《周礼》曰:'方相氏黄金四目,玄衣朱裳,执戈扬盾。'《国语》曰:'在男谓之觋,在女谓

---

① 司马迁:《史记》,第1963页。
② 司马迁:《史记》,第1964页。
③ 费振刚:《全汉赋校注》,第682页。

之巫也.'……《左传》曰:'襄公乃使巫以桃茢先祓殡.'杜预曰:'茢乃黍穰也.'"①"侲子万童,丹首玄制",李善注曰:"《续汉书》曰:'大傩,逐疫。选中黄门子弟,十岁以上,十二以下,百二十人,为侲子。皆赤帻皂制,以逐恶鬼于禁中.'"②"煌火驰而星流,逐赤疫于四裔",李善注曰:"《续汉书》曰:'傩持火炬送疫出端门外,骑骑传炬出宫,五营骑士传火弃洛水中.'星流,言疾也。《左氏传》曰:'投诸四裔,以御魑魅.'"③汉代举行大傩仪式时,方相氏与巫觋是主角,他们一起秉钺、操茢,率领人们驱除疫鬼;而由童男童女充当的侲子,丹首玄制,也是重要的参与者。大家不仅要把疫鬼逐出宫廷,而且还要将它们驱赶到遥远的四裔之地。

"捎魑魅,斮獝狂。斩蜲蛇,脑方良",薛综注曰:"魑魅,山泽之神;獝狂,恶戾之鬼名。捎,杀也;斮,击也。方良,草泽之神也。脑,陷其头也。"④"囚耕父于清泠,溺女魃于神潢",《山海经·中山经》记载:"又东南三百里,曰丰山。有兽焉,其状如猿,赤目、赤喙、黄身,名曰雍和,见则国有大恐。神耕父处之,常游清泠之渊,出入有光,见则其国为败。"⑤又《山海经·大荒北经》记载:"有系昆之山者,有共工之台,射者不敢

---

① 李善、吕延济、刘良等:《六臣注文选》,第 77 页。
② 李善、吕延济、刘良等:《六臣注文选》,第 77 页。
③ 李善、吕延济、刘良等:《六臣注文选》,第 77 页。
④ 李善、吕延济、刘良等:《六臣注文选》,第 77 页。
⑤ 袁珂:《山海经校注》,第 165 页。

北乡。有人衣青衣,名曰黄帝女魃。蚩尤作兵伐黄帝,黄帝乃令应龙攻之冀州之野。应龙蓄水,蚩尤请风伯、雨师,纵大风雨。黄帝乃下天女曰魃,雨止,遂杀蚩尤。魃不得复上,所居不雨。叔均言之帝,后置之赤水之北。叔均乃为田祖。魃时亡之。所欲逐之者,令曰:'神北行!'先除水道,决通沟渎。"①汉代的疫鬼来源不一,种类繁杂,数量众多。像赋中出现的魑魅、獝狂、蜲蛇、方良、耕父、女魃、夔魖、罔像、野仲、游光、魃蜮和毕方等,都是汉人心目中有名的专门害人的疫鬼。于是,人们就想尽一切办法,运用各种各样的手段来击杀、捉拿、驱逐这些疫鬼。

"度朔作梗,守以郁垒,神荼副焉,对操索苇",李善注曰:"《毛诗传》曰:'梗,病也,谓为人作梗病者。'"②应劭《风俗通义·祀典》云:"《黄帝书》:'上古之时,有荼与郁垒昆弟二人,性能执鬼,度朔山上立桃树下,简阅百鬼,无道理,妄为人祸害,荼与郁垒缚以苇索,执以食虎。'于是县官常以腊除夕,饰桃人,垂苇茭,画虎于门,皆追效于前事,冀以卫凶也。"③"京室密清,罔有不甡",薛综注曰:"密,静也;清,洁也;罔,无也;甡,善也。谓无复疫疠,皆得安善也。"④人们把疫鬼逐出宫廷

---

① 袁珂:《山海经校注》,第 430 页。
② 李善、吕延济、刘良等:《六臣注文选》,第 77 页。
③ 王利器:《风俗通义校注》,第 367 页。
④ 李善、吕延济、刘良等:《六臣注文选》,第 77 页。

后,又继续驱逐,一直将其驱赶到十分遥远的地方,让它们永远不能回来害人。然后,人们又在宫门上特意画上"对操索苇"的神荼、郁垒二神,让他们把守好门户,这样疫鬼也就无法再进入宫中了。宫廷的疫鬼被驱除干净后,人们从此无复疫疠,也就一切安好了。

相对于廉品《大傩赋》而言,张衡《东京赋》对于汉代宫廷大傩礼仪的程序、场景等方面的描述,更为详细,也更加完整。无论从民俗文化还是从文学艺术的角度来看,《东京赋》比《大傩赋》皆有着更大的价值。《东京赋》生动形象的场面描写,给后世留下了汉代大傩这一特有的民俗图景。

第五章　民间信仰与先秦两汉散文

先秦两汉散文主要包括叙事散文与说理散文两类。这一时期的叙事散文,即人们通常所说的历史散文,而汉代的历史散文又是以史传文学为代表;这一时期的说理散文,即人们通常所说的诸子散文,而汉代的诸子散文则是以政论散文为代表。先秦两汉时期,相对而言,民间信仰对叙事散文的影响,明显要大于其对说理散文的影响。之所以会如此,原因主要就在于民间信仰作为一种超现实的"类宗教"信仰,其最突出的特点就是非理性,被说理散文所排斥也是情理之中的事。在汉代的政论散文中,民间信仰一般都是作为被作家批判的对象。

民间信仰对于先秦两汉叙事散文的影响,主要体现在《左传》《史记》和《汉书》之中,由于《史记》《汉书》代表着先秦两汉时期叙事散文的最高成就,所以我们探讨民间信仰对于先秦两汉叙事散文的影响,就选择《史记》《汉书》作为主要考察对象,而以《左传》为参照。

民间信仰对于先秦两汉说理散文的影响,主要体现在先秦诸子的著作之中;而其对于汉代政论散文的影响则十分有限。先秦诸子散文受民间信仰的影响,又相对集中于《庄子》。因此,我们探讨民间信仰对于先秦两汉说理散文的影响,就选择先秦时期的《庄子》作为主要考察对象。

下面我们将按照时代发展的先后顺序,以先秦时期的《庄子》与两汉时期的《史记》《汉书》分别作为先秦两汉说理散文和叙事散文的典型代表,来具体探讨民间信仰对于这一时期散文创作的重要影响。

第一节 民间信仰与《庄子》寓言

刘师培先生在《南北文学不同论》中曾经说过:"惟荆楚之地,僻处南方,故老子之书,其说杳冥而深远。及庄、列之徒承之,其旨远,其义隐,其为文也纵,而后反寓实于虚,肆以荒唐谲怪之词,渊乎其有思,茫乎其不可测矣。屈平之文,音涉哀思,矢耿介,慕灵修,芳草美人,托词喻物,志洁行芳,符于二南之比兴;而叙事纪游,遗尘超物,荒唐谲怪,复与庄、列相同。"①《庄子》散文"其旨远,其义隐",正是通过"寓实于虚",

---

① 刘师培:《刘师培辛亥前文选》,生活·读书·新知三联书店,1998,第401—402页。

从而形成了其与屈原楚辞作品相同的"遗尘超物,荒唐谲怪"的特点。后世文人总是喜欢把庄子与屈原联系在一起,《庄》《骚》并称。《庄》《骚》代表着先秦时期浪漫主义文学的最高成就,也因此而成为了中国文学史上浪漫主义文学的两大源头。

《庄子》一书共有三十三篇,分为"内篇""外篇"和"杂篇"三个部分。目前,学术界一般认定"内篇"七篇是出自庄周本人之手;而在"外篇"与"杂篇"之中,可能亦有个别篇目是庄周本人的作品,而大部分则应该是属于庄周后学之作。鉴于此,我们在探讨民间信仰对于庄周本人的影响时,考察对象就仅限于"内篇"中的七篇作品;而当我们在探讨民间信仰对于《庄子》散文的影响时,则又是以"内篇"作为主要考察对象,"外篇"与"杂篇"中的相关篇目将作为必要的参照与补充。

一、民间信仰与《庄子》寓言时间观念之"错乱"

《庄子》一书,其最吸引人的,无疑就是作家呈现给读者的那一个个奇幻瑰丽的寓言故事。《庄子·天下》曾称:"芴漠无形,变化无常,死与生与,天地并与,神明往与!芒乎何之,忽乎何适,万物毕罗,莫足以归,古之道术有在于是者。庄周闻其风而悦之,以谬悠之说,荒唐之言,无端崖之辞,时恣纵而不傥,不以觭见之也。以天下为沉浊,不可与庄语,以卮言为曼衍,以重言为真,以寓言为广。独与天地精神往来而不敖倪于万物,不谴是非,以与世俗处。其书虽瑰玮而连犿无伤也。其辞虽参差而諔诡可观。彼其充实不可以已,上与造物者游,而下与外死生无终始者为友。其于本也,弘大而辟,深闳而肆,其于宗也,可谓稠适而上遂矣。虽然,其应于化而解于物也,其理不竭,其来不蜕,芒乎昧乎,未之尽者。"① 可以说,《庄子》寓言已经把我国浪漫主义文学创作崇尚想象、注重夸饰的审美特性提升到了一个前所未有的高度。

《庄子》散文浪漫诡奇风格的形成,原因应该是多方面的,而其受民间信仰的影响无疑是其中一个极其重要的方面。《庄子》散文的荒诞离奇,有着诸多表现,而时间观念的"错乱"就是其中一个非常突出的表现。众所周知,世间万物都是存在于有限的、特定的现实时空之中,这是一种不以任何人的意志为转移的客观存在。时间是一个线性的、等量均质的、不可逆转的连续序列,这是人类迈进文明时代之后,又经过了长期的观察、理性的思考和科学的总结,才最终形成的时间概念。在《庄子》寓言中,相比这一理性、科学的时间意识,作者的时间观念有时候会变得颇有些"错乱"。如庄周在《逍遥游》中称:

---

① 郭庆藩:《庄子集释》,第 1098—1099 页。

小知不及大知,小年不及大年。奚以知其然也?朝菌不知晦朔,蟪蛄不知春秋,此小年也。楚之南有冥灵者,以五百岁为春,五百岁为秋;上古有大椿者,以八千岁为春,八千岁为秋。而彭祖乃今以久特闻,众人匹之,不亦悲乎!①

文中的"冥灵"与"大椿",成玄英解释说:"并木名也,以叶生为春,以叶落为秋。"②生长在"楚之南"的"冥灵",竟然会"以五百岁为春,五百岁为秋";而上古时代的"大椿",甚至于会"以八千岁为春,八千岁为秋"。显然,此二者皆非现实世界中真实存在的树木,应该是属于中国早期神话传说里的"不死树"。可见,"冥灵"与"大椿"所体现出的这种时间观念,明显不同于现实社会中科学、理性的时间意识。对于"冥灵"与"大椿"来说,其在神话世界里所用的时间计量单位竟然比现实生活中人们所熟知的单位时间标准长了许多倍。并非只有"冥灵"和"大椿"才是如此,《庄子》寓言中所出现的其他"大木"也都是这样。《庄子》寓言中的一系列"大木",已经构成了一个意象,成为了长生不死的象征。如《逍遥游》中"其大本拥肿而不中绳墨,其小枝卷曲而不中规矩,立之涂,匠人不顾"的大树"樗"③;再如《人间世》中匠石在"齐之曲辕"所见

---

①郭庆藩:《庄子集释》,第11页。
②郭庆藩:《庄子集释》,第13页。
③郭庆藩:《庄子集释》,第39页。

到的"其大蔽数千牛,絜之百围,其高临山十仞而后有枝,其可以为舟者旁十数"的"栎社树"①,以及南伯子綦在"商之丘"所见到的"结驷千乘,隐将芘其所藾"的"大木"②。所有这些都属于作者精心设置的"大木"意象。

当然,作者运用这些"大木"意象的目的,主要还是为了宣扬自己"无用才是大用""不材才能不死"这一人生哲学。《庄子》寓言故事中的这些"大木",都长得特别"高大",非一般大树所能比,给读者留下了极其深刻的印象。如在《人间世》中出现的两个"大木",一个是匠石在"齐之曲辕"见到的"栎社树",竟然可以遮蔽数千头牛;另一个是南伯子綦在"商之丘"见到的"大木",竟然能够遮蔽上千辆的马车。这些"大木",肯定已经活了很久了。人们不禁要问,《庄子》寓言故事中的这些"大木",是完全出自作者的奇思妙想,还是另有所本呢?在《逍遥游》中,针对惠施所说的"其大本拥肿而不中绳墨,其小枝卷曲而不中规矩"的大树"樗",庄周说:"今子有大树,患其无用,何不树之于无何有之乡,广莫之野,彷徨乎无为其侧,逍遥乎寝卧其下。不夭斤斧,物无害者,无所可用,安所困苦哉!"③成玄英注云:"无何有,犹无有也。莫,无也。谓

---

① 郭庆藩:《庄子集释》,第170页。
② 郭庆藩:《庄子集释》,第176页。
③ 郭庆藩:《庄子集释》,第40页。

宽旷无人之处，不问何物，悉皆无有，故曰无何有之乡也。"①庄周所说的"无何有之乡，广莫之野"，与中国早期神话传说中的"都广之野"应该有一定的渊源关系。《山海经·海内经》记载："西南黑水之间，有都广之野，后稷葬焉。爰有膏菽、膏稻、膏黍、膏稷，百谷自生，冬夏播琴。鸾鸟自歌，凤鸟自舞，灵寿实华，草木所聚。爰有百兽，相群爰处。此草也，冬夏不死。"②《海内经》中的"都广之野"，在这里百谷可以自生，冬夏皆可播种；而这里的草木竟然能够"冬夏不死"。"灵寿实华"，吴承志注曰："《吕氏春秋·本味篇》：'菜之美者，寿木之华。'高诱注：'寿木，昆仑山木也；华，实也，食其实者不死，故曰寿木。'寿木盖即灵寿，都广之野在黑水间，于昆仑山相近也。"③由此可见，中国早期神话传说里的"都广之野"，距离昆仑山并不远，且与"长生不死"观念有着颇为密切的关系。《逍遥游》中庄周所说的"无何有之乡，广莫之野"，其所指应该就是中国早期神话世界里像"都广之野"这样的地方。需要特别指出的是，在《人间世》中，当南伯子綦在"商之丘"见到"结驷千乘，隐将芘其所藾"的"大木"后，他情不自禁地感叹说："此果不材之木也，以至于此其大也。嗟乎神人，以此不

---

① 郭庆藩：《庄子集释》，第41页。
② 袁珂：《山海经校注》，第445页。
③ 袁珂：《山海经校注》，第446页。

材!"①成玄英注云:"通体不材,可谓全生之大才;众谓无用,乃是济物之妙用;故能不夭斧斤而荫庇千乘也矣!"②又注云:"夫至人神矣,阴阳所以不测;混迹人间,和光所以不耀。故能深根固蒂,长生久视,舟船庶物,荫覆黔黎。譬彼,方滋异木,是以嗟叹神人之用,不材者,大材也。"③通过南伯子綦的这一感慨,作者巧妙地将"大木"与"神人"联结在一起。至此,《庄子》寓言中的这些"大木",包括《逍遥游》中的"冥灵""大椿"以及庄周认为应该"树之于无何有之乡,广莫之野"的大树"樗",还有《人间世》中"齐之曲辕"的"栎社树"和南伯子綦在"商之丘"所见"大木",所有这些皆非普通的大树,它们都具有神性,都是作者受中国早期神话传说里的"不死树"的启发而虚构出来的。前面我们已经提到,中国早期神话里已经出现了"不死树""不死国"等关于"长生不死"的一些浪漫幻想。如《山海经·海内西经》之记载:"开明北有视肉、珠树、文玉树、玗琪树、不死树。"④再如《山海经·大荒南经》之所载:"有不死之国,阿姓,甘木是食。"⑤郭璞注云:"甘木即不死树,食之不老。"⑥可见,《庄子》寓言中的这些"大木",与中国

---

①郭庆藩:《庄子集释》,第 177 页。
②郭庆藩:《庄子集释》,第 177 页。
③郭庆藩:《庄子集释》,第 177 页。
④袁珂:《山海经校注》,第 299 页。
⑤袁珂:《山海经校注》,第 370 页。
⑥袁珂:《山海经校注》,第 370 页。

早期神话传说里的"不死树"应该有着一定的渊源关系。

《庄子》寓言中的这些"大木"意象,可以肯定是受到了中国早期神话传说里的"不死树"的影响,其所反映的自然还是较为原始的神仙观念。相对而言,《逍遥游》中所出现的"以久特闻"的彭祖,就应该是来源于早期的仙话传说故事,其所反映的亦是较为成熟的神仙观念。

彭祖是中国早期仙话传说中有名的仙人。《庄子》一书共有四处提到了彭祖,其中"内篇"有三处,"外篇"有一处。"内篇"提及彭祖者,除《逍遥游》之外,还有另外两篇。一是《齐物论》,庄周称:"夫天下莫大于秋豪之末,而大山为小;莫寿乎殇子,而彭祖为夭。天地与我并生,而万物与我为一。"①二是《大宗师》,庄周称:"黄帝得之(指'道'),以登云天;颛顼得之,以处玄宫;禺强得之,立乎北极;西王母得之,坐乎少广,莫知其始,莫知其终;彭祖得之,上及有虞,下及五伯;傅说得之,以相武丁,奄有天下,乘东维,骑箕尾,而比于列星。"②"外篇"中的《刻意》也提到了彭祖:"吹呴呼吸,吐故纳新,熊经鸟申,为寿而已矣;此道引之士,养形之人,彭祖寿考者之所好也。"③一个人从出生到死亡,其生命历程实际上就是一个相对有限的时间流程。一切生命体的存在,当然也包括人类

---

① 郭庆藩:《庄子集释》,第 79 页。
② 郭庆藩:《庄子集释》,第 247 页。
③ 郭庆藩:《庄子集释》,第 535 页。

自身,皆有其无法超越的时间极限。但是,神仙家们却并不这样想,他们不愿意接受这一残酷的现实。他们渴望、向往延寿长生,即便是以幻想的方式,也希望能够打破自身生命的时间极限。神仙家们竭力鼓吹、宣扬他们的升仙不死之说,他们认为世俗之人可以采用辟谷、服药或导引行气等各种不同的手段,只要坚持修炼,最终是可以成仙不死的。因而,仙话传说中的人物,其个体生命总是被无限地延长,往往能够在不同的历史时期一再出现,时间间隔有时候竟然会长达几百年甚至几千年。相对于人世间科学理性的时间意识而言,神仙世界里的时间观念就显得有些"错乱"。针对出现于《逍遥游》中的"以久特闻"的彭祖,成玄英注曰:"彭祖者,姓篯,名铿,帝颛顼之玄孙也。善养性,能调鼎,进雉羹于尧,尧封于彭城,其道可祖,故谓之彭祖。历夏经殷至周,年八百岁矣。"①彭祖是颛顼的玄孙,尧时被封在彭城,后又历经夏朝和商朝,一直活到周代,竟然活了八百年。仙人彭祖的传说故事,也被《列仙传》所收录。《列仙传》称:"彭祖者,殷大夫也。姓篯名铿,帝颛顼之孙陆终氏之中子,历夏至殷末八百余岁。常食桂芝,善导引行气。"②由此可知,在《庄子》寓言中,其时间观念常常会有些"错乱",具有非理性意识,一个重要的原因就是其受到了神仙传说的影响。

---

① 郭庆藩:《庄子集释》,第 13 页。
② 刘向:《列仙传》,第 6 页。

二、民间信仰与《庄子》寓言中的"得道者"形象

庄周作为先秦诸子之一员,从本质上讲,《庄子》一书应该属于哲学著作。然而,由于作者是有意识地借助于寓言故事来阐释、宣扬自己的学术思想和哲学理念,所以,相对于同时期的其他诸子著作来说,《庄子》一书就具有更强的文学性,也具有更大的文学价值。《庄子》中的寓言故事,主要是由一系列神奇、怪异的人物形象构成的。在如此众多的人物形象中,最吸引读者的应该就是那些"得道者"形象。《庄子》寓言中的"得道者",其最突出的特点就是生命的长久。如《大宗师》中的"女偊"和《在宥》中的"广成子":

南伯子葵问乎女偊曰:"子之年长矣,而色若孺子,何也?"曰:"吾闻道矣。"南伯子葵曰:"道可得学邪?"曰:"恶!恶可!子非其人也。夫卜梁倚有圣人之才而无圣人之道,我有圣人之道而无圣人之才,吾欲以教之,庶几其果为圣人乎!不然,以圣人之道告圣人之才,亦易矣。吾犹告而守之,三日而后能外天下;已外天下矣,吾又守之,七日而后能外物;已外物矣,吾又守之,九日而后能外生;已外生矣,而后能朝彻;朝彻,而后能见独;见独,而后能无古今;无古今,而后能入于不死不生。杀生者不死,生生者不生。其为物,无不将也,无不迎也;无不毁也,无

不成也。其名为撄宁。撄宁也者,撄而后成者也。"①

　　黄帝立为天子十九年,令行天下,闻广成子在于空同之山,故往见之,曰:"我闻吾子达于至道,敢问至道之精。吾欲取天地之精,以佐五谷,以养民人,吾又欲官阴阳,以遂群生,为之奈何?"广成子曰:"而所欲问者,物之质也;而所欲官者,物之残也。自而治天下,云气不待族而雨,草木不待黄而落,日月之光益以荒矣。而佞人之心翦翦者,又奚足以语至道!"黄帝退,捐天下,筑特室,席白茅,闲居三月,复往邀之。广成子南首而卧,黄帝顺下风膝行而进,再拜稽首而问曰:"闻吾子达于至道,敢问,治身奈何而可以长久?"广成子蹶然而起,曰:"善哉问乎!来!吾语女至道。至道之精,窈窈冥冥;至道之极,昏昏默默。无视无听,抱神以静,形将自正。必静必清,无劳女形,无摇女精,乃可以长生。目无所见,耳无所闻,心无所知,女神将守形,形乃长生。慎女内,闭女外,多知为败。我为女遂于大明之上矣,至彼至阳之原也;为女入于窈冥之门矣,至彼至阴之原也。天地有官,阴阳有藏,慎守女身,物将自壮。我守其一以处其和,故我修身千二百岁矣,吾形未常衰。"②

　　《大宗师》中的"女偊",尽管年纪已经非常大了,但是其

---

① 郭庆藩:《庄子集释》,第 251—253 页。
② 郭庆藩:《庄子集释》,第 379—381 页。

面色看起来却仍然像小孩子一样;而《在宥》中的"广成子",则更为神奇,虽然已经"修身千二百岁",但是其形体却没有任何衰老的迹象。显然,二者皆非现实社会里真实存在的人物,而是作者受神仙信仰的影响,依据神仙之特点,有意识地通过想象而虚构出来的。《庄子》寓言中的那些"得道者"形象,都与神仙传说有着密不可分的关系。如《逍遥游》中"藐姑射之山"的"神人":

> 藐姑射之山,有神人居焉,肌肤若冰雪,绰约若处子。不食五谷,吸风饮露。乘云气,御飞龙,而游乎四海之外。①

成玄英注云:"藐,远也。《山海经》云:姑射山在寰海之外,有神圣之人,戢机应物。时须揖让,即为尧舜;时须干戈,即为汤武。"②成玄英作注时,其所引用的《山海经》中的这一段文字,在今本《山海经》中我们已经找不到相关的记载,应该是在后世流传的过程中散失了。在今本《山海经》中,同样也有关于"姑射之山"的记载。如《东山经》称:"又南三百八十里,曰姑射之山,无草木,多水。又南水行三百里,流沙百里,曰北姑射之山,无草木,多石。又南三百里,曰南姑射之山,无草木,多水。"③再如《海内北经》称:"列姑射在海河州中。射姑国在

---

① 郭庆藩:《庄子集释》,第 28 页。
② 郭庆藩:《庄子集释》,第 28 页。
③ 袁珂:《山海经校注》,第 108—109 页。

海中,属列姑射,西南,山环之。"①对于在海河州中的"列姑射",郭璞注释说:"山名也。山有神人。河州在海中,河水所经者。《庄子》所谓藐姑射之山也。"②显然,郭璞认为《山海经》所载的"列姑射",实际上就是出现于《逍遥游》中的"藐姑射"。在《列子》中,同样也有关于"列姑射"的记载,如《列子·黄帝》称:"列姑射山在海河洲中,山上有神人焉,吸风饮露,不食五谷;心如渊泉,形如处女;不偎不爱,仙圣为之臣;不畏不怒,愿悫为之使;不施不惠,而物自足;不聚不敛,而已无愆。阴阳常调,日月常明,四时常若,风雨常均,字育常时,年谷常丰;而土无札伤,人无夭恶,物无疵厉,鬼无灵响焉。"③在《列子·黄帝》中,"列姑射"山上同样出现了一个"吸风饮露,不食五谷"的"神人",这与《逍遥游》所载基本一致。可是,如果我们从人物形象的文学成就这一角度来看,出现于《山海经》与《列子》中的"神人",其形象肯定远不及《逍遥游》所载"神人"。在《逍遥游》中,"藐姑射"山上的这位"神人",其实就是一个被神化了的"人",是庄周理想中的"得道者"形象的典型代表。"神人"居住在"藐姑射"山上,冰清玉洁,灵动飘逸,这样的"得道者"实际上就是一个早期的神仙形象。

---

① 袁珂:《山海经校注》,第 321—322 页。
② 袁珂:《山海经校注》,第 321 页。
③ 杨伯峻:《列子集释》,第 44—45 页。

在《庄子》寓言中,道家学派所推崇的"道",与神仙家们所向往的"仙",有着十分密切的关系。在《逍遥游》中,除了"藐姑射"山上的这位"神人"之外,庄周提到了"风仙"列子。《逍遥游》称:"夫列子御风而行,泠然善也,旬有五日而后反。彼于致福者,未数数然也。"①对于"列子",陆德明在《经典释文》中称:"郑人,名御寇,得风仙,乘风而行,与郑穆公同时。"②在《逍遥游》中,列子可以"御风而行",被人称之为"风仙",足以让世人羡慕了。然而,在作者看来,列子还不是一个"得道者",他并没有达到庄周理想中的真正的"与'道'逍遥"这一最高境界。在《逍遥游》中,作者曾经对列子的"御风而行"进行过评论,庄周称:"彼于致福者,未数数然也。此虽免乎行,犹有所待者也。若夫乘天地之正,而御六气之辩,以游无穷者,彼且恶乎待哉!故曰,至人无己,神人无功,圣人无名。"③由此可见,在庄周的心目中,列子与那些真正的"得道者"之间,还存在有一定的差距。在《庄子》寓言中,列子的老师壶子就是一个"得道者"的形象。《应帝王》称:

> 郑有神巫曰季咸,知人之死生存亡,祸福寿夭,期以岁月旬日,若神。郑人见之,皆弃而走。列子见之而心

---

① 郭庆藩:《庄子集释》,第 17 页。
② 陆德明:《经典释文》,中华书局,1983,第 361 页。
③ 郭庆藩:《庄子集释》,第 17 页。

醉,归,以告壶子,曰:"始吾以夫子之道为至矣,则又有至焉者矣。"壶子曰:"吾与汝既其文,未既其实,而固得道与?众雌而无雄,而又奚卵焉!而以道与世亢,必信,夫故使人得而相汝。尝试与来,以予示之。"明日,列子与之见壶子。出而谓列子曰:"嘻!子之先生死矣!弗活矣!不以旬数矣!吾见怪焉,见湿灰焉。"列子入,泣涕沾襟以告壶子。壶子曰:"乡吾示之以地文,萌乎不震不正。是殆见吾杜德机也。尝又与来。"明日,又与之见壶子。出而谓列子曰:"幸矣子之先生遇我也!有瘳矣,全然有生矣!吾见其杜权矣。"列子入,以告壶子。壶子曰:"乡吾示之以天壤,名实不入,而机发于踵。是殆见吾善者机也。尝又与来。"明日,又与之见壶子。出而谓列子曰:"子之先生不齐,吾无得而相焉。试齐,且复相之。"列子入,以告壶子。壶子曰:"乡吾示之以太冲莫胜。是殆见吾衡气机也。鲵桓之审为渊,止水之审为渊,流水之审为渊。渊有九名,此处三焉。尝又与来。"明日,又与之见壶子。立未定,自失而走。壶子曰:"追之!"列子追之不及,反,以报壶子曰:"已灭矣,已失矣,吾弗及已。"壶子曰:"乡吾示之以未始出吾宗。吾与之虚而委蛇,不知其谁何,因以为弟靡,因以为波流,故逃也。"①

---

① 郭庆藩:《庄子集释》,第297—304页。

神巫季咸可以预知人的"死生存亡,祸福寿夭",甚至于能够准确到具体的年、月、日,简直太神奇了!列子竟然认为他比自己的老师壶子还要高明,被季咸神奇的巫术所迷惑。可是,当季咸遇到壶子这一"得道者"时,他那些神奇的巫术就再也不灵验了。壶子向季咸展露出什么样的表象,季咸就只能推测出与之相应的结果。到了最后,壶子给季咸展示出了"得道者"的最高境界:恍惚窈冥,无始无终。于是,面对这一至高无上的"道境",神奇季咸只好落荒而逃了。显然,列子的老师壶子已经达到了道家学派所鼓吹、宣扬的与"道"合一、与"道"逍遥的境界,以至于可以彻底地超脱生死了。实际上,壶子这一"得道者"形象,就是一位已经"得道成仙"的早期仙人的形象。

《庄子》寓言中的"得道者"形象,大多都与当时社会上流传的神仙说密切相关。其中,有一些"得道者"形象,显然还属于早期神仙形象,如《逍遥游》中居住在"藐姑射"山上的那位"神人",基本上还是一个由神话传说向仙话故事发展、演变过程中的早期神仙形象,这位"肌肤若冰雪,绰约若处子"的"神人",在人们的印象中应该是女性,可实际上其性别特征还是比较模糊的,且其身上的神话色彩还比较重,仙人味还显得不够浓。而另一些"得道者"形象,几乎就是比较地道的早期仙人的形象了。如《大宗师》称:"西王母得之,坐乎少广,莫知其始,莫知其终;彭祖得之,上及有虞,下及五伯;傅说得之,以相武丁,奄有天下,乘东维,骑箕尾,而比于列星。"①《淮南子·览冥训》曰:"譬若羿请不死之药于西王母,姮娥窃以奔月,怅然有丧,无以续之。"②又《楚辞·远游》曰:"漠虚静以恬愉兮,澹无为而自得。闻赤松之清尘兮,愿承风乎遗则。贵真人之休德兮,美往世之登仙。与化去而不见兮,名声著而日延。奇傅说之托辰星兮,羡韩众之得一。"③可见,与活了八百岁的仙人彭祖一样,西王母和傅说也都是早期仙话传说中有名的仙人。

《庄子》寓言中的"得道者",他们身上或多或少都具有早期神仙的一些特点,可以称得上是我国文学史上首次出现的神仙形象。这些"得道者",有的"不食五谷,吸风饮露"④,有的"入水不濡,入火不热"⑤,有的"寒暑弗能害,禽兽弗能贼"⑥,已经成为《庄子》一书人物画廊中最为绚丽多彩的形象,《庄子》散文也因此而呈现出了神奇瑰丽的浪漫特征。

---

① 郭庆藩:《庄子集释》,第 247 页。
② 何宁:《淮南子集释》,第 501—502 页。
③ 洪兴祖:《楚辞补注》,第 164 页。
④ 郭庆藩:《庄子集释》,第 28 页。
⑤ 郭庆藩:《庄子集释》,第 226 页。
⑥ 郭庆藩:《庄子集释》,第 588 页。

三、民间信仰与《庄子》寓言中的"逍遥游"

老子是道家学派的开创者,而庄周则是继老子之后先秦道家又一重要的代表人物。在《老子》一书中,"玄之又玄"的"道",既有着超越现实世界的至高无上性,亦有着超越现象世界的神秘玄虚色彩。如《老子·第一章》曰:"道可道,非常道;名可名,非常名。无,名天地之始;有,名万物之母。故常无,欲以观其妙;常有,欲以观其徼。此两者,同出而异名,同谓之玄。玄之又玄,众妙之门。"①再如《老子·第十四章》曰:"视之不见,名曰夷;听之不闻,名曰希;搏之不得,名曰微。此三者不可致诘,故混而为一。其上不皦,其下不昧。绳绳兮不可名,复归于无物。是谓无状之状,无物之象,是谓惚恍。迎之不见其首,随之不见其后。"②又如《老子·第二十五章》曰:"有物混成,先天地生。寂兮寥兮,独立而不改,周行而不殆,可以为天地母。吾不知其名,强字之曰道,强为之名曰大。"③与"道"的"神圣性"及"神秘性"相一致,《老子》一书中的所谓"得道者"同样也都是一些神奇之人。如《老子·第十五

---

① 陈鼓应:《老子注译及评介》,第 53 页。
② 陈鼓应:《老子注译及评介》,第 114 页。
③ 陈鼓应:《老子注译及评介》,第 163 页。

章》中的"古之善为道者",能够"蔽而新成"①;再如《老子·第五十章》中的"善摄生者",能够"陆行不遇兕虎,入军不被甲兵"②;又如《老子·第五十五章》中的"含德之厚"者,同样也异于常人,"毒虫不螫,猛兽不据,攫鸟不搏"③。可见,这些"得道者"已具有一定的超凡脱俗的神性。

庄周继承了老子首创的道家学说,在此基础上,又借鉴、吸收了当时社会上已颇为流行的神仙传说。庄周最早将道家学派的"道论"与神仙家们的"升仙不死"观念结合在一起,在《庄子》寓言故事中创造出了一个又一个自由逍遥、浪漫神奇的梦幻境界。庄周对于老子"道论"的引申和发展,表现得最突出、最明显的就是《庄子》寓言中那些"得道者"的"逍遥游"。

众所周知,长生不死与自由飞升乃是神仙区别于凡人的两大标志性特点。长生不死幻想的出现,是古人向往与追求超越自身生命的时间限制,以期获得个体生命时间永恒的产物;而自由飞升幻想的产生,其目的则是要彻底挣脱人类生命的空间束缚,以实现个体生命在空间上的绝对自由。神仙传说对于《庄子》寓言的影响,除了时间观念上的表现之外,还表现在作者的空间意识方面。而神仙传说对作者空间意识的

---

① 陈鼓应:《老子注译及评介》,第117页。
② 陈鼓应:《老子注译及评介》,第257页。
③ 陈鼓应:《老子注译及评介》,第276页。

影响,则相对集中地表现在一个"游"字上。在庄周的人生哲学体系中,"游"是一个不可或缺的重要概念。庄周有意识地把"游"分成了两种截然不同的形态:一是"方内之游";二是"方外之游"。庄周在《大宗师》中曾借孔子之口说过:"彼(指孟子反、子琴张),游方之外者也;而丘,游方之内者也。外内不相及,而丘使女(指子贡)往吊之,丘则陋矣。彼方且与造物者为人,而游乎天地之一气。"①显然,在庄周看来,所谓的"游方之内者"与"游方之外者",其所指实际上就是世俗之人与超脱于世俗之外的人。在庄周的心目中,任何有限制、受束缚的"方内之游",都无法满足庄子对于生命自由境界的追求。最为理想的"游"注重的是个体生命在精神上的绝对自由。因而,庄子所向往的,乃是完全摆脱了空间束缚的"方外之游":

(神人)乘云气,御飞龙,而游乎四海之外。②

(至人)乘云气,骑日月,而游乎四海之外。③

(无名人)乘夫莽眇之鸟,以出六极之外,而游无何有之乡,以处圹埌之野。④

脱离尘世人寰,飞向遥远的天际;在"四海之外""无何有之

---

① 郭庆藩:《庄子集释》,第 267—268 页。
② 郭庆藩:《庄子集释》,第 28 页。
③ 郭庆藩:《庄子集释》,第 96 页。
④ 郭庆藩:《庄子集释》,第 293 页。

乡"自由遨游。在庄子看来,这种"方外之游"才是"游"的最高境界,才是真正的"逍遥游"。庄子把远离尘世的"四海之外""无何有之乡"作为理想中的精神乐园,这与当时人们对宇宙空间的认识水平有密切的关系。我们知道,战国中期邹衍提出了著名的"大九州"观念:"以为儒者所谓中国者,于天下乃八十一分居其一分耳。中国名曰赤县神州。赤县神州内自有九州,禹之序九州是也,不得为州数。中国外如赤县神州者九,乃所谓九州也。于是有裨海环之,人民禽兽莫能相通者,如一区中者,乃为一州。如此者九,乃有大瀛海环其外,天地之际焉。"①邹衍的"大九州"观念,代表着时人对宇宙空间的最高认识水平。可见,"四海之外"在当时人们看来,是虚无缥缈、神秘莫测而又令人神往的。正因为如此,"四海之外"也就成了早期神仙传说里神仙居住的地方。

在早期的神话传说中,"四海之外"已是众神居住的地方。《山海经》的记载可以证明这一点。如"东海之外大壑,少昊之国。少昊孺帝颛顼于此,弃其琴瑟"②;"东北海之外,大荒之中,河水之间,附禺之山,帝颛顼与九嫔葬焉"③;"西北海之外,赤水之北,有章尾山。有神,人面蛇身而赤,直目正乘,其瞑乃晦,其视乃明,不食不寝不息,风雨是谒。是烛九

---

① 司马迁:《史记》,第 2344 页。
② 袁珂:《山海经校注》,第 338 页。
③ 袁珂:《山海经校注》,第 419 页。

阴,是谓烛龙"①;"西南海之外,赤水之南,流沙之西,有人珥两青蛇,乘两龙,名曰夏后开"②等等。同样,在早期的仙话传说中,"四海之外"也是仙人居住的地方。我们知道,战国中后期神仙方士在齐、燕沿海地区的勃兴,就与邹衍"闳大不经"的阴阳五行学说有着直接的关系;而产生于齐、燕沿海一带的蓬莱仙话,也就是有关海外仙山的浪漫幻想。可见,庄子"游乎四海之外"的奇思妙想,正是来自于早期神仙传说的影响。神仙传说为庄子驰骋想象尽情描绘理想中的"逍遥游",开辟了一个广阔无垠的超现实空间;庄子散文也因此而具有了宏阔的气象美。

庄子的"逍遥游",既带有神仙传说虚妄怪诞的神秘色彩,又反映了道家学派对于理想中"道"的境界的向往和追求。庄子的"逍遥游",为游仙诗创作开启了一个"游仙"与"游道"相结合的模式,魏晋时期阮籍、嵇康等人的游仙诗创作都深受其影响。如阮籍的《咏怀》其二十三:

东南有射山,汾水出其阳。六龙服气舆,云盖切天纲。仙者四五人,逍遥晏兰房。寝息一纯和,呼噏成露霜。沐浴丹渊中,照耀日月光。岂安通灵台,游漾去高翔。③

---

① 袁珂:《山海经校注》,第 438 页。
② 袁珂:《山海经校注》,第 414 页。
③ 陈伯君:《阮籍集校注》,中华书局,1987,第 289 页。

再如他的《咏怀》其七十八：

> 昔有神仙士,乃处射山阿。乘云御飞龙,嘘噏叽琼华。可闻不可见,慷慨叹咨嗟。自伤非畴类,愁苦来相加。下学而上达,忽忽将如何。①

很明显,这两首诗中的"射山"仙人,就是直接取材于庄子的《逍遥游》。仙人们"寝息一纯和,呼噏成露霜"、"乘云御飞龙,嘘噏叽琼华",这些与庄子所塑造的"得道者"形象也是一致的。诗中的"游仙",已经融入了诗人对于"道"的体验,"游仙"与"游道"已经结合在了一起。

与阮籍一样,嵇康的游仙诗也常常将成仙与求道、"游仙"与"游道"联系在一起。如嵇康的《游仙诗》云：

> 遥望山上松,隆谷郁青葱。自遇一何高,独立迥地双。愿想游其下,蹊路绝不通。王乔弃我去,乘云驾六龙。飘遥戏玄圃,黄老路相逢。授我自然道,旷若发童蒙。采药钟山隅,服食改姿容。蝉蜕弃秽累,结友家板桐。临觞奏九韶,雅歌何邕邕。长与俗人别,谁能睹其踪。②

再如他的一首没有题名的游仙诗：

> 羽化华岳,超游清霄。云盖习习,六龙飘飘。左配椒桂,右缀兰苕。凌阳赞路,王子奉韶。婉娈名山,真人是

---

① 陈伯君:《阮籍集校注》,第 398 页。
② 逯钦立:《先秦汉魏晋南北朝诗》,第 488 页。

要。齐物养生,与道逍遥。①

在诗人的笔下,黄老的"自然道",已经与神仙家的服药修炼等方术相结合;道家"齐物养生,与道逍遥"的理想追求,已经等同于传说中的神仙境界。"游仙"与"游道"已经完全融为一体。

第二节　民间信仰对《史记》《汉书》的影响

《史记》是我国第一部纪传体通史,司马迁不仅创立了纪传体史书的基本写作体例,同时也开启了人物传记这一新的文学样式。《汉书》是我国第一部纪传体断代史,班固在继承《史记》的基础上,对于史书的纪传体体例又有了进一步的完善和发展,《汉书》也因此而成为了继《史记》之后汉代史传文学的又一部典范之作。鉴于此,本章将以《史记》和《汉书》的人物传记为主要考察对象,来深入探讨民间信仰对于汉代历史散文的影响。

一、民间信仰与《史记》《汉书》的非理性描写

司马迁与班固皆是被后世尊奉为楷模的非常严谨的历史

---

① 逯钦立:《先秦汉魏晋南北朝诗》,第 485 页。

学家,《史记》和《汉书》的写作也都自觉地遵从了古代史家所崇尚的"实录"原则。《汉书·司马迁传》云:"自刘向、扬雄博极群书,皆称迁有良史之材,服其善序事理,辨而不华,质而不俚,其文直,其事核,不虚美,不隐恶,故谓之实录。"①《后汉书·班固列传》亦云:"司马迁、班固父子,其言史官载籍之作,大义粲然著矣。议者咸称二子有良史之才。迁文直而事核,固文赡而事详。若固之序事,不激诡,不抑抗,赡而不秽,详而有体,使读之者亹亹而不厌,信哉其能成名也。"②但是,在今天的读者看来,《史记》与《汉书》的人物传记之中,显然还存在有不少荒诞不经的内容。之所以会如此,原因主要在于司马迁和班固都受到了汉代盛行的民间信仰的影响。司马迁和班固对民间信仰的认知与接受,已经成为影响《史记》和《汉书》人物传记叙事描写的一个极为重要的因素。

(一)相人描写

相人信仰在中国可以说是源远流长,早在先秦时期相人术就已经产生了。《荀子·非相》云:"古者有姑布子卿,今之世,梁有唐举,相人之形状颜色而知其吉凶妖祥,世俗称之。"③可见,先秦时期的姑布子卿与唐举,就是两位因为精通

---

① 班固:《汉书》,第 2738 页。
② 范晔:《后汉书》,第 1386 页。
③ 王先谦:《荀子集解》,第 72 页。

相人术而闻名天下的人。他们通过观察人的形状、颜色,就能够预知其吉凶、妖祥。世俗之人对他们的相人术深信不疑、十分佩服。

《史记·赵世家》有关于姑布子卿相赵襄子的记载:"姑布子卿见简子,简子遍召诸子相之。子卿曰:'无为将军者。'简子曰:'赵氏其灭乎?'子卿曰:'吾尝见一子于路,殆君之子也。'简子召子毋恤。毋恤至,则子卿起曰:'此真将军矣!'简子曰:'此其母贱,翟婢也,奚道贵哉?'子卿曰:'天所授,虽贱必贵。'自是之后,简子尽召诸子与语,毋恤最贤。简子乃告诸子曰:'吾藏宝符于常山上,先得者赏。'诸子驰之常山上,求,无所得。毋恤还,曰:'已得符矣。'简子曰:'奏之。'毋恤曰:'从常山上临代,代可取也。'简子于是知毋恤果贤,乃废太子伯鲁,而以毋卹为太子。"①赵简子让姑布子卿相其诸子,姑布子卿认定只有毋恤将来才能成为将军。赵简子对此表示怀疑,因为毋卹的母亲原本是一个翟婢,出身卑贱。姑布子卿却称上天所授,虽贱而必贵。后来,赵简子通过一番考察,发现毋卹果然才能出众,于是就"废太子伯鲁,而以毋卹为太子"。赵简子去世后,太子毋卹继位,毋卹就是赵襄子。赵襄子在位期间,"赵北有代,南并知氏,强于韩、魏"②,已经奠定了赵国的基业。

---

①司马迁:《史记》,第1789页。
②司马迁:《史记》,第1795页。

《史记·范雎蔡泽列传》则有关于唐举相蔡泽的记载："蔡泽者,燕人也。游学干诸侯小大甚众,不遇。而从唐举相,曰:'吾闻先生相李兑,曰百日之内持国秉,有之乎?'曰:'有之。'曰:'若臣者何如?'唐举孰视而笑曰:'先生曷鼻,巨肩,魋颜,蹙齃,膝挛。吾闻圣人不相,殆先生乎?'蔡泽知唐举戏之,乃曰:'富贵吾所自有,吾所不知者寿也,愿闻之。'唐举曰:'先生之寿,从今以往者四十三岁。'蔡泽笑谢而去,谓其御者曰:'吾持粱刺齿肥,跃马疾驱,怀黄金之印,结紫绶于要,揖让人主之前,食肉富贵,四十三年足矣。'去之赵,见逐。之韩、魏,遇夺釜鬲于途。闻应侯任郑安平、王稽皆负重罪于秦,应侯内惭,蔡泽乃西入秦。"①蔡泽到了秦国以后,凭借自己过人的谋略,他先后说服了应侯范雎和秦昭王,于是"范雎免相,昭王新说蔡泽计画,遂拜为秦相,东收周室"②。后来,蔡泽谢病归相印,号为纲成君。蔡泽"居秦十余年,事昭王、孝文王、庄襄王。卒事始皇帝,为秦使于燕,三年而燕使太子丹入质于秦"③。这样的人生结局,正好应验了当年唐举相蔡泽时的预言。

《史记·秦始皇本纪》中亦有相人描写:"大梁人尉缭来,说秦王曰:'以秦之强,诸侯譬如郡县之君,臣但恐诸侯合从,

---

① 司马迁:《史记》,第 2418 页。
② 司马迁:《史记》,第 2425 页。
③ 司马迁:《史记》,第 2425 页。

翕而出不意,此乃智伯、夫差、愍王之所以亡也。原大王毋爱财物,赂其豪臣,以乱其谋,不过亡三十万金,则诸侯可尽。'秦王从其计,见尉缭亢礼,衣服食饮与缭同。缭曰:'秦王为人,蜂准,长目,挚鸟膺,豺声,少恩而虎狼心,居约易出人下,得志亦轻食人。我布衣,然见我常身自下我。诚使秦王得志于天下,天下皆为虏矣。不可与久游。'乃亡去。秦王觉,固止,以为秦国尉,卒用其计策。"①尉缭相秦始皇,称其"蜂准,长目,挚鸟膺,豺声,少恩而虎狼心,居约易出人下,得志亦轻食人"。正如尉缭所言,秦始皇"得志于天下"时,果然"天下皆为虏矣"。

相对来说,《史记》的相人描写,大多出现于西汉时期那些重要历史人物的传记之中。如《高祖本纪》云:"单父人吕公善沛令,避仇从之客,因家沛焉。沛中豪桀吏闻令有重客,皆往贺。萧何为主吏,主进,令诸大夫曰:'进不满千钱,坐之堂下。'高祖为亭长,素易诸吏,乃绐为谒曰'贺钱万',实不持一钱。谒入,吕公大惊,起,迎之门。吕公者,好相人,见高祖状貌,因重敬之,引入坐。萧何曰:'刘季固多大言,少成事。'高祖因狎侮诸客,遂坐上坐,无所诎。酒阑,吕公因目固留高祖。高祖竟酒,后。吕公曰:'臣少好相人,相人多矣,无如季相,愿季自爱。臣有息女,愿为季箕帚妾。'酒罢,吕媪怒吕公

---

① 司马迁:《史记》,第230页。

曰:'公始常欲奇此女,与贵人。沛令善公,求之不与,何自妄许与刘季?'吕公曰:'此非儿女子所知也。'卒与刘季。吕公女乃吕后也,生孝惠帝、鲁元公主。"①又云:"高祖为亭长时,常告归之田。吕后与两子居田中耨,有一老父过请饮,吕后因餔之。老父相吕后曰:'夫人天下贵人。'令相两子,见孝惠,曰:'夫人所以贵者,乃此男也。'相鲁元,亦皆贵。老父已去,高祖适从旁舍来,吕后具言客有过,相我子母皆大贵。高祖问,曰:'未远。'乃追及,问老父。老父曰:'乡者夫人婴儿皆似君,君相贵不可言。'高祖乃谢曰:'诚如父言,不敢忘德。'及高祖贵,遂不知老父处。"②《高祖本纪》中的这两处相人描写,都极具传奇色彩。单父人吕公好相人,他仅仅通过观察刘邦的状貌,便知刘邦将来必定会富贵,于是不顾夫人的反对,执意将女儿嫁与当时还只是个亭长的刘邦。刘邦后来果然大富大贵,成为汉朝的开国皇帝,而吕公的女儿就是历史上有名的吕后。吕公高超的相人术着实令人佩服。那位不知名的老父,也是一个精通相人术的人。他一看见吕后,便说她是天下贵人。当他相吕后的儿子孝惠时,竟然能够指出吕后是母以子贵。等到他最后见着刘邦时,又称刘邦的夫人和孩子都很像刘邦,而刘邦之相则贵不可言。其相人之精准,真让人感到不可思议。

---

① 司马迁:《史记》,第344—345页。
② 司马迁:《史记》,第346页。

在黥布、吴王刘濞和卫青等人的传记中,也都出现了相人描写。如《黥布列传》云:"黥布者,六人也,姓英氏。秦时为布衣。少年,有客相之曰:'当刑而王。'及壮,坐法黥。布欣然笑曰:'人相我当刑而王,几是乎?'人有闻者,共俳笑之。布已论输郦山,郦山之徒数十万人,布皆与其徒长豪桀交通,乃率其曹偶,亡之江中为群盗。"①后来陈胜起事,黥布亦率其众叛秦。闻项梁定江东会稽,于是黥布涉江而西,以其兵属项梁。项梁死后,黥布又追随项羽,由于战功卓著,被项羽封为九江王。楚汉相争时,黥布又背叛了项羽,归顺刘邦,被刘邦封为淮南王。黥布的人生经历,正好验证了相者当年"当刑而王"的预言。又如《吴王濞列传》云:"吴王濞者,高帝兄刘仲之子也……高帝十一年秋,淮南王英布反,东并荆地,劫其国兵,西度淮,击楚,高帝自将往诛之。刘仲子沛侯濞年二十,有气力,以骑将从破布军蕲西会甀,布走。荆王刘贾为布所杀,无后。上患吴、会稽轻悍,无壮王以填之,诸子少,乃立濞于沛为吴王,王三郡五十三城。已拜受印,高帝召濞相之,谓曰:'若状有反相。'心独悔,业已拜,因拊其背,告曰:'汉后五十年东南有乱者,岂若邪?然天下同姓为一家也,慎无反!'濞顿首曰:'不敢。'"②到了汉景帝时,吴楚等七国反叛,而为首的正是"有反相"的吴王刘濞。再如《卫将军骠骑将军列传》云:

---

① 司马迁:《史记》,第 2597 页。
② 司马迁:《史记》,第 2821 页。

"大将军卫青者,平阳人也。其父郑季,为吏,给事平阳侯家,与侯妾卫媪通,生青。青同母兄卫长子,而姊卫子夫自平阳公主家得幸天子,故冒姓为卫氏……青为侯家人,少时归其父,其父使牧羊。先母之子皆奴畜之,不以为兄弟数。青尝从入至甘泉居室,有一钳徒相青曰:'贵人也,官至封侯。'青笑曰:'人奴之生,得毋笞骂即足矣,安得封侯事乎!'"①后来卫青姊卫子夫被汉武帝立为皇后,卫青本人也因击匈奴有功而被封为长平侯、大将军。相者所言,最终得以应验。

邓通是汉文帝的男宠,其传记中也出现了相人描写。《佞幸列传》云:"邓通,蜀郡南安人也,以濯船为黄头郎。孝文帝梦欲上天,不能,有一黄头郎从后推之上天,顾见其衣裻带后穿。觉而之渐台,以梦中阴目求推者郎,即见邓通,其衣后穿,梦中所见也。召问其名姓,姓邓氏,名通,文帝说焉,尊幸之日异。通亦愿谨,不好外交,虽赐洗沐,不欲出。于是文帝赏赐通巨万以十数,官至上大夫。文帝时时如邓通家游戏。然邓通无他能,不能有所荐士,独自谨其身以媚上而已。上使善相者相通,曰'当贫饿死'。文帝曰:'能富通者在我也。何谓贫乎?'于是赐邓通蜀严道铜山,得自铸钱,'邓氏钱'布天下。其富如此……及文帝崩,景帝立,邓通免,家居。居无何,人有告邓通盗出徼外铸钱。下吏验问,颇有之,遂竟案,尽没入邓

---

① 司马迁:《史记》,第 2921—2922 页。

通家,尚负责数巨万。长公主赐邓通,吏辄随没入之,一簪不得著身。于是长公主乃令假衣食。竟不得名一钱,寄死人家。"①汉文帝让善相者相邓通,相者称其"当贫饿死"。汉文帝听后不以为然,认为自己最宠信的人是不会贫饿死的。为了不让相者的预言成真,汉文帝竟然把蜀严道铜山赏赐给邓通,允许他自己铸钱,以至于"邓氏钱"遍布天下。尽管如此,邓通最终还是落了个"不得名一钱,寄死人家"的可悲下场。

在《汉书》的人物传记中,同样也出现了不少相人描写。如《汉书·外戚传》云:"孝宣许皇后,元帝母也。父广汉,昌邑人,少时为昌邑王郎。从武帝上甘泉,误取它郎鞍以被其马,发觉,吏劾从行而盗,当死,有诏募下蚕室。后为宦者丞。上官桀谋反时,广汉部索,其殿中庐有索长数尺可以缚人者数千枚,满一箧缄封,广汉索不得,它吏往得之。广汉坐论为鬼薪,输掖庭,后为暴室啬夫。时宣帝养于掖庭,号皇曾孙,与广汉同寺居……时许广汉有女平君,年十四五,当为内者令欧侯氏子妇。临当入,欧侯氏子死。其母将行卜相,言当大贵,母独喜。贺闻许啬夫有女,乃置酒请之,酒酣,为言'曾孙体近,下人,乃关内侯,可妻也。'广汉许诺。明日,妪闻之,怒。广汉重令为介,遂与曾孙,一岁生元帝。数月,曾孙立为帝,平君为婕妤。是时,霍将军有小女,与皇太后有亲。公卿议更立皇

---

① 司马迁:《史记》,第 3192—3193 页。

后,皆心仪霍将军女,亦未有言。上乃诏求微时故剑,大臣知指,白立许婕妤为皇后。"①汉宣帝的皇后许平君,十四五岁的时候,本来已经许配给了内者令欧侯氏子。岂料就在许平君将要出嫁之时,欧侯氏子竟然死了。于是,许平君的母亲就找人来给自己的女儿卜相,卜相者称她将来一定会大贵,许平君的母亲听后心中暗喜。后来,许平君的父亲竟然不顾夫人的反对,执意把许平君嫁给了当时正流落于民间的"皇曾孙"刘询。结果,几个月后,"皇曾孙"刘询就被大臣们拥立为皇帝,而许平君也被封为婕妤。许平君嫁给刘询后,仅一年的时间就生下了汉元帝。没过多久,许平君又被汉宣帝刘询立为皇后。卜相者当初称许平君"当大贵"这一预言,最终也得以应验。

《汉书·元后传》中也出现了相人描写:"孝元皇后,王莽姑也……尝许嫁未行,所许者死。后东平王聘政君为姬,未入,王薨。禁独怪之,使卜数者相政君,'当大贵,不可言。'禁心以为然,乃教书,学鼓琴。五凤中,献政君,年十八矣,入掖庭为家人子。岁余,会皇太子所爱幸司马良娣病,且死,谓太子曰:'妾死非天命,乃诸娣妾良人更祝诅杀我。'太子怜之,且以为然。及司马良娣死,太子悲恚发病,忽忽不乐,因以过怒诸娣妾,莫得进见者。久之,宣帝闻太子恨过诸娣妾,欲顺

---

① 班固:《汉书》,第 3964—3965 页。

适其意,乃令皇后择后宫家人子可以虞侍太子者,政君与在其中。及太子朝,皇后乃见政君等五人,微令旁长御问知太子所欲。太子殊无意于五人者,不得已于皇后,强应曰:'此中一人可。'是时政君坐近太子,又独衣绛缘诸于,长御即以为是。皇后使侍中杜辅、掖庭令浊贤交送政君太子宫,见丙殿。得御幸,有身。先是者,太子后宫娣妾以十数,御幸久者七八年,莫有子,及王妃一幸而有身。甘露三年,生成帝于甲馆画堂,为世嫡皇孙。宣帝爱之,自名曰骜,字太孙,常置左右。后三年,宣帝崩,太子即位,是为孝元帝。立太孙为太子,以母王妃为婕妤,封父禁为阳平侯。后三日,婕妤立为皇后,禁位特进,禁弟弘至长乐卫尉……元帝崩,太子立,是为孝成帝。尊皇后为皇太后,以凤为大司马大将军领尚书事,益封五千户。王氏之兴自凤始。"①汉元帝的皇后王政君,在其入宫之前,第一次许配与人后,未及出嫁而男方就已经死了。后来,王政君又被东平王聘为姬,其结果尚未入王府而王已薨。王政君的父亲感到很奇怪,就让卜数者相之,相者称其将来必定会大贵,以至于贵不可言。其父听闻相者之言,信以为然,于是开始教王政君读书,并让她学鼓琴。之后,王政君被献入掖庭为家人子。汉元帝此时只是太子,还没有做皇帝,他也并不喜欢王政君。但是,正如相者所说,王政君最终还是被汉元帝所御幸,且一

---

① 班固:《汉书》,第 4013—4017 页。

幸而有身,生下了汉成帝。王政君也由此而成为了西汉晚期著名的皇后、皇太后和太皇太后。《论衡·骨相》云:"类同气钧,性体法相固自相似。异气殊类,亦两相遇。富贵之男娶得富贵之妻,女亦得富贵之男。夫二相不钧而相遇,则有立死;若未相适,有豫亡之祸也。王莽姑正君许嫁,至期当行时,夫辄死。如此者再,乃献之赵王,赵王未取,又薨。清河南宫大有与正君父稚君善者,遇相正君,曰:'贵为天下母。'是时,宣帝世,元帝为太子,稚君乃因魏郡都尉纳之太子,太子幸之,生子君上。宣帝崩,太子立,正君为皇后,君上为太子。元帝崩,太子立,是为成帝,正君为皇太后,竟为天下母。夫正君之相当为天下母,而前所许二家及赵王为无天下父之相,故未行而二夫死,赵王薨。是则二夫、赵王无帝王大命,而正君不当与三家相遇之验也。"①王充认为"类同气钧,性体法相固自相似",并且指出"二相不钧而相遇,则有立死;若未相适,有豫亡之祸"。王充在阐述这一观点时,其所用的证据就是元后王正(政)君的事例。

《汉书·王莽传》中亦有相人描写:"莽为人侈口蹙䫇,露眼赤精,大声而嘶。长七尺五寸,好厚履高冠,以氂装衣,反膺高视,瞰临左右。是时有用方技待诏黄门者,或问以莽形貌,待诏曰:'莽所谓鸱目虎吻豺狼之声者也,故能食人,亦当为人

---

① 北京大学历史系《论衡》注释小组:《论衡注释》,第162页。

所食。'问者告之,莽诛灭待诏,而封告者。后常翳云母屏面,非亲近莫得见也。"①王莽篡汉后,当时有用方技待诏黄门者,人问及王莽的形貌,这位待诏称王莽"鸱目虎吻豺狼之声",并由此推知王莽"能食人,亦当为人所食"。问者告知王莽,王莽十分恼火,就诛灭了此待诏。王莽篡汉时矫用符命、诛杀异己的暴行,已经证明了其"能食人"这一点。至于说王莽"亦当为人所食",则属于典型的对于人物未来命运结局的神秘预言。王莽最后是被商人杜吴所杀,校尉东海公宾就斩下王莽的首级后,"军人分裂莽身,支节肌骨脔分,争相杀者数十人"②;之后,又"传莽首诣更始,悬宛市,百姓共提击之,或切食其舌"③。至此,王莽"亦当为人所食"这一预言也得以应验。

(二)望气描写

望气是先秦两汉重要的民间信仰之一。早在先秦时期,望气信仰就已经颇为流行了。而在这一时期的文献中,不仅已有关于望气的记载,而且还出现了因擅长望气而出名的人。如《左传》关于梓慎望气的记载:

> 十五年春,将禘于武公,戒百官。梓慎曰:"禘之日其

---

① 班固:《汉书》,第 4124 页。
② 班固:《汉书》,第 4191—4192 页。
③ 班固:《汉书》,第 4192 页。

有咎乎！吾见赤黑之祲，非祭祥也，丧氛也。其在莅事乎！"二月癸酉，禘。叔弓莅事，籥入而卒。去乐卒事，礼也。①

夏五月，火始昏见。丙子，风。梓慎曰："是谓融风，火之始也；七日，其火作乎！"戊寅，风甚。壬午，大甚。宋、卫、陈、郑皆火。梓慎登大庭氏之库以望之，曰："宋、卫、陈、郑也。"数日皆来告火。②

梓慎是鲁国著名的望气者，主要生活在鲁襄公与鲁昭公时期。鲁昭公十五年春天，将要隆重祭祀鲁武公。梓慎说："祭祀那天可能会有灾祸发生吧！我望见了红黑色的妖气，此非祭祀之祥瑞，乃是丧事之晦气。主祭的人恐怕会有灾难啊！"等到了祭祀那天，由叔弓主持祭祀。奏籥之人刚一进入，叔弓竟然就突然死亡了。鲁昭公十八年夏五月，梓慎通过望气，指出宋、卫、陈和郑四国皆有大火，结果没过几天，这几个诸侯国就都派人来报告说发生了火灾。

《史记》有多处关于望气之记载。如在《高祖本纪》与《项羽本纪》之中，都出现了关于汉高祖刘邦的望气记载。《高祖本纪》云："秦始皇帝常曰'东南有天子气'，于是因东游以厌之。高祖即自疑，亡匿，隐于芒、砀山泽岩石之间。吕后与人俱求，常得之。高祖怪问之。吕后曰：'季所居上常有云气，故

---

① 杨伯峻：《春秋左传注》，第 1369 页。
② 杨伯峻：《春秋左传注》，第 1394—1395 页。

从往常得季。'高祖心喜。沛中子弟或闻之,多欲附者矣。"①司马贞《史记索隐》注曰:"《广雅》云:'厌,镇也。'"②张守节《史记正义》注曰:"京房《易兆候》云:'何以知贤人隐?颜师古曰:四方常有大云,五色具而不雨,其下有贤人隐矣。'故吕后望云气而得之。"③《项羽本纪》亦云:"当是时,项羽兵四十万,在新丰鸿门,沛公兵十万,在霸上。范增说项羽曰:'沛公居山东时,贪于财货,好美姬。今入关,财物无所取,妇女无所幸,此其志不在小。吾令人望其气,皆为龙虎,成五采,此天子气也。急击勿失。'"④《史记·天官书》记载:"王朔所候,决于日旁。日旁云气,人主象。皆如其形以占。"⑤汉高祖刘邦是真命天子,因而他所在的地方,上空就会出现具有人主象的奇特云气。秦始皇称'东南有天子气',吕后因"季所居上常有云气,故从往常得季",范增说"吾令人望其气,皆为龙虎,成五采,此天子气也",皆是源于此。

再如《史记·建元以来侯者年表》的记载:"王奉光,家在房陵。以女立为宣帝皇后,故封千五百户。言奉光初生时,夜见光其上,传闻者以为当贵云。后果以女故为侯。"⑥汉宣帝

---

① 司马迁:《史记》,第 348 页。
② 司马迁:《史记》,第 349 页。
③ 司马迁:《史记》,第 349 页。
④ 司马迁:《史记》,第 311 页。
⑤ 司马迁:《史记》,第 1338 页。
⑥ 司马迁:《史记》,第 1068 页。

刘询的王皇后,就是王奉光的女儿。当年王皇后之父王奉光初生时,"夜见光其上,传闻者以为当贵"。后来,王奉光的女儿被汉宣帝刘询立为皇后,王奉光也因女儿是当朝皇后之故而被封侯,食邑"千五百户"。当初"传闻者以为当贵"之预言,最终果然得以应验。

《汉书》中亦有不少关于望气的记载。如《汉书·天文志》云:"永始二年二月癸未夜,东方有赤色,大三四围,长二三丈,索索如树,南方有大四五围,下行十余丈,皆不至地灭。占曰:'东方客之变气,状如树木,以此知四方欲动者。'明年十二月己卯,尉氏男子樊并等谋反,贼杀陈留太守严普及吏民,出囚徒,取库兵,劫略令丞,自称将军,皆诛死。庚子,山阳铁官亡徒苏令等杀伤吏民,篡出囚徒,取库兵,聚党数百人为大贼,逾年经历郡国四十余。一日有两气同时起,并见,而并、令等同月俱发也。"①东方与南方"一日有两气同时起,并见",占者称"以此知四方欲动者"。后来,一月之内竟然接连发生了分别以尉氏男子樊并和山阳铁官亡徒苏令为首的两起谋反事件。

再如《汉书·宣帝纪》的记载:"孝宣皇帝,武帝曾孙,戾太子孙也。太子纳史良娣,生史皇孙。皇孙纳王夫人,生宣帝,号曰皇曾孙。生数月,遭巫蛊事,太子、良娣、皇孙、王夫人

---

① 班固:《汉书》,第1311页。

皆遇害。语在《太子传》。曾孙虽在襁褓,犹坐收系郡邸狱。而邴吉为廷尉监,治巫蛊于郡邸,怜曾孙之亡辜,使女徒复作淮阳赵征卿、渭城胡组更乳养,私给衣食,视遇甚有恩。巫蛊事连岁不决。至后元二年,武帝疾,往来长杨、五柞宫,望气者言长安狱中有天子气,上遣使者分条中都官狱系者,轻重皆杀之。内谒者令郭穰夜至郡邸狱,吉拒闭,使者不得入,曾孙赖吉得全。因遭大赦,吉乃载曾孙送祖母史良娣家。"① "巫蛊之祸"发生后,望气者称"长安狱中有天子气"。于是,汉武帝就"遣使者分条中都官狱系者,轻重皆杀之"。尽管如此,"皇曾孙"还是因为廷尉监邴吉的庇护而得以保全了性命。后来,"皇曾孙"被霍光等大臣拥立为皇帝,"皇曾孙"就是汉宣帝刘询。正如望气者所言,"皇曾孙"果然就是一位真命天子。

再如《汉书·外戚传》的记载:"孝武钩弋赵婕妤,昭帝母也,家在河间。武帝巡狩过河间,望气者言此有奇女,天子亟使使召之。既至,女两手皆拳,上自披之,手即时伸。由是得幸,号曰拳夫人。先是,其父坐法宫刑,为中黄门,死长安,葬雍门。拳夫人进为婕妤,居钩弋宫,大有宠,太始三年生昭帝,号钩弋子。任身十四月乃生,上曰:'闻昔尧十四月而生,今钩弋亦然。'乃命其所生门曰尧母门。后卫太子败,而燕王旦、广陵王胥多过失,宠姬王夫人男齐怀王、李夫人男昌邑哀王皆蚤

---

① 班固:《汉书》,第 235—236 页。

薨,钩弋子年五六岁,壮大多知,上常言'类我',又感其生与众异,甚奇爱之,心欲立焉,以其年稚母少,恐女主颛恣乱国家,犹与久之。钩弋婕妤从幸甘泉,有过见谴,以忧死,因葬云阳。后上疾病,乃立钩弋子为皇太子。"①汉武帝巡狩经过河间时,"望气者言此有奇女"。汉武帝急忙"使使召之","既至,女两手皆拳,上自披之,手即时伸",此女也"由是得幸,号曰拳夫人"。接下来,"拳夫人进为婕妤,居钩弋宫,大有宠"。后来,拳夫人怀孕十四个月才生下汉昭帝,号曰"钩弋子"。正如望气者所言,钩弋赵婕妤的人生经历极具传奇性,是一位名副其实的奇女子。

(三) 占梦描写

占梦信仰出现的时间相当早,先秦时期占梦现象就已经比较常见。《左传》中已有不少关于梦兆应验的记载。

《史记》中多次出现关于梦兆的记载,如《孔子世家》云:"孔子病,子贡请见。孔子方负杖逍遥于门,曰:'赐,汝来何其晚也?'孔子因叹,歌曰:'太山坏乎!梁柱摧乎!哲人萎乎!'因以涕下。谓子贡曰:'天下无道久矣,莫能宗予。夏人殡于东阶,周人于西阶,殷人两柱间。昨暮予梦坐奠两柱之间,予始殷人也。'后七日卒。"②裴骃《史记集解》注云:"郑玄

---

① 班固:《汉书》,第 3956—3957 页。
② 司马迁:《史记》,第 1944 页。

曰:'明圣人知命也。'"①孔子是殷人的后代,"夏人殡于东阶,周人于西阶,殷人两柱间",而孔子正好梦见自己"坐奠两柱之间"。梦后七天,孔子去世,梦兆得以应验。

再如《史记·高祖本纪》云:"高祖,沛丰邑中阳里人,姓刘氏,字季。父曰太公,母曰刘媪。其先刘媪尝息大泽之陂,梦与神遇。是时雷电晦冥,太公往视,则见蛟龙于其上。已而有身,遂产高祖。"②汉高祖刘邦的母亲刘媪,"尝息大泽之陂,梦与神遇",而"是时雷电晦冥,太公往视,则见蛟龙于其上"。于是刘媪怀孕,后来就生下了汉王朝的开国皇帝刘邦。

《史记·外戚世家》有两处关于梦兆的记载。《外戚世家》云:"始姬少时,与管夫人、赵子儿相爱,约曰:'先贵无相忘。'已而管夫人、赵子儿先幸汉王。汉王坐河南宫成皋台,此两美人相与笑薄姬初时约。汉王闻之,问其故,两人具以实告汉王。汉王心惨然,怜薄姬,是日召而幸之。薄姬曰:'昨暮夜妾梦苍龙据吾腹。'高帝曰:'此贵征也,吾为女遂成之。'一幸生男,是为代王。"③薄姬梦见苍龙据其腹,其后果然生下了汉文帝刘恒。《外戚世家》又云:"王太后,槐里人,母曰臧儿。臧儿者,故燕王臧荼孙也。臧儿嫁为槐里王仲妻,生男曰信,与两女。而仲死,臧儿更嫁长陵田氏,生男蚡、胜。臧儿长女

---

① 司马迁:《史记》,第1944页。
② 司马迁:《史记》,第341页。
③ 司马迁:《史记》,第1971页。

嫁为金王孙妇,生一女矣,而臧儿卜筮之,曰两女皆当贵。因欲奇两女,乃夺金氏。金氏怒,不肯予决,乃内之太子宫。太子幸爱之,生三女一男。男方在身时,王美人梦日入其怀。以告太子,太子曰:'此贵征也。'未生而孝文帝崩,孝景帝即位,王夫人生男。① 王美人梦日入其怀,后来也果真生下了汉武帝刘彻。

《史记·外戚世家》中所记载的关于薄姬与王美人的这两个梦兆,亦出现于《汉书·外戚传》之中,《汉书》的记载与《史记》差异不大,只是某些细节略有不同。如《汉书·外戚传》有关薄姬的梦兆记载:"始姬少时,与管夫人、赵子儿相爱,约曰:'先贵毋相忘!'已而管夫人、赵子儿先幸汉王。汉王四年,坐河南成皋灵台,此两美人侍,相与笑薄姬初时约。汉王问其故,两人俱以实告。汉王心凄然怜薄姬,是日召,欲幸之。对曰:'昨暮梦龙据妾胸。'上曰:'是贵征也,吾为汝成之。'遂幸,有身。岁中生文帝,年八岁立为代王。"②再如《汉书·外戚传》有关王夫人的梦兆记载:"孝景王皇后,武帝母也。父王仲,槐里人也。母臧儿,故燕王臧荼孙也,为仲妻,生男信与两女。而仲死,臧儿更嫁为长陵田氏妇,生男蚡、胜。臧儿长女嫁为金王孙妇,生一女矣,而臧儿卜筮曰两女当贵,欲倚两女,夺金氏。金氏怒,不肯与决,乃内太子宫。太子幸爱

---

① 司马迁:《史记》,第 1975 页。
② 班固:《汉书》,第 3941 页。

之,生三女一男。男方在身时,王夫人梦日入其怀,以告太子,太子曰:'此贵征也。'未生而文帝崩,景帝即位,王夫人生男。"①可见,《汉书·外戚传》关于汉文帝之母薄姬与汉武帝之母王夫人的这两个梦兆记载,明显就是取材于《史记·外戚世家》的相关记载,班固对其只是做了简单的剪裁、加工而已。

《汉书·元后传》中也出现了关于梦兆的记载:"初,李亲任政君在身,梦月入其怀。及壮大,婉顺得妇人道。"②王政君的母亲在"任政君在身"的时候,曾经"梦月入其怀"。王政君长大成人后,被其家人送入太子后宫。后来,王政君果然成为了汉元帝的皇后,而汉成帝就是王政君所生。从汉元帝时的皇后,到汉成帝时的皇太后,直到王莽篡汉,王政君"历汉四世为天下母,飨国六十余载,群弟世权,更持国柄,五将十侯,卒成新都"③。王政君的母亲当年"梦月入其怀"这一富贵吉祥之梦兆,最终也在王政君身上得以应验。

(四)卜筮、占星、堪舆等其他描写

相人、望气与占梦,是《史记》与《汉书》中出现最多、也最具有时代特点的三种非理性描写。当然,《史记》与《汉书》的非理性描写种类相当多,并非仅有这三类。与相人、望气、占

---

① 班固:《汉书》,第 3945—3946 页。
② 班固:《汉书》,第 4015 页。
③ 班固:《汉书》,第 4035 页。

梦一样,卜筮也是古人用来预测吉凶祸福的重要手段。《汉书·艺文志》云:"蓍龟者,圣人之所用也。《书》曰:'女则有大疑,谋及卜筮。'《易》曰:'定天下之吉凶,成天下之亹亹者,莫善于蓍龟。''是故君子将有为也,将有行也,问焉而以言,其受命也如向,无有远近幽深,遂知来物。非天下之至精,其孰能与于此!'及至衰世,解于齐戒,而娄烦卜筮,神明不应。故筮渎不告,《易》以为忌;龟厌不告,《诗》以为刺。"①在《史记》与《汉书》之中,也出现了不少关于卜筮的非理性描写。如《史记·孝文本纪》的记载:"丞相陈平、太尉周勃等使人迎代王……代王报太后计之,犹与未定。卜之龟,卦兆得大横。占曰:'大横庚庚,余为天王,夏启以光。'代王曰:'寡人固已为王矣,又何王?'卜人曰:'所谓天王者乃天子。'于是代王乃遣太后弟薄昭往见绛侯,绛侯等具为昭言所以迎立王意。薄昭还报曰:'信矣,毋可疑者。'……乃命宋昌参乘,张武等六人乘传诣长安。"②

再如《汉书·外戚传》的记载:"窦后兄长君。弟广国字少君,年四五岁时,家贫,为人所略卖,其家不知处。传十余家至宜阳,为其主人入山作炭。暮卧岸下百余人,岸崩,尽压杀卧者,少君独脱不死。自卜,数日当为侯。从其家之长安,闻皇后新立,家在观津,姓窦氏。广国去时虽少,识其县名及姓,

---

① 班固:《汉书》,第 1771 页。
② 司马迁:《史记》,第 413—414 页。

又尝与其姊采桑,堕,用为符信,上书自陈。皇后言帝,召见问之,具言其故,果是。复问其所识,曰:'姊去我西时,与我决传舍中,丐沐沐我,已,饭我,乃去。'于是窦皇后持之而泣,侍御左右皆悲。乃厚赐之,家于长安……于是乃选长者之有节行者与居。窦长君、少君由此为退让君子,不敢以富贵骄人……文帝崩,景帝位,皇后为皇太后,乃封广国为章武侯。"①

占星也是《史记》与《汉书》中出现较多的一种非理性描写。如《史记·张耳陈馀列传》的记载:"陈馀因悉三县兵袭常山王张耳。张耳败走,念诸侯无可归者,曰:'汉王与我有旧故,而项羽又强,立我,我欲之楚。'甘公曰:'汉王之入关,五星聚东井。东井者,秦分也。先至必霸。楚虽强,后必属汉。'故耳走汉。"②"甘公",裴骃《史记集解》注云:"文颖曰:'善说星者甘氏也。'"③再如《汉书·天文志》的记载:"孝成建始元年九月戊子,有流星出文昌,色白,光烛地,长可四丈,大一围,动摇如龙蛇形。有顷,长可五六丈,大四围所,诎折委曲,贯紫宫西,在斗西北子亥间,后诎如环,北方不合,留一刻所。占曰:'文昌为上将贵相。'是时,帝舅王凤为大将军,其后宣帝舅子王商为丞相,皆贵重任政。凤妒商,潜而罢之。商自杀,

---

① 班固:《汉书》,第 3944—3945 页。
② 司马迁:《史记》,第 2581 页。
③ 司马迁:《史记》,第 2582 页。

亲属皆废黜。"①

堪舆也是汉代重要的民间信仰之一。汉代的堪舆术,主要就是用以帮助人们选择住宅或墓地的。汉人认为死者墓地的好坏,会对其后代产生直接的影响。如果墓地选得好,就会福佑子孙;如果选得不好,还会祸及子孙。《史记》和《汉书》皆有关于堪舆的描写。如《史记·淮阴侯列传》云:"吾如淮阴,淮阴人为余言,韩信虽为布衣时,其志与众异。其母死,贫无以葬,然乃行营高敞地,令其旁可置万家。余视其母冢,良然。"②《汉书·韩信传》又云:"韩信,淮阴人也。家贫无行,不得推择为吏,又不能治生为商贾,常从人寄食。其母死无以葬,乃行营高燥地,令傍可置万家者。"③韩信尚为布衣之时,其母亲去世,家贫无以为葬。然而,韩信却将母亲葬于"高敞地",且"令其旁可置万家"。后来,韩信果然成为一方诸侯。

除了相人、望气、占梦、卜筮、占星与堪舆之外,受汉代流行的"天人感应"理论的影响,《史记》与《汉书》中还载录了大量的其他神奇怪异之"征兆"。如《史记·孝景本纪》的记载:"三年正月乙巳,赦天下。长星出西方。天火燔雒阳东宫大殿城室。吴王濞、楚王戊、赵王遂、胶西王卬、济南王辟光、菑川

---

① 班固:《汉书》,第 1309 页。
② 司马迁:《史记》,第 2629—2630 页。
③ 班固:《汉书》,第 1861 页。

王贤、胶东王雄渠反,发兵西乡。"①再如《汉书·翟方进传》的记载:"始,(翟方进的儿子)义兄宣居长安,先义未发,家数有怪,夜闻哭声,听之不知所在。宣教授诸生满堂,有狗从外入,啮其中庭群雁数十,比惊救之,已皆断头。狗走出门,求不知处。宣大恶之,谓后母曰:'东郡太守文仲素俶傥,今数有恶怪,恐有妄为而大祸至也。大夫人可归,为弃去宣家者以避害。'母不肯去,后数月败。"②这些怪异的"不祥之兆",最终也得到了应验。

总的来说,由于受到汉代流行的民间信仰的影响,《史记》与《汉书》中都出现了大量的荒诞离奇的非理性之事。《史记》与《汉书》中的相人、望气、占梦、卜筮与占星等非理性描写,一般来说,都是单独出现于某一历史人物的传记之中;而在那些著名历史人物的传记中,有时也会出现多种非理性描写集于一身的情形。汉高祖刘邦、汉宣帝刘询以及元后王政君等人的传记,就是这方面的典型代表。班固在《汉书·叙传》中收录了其父班彪的《王命论》。《王命论》云:"盖在高祖,其兴也有五:一曰帝尧之苗裔,二曰体貌多奇异,三曰神武有征应,四曰宽明而仁恕,五曰知人善任使……若乃灵端符应,又可略闻矣。初刘媪任高祖而梦与神遇,震电晦冥,有龙

---

① 司马迁:《史记》,第 440 页。
② 班固:《汉书》,第 3438 页。

蛇之怪。及其长而多灵,有异于众,是以王、武感物而折券,吕公睹形而进女;秦皇东游以厌其气,吕后望云而知所处;始受命则白蛇分,西入关则五星聚。故淮阴、留侯谓之天授,非人力也。"①正如班彪所说,不管是《史记·高祖本纪》还是《汉书·高帝纪》,其中都出现了有关汉高祖刘邦的相人、望气与占梦等非理性描写。

二、民间信仰与《史记》《汉书》的命运观

《史记》与《汉书》中的这些相人、占梦和望气等描写,从现代叙事学的角度来看,皆是非理性的"预叙"。司马迁与班固二人竟然通过神秘预言来暗示人物命运结局,他们这种做法,今天来看显然是极其荒谬的。然而,列宁曾经说过,"在分析任何一个社会问题时,马克思主义理论的绝对要求,就是要把问题提到一定的历史范围之内"②。因此,我们考察《史记》《汉书》的非理性叙事、探讨司马迁、班固对民间信仰的认识等,都不能脱离两汉社会实际。唯有结合汉代特殊的文化背景,才能更好地把握司马迁、班固的思想状况,才能对《史记》《汉书》之命运观给予合理的解释和公正的评价。

---

① 班固:《汉书》,第 4211—4212 页。
② 列宁:《论民族自决权》,载《列宁选集》第 2 卷,人民出版社,1972,第 512 页。

(一)司马迁、班固对民间信仰的认知与接受

汉代社会,民间信仰得以迅速发展、广泛普及,出现了空前兴盛的局面。吕思勉先生曾经说过:"我国迷信之渐澹,实魏、晋之世,玄学大兴,重明理而贱践迹,尊人事而远天道,有以致之,若两汉,固仍一鬼神术数之世界也。"①的确如此,两汉社会基本上还是一个"鬼神术数之世界"。

再者,汉人对于"术数"的认识,也与后世有所不同。对此,吕思勉曾论述说:"术数之学,《后汉书·方术传》所叙,有风角、遁甲、七政、元气、六日七分、逢占、日者、挺专、须臾、孤虚等。此类术数,后世亦恒有之,汉世所异者,则儒者信之者殊多。如郎𫖮父宗善风角、星、算、六日七分。能望气占候吉凶,尝卖卜自奉。王景循吏也,合众家之书为《大衍玄基》。景鸾儒生也,而钞风角杂书,列其占验,作《兴道篇》。何休亦注风角七分。诸如此类,难遍疏举。可见当时之风气,迥与后世不同矣。然因士夫信之者多,其说亦时有理致,与一味迷信者不同,后人概目为愚夫愚妇之流,则又过矣。"②汉代社会,"术数之学"十分流行。这一时期,"士夫信之者多,其说亦时有理致,与一味迷信者不同"。所以说,汉代文人很多都相信"术数之学",亦是受当时社会风气的影响所致,我们不能简

---

① 吕思勉:《秦汉史》(下),第 768 页。
② 吕思勉:《秦汉史》(下),第 772—773 页。

单地把他们也视为"愚夫愚妇之流"。

吕思勉不仅指出"汉世所异者,则儒者信之者殊多",而且他还以郎𫖮之父郎宗、王景、景鸾和何休这些汉代颇有声望的儒者为例,来进一步证明自己的这一观点。汉代著名的儒生中,有相当多的人就对"术数之学"深信不疑;还有不少人更是兼通儒学与"术数之学"。如《后汉书·郎𫖮列传》的记载:"郎𫖮字雅光,北海安丘人也。父宗,字仲绥,学《京氏易》,善风角、星算、六日七分,能望气占候吉凶,常卖卜自奉。安帝征之,对策为诸儒表,后拜吴令。时卒有暴风,宗占知京师当有大火,记识时日,遣人参候,果如其言。诸公闻而表上,以博士征之。宗耻以占验见知,闻征书到,夜县印绶于县廷而遁去,遂终身不仕。"①郎𫖮的父亲郎宗,就是一个儒生,郎宗一方面"学《京氏易》""对策为诸儒表",另一方面还"善风角、星算、六日七分,能望气占候吉凶,常卖卜自奉"。郎宗还因擅长"占验"而著称于世,有一次突然起了暴风,郎宗"占知京师当有大火,记识时日,遣人参候,果如其言"。郎宗就是当时儒者精通数术的典型代表。再如《后汉书·循吏列传》记载:"(王)景少学《易》,遂广窥众书,又好天文术数之事,沈深多伎艺。辟司空伏恭府。时有荐景能理水者,显宗诏与将作谒者王吴共修作浚仪渠。吴用景堨流法,水乃不复为害……初,

---

① 范晔:《后汉书》,第 1053 页。

景以为《六经》所载，皆有卜筮，作事举止，质于蓍龟，而众书错糅，吉凶相反，乃参纪众家数术文书，冢宅禁忌，堪舆日相之属，适于事用者，集为《大衍玄基》云。"①王景从小就开始学习《易经》，是一个儒生，也是当时著名的循吏。可是，王景非常喜欢"术数之学"，他曾经"以为《六经》所载，皆有卜筮，作事举止，质于蓍龟，而众书错糅，吉凶相反，乃参纪众家数术文书，冢宅禁忌，堪舆日相之属，适于事用者，集为《大衍玄基》"。由此可见，王景也是东汉时期颇为有名的一位精通"术数之学"的儒者。

《后汉书·儒林列传》则有景鸾与何休二人的传记：

> 景鸾字汉伯，广汉梓潼人也。少随师学经，涉七州之地。能理《齐诗》《施氏易》，兼受《河》《洛》图纬，作《易说》及《诗解》，文句兼取《河》《洛》，以类相从，名为《交集》。又撰《礼内外记》，号曰《礼略》。又抄风角杂书，列其占验，作《兴道》一篇。及作《月令章句》。凡所著述五十余万言。数上书陈救灾变之术。州郡辟命不就，以寿终。②

> 何休字邵公，任城樊人也。父豹，少府。休为人质朴讷口，而雅有心思，精研《六经》，世儒无及者。以列卿子诏拜郎中，非其好也，辞疾而去。不仕州郡。进退必以

---

① 范晔：《后汉书》，第 2464—2466 页。
② 范晔：《后汉书》，第 2572 页。

礼。太傅陈蕃辟之,与参政事。蕃败,休坐废锢,乃作《春秋公羊解诂》,覃思不窥门,十有七年。又注训《孝经》、《论语》、风角七分,皆经纬典谟,不与守文同说。①

景鸾和何休都是东汉时期有名的儒生。景鸾"少随师学经","能理《齐诗》《施氏易》",又"兼受《河》《洛》图纬"。可见,其学既有经书,又有纬书。不仅如此,景鸾还"抄风角杂书,列其占验,作《兴道》一篇"。何休"精研《六经》,世儒无及者",是东汉著名的儒家大师,也是今文经学派的代表人物。何休不仅著有《春秋公羊解诂》,还注训"《孝经》、《论语》、风角七分"。

再如《后汉书·翟酺列传》的记载:"翟酺字子超,广汉雒人也。四世传《诗》。酺好《老子》,尤善图纬、天文、历算。以报舅仇,当徙日南,亡于长安,为卜相工,后牧羊凉州。遇赦还。仕郡,征拜议郎,迁侍中。"②翟酺出身于儒学世家,然而,他本人却又"好《老子》,尤善图纬、天文、历算"。翟酺还曾经逃亡到西都长安,做过一段时间"卜相工"。

汉代社会,儒生们多相信"术数之学",甚至不少儒者还对"术数之学"颇有研究。就连著名的唯物论者王充,也从未彻底否定过"术数之学"。吕思勉先生曾经说过:"案骨相之说,本只谓观其形貌而可知其才性,因其才行而可知其穷通,

---

① 范晔:《后汉书》,第 2582—2583 页。
② 范晔:《后汉书》,第 1602 页。

至祸福与善恶,穷达与贤不肖不符,则由于人事之纷纭,本非相者所能豫烛,读《论衡·骨相》《命义》《潜夫论·相列》等篇可知。流俗昧于此理,专言祸福穷达,甚至推诸六畜、器物,则于理不可通矣。然相法视他迷信,究较有凭,故信之者多也。"①的确如此,汉代流行的"相人术","视他迷信,究较有凭",这也是汉人对其深信不疑的原因所在。

两汉社会,儒生对于"术数之学",相信者甚多,精通者也不少;而像王充这样的著名的唯物论者,对于"术数之学"也是既有批判,又有肯定。那么,汉代普通民众对于"术数"的迷信程度,也就可想而知了。

两汉社会,亦有因精通"术数"而被皇帝宠信者。《史记·佞幸列传》记载:"孝文时中宠臣,士人则邓通,宦者则赵同、北宫伯子。北宫伯子以爱人长者;而赵同以星气幸,常为文帝参乘;邓通无伎能。"②可见,汉文帝时,宦者赵同就是"以星气幸"。《汉书·佞幸传》亦有相关的记载:"赵谈者,以星气幸,北宫伯子长者爱人,故亲近,然皆不比邓通。"③汉文帝时,这位因为擅长"星气"而被皇帝宠幸的人,其名应该为"赵谈"。我们知道司马迁的父亲名叫司马谈,《史记》称"赵谈"为"赵同",应该是出于避讳之需要。

---

① 吕思勉:《秦汉史》(下),第770—771页。
② 司马迁:《史记》,第3192页。
③ 班固:《汉书》,第3724页。

两汉时期,"术数之学"对于当时人们的政治、经济生活等都产生极为深刻的影响。如《史记·河渠书》的记载:"汉兴三十九年,孝文时河决酸枣,东溃金堤,于是东郡大兴卒塞之。其后四十有余年,今天子元光之中,而河决于瓠子,东南注巨野,通于淮、泗。于是天子使汲黯、郑当时兴人徒塞之,辄复坏。是时武安侯田蚡为丞相,其奉邑食鄃。鄃居河北,河决而南则鄃无水灾,邑收多。蚡言于上曰:'江河之决皆天事,未易以人力为强塞,塞之未必应天。'而望气用数者亦以为然。于是天子久之不事复塞也。"①汉武帝时,黄河"决于瓠子,东南注巨野,通于淮、泗据",丞相武安侯田蚡为了一己之私利,竟然称"江河之决皆天事,未易以人力为强塞,塞之未必应天",而当时的"望气用数者亦以为然",以至于"天子久之不事复塞也"。再如,据《汉书·谷永传》记载,谷永曾经对汉成帝说:"陛下即位,委任遵旧,未有过政。元年正月,白气较然起乎东方,至其四月,黄浊四塞,覆冒京师,申以大水,著以震蚀。各有占应,相为表里,百官庶事无所归倚,陛下独不怪与?白气起东方,贱人将兴之表也;黄浊冒京师,王道微绝之应也。夫贱人当起而京师道微,二者已丑。陛下诚深察愚臣之言,致惧天地之异,长思宗庙之计,改往反过,抗湛溺之意,解偏驳之爱,奋乾刚之威,平天覆之施,使列妾得人人更进,犹尚未足

---

① 司马迁:《史记》,第1409页。

也,急复益纳宜子妇人,毋择好丑,毋避尝字,毋论年齿。推法言之,陛下得继嗣于微贱之间,乃反为福。得继嗣而已,母非有贱也。后宫女史使令有直意者,广求于微贱之间,以遇天所开右,慰释皇太后之忧惧,解谢上帝之谴怒,则继嗣蕃滋,灾异讫息。"①汉成帝时,灾异频现,而汉成帝又没有子嗣。谷永通过"望气",称"白气起东方,贱人将兴之表也;黄浊冒京师,王道微绝之应也"。于是谷永建议汉成帝"急复益纳宜子妇人,毋择好丑,毋避尝字,毋论年齿",认为这样就能够"慰释皇太后之忧惧,解谢上帝之谴怒",就会"继嗣蕃滋,灾异讫息"。

在班固的弟弟班超身上,就发生过一件与汉代"相人术"直接相关的让人觉得不可思议的奇异之事。《后汉书·班超列传》记载:"永平五年,兄固被召诣校书郎,超与母随至洛阳。家贫,常为官佣书以供养。久劳苦,尝辍业投笔叹曰:'大丈夫无它志略,犹当效傅介子、张骞立功异域,以取封侯,安能久事笔研间乎?'左右皆笑之。超曰:'小子安知壮士志哉!'其后行诣相者,曰:'祭酒,布衣诸生耳,而当封侯万里之外。'超问其状。相者指曰:'生燕颔虎颈,飞而食肉,此万里侯相也。'"②后来,班超出使西域,屡建奇功,果真"封侯万里之外",被封"定远侯,邑千户"③。相者当年称班超"生燕颔虎

---

① 班固:《汉书》,第3452—3453页。
② 范晔:《后汉书》,第1571页。
③ 范晔:《后汉书》,第1582页。

颈,飞而食肉,此万里侯相也",如此神奇的预言,最终竟然也能够得以应验。

总之,两汉社会,民间信仰非常盛行。尤其是这一时期的"术数之学",相对于鬼神迷信来说,它具有更大的迷惑性。即便是汉代那些著名的思想家,对于"术数之学"也极少有明确反对者。在这样的思想文化背景下,司马迁和班固对民间信仰的认识自然也会表现出他们的时代局限性。也正因为如此,《史记》与《汉书》中才出现了大量的相人、望气等非理性描写。

(二)民间信仰对《史记》《汉书》命运观的影响

《史记》采用人物传记这一形式来再现历史,从而开启了纪传体史书的基本体例。《汉书》则继承了《史记》的纪传体写作体例。《史记》《汉书》都是"以人物为本位",这标志着司马迁、班固二人对"天人关系"的认识,更倾向于"人事"。可见,相对于先秦时期的史官而言,司马迁与班固的历史观已经有了巨大的进步。尽管如此,司马迁与班固对于"人事"的重视,并不意味着他们在史书写作中,彻底摆脱了"天命观"的影响。

司马迁出身于史官世家,他和他的父亲司马谈都做过太史令。司马谈在临终之前,曾经嘱托司马迁说:"余先周室之太史也。自上世尝显功名于虞夏,典天官事。后世中衰,绝于予乎？汝复为太史，则续吾祖矣。"①刘师培先生曾指出："三代之时，称天而治，天事人事相为表里，天人之学，史实习之。"②史官文化的熏染，外加汉代"天人感应"思想的影响，使得司马迁在创作《史记》的时候，不得不思考与探讨"天事人事"之关系。

《后汉书·班彪列传》记载："（班）彪性沈重好古……彪既才高而好述作，遂专心史籍之间。武帝时，司马迁著《史记》，自太初以后，阙而不录，后好事者颇或缀集时事，然多鄙俗，不足以踵继其书。彪乃继采前史遗事，傍贯异闻，作后传数十篇，因斟酌前史而讥正得失。"③可见，正是班固的父亲班彪所写作的这数十篇"后传"，为班固后来的《汉书》创作奠定了基础。

班固也做过史官，《后汉书·班固列传》云："父彪卒，归乡里。固以彪所续前史未详，乃潜精研思，欲就其业。既而有人上书显宗，告固私改作国史者，有诏下郡，收固系京兆狱，尽取其家书。先是扶风人苏朗伪言图谶事，下狱死。固弟超恐固为郡所核考，不能自明，乃驰诣阙上书，得召见，具言固所著述意，而郡亦上其书。显宗甚奇之，召诣校书部，除兰台令史，与前睢阳令陈宗、长陵令尹敏、司隶从事孟异共成《世祖本

---

① 司马迁：《史记》，第3295页。
② 刘师培：《古学出于史官论》，载《刘师培史学论著选集》，第9页。
③ 范晔：《后汉书》，第1323—1324页。

纪》。迁为郎,典校秘书。固又撰功臣、平林、新市、公孙述事,作列传、载记二十八篇,奏之。帝乃复使终成前所著书。"①受东汉时期更为盛行的"天人感应"思潮的影响,再加上自己作为史官的职责,促使班固写作《汉书》时,也必须深入探究"天事人事"之关系。

钱穆说:"所谓'天人之际'者,'人事'和'天道'中间应有一分际,要到什么地方才是我们人事所不能为力,而必待之'天道',这一问题极重要。"②司马迁和班固在写作史书的时候,都是"以人物为本位",非常重视"人事"的作用。但由于受到汉代流行的民间信仰的影响,司马迁与班固在理解、认识和把握历史人物复杂多变的命运结局以及历史发展的客观规律时,又难免会陷入"自然命定论"与"因果报应"等宿命论的泥潭。

在《史记》和《汉书》之中,"自然命定论"与"因果报应"等宿命论倾向有时还表现得相当明显。《史记》《汉书》中大量出现的相人、望气等描写,可以说就是司马迁与班固内心深处"自然命定论"这一思想意识的直接反映。《论衡·吉验》云:"凡人禀贵命于天,必有吉验见于地。见于地,故有天命也。验见非一,或以人物,或以祯祥,或以光气……盖天命当兴,圣王当出,前后气验,照察明著。继体守文,因据前基,禀

---

① 范晔:《后汉书》,第 1333—1334 页。
② 钱穆:《中国史学名著》,第 75 页。

天光气,验不足言。创业龙兴,由微贱起于颠沛若高祖、光武者,曷尝无天人神怪光显之验乎!"①王充认为"人禀贵命于天,必有吉验见于地",而"吉验"之征兆并非是单一的,"或以人物,或以祯祥,或以光气",表现形式多种多样。王充的这一"天命观",从本质上讲,就属于典型的"自然命定论"。汉代社会,这种以"自然命定论"为核心的"天命观"极为流行,也具有很大的迷惑性。从《史记》与《汉书》的非理性"预叙"来看,很多就是通过观察人们的骨法、气色以及他们周边形成的云气等,来推知其未来的吉凶祸福。可见,汉代社会盛行的"自然命定论",已经成为影响《史记》与《汉书》命运观的一个十分重要的因素。

在汉代"自然命定论"这一思想观念的影响下,司马迁与班固在他们的史书写作过程中,时常会流露出世事难料、"天命"难违的感慨。《史记·佞幸列传》与《汉书·佞幸传》关于汉文帝的宠臣邓通的记载,可以作为这方面的典型代表。汉文帝尊幸邓通,专门让善相者来相之。相者却称邓通当贫饿死,汉文帝听了以后,觉得不可思议,邓通是自己最喜欢的人,皇帝的宠臣岂能会因为贫饿而死!尽管如此,汉文帝还是有些担心,为了防止相者的预言将来会变成现实,汉文帝竟然荒唐地将蜀严道铜山赏赐给了邓通,认为允许邓通自己铸钱,他

---

① 北京大学历史系《论衡》注释小组:《论衡注释》,第122—137页。

自然也就不会贫饿死了。然而,汉文帝死后,邓通失去了靠山,最终果然落了个因贫饿而死的可悲下场。让人不解的是,世人的命运就像"天"早已安排好了,人只能通过相人术等来预知"天命",但任何人也不可能改变它。

《史记》和《汉书》之中,还存在着传统的"因果报应"的思想观念,这也是司马迁与班固宿命论的一个重要表现。如《史记·白起列传》云:"秦昭王与应侯群臣议曰:'白起之迁,其意尚怏怏不服,有余言。'秦王乃使使者赐之剑,自裁。武安君引剑将自刭,曰:'我何罪于天而至此哉?'良久,曰:'我固当死。长平之战,赵卒降者数十万人,我诈而尽坑之,是足以死。'遂自杀。"①白起认为自己"固当死",原因就在于长平之战坑杀了赵卒降者数十万人。再如《史记·王翦列传》云:"陈胜之反秦,秦使王翦之孙王离击赵,围赵王及张耳巨鹿城。或曰:'王离,秦之名将也。今将强秦之兵,攻新造之赵,举之必矣。'客曰:'不然。夫为将三世者必败。必败者何也?必其所杀伐多矣,其后受其不祥。今王离已三世将矣。'居无何,项羽救赵,击秦军,果虏王离,王离军遂降诸侯。"②客认为"为将三世者必败",是因为"其所杀伐多矣,其后受其不祥";而到了王翦之孙王离时,"已三世将矣"。后来,"项羽救赵,击秦军,果虏王离,王离军遂降诸侯",客之言也得以应验。《史

---

① 司马迁:《史记》,第 2337 页。
② 司马迁:《史记》,第 2341—2342 页。

记·李将军列传》中亦有这方面的记载:"初,广之从弟李蔡与广俱事孝文帝。景帝时,蔡积功劳至二千石。孝武帝时,至代相。以元朔五年为轻车将车,从大将军击右贤王,有功中率,封为乐安侯。元狩二年中,代公孙弘为丞相。蔡为人在下中,名声出广下甚远,然广不得爵邑,官不过九卿,而蔡为列侯,位至三公。诸广之军吏及士卒或取封侯。广尝与望气王朔燕语,曰:'自汉击匈奴而广未尝不在其中,而诸部校尉以下,才能不及中人,然以击胡军功取侯者数十人,而广不为后人,然无尺寸之功以得封邑者,何也?岂吾相不当侯邪?且固命也?'朔曰:'将军自念,岂尝有所恨乎?'广曰:'吾尝为陇西守,羌尝反,吾诱而降,降者八百余人,吾诈而同日杀之。至今大恨独此耳。'朔曰:'祸莫大于杀已降,此乃将军所以不得侯者也。'"①王朔认为"祸莫大于杀已降",而李广"所以不得侯者",原因就在于此。这些都是司马迁受"因果报应"思想影响的直接表现。

《汉书·于定国传》云:"于定国字曼倩,东海郯人也。其父于公为县狱史,郡决曹,决狱平,罗文法者于公所决皆不恨。郡中为之生立祠,号曰于公祠……始定国父于公,其闾门坏,父老方共治之。于公谓曰:'少高大闾门,令容驷马高盖车。我治狱多阴德,未尝有所冤,子孙必有兴者。'至定国为丞相,

---

① 司马迁:《史记》,第2873—2874页。

永为御史大夫,封侯传世云。"①于定国的父亲于公认为自己"治狱多阴德,未尝有所冤,子孙必有兴者"。后来,正如于公所言,其子孙后代果然"有兴者":"至定国为丞相,永为御史大夫,封侯传世云。"再如《汉书·酷吏传》的记载:"(严)延年为人短小精悍,敏捷于事,虽子贡、冉有通艺于政事,不能绝也。吏忠尽节者,厚遇之如骨肉,皆亲乡之,出身不顾,以是治下无隐情。然疾恶泰甚,中伤者多,尤巧为狱文,善史书,所欲诛杀,奏成于手,中主簿亲近史不得闻知。奏可论死,奄忽如神。冬月,传属县囚,会论府上,流血数里,河南号曰'屠伯'……初,延年母从东海来,欲从延年腊,到雒阳,适见报囚。母大惊,便止都亭,不肯入府。延年出至都亭谒母,母闭阁不见。延年免冠顿首阁下,良久,母乃见之,因数责延年:'幸得备郡守,专治千里,不闻仁爱教化,有以全安愚民,顾乘刑罚多刑杀人,欲以立威,岂为民父母意哉!'延年服罪,重顿首谢,因自为母御,归府舍。母毕正腊,谓延年:'天道神明,人不可独杀。我不意当老见壮子被刑戮也!行矣!去女东归,扫除墓地耳。'遂去,归郡,见昆弟宗人,复为言之。后岁余,果败。东海莫不贤知其母。"②严延年的母亲"从东海来,欲从延年腊,到雒阳,适见报囚",认为"天道神明,人不可独杀",而其子严

---

① 班固:《汉书》,第 3041—3046 页。
② 班固:《汉书》,第 3669—3672 页。

延年"多刑杀人",她于是决定"东归,扫除墓地"。一年之后,严延年"果败"。可见,《汉书》亦存在有颇为明显的"因果报应"的思想观念。

汉代社会,"因果报应"的思想观念已经深入人心。如《后汉书·皇后纪》的记载:"和熹邓皇后讳绥,太傅禹之孙也。父训,护羌校尉;母阴氏,光烈皇后从弟女也。后年五岁,太傅夫人爱之,自为剪发。夫人年高目冥,误伤后额,忍痛不言。左右见者怪而问之,后曰:'非不痛也,太夫人哀怜为断发,难伤老人意,故忍之耳。'六岁能《史书》,十二通《诗》《论语》……永元四年,当以选入,会训卒,后昼夜号泣,终三年不食盐菜,憔悴毁容,亲人不识之。后尝梦扪天,荡荡正青,若有钟乳状,乃仰嗽饮之。以讯诸占梦,言尧梦攀天而上,汤梦及天而咶之,斯皆圣王之前占,吉不可言。又相者见后惊曰:'此成汤之法也。'家人窃喜而不敢宣。后叔父陔言:'常闻活千人者,子孙有封。兄训为谒者,使修石臼河,岁活数千人。天道可信,家必蒙福。'初,太傅禹叹曰:'吾将百万之众,未尝妄杀一人,其后世必有兴者。'"①和熹邓皇后的祖父太傅邓禹认为自己"将百万之众,未尝妄杀一人,其后世必有兴者",而邓皇后的叔父邓陔又称其兄长邓训"为谒者,使修石臼河,岁活数千人。天道可信,家必蒙福"。后来,邓氏的后代果然"有

---

① 范晔:《后汉书》,第 418—419 页。

兴者",邓训的女儿邓绥就是东汉著名的和熹邓皇后。《淮南子·人间训》云:"山致其高而云起焉,水致其深而蛟龙生焉,君子致其道而福禄归焉。夫有阴德者,必有阳报,有阴行者,必有昭名。"①《论衡·福虚》亦云:"世论行善者福至,为恶者祸来。"②《论衡·祸虚》又云:"世谓受福佑者,既以为行善所致;又谓被祸害者,为恶所得。以为有沉恶伏过,天地罚之,鬼神报之。天地所罚,小大犹发;鬼神所报,远近犹至。"③可见,司马迁与班固皆有"因果报应"的思想意识,也是受时代风气的影响所致。

总的来说,由于受汉代流行的民间信仰的影响,在司马迁与班固的内心深处或多或少都存在有"自然命定论"与"因果报应"的思想观念,《史记》与《汉书》的命运观也因此而表现出了较为明显的宿命论倾向。

(三)《史记》与《汉书》不同的命运观

司马迁与班固皆受到了汉代盛行的民间信仰的直接影响,在他们的思想观念之中,也都不同程度地存在有"自然命定论"与"因果报应"等消极意识。尽管如此,由于作者思想性格、人生经历及价值取向等方面的差异,相对于《汉书》而

---

① 何宁:《淮南子集释》,第1254页。
② 北京大学历史系《论衡》注释小组:《论衡注释》,第335页。
③ 北京大学历史系《论衡》注释小组:《论衡注释》,第349页。

言,《史记》的命运观则又更具理性精神与进步意义。

《后汉书·班彪列传》云:"孝武之世,太史令司马迁采《左氏》《国语》,删《世本》《战国策》,据楚、汉列国时事,上自黄帝,下讫获麟,作本纪、世家、列传、书、表百三十篇,而十篇缺焉。迁之所记,从汉元至武以绝,则其功也。至于采经摭传,分散百家之事,甚多疏略,不如其本,务欲以多闻广载为功,论议浅而不笃。"①班彪批评司马迁在撰写《史记》时,"务欲以多闻广载为功,论议浅而不笃",自然有其认识上的偏见。然而,班彪"务欲以多闻广载为功"这句话,却也道出了司马迁喜欢搜罗奇闻异事的个性特点。《史记》大量载录相人、望气、占梦与卜筮等非理性之事,除了受到汉代流行的民间信仰的影响之外,还与司马迁本人"好奇"的思想性格有着直接的关系。

《史记》所记载的历史,上起于传说中的黄帝,下止于汉武帝时期。对于先秦时期的历史人物,司马迁在为他们作传时,主要取材于《左传》《国语》《战国策》等先秦史书的相关记载。班彪所说的"司马迁采《左氏》《国语》,删《世本》《战国策》",指的就是这一点。所以说,《史记》中所出现的那些与先秦历史人物相关的相人、望气、占梦等非理性描写,绝大多数原本就是出自先秦时期的史书记载,司马迁所做的应该只

---

① 范晔:《后汉书》,第 1325 页。

是一番取舍、剪裁与加工而已。对于秦汉时期的历史人物,司马迁在给他们作传时,当时社会上与之相关的传说故事便成为了《史记》重要的创作素材之一。两汉社会,民间信仰极为盛行。汉代不少著名的历史人物,社会上都流传着关于他们家庭背景、人生遭遇与命运结局的神奇传说。今天看来,这些有关历史名人的荒诞离奇的传说故事,明显都是汉人出于某种目的而刻意编造、附会出来的。《史记》中所出现的与秦汉历史人物相关的相人、望气、占梦等非理性描写,主要就是来源于此。

《史记》之所以会出现如此多的相人、望气、占梦等非理性描写,应该说司马迁的"好奇"心理只不过是其原因之一,绝不能全都归因于此。而《史记》大量载录荒诞离奇的非理性之事,也并不意味着司马迁本人对于这些传闻就完全认可、深信不疑。实际上,司马迁对待民间信仰的态度还是相当复杂的,也是颇为矛盾的,既有肯定,又有质疑,需要我们作具体分析。

司马迁曾经明确指出,他写作《史记》就是要"究天人之际,通古今之变,成一家之言"①。所谓的"究天人之际,通古今之变",就是司马迁作为历史学家,必须对天人关系以及人类历史发展演变的规律进行深入思考与探究。尤其是其中的

---

① 引自《汉书·司马迁传》,载班固:《汉书》,第 2735 页。

"究天人之际",时至今日,学者在理解、把握司马迁命运观之时,其仍然是一个十分重要的问题。当然,这也是一个非常复杂而又无法回避的疑难问题。首先,司马迁在《史记》中所说的"天",显然与董仲舒"天人感应"理论中的"神灵之天"有所不同。司马迁所说的"天",已基本上褪去了"神灵之天"的神学色彩。如司马迁在《史记·留侯世家》中就说:"学者多言无鬼神,然言有物。至如留侯所见老父予书,亦可怪矣。高祖离困者数矣,而留侯常有功力焉,岂可谓非天乎?"①此处的"天",即人们常说的"天命"。其次,司马迁所说的"天",也不同于所谓的"天道"。如《史记·伯夷列传》称:"或曰:'天道无亲,常与善人。'若伯夷、叔齐,可谓善人者非邪?积仁洁行如此而饿死!"②可见,司马迁心目中的"天",既非"宇宙主神",亦非"自然天道",其所指乃是冥冥之中掌握着世人命运的一种神秘力量。

在《史记·外戚世家》中,司马迁曾经感叹道:"自古受命帝王及继体守文之君,非独内德茂也,盖亦有外戚之助焉……夫妇之际,人道之大伦也。礼之用,唯婚姻为兢兢。夫乐调而四时和,阴阳之变,万物之统也。可不慎与?人能弘道,无如命何。甚哉,妃匹之爱,君不能得之于臣,父不能得之于子,况卑下乎!既欢合矣,或不能成子姓;能成子姓矣,或不能要其

---

① 司马迁:《史记》,第 2049 页。
② 司马迁:《史记》,第 2124 页。

终:岂非命也哉?孔子罕称命,盖难言之也。非通幽明之变,恶能识乎性命哉?"①司马迁认为,孔子不谈"天命",是其知道世人难以真正懂得"天命",所以孔子才"罕称命"。所以,司马迁在《史记》中也从不过分突出、渲染"天命"。不仅如此,《史记》还反对盲目地崇信"天命"。这一点在司马迁对于项羽的评价中,有着明显的表现。《项羽本纪》云:"吾闻之周生曰'舜目盖重瞳子',又闻项羽亦重瞳子。羽岂其苗裔邪?何兴之暴也!夫秦失其政,陈涉首难,豪杰蜂起,相与并争,不可胜数。然羽非有尺寸,乘势起陇亩之中,三年,遂将五诸侯灭秦,分裂天下,而封王侯,政由羽出,号为'霸王',位虽不终,近古以来未尝有也。及羽背关怀楚,放逐义帝而自立,及羽背关怀楚,放逐义帝而自立,怨王侯叛己,难矣。自矜功伐,奋其私智而不师古,谓霸王之业,欲以力征经营天下,五年卒亡其国,身死东城,尚不觉寤而不自责,过矣。乃引'天亡我,非用兵之罪也',岂不谬哉!"②再如《史记·蒙恬列传》的记载:"蒙恬喟然太息曰:'我何罪于天,无过而死乎?'良久,徐曰:'恬罪固当死矣。起临洮属之辽东,城堑万余里,此其中不能无绝地脉哉?此乃恬之罪也。'乃吞药自杀。"③对此,司马迁也有所评价。太史公曰:"吾适北边,自直道归,行观蒙恬所为

---

①司马迁:《史记》,第1967页。
②司马迁:《史记》,第338—339页。
③司马迁:《史记》,第2570页。

秦筑长城亭障,堑山堙谷,通直道,固轻百姓力矣。夫秦之初灭诸侯,天下之心未定,痍伤者未瘳,而恬为名将,不以此时强谏,振百姓之急,养老存孤,务修众庶之和,而阿意兴功,此其兄弟遇诛,不亦宜乎?何乃罪地脉哉?"①可见,司马迁对于"天命"的认识、对待"天命"的态度,亦有其理智、清醒的另一面。

司马迁个人的不幸遭遇,也进一步促使他对于所谓的"天命"进行思考。"李陵之祸",对于司马迁的打击非常大。司马迁在《报任少卿书》中说:"仆以口语遇遭此祸,重为乡党戮笑,污辱先人,亦何面目复上父母之丘墓乎?虽累百世,垢弥甚耳!是以肠一日而九回,居则忽忽若有所亡,出则不知所如往。每念斯耻,汗未尝不发背沾衣也。"②司马迁在《伯夷列传》中曾经感叹说:"七十子之徒,仲尼独荐颜渊为好学。然回也屡空,糟糠不厌,而卒蚤夭。天之报施善人,其何如哉?盗跖日杀不辜,肝人之肉,暴戾恣睢,聚党数千人横行天下,竟以寿终。是遵何德哉?此其尤大彰明较著者也。若至近世,操行不轨,专犯忌讳,而终身逸乐,富厚累世不绝。或择地而蹈之,时然后出言,行不由径,非公正不发愤,而遇祸灾者,不可胜数也。余甚惑焉,傥所谓天道,是邪非邪?"③《论衡·福

---

① 司马迁:《史记》,第 2570 页。
② 引自《汉书·司马迁传》,载班固:《汉书》,第 2736 页。
③ 司马迁:《史记》,第 2124—2125 页。

虚》亦云:"天下善人寡,恶人众。善人顺道,恶人违天。然夫恶人之命不短,善人之年不长。天不命善人常享一百载之寿,恶人为殇子恶死,何哉?"①司马迁因"李陵之祸"而身下蚕室,这也让他与王充一样,对于"善有善报、恶有恶报"这一传统的崇尚"因果报应"的"天命观"产生了怀疑。

如果说,司马迁创作《史记》,"以人物为本位",代表着司马迁思想意识与思维方式的主导倾向,闪耀着理性、睿智与进步的光芒;那么,《史记》中所出现的相人、望气、占梦等非理性描写,则展现了司马迁内心真实的另一面,使我们清楚地看到了神秘思维对他的影响。虽然《史记》大量载录荒诞离奇的非理性之事,表明司马迁尚未摆脱"天命观"的影响,但是司马迁不仅重视"人事",而且对"天命"亦有所质疑和批判,从而使得《史记》的命运观带有宿命论色彩的同时,又表现出了更多的理性意识与进步精神。

相对而言,司马迁的思想比较驳杂,并不是特别崇尚儒学;班固则可以说是一位地道的儒者,儒家思想对他的影响非常大。《汉书·司马迁传》曾经批评司马迁说:"其是非颇缪于圣人,论大道则先黄老而后六经,序游侠则退处士而进奸雄,述货殖则崇势利而羞贱贫,此其所蔽也。"②然而,班固所接受的儒家思想,已不是先秦时期以孔子为代表的原始的儒

---

① 北京大学历史系《论衡》注释小组:《论衡注释》,第 347 页。
② 班固:《汉书》,第 2737—2738 页。

家学说，而是经过董仲舒以阴阳五行等学说改造后的新儒学。董仲舒的儒家学说，是以"天人感应"理论为核心。董仲舒的"天人感应"理论，让儒学在汉代社会得以独尊的同时，也使儒学从此开始逐渐谶纬化，并最终与谶纬迷信完全融为一体。

东汉时期，"术数之学"与谶纬迷信相互融合，彼此之间已经很难区分。如《汉书·五行志》中所记载的一系列荒诞离奇、神秘怪异的历史事件，其中，有的是来自鬼神信仰，有的是出自"术数之学"，而更多的则是源自汉代盛极一时的谶纬思想、灾异意识。在这里，鬼神、术数与谶纬已经完全杂糅在一起。再如《汉书·天文志》的记载："凡天文在图籍昭昭可知者，经星常宿中外官凡百一十八名，积数七百八十三星，皆有州国官宫物类之象。其伏见蚤晚，邪正存亡，虚实阔狭，及五星所行，合散犯守，陵历斗食，彗孛飞流，日月薄食，晕适背穴，抱珥虹蜺，迅雷风祅，怪云变气：此皆阴阳之精，其本在地，而上发于天者也。政失于此，则变见于彼，犹景之象形，乡之应声。是以明君睹之而寤，饬身正事，思其咎谢，则祸除而福至，自然之符也。"① 班固用阴阳观念来解释自然现象，认为"政失于此，则变见于彼，犹景之象形，乡之应声"。很明显，班固的这一说法就是来源于董仲舒的"天人感应"理论。

再者，班固的仕宦经历也与司马迁有着很大的差异。相

---

① 班固：《汉书》，第 1273 页。

对来说,司马迁怀才而不遇,且又蒙冤受辱,而班固的仕途则比较顺畅。班固早年在撰写《汉书》的时候,曾经因为有人告发其私改国史而被收系京兆狱。但是,班固最终并没有被治罪,反而因此得到了皇帝的赏识,被召到校书部,做了兰台令史,专门为朝廷修撰国史。可见,班固的《汉书》编撰,已经与司马迁的《史记》写作明显不同。班固是代表官方修撰国史,而司马迁则纯属于私家修史。这就使得班固在撰写《汉书》的时候,头脑中一直有着"尊刘"、"宣汉"与"崇德"的自觉意识,《汉书》也因此而淡化了史学家应有的理性意识与批判精神。

由于受到汉代盛行的民间信仰与谶纬迷信的共同影响,班固在编撰《汉书》时,不仅大量载录相人、望气、占梦等非理性之事,而且还大力宣扬"因果报应"等宿命论思想。如《丙吉传》和《元后传》的相关记载:

> (丙)吉为人深厚,不伐善。自曾孙遭遇,吉绝口不道前恩,故朝廷莫能明其功也……上(汉宣帝)亲见问,然后知吉有旧恩,而终不言。上大贤之,制诏丞相:"朕微眇时,御史大夫吉与朕有旧恩,厥德茂焉。《诗》不云乎?'亡德不报。'其封吉为博阳侯,邑千三百户。"临当封,吉疾病,上将使人加绅而封之,及其生存也。上忧吉疾不起,太子太傅夏侯胜曰:"此未死也。臣闻有阴德者,必飨其乐以及子孙。今吉未获报而疾甚,非其死疾也。"后病

果愈……后五岁,代魏相为丞相。①

（元后王政君的祖父王翁孺）为武帝绣衣御史,逐捕魏郡群盗坚卢等党与,及吏畏懦逗留当坐者,翁孺皆纵不诛。它部御史暴胜之等奏杀二千石,诛千石以下,及通行饮食坐连及者,大部至斩万余人,语见《酷吏传》。翁孺以奉使不称免,叹曰:"吾闻活千人者有封子孙,吾所活者万余人,后世其兴乎!"翁孺既免,而与东平陵终氏为怨,乃徙魏郡元城委粟里,为三老,魏郡人德之。元城建公曰:"昔春秋沙麓崩,晋史卜之,曰:'阴为阳雄,土火相乘,故有沙麓崩。后六百四十五年,宜有圣女兴。其齐田乎!'今王翁孺徙,正直其地,日月当之。元城郭东有五鹿之虚,即沙鹿地也。后八十年,当有贵女兴天下"云。②

汉宣帝刚出生不久,巫蛊之祸就发生了。汉宣帝因为丙吉的保护而得以幸存。后来,一次偶然的机会,汉宣帝得知丙吉当年的救命之恩,于是决定封丙吉为"博阳侯,邑千三百户"。然而,"临当封,吉疾病"。汉宣帝非常担心,怕丙吉一病不起。这时候,太子太傅夏侯胜对汉宣帝说:"臣闻有阴德者,必飨其乐以及子孙。今吉未获报而疾甚,非其死疾也。"正如夏侯胜所言,后来丙吉的病果然好了。王翁孺当年曾经感叹道:"吾闻活千人者有封子孙,吾所活者万余人,后世其兴乎!"其

---

① 班固:《汉书》,第 3144—3145 页。
② 班固:《汉书》,第 4013—4014 页。

后,元城建公又称王翁孺"后八十年,当有贵女兴天下"。王翁孺的后代果然出了贵女,汉元帝的皇后王政君就是王翁孺的孙女。

班固在强调"因果报应"的同时,又颇为注重"明经""修身"对于历史人物命运的积极影响。如《汉书·翟方进传》记载:

> 翟方进字子威,汝南上蔡人也。家世微贱,至方进父翟公,好学,为郡文学。方进年十二三,失父孤学,给事太守府为小史,号迟顿不及事,数为掾史所詈辱。方进自伤,乃从汝南蔡父相问己能所宜。蔡父大奇其形貌,谓曰:"小史有封侯骨,当以经术进,努力为诸生学问。"方进既厌为小史,闻蔡父言,心喜,因病归家,辞其后母,欲西至京师受经。母怜其幼,随之长安,织屦以给方进读,经博士受《春秋》。积十余年,经学明习,徒众日广,诸儒称之。以射策甲科为郎。二三岁,举明经,迁议郎……会丞相薛宣坐广汉盗贼群起及太皇太后丧时三辅吏并征发为奸,免为庶人。方进亦坐为京兆尹时奉丧事烦扰百姓,左迁执金吾。二十余日,丞相官缺,群臣多举方进,上亦器其能,遂擢方进为丞相,封高陵侯,食邑千户。①

其父去世之时,翟方进才十二三岁,在太守府做小史,因为迟

---

① 班固:《汉书》,第 3411—3416 页。

钝不及事,时常被掾史所詈辱。翟方进颇为自伤,于是就去拜访善相者汝南人蔡父,让他给自己指点迷津。岂料蔡父一见到翟方进,竟大奇其形貌,称他有封侯骨。不仅如此,蔡父还建议翟方进以经术进,努力为诸生学问。听闻蔡父之言,翟方进内心欢喜,决定到京城去学习经术。在其母的帮助下,经过十余年的刻苦努力,翟方进经学明习,为诸儒所称道。接下来,翟方进先以射策甲科为郎,后举明经,迁议郎。正如蔡父所言,翟方进最终官至丞相,被封为高陵侯。

再如《汉书·张禹传》记载:

> 张禹字子文,河内轵人也。至禹父徙家莲勺。禹为儿,数随家至市,喜观于卜相者前。久之,颇晓其别蓍布卦意,时从旁言。卜者爱之,又奇其面貌,谓禹父:"是儿多知,可令学经。"及禹壮,至长安学,从沛郡施雠受《易》,琅邪王阳、胶东庸生问《论语》,既皆明习,有徒众,举为郡文学。甘露中,诸儒荐禹,有诏太子太傅萧望之问。禹对《易》及《论语》大义,望之善焉,奏禹经学精习,有师法,可试事。奏寝,罢归故官。久之,试为博士。初元中,立皇太子,而博士郑宽中以《尚书》授太子,荐言禹善《论语》。诏令禹授太子《论语》,由是迁光禄大夫。数岁,出为东平内史。元帝崩,成帝即位,征禹、宽中,皆以师赐爵关内侯,宽中食邑八百户,禹六百户。拜为诸吏光

禄大夫,秩中二千石,给事中,领尚书事。①

张禹儿时,就特别喜欢观看卜相者为人卜相。久而久之,张禹竟然能够"颇晓其别蓍布卦意",还不时从旁插言。"卜者爱之,又奇其面貌",就建议张禹的父亲让张禹去学习经学。张禹长大后,就到了京师长安,既跟随沛郡施雠学习《易》,又师从向琅邪王阳、胶东庸生学习《论语》。学成之后,张禹先是被举为郡文学,后来又出为东平内史,再迁光禄大夫。汉成帝即位后,张禹被赐爵关内侯,又领尚书事。最后,张禹"代王商为丞相,封安昌侯"②。

班彪、班固父子二人,皆是被时人所称道的儒者。《汉书·叙传》称班彪"唯圣人之道然后尽心焉"③。《后汉书·班彪列传》亦云:"班彪以通儒上才,倾侧危乱之间,行不逾方,言不失正,仕不急进,贞不违人,敷文华以纬国典,守贱薄而无闷容。彼将以世运未弘,非所谓贱焉耻乎?何其守道恬淡之笃也!"④《后汉书·班固列传》称班固"性宽和容众,不以才能高人,诸儒以此慕之"⑤。因而,儒家的正统思想观念,对于《汉书》的写作宗旨产生了直接的影响。《汉书·礼乐志》云:"《六经》之道同归,而《礼》《乐》之用为急。治身者斯

---

① 班固:《汉书》,第 3347—3348 页。
② 班固:《汉书》,第 3348 页。
③ 班固:《汉书》,第 4207 页。
④ 范晔:《后汉书》,第 1329—1330 页。
⑤ 范晔:《后汉书》,第 1330 页。

须忘礼,则暴嫚入之矣;为国者一朝失礼,则荒乱及之矣。人函天地阴阳之气,有喜怒哀乐之情。天禀其性而不能节也,圣人能为之节而不能绝也,故象天地而制礼乐,所以通神明,立人伦,正情性,节万事者也。"①可见,班固十分重视经学的礼乐教化功能,认为"治身者斯须忘礼,则暴嫚入之矣;为国者一朝失礼,则荒乱及之矣"。《汉书·叙传》曰:"固以为唐虞三代,《诗》《书》所及,世有典籍,故虽尧舜之盛,必有典谟之篇,然后扬名于后世,冠德于百王,故曰:'巍巍乎其有成功,焕乎其有文章也!'汉绍尧运,以建帝业,至于六世,史臣乃追述功德,私作本纪,编于百王之末,厕于秦、项之列。太初以后,阙而不录,故探纂前记,缀辑所闻,以述《汉书》,起元高祖,终于孝平、王莽之诛,十有二世,二百三十年,综其行事,旁贯《五经》,上下洽通,为春秋考纪、表、志、传,凡百篇。"②显然,"综其行事,旁贯《五经》,上下洽通",乃是班固编撰《汉书》所遵从的一个基本原则。也正因为如此,班固鼓吹、宣扬"因果报应"的同时,又强调"明经""修身"对于历史人物命运的积极影响。

班彪《王命论》曾称"穷达有命,吉凶由人"③。班固《幽通赋》又云:"神先心以定命兮,命随行以消息。翰流迁其不

---

① 班固:《汉书》,第1027页。
② 班固:《汉书》,第4235页。
③ 引自《汉书·叙传》,载班固:《汉书》,第4211页。

济兮,故遭罹而赢缩。"①颜师古注曰:"言神明之道,虽在人心之前已定命矣,然亦随其所行,以致祸福。"②很明显,对于"天命"与"人事"之关系,班固的认识与其父班彪也是一致的。班固关于人物命运的这一观点,可能是受到了班彪的直接影响。班固在相信"天命"的前提下,毕竟又认识到了"人事"对于人们的吉凶祸福亦有一定的影响作用。应该说,这也标志着《汉书》的命运观亦有其积极的一面。

班固承认除了"天命"之外,影响历史人物命运的还有"人为"因素。班固认识确实值得肯定。但是,班固却把儒家的伦理道德规范,用作衡量这种"人为"因素积极与否的唯一标准,则又失之偏颇。班固这种认识,使得《汉书》的人物命运又总是与其个人品行操守的优劣紧密联系在一起。《汉书》中的《翟方进传》与《张禹传》,就是这方面的典型代表。再如《汉书·贾邹枚路传》云:"春秋鲁臧孙达以礼谏君,君子以为有后。贾山自下劘上,邹阳、枚乘游于危国,然卒免刑戮者,以其言正也。路温舒辞顺而意笃,遂为世家,宜哉!"③《汉书·张汤传》亦云:"汉兴以来,侯者百数,保国持宠,未有若富平者也。汤虽酷烈,及身蒙咎,其推贤扬善,固宜有后。安

---

① 引自《汉书·叙传》,载班固:《汉书》,第 4220 页。
② 班固:《汉书》,第 4221 页。
③ 班固:《汉书》,第 2372 页。

世履道,满而不溢。贺之阴德,亦有助云。"①《汉书·霍光金日䃅传》又云:"(霍光)受襁褓之托,任汉室之寄,当庙堂,拥幼君,摧燕王,仆上官,因权制敌,以成其忠。处废置之际,临大节而不可夺,遂匡国家,安社稷。拥昭立宣,光为师保,虽周公、阿衡,何以加此!然光不学亡术,暗于大理,阴妻邪谋,立女为后,湛溺淫溢之欲,以增颠覆之祸,死财三年,宗族诛夷,哀哉……金日䃅夷狄亡国,羁虏汉庭,而以笃敬寤主,忠信自著,勒功上将,传国后嗣,世名忠孝,七世内侍,何其盛也!"②可见,《汉书》竟然把个人品行操守之好坏,视之为影响人物命运的唯一"人为"因素。《论衡·福虚》云:"祸福之应,皆天也,人为之,天应之。阳恩,人君赏其行;阴惠,天地报其德。无贵贱贤愚,莫谓不然。徒见行事有其文传,又见善人时遇福,故遂信之,谓之实然。斯言或时贤圣欲劝人为善,著必然之语,以明德报;或福时适,遇者以为然。如实论之,安得福佑乎?"③针对汉代社会流行的"阳恩,人君赏其行;阴惠,天地报其德"这一说法,王充指出"斯言或时贤圣欲劝人为善,著必然之语,以明德报",而人们之所以会相信它,是因为"或福时适,遇者以为然"。王充认为所谓的"应验"只不过是偶然的巧合而已,这种"福佑"实际上是并不存在的。

---

① 班固:《汉书》,第 2657 页。
② 班固:《汉书》,第 2967 页。
③ 北京大学历史系《论衡》注释小组:《论衡注释》,第 335 页。

众所周知,影响历史人物命运的因素是多种多样的,其中既有必然性因素,亦有偶然性因素。这一问题确实非常复杂,也很难把握。再者,历史上"好人却没有好报""行善者反而不得善终"这样的事例,也并不少见。因此,班固过分强调人物品行操守的重要性,以至于将其视为影响人物命运的唯一"人为"因素,难免会以偏概全。应该说,班固的这一做法,在引导世人向善、维护汉王朝的统治等方面,还是有其积极意义的。然而,班固对于人物命运的这种片面认识,也削弱了其作为史学家应有的理性分析与批判意识。

总之,司马迁的思想意识尽管尚未完全摆脱"天命论"的束缚,但是个人的不幸遭遇以及《史记》写作"究天人之际"之目的,又使得司马迁对于"天命"与"人事"的关系进行了客观、冷静的深入思考,因而能够对"天命"质疑,《史记》的命运观也因此而具有了更多的理性精神与进步意义。班固出身于儒学世家,又是代表官方来修史,因而《汉书》的编撰是以"旁贯《五经》,上下洽通"为宗旨。班固不仅完全相信"天命"的存在,而且还片面地将个人品行操守之优劣,视为影响人物命运的唯一"人为"因素。也正因为如此,相对于《史记》而言,《汉书》的思想比较保守,缺少必要的理性意识与批判精神。

第六章　民间信仰与先秦两汉小说

"小说"一词最早见于《庄子·外物》:"夫揭竿累,趣灌渎,守鲵鲋,其于得大鱼难矣,饰小说以干县令,其于大达亦远矣,是以未尝闻任氏之风俗,其不可与经于世亦远矣。"①成玄英注曰:"干,求也。县,高也。夫修饰小行,矜持言说,以求高名令闻者,必不能大通于至道。"②很明显,在《庄子·外物》中,"小说"是相对于"大达"而言的,二者一褒一贬,属于正反对举。可见,《外物》中的"小说",乃是指庄子眼中有悖于道家思想的浅薄之说,本非"文体"之小说,对此,鲁迅先生曾有过专门的论述,其《中国小说史略》称:"然案其实际,乃谓琐屑之言,非道术所在,与后来所谓小说者固不同。"③先秦偶尔在《庄子·外物》中出现的"小说"一词,到了汉代,其语意就

---

① 郭庆藩:《庄子集释》,第925页。
② 郭庆藩:《庄子集释》,第927页。
③ 鲁迅:《中国小说史略》,载《鲁迅全集》第9册,第6页。

发生了很大的变化,开始明确指向了某一类特定的"文本"。最早著录"小说"的,是《汉书·艺文志》(以下简称《汉志》)。一方面,《汉志》所著录的"小说"篇目,其文本失传已久,今天人们已经无法睹其原貌。另一方面,在《汉志》中,"小说"被班固归入了"诸子略"。这样一来,后世学者对于《汉志》小说的性质、特点等,就有了诸多猜测。汉代小说乃"街谈巷语,道听途说者之所造"①,最初应该从民间产生,与民间信仰密切相关。本章我们将通过系统考察民间信仰对两汉时期的小说观念、文类特点及文本创作的影响,来进一步认识和把握包括《汉志》小说在内的整个汉代小说的文本性质及其文体特征。

第一节 民间信仰与《汉志》小说之关系

小说兴起于民间,民间信仰是《汉志》小说重要的题材内容之一。民间口头传说特性和相对有限的可资治性,是《汉志》对小说类别属性的界定。《汉志》小说这两个特点的形成,皆与民间信仰有着十分密切的关系。汉代民间信仰的兴盛,为小说家提供了民间传说素材。《汉志》小说之荒诞不经,乃是由民间信仰的性质决定的。《汉志》小说的虚妄、怪异,实际上已初具后世小说虚构故事的文体特征,并由此而成

---

① 班固:《汉书》,第 1745 页。

为中国小说的直接源头。

一、民间信仰与《汉志》小说的题材内容

《汉志》著录的小说中,《封禅方说》《待诏臣饶心术》《臣寿周纪》《虞初周说》已直接注明是汉代小说。从《汉志》文献的著录顺序来看,《待诏臣安成未央术》《百家》肯定也属于汉代小说。

"《封禅方说》十八篇"①,《汉志》注称:"武帝时。"②司马迁在《史记·封禅书》中说:"自古受命帝王,曷尝不封禅? 盖有无其应而用事者矣,未有睹符瑞见而不臻乎泰山者也。"③张守节《史记正义》注云:"此泰山上筑土为坛以祭天,报天之功,故曰封。此泰山下小山上除地,报地之功,故曰禅。言禅者,神之也。《五经通义》云:'易姓而王,致太平,必封泰山,禅梁父,天命以为王,使理群生,告太平于天,报群神之功。'"④又班固《白虎通·封禅》云:"王者易姓而起,必升封泰山何? 报告之义也。始受命之日,改制应天,天下太平功成,封禅以告太平也。"⑤从以上记载可知,封禅本是古帝王崛

---

① 班固:《汉书》,第 1744 页。
② 班固:《汉书》,第 1744 页。
③ 司马迁:《史记》,第 1355 页。
④ 司马迁:《史记》,第 1355 页。
⑤ 陈立:《白虎通疏证》,中华书局,1994,第 278 页。

起后敬告天地的祭祀活动。但是,汉武帝的封禅却并不尽然,一方面是大一统的政治需要,另一方面还有汉武帝个人的求仙目的。因为汉武帝封禅泰山,是在神仙方士们的指导下进行的。顾颉刚说过:"方士口中的封禅的意义和儒者是不同的,儒者为的明受命,他们为的求不死。"①据《史记·封禅书》记载,汉武帝封禅泰山之前,方士李少君就对汉武帝说过:"祠灶则致物,致物而丹沙可化为黄金,黄金成以为饮食器则益寿,益寿而海中蓬莱仙者可见,见之以封禅则不死,黄帝是也。"②其后,方士公孙卿又进一步向汉武帝鼓吹说:"申公,齐人。与安期生通,受黄帝言,无书,独有此鼎书。曰'汉兴复当黄帝之时'。曰'汉之圣者在高祖之孙且曾孙也。宝鼎出而与神通,封禅。封禅七十二王,唯黄帝得上泰山封'。申公曰:'汉主亦当上封,上封则能仙登天矣。'"③汉武帝在位期间,其多次举行泰山封禅活动,而几乎每一次方士们都参加了,而且封禅仪式也大多都是按照方士们的建议来实施的。如《史记·封禅书》记载:"天子既闻公孙卿及方士之言,黄帝以上封禅,皆致怪物与神通,欲放黄帝以上接神仙人蓬莱士,高世比德于九皇,而颇采儒术以文之。"④显然,汉武帝封禅泰山,

---

① 顾颉刚:《秦汉的方士与儒生》,第 20 页。
② 司马迁:《史记》,第 1385 页。
③ 司马迁:《史记》,第 1393 页。
④ 司马迁:《史记》,第 1397 页。

追求升仙不死才是其最主要的动机和目的,至此,古老的封禅说和后起的神仙说已经合二为一。《封禅方说》是汉武帝封禅泰山的产物,其内容与神仙传说有着直接的关系。

"《待诏臣饶心术》二十五篇"①,《汉志》注称:"武帝时。"②又颜师古注曰:"刘向《别录》云饶齐人也,不知其姓,武帝时待诏,作书名曰《心术》也。"③两汉时期,朝廷会特意选拔一些有用之人,使其待在皇帝身边以便随时听从皇帝召唤,这些人就是所谓的"待诏"。其时的"待诏",学术背景各不相同,其中既不乏儒生,亦会有方士。值得注意的是,先秦时期的《管子》一书中,就有两篇直接取名为"心术"的文章《心术上》《心术下》。这两篇文章与《管子》中的另外两篇文章《白心》《内业》一起被称为"《管子》四篇",旨在阐述稷下道家的精气说。刘向《别录》称饶是齐人,而其著作与"《管子》四篇"之《心术》上下篇一样,也直接以"心术"来命名,可见,二者之间应该有一定的渊源关系。战国秦汉之际,齐地一直是神仙说的大本营。《待诏臣饶心术》出现于武帝时,或许就是依托稷下道家之《心术》而写成的,借已有的"心术"之名,来鼓吹、宣扬齐地的神仙方术。饶这样做的目的,也是要迎合汉武帝追求神仙长生的心理需要。在《待诏臣饶心术》之后,紧接

---

① 班固:《汉书》,第 1744 页。
② 班固:《汉书》,第 1744 页。
③ 班固:《汉书》,第 1745 页。

着,《汉志》又著录了"《待诏臣安成未央术》一篇"①,应劭注称:"道家也,好养生事,为未央之术。"②"未央术"是秦汉时期的一种所谓的"长生术"。汉朝有"未央宫","未央"即"未尽",乃长久之意。方士所鼓吹的。《郊祀歌》十九章,产生于汉武帝时。在《郊祀歌》之尾章《赤蛟》中,就有歌辞曰"灵殷殷,烂扬光,延寿命,永未央"③,祈求长生之目的颇为明显。可见,《待诏臣安成未央术》与《待诏臣饶心术》一样,其内容皆与当时社会上的神仙传说有关。

"《虞初周说》九百四十三篇"④,《汉志》注称:"河南人,武帝时以方士侍郎号黄车使者。"⑤颜师古又注曰:"《史记》云虞初洛阳人,即张衡《西京赋》'小说九百,本自虞初'者也。"⑥"虞初"是汉武帝时的著名方士,汉代的《史记》《二京赋》皆提到了他。张衡在《西京赋》中称:"匪惟玩好,乃有秘书。小说九百,本自虞初。从容之求,实俟实储。"⑦薛综注曰:"小说,医巫厌祝之术,凡有九百四十三篇。言九百,举大数也。持此秘术,储以自随,待上所求问,皆常具也。"⑧作为

---

① 班固:《汉书》,第 1744 页。
② 班固:《汉书》,第 1745 页。
③ 班固:《汉书》,第 1069 页。
④ 班固:《汉书》,第 1745 页。
⑤ 班固:《汉书》,第 1745 页。
⑥ 班固:《汉书》,第 1745 页。
⑦ 李善、吕延济、刘良等:《六臣注文选》,第 55 页。
⑧ 李善、吕延济、刘良等:《六臣注文选》,第 55 页。

武帝时的一名方士,虞初编撰《虞初周说》之目的,就是要"储以自随",时刻准备着应对武帝的"求问"。正如薛综所说,《虞初周说》的内容应该多是些"医巫厌祝之术"。由此可见,《虞初周说》应该与民间信仰有着较为密切的关系。《汉志》还著录有"《臣寿周纪》七篇"①,《汉志》注曰:"项国圉人,宣帝时。"②《汉书·刘向传》记载:"上(汉宣帝)复兴神仙方术之事,而淮南有《枕中鸿宝苑秘书》。书言神仙使鬼物为金之术,及邹衍重道延命方,世人莫见,而更生父德武帝时治淮南狱得其书。更生幼而读诵,以为奇,献之,言黄金可成。上令典尚方铸作事,费甚多,方不验。上乃下更生吏,吏劾更生铸伪黄金,系当死。更生兄阳城侯安民上书,入国户半,赎更生罪。上亦奇其材,得逾冬减死论。"③又《汉书·郊祀志》记载:"(汉宣帝时)京兆尹张敞上疏谏曰:'愿明主时忘车马之好,斥远方士之虚语,游心帝王之术,太平庶几可兴也。'后尚方待诏皆罢。"④汉宣帝与汉武帝一样都迷信方术,因而汉宣帝时同样也出现了"方士为待诏"的现象。汉宣帝在位期间,符瑞说极其盛行,神爵、五凤、甘露、黄龙等皆为汉宣帝的年号,而这些显然都是取自所谓的"祥瑞"。汉代的《铙歌》之中,有

---

① 班固:《汉书》,第 1745 页。
② 班固:《汉书》,第 1745 页。
③ 班固:《汉书》,第 1928—1929 页。
④ 班固:《汉书》,第 1250—1251 页。

《上陵》一诗:"甘露初二年,芝生铜池中。仙人下来饮,延寿千万岁。"①"甘露"乃汉宣帝之年号,此诗显然就是汉宣帝时期出现的歌咏祥瑞之作。《臣寿周纪》产生于汉宣帝时,应该与汉武帝时的《虞初周说》有相似之处,其作者可能就是汉宣帝时的一个"尚方待诏",而其内容也应该多是些"方士之虚语",与民间信仰直接相关。

《汉志》还著录有"《百家》百三十九卷"②。刘向在《说苑·序奏》中曾称:"护左都水使者光禄大夫臣向言:所校中书《说苑》《杂事》,及臣向书、民间书、诬校雠,其事类众多,章句相溷,或上下谬乱,难分别次序。除去与《新序》重复者,其余者浅薄,不中义理,别集以为百家,后令以类相从,一一条别篇目,更以造新事十万言以上,凡二十篇,七百八十章,号曰《新苑》,皆可观。"③由此可知,刘向当年编撰《百家》,其所选用的,基本上都是些"浅薄,不中义理"之文,其中必有不少与民间信仰密切相关的内容。

总的来说,《汉志》所著录的汉代小说,其内容与民间信仰有着非常密切的关系,民间信仰已成为汉代小说最主要的题材内容之一。

---

① 逯钦立:《先秦汉魏晋南北朝诗》,第158页。
② 班固:《汉书》,第1745页。
③ 向宗鲁:《说苑校证》,中华书局,1987,第1页。

二、民间信仰与《汉志》小说之类别属性

《汉志》把"小说"归入了"诸子略",从目录学分类的角度来看,汉人眼中的"小说",至少应该与其它诸子九家有相同或相似之处。先秦时期最早出现于《庄子·外物》中的"小说",就与战国诸子密切相关。另外,在先秦时期的儒家经典《荀子》中,也有与《庄子》颇为类似的关于"小说"的表述。《荀子·正名》称:"故可道而从之,奚以损之而乱!不可道而离之,奚以益之而治!故知者,论道而已矣。小家珍说之所愿皆衰矣。"①《荀子·正名》中的"小家珍说",其意就相当于《庄子·外物》之"小说"。由此可知,在战国时代百家争鸣这一学术背景下诞生的"小说"一词,还只是先秦诸子相互攻击时用以贬低对方之语,与后世作为文体的小说还相去甚远。

两汉时期,"小说"实现了由先秦诸子贬低对方时所用的一般性词语向目录学文类概念的重要转变。《汉志》将"小说"归类于"诸子略"之末尾,不仅著录了一大批具体的小说篇目,而且还对"小说"的文本属性进行了明确的界定。《汉志》云:"小说家者流,盖出于稗官。街谈巷语,道听途说者之所造也。孔子曰:'虽小道,必有可观焉,致远恐泥,是以君子

---

① 王先谦:《荀子集解》,第429页。

弗为也。'然亦弗灭也。闾里小知者之所及,亦使缀而不忘。如或一言可采,此亦刍荛狂夫之议也。"①看得出,《汉志》对小说类别属性的界定,主要着眼于两个方面。一方面,《汉志》认为,小说具有民间口头传说的性质。《汉志》称小说为"街谈巷语,道听途说者之所造",又称之为"闾里小知者之所及"。由此看来,《汉志》小说最初应该是来源于民间,小说的原创者应当是处于社会底层的普通民众;而小说出现后起初也主要是在下层民众之间口耳相传。《汉志》又称小说是"出于稗官"。"稗官",如淳注曰:"《九章》'细米为稗'。街谈巷说,其细碎之言也。王者欲知闾巷风俗,故立稗官使称说之。"②颜师古又注曰:"稗官,小官。《汉名臣奏》唐林请省置吏,公卿大夫至都官稗官各减什三,是也。"③可见,稗官是一种官阶很低的小官,其主要职责就是到民间去采集小说,并负责对小说进行初步的加工、整理和编辑。《待诏臣饶心术》的作者"饶"、《待诏臣安成未央术》的作者"安成",以及《虞初周说》的作者"虞初"等人,应该就是《汉志》所说的稗官。严格地讲,稗官并不是小说真正意义上的原始作者,充其量也不过就是小说的整理者、编撰者而已。从最初产生于民间的较为原始的口头传说,到后来再经过稗官有意识的搜集、整理与

---

① 班固:《汉书》,第 1745 页。
② 班固:《汉书》,第 1745 页。
③ 班固:《汉书》,第 1745 页。

编辑,汉代小说的成书过程清晰可见。

另一方面,《汉志》还认为,小说又具有一定的可资治性。《汉志》先是借用孔子的话,来对小说进行价值评判。《汉志》称小说"虽小道,必有可观焉,致远恐泥,是以君子弗为"。随后,《汉志》又称小说"如或一言可采,此亦刍荛狂夫之议也"。显然,《汉志》在贬低小说的同时,又正面肯定了小说的存在价值。也正是因为小说具有一定的可资治性,《汉志》才将其归入了"诸子略"。然而,《汉志》又明确地把小说与诸子其他九家区分开来,称"诸子十家,其可观者九家而已"①。很明显,小说是被《汉志》排除在"可观者九家"之外的第十家,言外之意就是小说属于不可观者。由此说明,《汉志》小说的可资治性又很有限,根本无法与诸子其它九家相比。

《汉志》针对小说类别属性所做出这一界定,对于后人准确理解、把握汉代小说观念及《汉志》小说特点等,皆有着非常重要的意义。特别是《汉志》指出了小说的民间口头传说性质,这对于后世学者更具有启示作用。由此我们可以知道,《汉志》小说应该与民间信仰有着非常密切的关系。一般来说,民间传说大多以民间信仰为内核,而民间信仰又是以民间传说的主要载体,二者相辅相成、互为依存、密不可分。汉代的民间信仰来源众多,体系不一,内容纷繁芜杂。汉代社会,

---

① 班固:《汉书》,第 1746 页。

巫觋方士们异常活跃。这一时期的巫觋方士之术，真可以称得上是五花八门。两汉时期民间信仰盛行的同时，与之相关的各种民间传说也开始在社会上广为流传；而这些荒诞不经的民间口头传说，自然也就成为了汉代小说的基本素材。再者，民间信仰虽多虚妄之语，穿凿附会，不合经典，但由于其自身的多元性与复杂性，再加上时代的局限性，所以它在汉代社会并不缺乏信众。如《后汉书·方术列传》曰："仲尼称《易》有君子之道四焉，曰'卜筮者尚其占'。占也者，先王所以定祸福，决嫌疑，幽赞于神明，遂知来物者也。若夫阴阳推步之学，往往见于坟记矣。然神经怪牒、玉策金绳，关扃于明灵之府、封縢于瑶坛之上者，靡得而窥也。至乃《河》《洛》之文，龟龙之图，箕子之术，师旷之书，纬候之部，钤决之符，皆所以探抽冥赜，参验人区，时有可闻者焉。其流又有风角、遁甲、七政、元气、六日七分、逢占、日者、挺专、须臾、孤虚之术，及望云省气，推处祥妖，时亦有以效于事也。"①两汉社会的民众，特别是这一时期处在社会最底层的普通百姓，对于民间信仰更是不辨真伪、盲目信从。民间信仰在汉代可以说是盛极一时，而这对于汉人尤其是对于汉代下层民众的生活影响甚大。两汉社会不少风俗习惯的形成皆与民间信仰有着直接的关系。如早在西汉时期就已经出现的"七夕"风俗，顾起元在《说

---

① 范晔：《后汉书》，第 2703 页。

略·时序》中记载:"《淮南子》曰:'乌鹊填河而渡织女。'《风俗记》云:'织女七夕渡河,使鹊为桥。'"①众所周知,民间习俗的形成往往与民间信仰有着十分密切的关系,而民间信仰则又成为了《汉志》小说的主要内容之一,《汉志》小说也由此而具有了一定的认识价值,得以被《汉志》著录于"诸子略"。如淳所称"王者欲知闾巷风俗,故立稗官使称说之",正是着眼于此。然而,从本质上讲,民间信仰毕竟又缺乏理性、荒诞不经,其资治性当然也就相当有限;而与之密切相关的《汉志》小说,被正统文人所贬低、被视为不可观者,自然也就是情理之中的事了。

两汉时期论及小说者,除了《汉志》之外,还有桓谭的《新论》。李善注《文选》引《新论》称:"若其小说家,合丛残小语,近取譬论,以作短书,治身治家,有可观之词。"②又《太平御览》引《新论》称:"庄周寓言乃云'尧问孔子',《淮南子》云'共工争帝地维绝',亦皆为妄作。故世人多云'短书不可用'。然论天间莫明于圣人,庄周等虽虚诞,故当采其善,何云尽弃耶?"③显然,与《汉志》一样,桓谭也是从两个方面来对小说的类别属性进行界定的。一方面,桓谭指出小说乃是"合丛残小语"而成的短书,又认为"短书"皆为"妄作"。王充在《论

---

① 永瑢:《文渊阁四库全书》第 850 册,第 408 页。
② 李善、吕延济、刘良等:《六臣注文选》,第 559 页。
③ 李昉:《太平御览》,第 2710 页。

衡》中多次提到了"短书",王充所说的"短书"并非只是着眼于其简牍形制之短,他所关注的重点主要在于内容的虚妄不实,这与桓谭的观点基本相同。如《论衡·书虚篇》称:"世信虚妄之书,以为载于竹帛上者,皆贤圣所传,无不然之事,故信而是之,讽而读之。睹真是之传与虚妄之书相违,则并谓短书,不可信用。"①再如《论衡·龙虚篇》称:"短书言:'龙无尺木,无以升天。'又曰'升天',又言'尺木',谓龙从木中升天也。彼短书之家,世俗之人也。"②可见,"短书"的虚妄不实,乃是由其中的"丛残小语"这类原始素材的性质决定的。王充是汉代最著名的唯物论者,"疾虚妄"乃是《论衡》之宗旨。《论衡》所批判的主要对象,便是流行于民间的种种迷信说法,也就是两汉社会十分盛行的民间信仰。《论衡·艺增篇》称:"俗人好奇,不奇,言不用也。故誉人不增其美,则闻者不快其意;毁人不益其恶,则听者不惬于心。闻一增以为十,见百益以为千,使夫纯朴之事,十剖百判,审然之语,千反万畔……蜚流之言,百传之语,出小人之口,驰闾巷之间,其尤是也。"③显然,桓谭所说的"丛残小语",与《汉志》中的"街谈巷语",二者的语意基本一致。这些"街谈巷语"和"丛残小语",经过小说家有目的地收集、整理和编辑之后,就成了汉代小

---

① 北京大学历史系《论衡》注释小组:《论衡注释》,第232页。
② 北京大学历史系《论衡》注释小组:《论衡注释》,第376页。
③ 北京大学历史系《论衡》注释小组:《论衡注释》,第483页。

说,《汉志》小说便是由此而产生的。另一方面,桓谭指出小说具有一定的社会功用,称其"治身治家,有可观之词";而且还认为"短书"尽管"虚诞",但也应该"采其善",不能"尽弃耶"。可见,桓谭肯定了小说所具有的治身治家方面的认识价值,同时也指出了这种认识价值的有限性。这与《汉志》的观点基本一致。

三、民间信仰与《汉志》小说的产生背景

民间信仰能够在两汉社会蓬勃发展,与这一时期的社会风尚有着直接的关系。《后汉书·方术列传》记载:"汉自武帝颇好方术,天下怀协道艺之士,莫不负策抵掌,顺风而届焉。后王莽矫用符命,及光武尤信谶言,士之赴趣时宜者,皆骋驰穿凿,争谈之也。故王梁、孙咸名应图箓,越登槐鼎之任,郑兴、贾逵以附同称显;桓谭、尹敏以乖忤沦败,自是习为内学,尚奇文,贵异数,不乏于时矣。"①又《潜夫论·浮侈》记载:"今多不修中馈,休其蚕织,而起学巫祝,鼓舞事神,以欺诬细民,荧惑百姓。妇女羸弱,疾病之家,怀忧愦愦,皆易恐惧,至使奔走便时,去离正宅,崎岖路侧,上漏下湿,风寒所伤,奸人所利,贼盗所中,益祸益祟,以致重者不可胜数。或弃医药,更

---

① 范晔:《后汉书》,第 2705 页。

往事神,故至于死亡,不自知为巫所欺误,乃反恨事巫之晚,此荧惑细民之甚者也。"①两汉时期民间信仰之兴盛,于此可见一斑。两汉社会民间信仰的兴盛,是发端于汉武帝时期。如《史记·孝武本纪》记载:"孝武皇帝初即位,尤敬鬼神之祀。"②汉武帝迷恋方士方术,追求长生不死,李少君、齐人少翁、栾大和公孙卿等,都是活跃于其身边的著名方士。汉武帝时期民间信仰蓬勃兴起,而此时的神仙信仰可以说是盛极一时。前文已经提到过,方士李少君和公孙卿都曾经极力劝说汉武帝效法黄帝进行泰山封禅活动。公孙卿还绘声绘色地向汉武帝描述了黄帝封禅泰山后乘龙升仙的情景:"黄帝采首山铜,铸鼎于荆山下。鼎既成,有龙垂胡须下迎黄帝。黄帝上骑,群臣后宫从上者七十余人,龙乃上去。余小臣不得上,乃悉持龙须,龙须拔,堕,堕黄帝之弓。百姓仰望黄帝既上天,乃抱其弓与胡髯号,故后世因名其处曰鼎湖,其弓曰乌号。"③汉武帝听后十分羡慕,竟然情不自禁地感叹说:"嗟乎!吾诚得如黄帝,吾视去妻子如脱屣耳。"④汉武帝首次封禅泰山之后,到了元封三年夏天,天大旱,这时候方士公孙卿又趁机编造说:"黄帝时封则天旱,干封三年。"⑤太初三年,济南人公玉带

---

① 彭铎:《潜夫论笺校正》,第 125 页。
② 司马迁:《史记》,第 451 页。
③ 司马迁:《史记》,第 1394 页。
④ 司马迁:《史记》,第 1394 页。
⑤ 司马迁:《史记》,第 1400 页。

又欺骗汉武帝说:"黄帝时虽封泰山,然风后、封巨、岐伯令黄帝封东泰山,禅凡山,合符,然后不死焉。"①齐地是神仙信仰的主要发源地,也是神仙方士们的大本营。《史记·封禅书》记载,汉武帝封禅泰山期间,"齐人之上疏言神怪奇方者以万数"②。《封禅方说》产生于汉武帝时,正是汉武帝当年大规模封禅泰山这一特殊背景下的产物。

《汉志》所著录的十五家小说中,《虞初周说》应该说最具有代表性,其篇数已经远远超过了其他十四家小说之总和。汉武帝时期,方术之士层出不穷。据《史记·封禅书》记载,方士李少君病死后,汉武帝以为化去不死,使黄锤史宽舒受其方,于是"海上燕齐怪迂之方士多更来言神事矣"③;而方士栾大被汉武帝宠信之时,身佩六印,贵震天下,于是"海上燕齐之间,莫不扼捥而自言有禁方,能神仙矣"④。汉武帝时期方士们的活跃程度,可以说已经达到了空前绝后之程度。民间信仰特别是神仙信仰也因此而在汉武帝时期得到了极大的发展和普及。《虞初周说》成书于汉武帝时,其作者虞初就是汉武帝身边一个颇为活跃的方士。据《史记·孝武本纪》记载,太初元年,"西伐大宛。蝗大起。丁夫人、洛阳虞初等以方祠诅

---

① 司马迁:《史记》,第 1403 页。
② 司马迁:《史记》,第 1397 页。
③ 司马迁:《史记》,第 1386 页。
④ 司马迁:《史记》,第 1391 页。

匈奴、大宛焉"①。汉代流行的民间信仰，为方士虞初提供了大量的民间传说故事；而其编撰《虞初周说》的目的，便是薛综所说的"储以自随，待上所求问"，完全就是为了迎合汉武帝之所好。

西汉王朝刚刚建立的时候，经过秦始皇的焚书以及秦末的农民起义、楚汉战争等，天下典籍绝大部分都已经损毁或丢失。于是西汉朝廷广开献书之路，不遗余力地搜集残存于民间的书籍。据《汉志》记载，西汉官方大规模的书籍搜集就有过两次。一次是在汉武帝之时，朝廷"建藏书之策，置写书之官，下及诸子传说，皆充秘府"②；另一次是在汉成帝之时，朝廷专门"使谒者陈农求遗书于天下"③。后来，汉成帝让刘向负责校订朝廷藏书。刘向去世以后，校书工作尚未完成，于是汉哀帝又让刘向之子刘歆承继父业，刘歆最终汇总群书而编成《七略》。至东汉班固编撰《汉书》之时，又收录《七略》而"删其要，以备篇籍"④，于是就有了《汉志》。后来《七略》亡佚，《汉志》则流传至今。刘向当年在校书时，发现了不少来自民间的书籍，它们类似于诸子，但内容浅薄、不中义理，无法归之入诸子九家，于是就借用"小说"这一先秦诸子论争时贬

---

① 司马迁：《史记》，第 483 页。
② 班固：《汉书》，第 1701 页。
③ 班固：《汉书》，第 1701 页。
④ 班固：《汉书》，第 1701 页。

低对方之语,另立"小说家"来著录这些作品,将它们放置于诸子之末。刘向这一无奈之举,被刘歆、班固所认可并沿用,《汉志》小说便由此而产生。

四、民间信仰与《汉志》小说之特点

汉代小说被《汉志》归入了"诸子略",显然,这一时期的小说还仅仅只是一个目录学上的文类概念,与后世作为文体的小说还有着很大的差异。尽管如此,由于其与民间信仰有着十分密切的关系,《汉志》小说客观上又形成了与后世小说颇为相近的文体特征。当然,《汉志》小说的虚妄不实,并不是小说家通过主观上的虚构而有意为之,而是其文本中实际存在荒诞不经之内容。

《汉志》小说的作者,即所谓的稗官,他们主要做的是小说的采集、整理与编辑工作。当然,他们在整理与编辑小说的时候,应该也会对其进行一定程度的加工和润色。但是,这与后世小说作家凭借想象与虚构所进行的创作,毕竟还有着本质上的不同。《汉志》小说的虚妄不实,是小说文本内容呈现出来的特点,主要是由民间信仰的性质决定的。《汉志》所著录的十五家小说,尚有少量佚文留存至今;通过这些佚文,后人仍可以窥见《汉志》小说之一斑。如《虞初周说》的佚文,鲁迅先生曾经指出:"晋唐人引《周书》者,有三事如《山海经》及

《穆天子传》,与《逸周书》不类,朱右曾(《逸周书集训校释》十一)疑是《虞初说》。"①《虞初说》即《虞初周说》。鲁迅所说的《虞初周说》的三条佚文,指的分别是《山海经》郭璞注、《文选》李善注和《太平御览》所引自《周书》的三段文字。郭璞注《山海经》引《周书》曰:"天狗所止地尽倾,余光烛天为流星,长数十丈,其疾如风,其声如雷,其光如电。"②李善注《文选》引《周书》曰:"穆王田,有黑鸟若鸠,翩飞而跱于衡,御者毙之以策,马佚,不克止之,踬于乘,伤帝左股。"③《太平御览》引《周书》曰:"岍山,神蓐收居之。是山也,西望日之所入,其气圆,神经光之所司也。"④从以上这三则佚文来看,《虞初周说》与民间信仰的关系确实十分密切,其内容也多是采自虚妄不经的民间传说,与魏晋六朝时期的志怪小说已颇为相似。

《汉志》所著录的十五家小说之中,除了汉代的六家外,还有九家貌似先秦时期的作品,而这九家小说《汉志》也多已注明为后世的"依托"之作。如"《伊尹说》二十七篇",《汉志》自注曰:"其语浅薄,似依托也。"⑤"《鬻子说》十九篇",《汉志》自注曰:"后世所加。"⑥"《师旷》六篇",《汉志》自注

---

① 鲁迅:《中国小说史略》,载《鲁迅全集》第 9 册,第 31 页。
② 袁珂:《山海经校注》,第 407 页。
③ 李善、吕延济、刘良等:《六臣注文选》,第 266 页。
④ 李昉:《太平御览》,第 17 页。
⑤ 班固:《汉书》,第 1744 页。
⑥ 班固:《汉书》,第 1744 页。

曰:"见《春秋》,其言浅薄,本与此同,似因托之。"①"《务成子》十一篇",《汉志》自注曰:"称尧问,非古语。"②"《天乙》三篇",《汉志》自注曰:"天乙谓汤,其言非殷时,皆依托也。"③"《黄帝说》四十篇",《汉志》自注曰:"迂诞依托。"④很明显,这六家小说都是以著名的历史人物为依托,通过对其言行进行附会、增益而成的,浅薄、虚妄是这类小说的基本特点。《汉志》所著录的小说竟然会有如此多的"依托"之作,这与战国秦汉期间假托先贤以著书立说的时代风气有着直接的关系。以"《黄帝说》四十篇"为例,《史记·五帝本纪》记载:"学者多称五帝,尚矣。然《尚书》独载尧以来;而百家言黄帝,其文不雅驯,荐绅先生难言之。"⑤战国秦汉之际,黄帝崇拜兴起,黄帝在时人心目中具有无人能比的巨大影响力,于是诸子百家纷纷托名黄帝以著书立说,他们之所以这样做,其目的就是要假借黄帝之名来鼓吹、宣扬自家的学说。这一时期各种各样的"黄帝书"大量涌现,原因即在于此。《汉志》就著录有不少"黄帝书",分属于道家、阴阳、历谱、五行、医经、经方、房中等不同的门类。"《黄帝说》四十篇"正是在这一背景

---

① 班固:《汉书》,第 1744 页。
② 班固:《汉书》,第 1744 页。
③ 班固:《汉书》,第 1744 页。
④ 班固:《汉书》,第 1744 页。
⑤ 司马迁:《史记》第 46 页。

下产生的。以历史名人为依托,通过对他们的生平事迹进行附会、增益来编造故事,是民间信仰吸引民众的一个重要手段。小说家将民间关于历史名人的传说故事收集在一起,再经过一番加工与整理,这些"依托"小说便由此而产生。

再如"《宋子》十八篇",《汉志》自注曰:"孙卿道宋子,其言黄老意。"①孙卿就是荀卿。从儒家代表人物荀子言黄老这一点来看,《宋子》想必也是后世的"依托"之作。除了以上七家后世"依托"的小说之外,《汉志》著录的小说还有另外两家。一家是"《周考》七十六篇",《汉志》自注曰:"考周事也。"②另一家是"《青史子》五十七篇",《汉志》自注曰:"古史官记事也。"③从《汉志》的注解来看,这两家小说似乎都不是后世的"依托"之作,特别是《青史子》,它已被《汉志》注明是出自古代的史官之手。但是,事实却并非如此。《文心雕龙·诸子》称:"逮及七国力政,俊乂蜂起。孟轲膺儒以磬折,庄周述道以翱翔;墨翟执俭确之教,尹文课名实之符;野老治国于地利,驺子养政于天文;申商刀锯以制理,鬼谷唇吻以策勋;尸佼兼总于杂术,青史曲缀以街谈。承流而枝附者,不可胜算,并飞辩以驰术,餍禄而余荣矣。"④刘勰关于诸子学术性质的

---

① 班固:《汉书》,第 1744 页。
② 班固:《汉书》,第 1744 页。
③ 班固:《汉书》,第 1744 页。
④ 周振甫:《文心雕龙注释》,第 188 页。

这些界定基本上是符合实际的,其概括同样也颇为准确。刘勰称"青史曲缀以街谈",说明《青史子》所记录的根本就不是古代的史实,其内容主要来自民间传说,乃是由"街谈巷语"整合、编辑而成的。

通过以上分析可知,《汉志》所著录的这些小说家们的"依托"之作,客观上已经初步具备了后世小说虚构故事的文体特点。

胡应麟在《少室山房笔丛·九流绪论下》中曾称:"盖《七略》所称小说,唯此(指《虞初周说》)当与后世同。方士务为迂怪,以惑主心,《神异》、《十洲》之祖袭,有自来矣。"① 实际上,《汉志》所著录的小说,并不仅仅是《虞初周说》一家才"与后世同"。由于与民间信仰有着极为密切的关系,《汉志》所著录的十五家小说皆是如此。浅薄、迂怪已经成为《汉志》小说的基本特点。《汉志》小说虚妄不实,客观上已形成近似于后世小说虚构故事的文体特征。正因为如此,《汉志》小说才被魏晋六朝人所祖袭,成为中国小说的真正源头。

第二节 《风俗通义》的志怪小说属性

应劭编撰《风俗通义》,其目的就是要"辨风正俗"②;而

---

① 胡应麟:《少室山房笔丛》,中华书局,1958,第376页。
② 应劭:《风俗通义·序》,载王利器:《风俗通义校注》,第8页。

信仰风俗自然就成为了应劭所关注的重点之一。整体而言，对于两汉时期的民间信仰，应劭是既有所批判，同时亦有所肯定。《风俗通义》也因此而收录了不少当时社会上流传的民间故事，从而让该书在客观上又初步具备了与后世志怪小说颇为相似的一些特点，也使之成为了今天研究汉代小说不可忽视的重要文献。

一、《风俗通义》记录的民间传说故事

在《风俗通义》的"序"中，应劭曾明确交代说：

> 昔仲尼没而微言阙，七十子丧而大义乖。重遭战国，约从连横，好恶殊心，真伪纷争……汉兴，儒者竞复比谊会意，为之章句，家有五六，皆析文便辞，弥以驰远；缀文之士，杂袭龙鳞，训注说难，转相陵高，积如丘山，可谓繁富者矣。而至于俗间行语，众所共传，积非习贯，莫能原察。今王室大坏，九州幅裂，乱靡有定，生民无几。私惧后进，益以迷昧，聊以不才，举尔所知，方以类聚，凡一十卷，谓之《风俗通义》，言通于流俗之过谬，而事该之于义理也。①

应劭在此明确交代了其"辩风正俗"的具体做法——"通于流

---

① 王利器：《风俗通义校注》，第1—4页。

俗之过谬,而事该之于义理"。应劭将"记录风俗现象"与"考证风俗得失"相结合的,以此来达到《风俗通义》"辨风正俗"这一编撰目的。在《风俗通义》中,应劭在"记录风俗现象"时,一般是用"俗说""旧说"等来领起;而在"考证风俗得失"时,则常常是以"谨按"予以标明。

总体来看,《风俗通义》对信仰风俗之记载,相对集中于《怪神》《正失》《祀典》等。神仙信仰在两汉社会可谓盛极一时,《风俗通义》就载录不少神仙传说。如《正失·淮南王安神仙》记载:"俗说:淮南王安,招致宾客方术之士数千人,作《鸿宝》、《苑秘》、枕中之书,铸成黄白,白日升天。"①在接下来的"谨按"中,应劭就以《汉书·淮南王传》之记载为依据,对这一"俗说"予以彻底否定。应劭在《正失·淮南王安神仙》中称:"谨按:《汉书》:'淮南王安,天资辨博,善为文辞,孝武以属诸父,甚尊之。招募方伎怪迂之人,述神仙黄白之事,财殚力屈,无能成获,乃谋叛逆,克皇帝玺,丞相、将军、大夫已下印,汉使符节、法冠。赵王彭祖、列侯让等议曰:安废法,行邪僻,诈伪心,以乱天下,营惑百姓,背叛宗庙。《春秋》无将,将而必诛。安罪重于将,反形已定,图书印及他逆无道事验明白。丞相弘、廷尉汤以闻,上使宗正以符节治王、安自杀,太子诸所与谋皆收夷,国除为九江郡。亲伏白刃,与众弃之,安在

---

① 王利器:《风俗通义校注》,第 115 页。

其能神仙乎?'"①再如《正失》之《封泰山禅梁父》《叶令祠》《东方朔》等,应劭同样也是先逐一载录这些仙人的传说故事,随后,应劭紧接着就在"谨按"中,通过引用史书相关记载,来对民间流传的关于黄帝、王子乔、东方朔的这些"俗说"进行驳斥。除了以上这些神仙传说外,《风俗通义》还载录不少其他类型的民间传说。如《正失》中所记录的关于燕太子丹的传说故事:

> 燕太子丹仰叹,天为雨粟,乌白头,马生角,厨中木象生肉足,井上株木跳度渎。②

> 俗说:燕太子丹为质于秦,始皇执欲杀之,言能致此瑞者,可得生活;丹有神灵,天为感应,于是遣使归国。③

针对汉代民间出现的关于燕太子丹"有神灵""天为感应"这种荒诞离奇的传说故事,应劭在"谨按"中同样也通过引用史书的相关记载进行了驳斥。应劭称:"谨按:《太史记》:燕太子丹质秦,始皇遇之益不善,丹恐而亡归;归求勇士荆轲、秦武阳,函樊於期之首,贡督亢之地图,秦王大悦,礼而见之,变起两楹之间,事败而荆轲立死。始皇大怒,乃益发兵伐燕,燕王走保辽东,使使斩丹以谢秦,燕亦遂灭。"④随后又称:"丹畏死

---

① 王利器:《风俗通义校注》,第 116 页。
② 王利器:《风俗通义校注》,第 90 页。
③ 王利器:《风俗通义校注》,第 91 页。
④ 王利器:《风俗通义校注》,第 92 页。

逃归耳,自为其父所戮,手足圮绝,安在其能使雨粟,其余云云乎?"①汉代自董仲舒之后,"天人感应"观念已深入人心,这也是此类"俗说"在汉代民间广为流传的原因所在。

需要特别指出的是,在《风俗通义》所载录的一系列"俗说"中,最令读者称奇、也最吸引读者眼球的,应该就是有关"精怪"的一系列传说故事。如《怪神》中的《世间多有精物妖怪百端》云:

> 汝南汝阳西门亭有鬼魅,宾客宿止,有死亡,其厉厌者,皆亡发失精,寻问其故,云:"先时颇已有怪物,其后,郡侍奉掾宜禄郑奇来,去亭六七里,有一端正妇人,乞得寄载,奇初难之,然后上车,入亭,趋至楼下,吏卒檄,白:'楼不可上。'奇曰:'我不恶也。'时亦昏冥,遂上楼,与妇人栖宿,未明发去。亭卒上楼扫除,见死妇,大惊,走白亭长。亭长击鼓会诸庐吏,共集诊之,乃亭西北八里吴氏妇新亡,以夜临殡,火灭,火至失之;家即持去。奇发行数里,腹痛,到南顿利阳亭加剧,物故,楼遂无敢复上。"②

接下来,应劭称:"谨按:北部督邮西平郅伯夷,年三十所,大有才决,长沙太守郅君章孙也,日晡时到亭,敕前导人,录事掾白:'今尚早,可至前亭。'曰:'欲作文书,便留。'吏卒惶怖,言

---

① 王利器:《风俗通义校注》,第 92 页。
② 王利器:《风俗通义校注》,第 425 页。

当解去,传云:'督邮欲于楼上观望,亟扫除。'须臾便上,未冥楼镫,阶下复有火,敕:'我思道,不可见火,灭去。'吏知必有变,当用赴照,但藏置壶中耳。既冥,整服坐诵《六甲》《孝经》《易本》讫、卧有顷,更转东首,絮巾结两足帻冠之,密拔剑解带,夜时,有正黑者四五尺,稍高,走至柱屋,因覆伯夷,伯夷持被掩足,跣脱几失,再三,徐以剑带系魅脚,呼下火上,照视老狸正赤,略无衣毛,持下烧杀,明旦发楼屋,得所髡人结百余,因从此绝……汉淮阳太守尹齐,其治严酷,死未及殓,怨家欲烧之,尸亦飞去。见于书传。楼上新妇,岂虚也哉?"①对于"汝南汝阳西门亭有鬼魅"这一非常离奇、诡异的民间传说,应劭在"谨按"中不仅没有予以彻底否定,而且还通过列举"北部督邮西平郅伯夷"与"汉淮阳太守尹齐"的故事来对"汝南汝阳西门亭有鬼魅"这一民间传说的真实性进行佐证。显然,"汝南汝阳西门亭有鬼魅"这一民间传说并非单纯的"鬼"故事,亦属于民间流传的"精怪"故事。《怪神》所载录的"老狗作怪"的传说故事,就属于这一类。如《世间亡者,多有见神,语言饮食,其家信以为是,益用悲伤》记载:

>谨按:司空南阳来季德停丧在殡,忽然坐祭床上,颜色服饰,声气熟是也,孙儿妇女,以次教诫,事有条贯,鞭挞奴婢,皆得其过,饮食饱满,辞诀而去,家人大哀剥断

---

① 王利器:《风俗通义校注》,第428页。

绝,如是三四,家益厌苦。其后饮醉形坏,但得老狗,便朴杀之,推问里头沽酒家狗。①

司空南阳来季德的故事,就是一个典型的"精怪"传说。来季德死后,正"停丧在殡",却又忽然坐到了祭床之上,其颜色、服饰、声气等竟然都与来季德去世前一模一样。来季德不仅挨个教训自己的家人,而且还鞭挞自家的奴婢。后来真相大白了,作怪者竟然是"里头沽酒家"的一条老狗。所以说,这是一个"精怪"故事,而并非来季德死后,其"鬼魂"又回到阳间来闹事。在《怪神》中,应劭说:"夫死者、澌也,鬼者、归也,精气消越,骨肉归于土也。"②又说:"人用物精多,有生之最灵者也,何不芥蒂于其胸腹,而割裂之哉?犹死者无知审矣。"③显然,对于"人死变鬼"一说,应劭并不相信;但是,应劭却毫不怀疑"精怪"之说。再如《怪神·世间多有伐木血出以为怪者》之记载:

> 谨按:桂阳太守江夏张辽叔高,去隰令,家居买田,田中有大树十余围,扶疏盖数亩地,播不生谷,遣客伐之,六七血出,客惊怖,归具事白叔高。叔高大怒曰:"老树汁出,此何等血?"因自严行,复斫之,血大流洒,叔高使先斫其枝,上有一空处,白头公可长四五尺,忽出往赴叔高,叔

---

① 王利器:《风俗通义校注》,第416—417页。
② 王利器:《风俗通义校注》,第409页。
③ 王利器:《风俗通义校注》,第410页。

> 高乃逆格之，凡杀四头，左右皆怖伏地，而叔高恬如也。
> 徐熟视，非人非兽也，遂伐其树。①

对于张叔高伐树遇"精怪"这一传说故事，应劭依然深信不疑。不仅如此，张叔高见"怪"不惊的胆略和豪气，更是让应劭非常欣赏和敬佩。紧接着，应劭又进一步评价说："其年司空辟侍御史兖州刺史，以二千石之尊，过乡里，荐祝祖考；白日绣衣，荣羡如此，其祸安居？《春秋国语》曰：'木石之怪夔魍魉。'物恶能害人乎？"②前面我们已经提到，汉代学者对待"精怪"与"鬼神"的态度差异很大。司马迁在《史记·留侯世家》中曾经说过："学者多言无鬼神，然言有物。至如留侯所见老父予书，亦可怪矣。"③司马贞《史记索隐》注曰："物谓精怪及药物也。"④应劭不盲目地迷信鬼神，却对"精怪"之说深信不疑，而这也正是汉代学者对民间信仰的认识上普遍存在的时代局限性。

《风俗通义》所录"精怪"传说，除了以上所举郑奇、来季德、张叔高等人的故事外，还有《怪神》中的《世间多有狗作变怪，扑杀之，以血涂门户然众得咎殃》《世间多有蛇作怪者》《世间人家多有见赤白光为变怪者》等。从中国古代小说发

---

① 王利器：《风俗通义校注》，第 434 页。
② 王利器：《风俗通义校注》，第 434 页。
③ 司马迁：《史记》，第 2049 页。
④ 司马迁：《史记》，第 2049 页。

展史的角度来看,《风俗通义》所录最具志怪小说价值的,正是这些民间传说中的"精怪"故事。正因为如此,《风俗通义》中的不少"精怪"故事,后来才会又被干宝的《搜神记》所收录。

二、《风俗通义》与《汉志》小说家

清代学者王鸣盛在《十七史商榷》中曾说过:"劭,汉俗儒也。《风俗通》,小说家也。蔚宗讥其不典,又云异知小道,可谓知言。《王充传》云:'著《论衡》八十五篇,释物类同异,正时俗嫌疑。'此与《风俗通》品题略同,尤为妙解。盖两书正是一类,皆摭拾谀闻,郢书燕说也。"①王鸣盛认为应劭乃是汉之俗儒,而《风俗通》则属于小说家。不仅如此,王鸣盛还引用《后汉书》评论《风俗通》之语,来进一步印证自己的这一观点。《后汉书》的作者范晔,其字为"蔚宗"。范晔在《后汉书·应奉附子劭传》中曾称应劭"撰《风俗通》,以辨物类名号,释时俗嫌疑。文虽不典,后世服其洽闻"②,又称"应氏七世才闻,而奉、劭采章为盛。撰著篇籍,甄纪异知,虽云小道,亦有可观者焉"③。王鸣盛将《风俗通义》归之于"小说家",

---

① 王鸣盛:《十七史商榷》,上海书店出版社,2005,第257页。
② 范晔:《后汉书》,第1614页。
③ 范晔:《后汉书》,第1622页。

他既肯定了范晔对《风俗通义》的评价，又指明了《风俗通义》具有"摭拾謏闻，郢书燕说"这一特点。

如果将王鸣盛对于《风俗通义》的评价与《汉志》关于"小说家"类别属性的界定做一简单比较，就能发现二者之间颇有一致性。

首先，王鸣盛在《十七史商榷》中称《风俗通义》为"摭拾謏闻，郢书燕说"；而《汉志》则认为"小说"乃"街谈巷语，道听途说者之所造"。"郢书燕说"一语，出自《韩非子》。《韩非子·外储说左上》云："郢人有遗燕相国书者，夜书，火不明，因谓持烛者曰'举烛'，而误书'举烛'。举烛，非书意也，燕相国受书而说之，曰：'举烛者，尚明也，尚明也者，举贤而任之。'燕相白王，王大悦，国以治。治则治矣，非书意也。今世学者，多似此类。"①很明显，王鸣盛以及《汉志》的作者都认为"小说"最初摭拾于民间，所以具有民间传说穿凿附会、道听途说之特点。在《风俗通义·序》中，应劭已经明确说过自己正是因为有感于"俗间行语，众所共传，积非习贯，莫能原察"之乱象，才着手编撰《风俗通义》以"辨风正俗"。在《风俗通义》中，应劭在引经据典彻底否定某一民间"俗说"后，他有时候还会对这一民间"俗说"产生的原因进行深入探究。如《正失》在驳斥了淮南王刘安"白日升天"的传说之后，应劭又进

---

① 王先慎：《韩非子集解》，第279页。

一步对这一传说产生的背景、原因进行探讨:"安所养士,或颇漏亡,耻其如此,因饰诈说,后人吠声,遂传行耳。"①再如《正失》在批驳了燕太子丹"有神灵,天为感应"这一民间传说之后,应劭同样也指出了这一传说产生的背景、原因:"原其所以有兹语者,丹实好士,无所爱吝也,故间阎小论饰成之耳。"②应该说,应劭的这些分析与判断确实很有见地。通过诸如"因饰诈说"和"后人吠声",以及"间阎小论饰成之"等话语,应劭已经颇为准确地指出了民间传说故事产生并流行的原因所在。对于民间传说穿凿附会、道听途说这一特点,应劭不仅有着较为清醒的认识,而且还对绝大多数传说都进行了比较深入的考辨。在《风俗通义》中,应劭对于大部分民间传说的考辨、分析和批驳,都是有理有据的。然而,令人遗憾的是,对于《风俗通义》所收录的那些最为荒诞、离奇的"精怪"故事,应劭却信以为真,并没有对它们进行任何辨析和驳斥。当然,应劭这样做,若是从《风俗通义》旨在"辨风正俗"这一点来看,确实是该书的缺憾与不足,说明编撰者的思想认识水平还有其时代局限性;但是,若从小说发展史的角度来看,《风俗通义》则正是由于记录了大量的"精怪"故事,才使得它具有了这一时期的小说穿凿附会、道听途说之特点。

其次,不管是王鸣盛对《风俗通义》的评价,还是《汉志》

---

① 王利器:《风俗通义校注》,第116页。
② 王利器:《风俗通义校注》,第92页。

作者对"小说家"的界定，都注意到了"小说"的社会价值、社会功用，他们都认为"小说"尽管属于"小道"，但毕竟也具有一定的认识价值。早期小说产生于民间，穿凿附会、道听途说是其最基本的特点，正是因为其社会功能十分有限，小说才被汉人称之为"小道"。但是，在汉人眼中，小说尚有一定的"可观性"。两汉时期，小说有限的社会功用及认识价值，究竟都体现在什么地方呢？下面就以《风俗通义》所载录的民间传说故事为例，对小说有限的社会功用及认识价值进行具体考察和分析。简单地说，《风俗通义》的志怪小说特性，是由该书记录的一系列以民间信仰为内核的传说故事的性质决定的。因为民间信仰本身就具有多元性、复杂性，再加上汉代民众认识水平的时代局限性，即便是像应劭这样的、相对来说还比较客观、理性的著名学者，在今人看来，其对待民间信仰的态度尚且是信疑参半；而那些处于社会底层的普通人，他们对于民间信仰的盲目信从自然也就是情理之中的事了。两汉时期，民间信仰可以说是盛极一时，汉代社会很多民俗行为之缘起，甚至于一些传统的节日之诞生，都与这一时期的民间信仰有着十分密切的关系。如起源于汉代的除夕之夜人们"饰桃人，垂苇茭，画虎于门"这一民俗现象，应劭在《风俗通义·祀典》中记载："谨按：《黄帝书》：'上古之时，有荼与郁垒昆弟二人，性能执鬼，度朔山上立桃树下，简阅百鬼，无道理，妄为人祸害，荼与郁垒缚以苇索，执以食虎。'于是县官常以腊除夕，饰桃人,垂苇茭,画虎于门,皆追效于前事,冀以卫凶也。桃梗,梗者,更也,岁终更始受介祉也……《吕氏春秋》:'汤始得伊尹,祓之于庙,薰以萑苇。'《周礼》:'卿大夫之子,名曰门子。'《论语》:'谁能出不由户。'故用苇者,欲人子孙蕃殖,不失其类,有如萑苇。茭者,交易,阴阳代兴也。虎者,阳物,百兽之长也,能执搏挫锐,噬食鬼魅,今人卒得恶悟,烧虎皮饮之,击其爪,亦能辟恶,此其验也。"① 再如汉代出现的农历五月五日"以五彩丝系臂"这一民俗行为,应劭在《风俗通义·佚文》中记载:"五月五日,以五彩丝系臂,名长命缕,一名续命缕,一名辟兵缯,一名五色缕,一名朱索,辟兵及鬼,命人不病温。又曰,亦因屈原。"② 由此可知,与《风俗通义》一样,汉人的小说正是由于载录了不少与民间信仰、民间习俗方面的传说故事,所以才具有了一定的认识价值。

  《汉志》所著录的小说,其文本失传后,所幸还有一些佚文保留至今。《风俗通义》恰好就保存有《汉志》小说之佚文。《青史子》是《汉志》所著录的十五家小说之一,而《风俗通义》中就保存有《青史子》的佚文。在《风俗通义·祀典·雄鸡》中,应劭首先征引了《青史子》的相关记载:"鸡者,东方之牲也,岁终更始,辨秩东作,万物触户而出,故以鸡祀祭也。"③ 随

---

① 王利器:《风俗通义校注》,第 367—368 页。
② 王利器:《风俗通义校注》,第 605 页。
③ 王利器:《风俗通义校注》,第 374 页。

后,《风俗通义》又云:"今人卒得鬼刺痱,悟,杀雄鸡以傅其心上,病贼风者,作鸡散,东门鸡头可以治蛊。由此言之:鸡主以御死辟恶也。"①《祀典·雄鸡》收录的,主要是当时社会上出现的以"雄鸡"祭品及用它来御死辟恶等传说;《青史子》这条佚文,则揭示了民众选择用"鸡"来祭祀的原因所在。由《青史子》这条佚文可知,《风俗通义》与《汉志》小说在内容方面应该具有一致性,二者皆有浅薄、迂怪之特点,皆与民间信仰关系密切。

  刘向的《百家》也是《汉志》所著录的十五家小说之一,《风俗通义》同样也保存有《百家》佚文。《风俗通义·佚文》记载:"门户铺首。谨案:《百家书》云:'公输般之水上,见蠡,谓之曰:开汝匣,见汝形。蠡适出头,般以足画图之,蠡引闭其户,终不可得开,般遂施之门户,欲使闭藏当如此周密也。'"②很明显,这条《百家》佚文,其所载录的乃是一个汉代民间关于"门户铺首"的传说故事。《汉志》称"小说家"是出自"稗官",但事实上汉代"小说家"不一定就是"稗官";此时的"小说",也不一定就是出自"稗官"之手。如《百家》的作者刘向,显然就不是《汉志》所说的"稗官"。班固编撰《汉书》时,特意把《百家》收入《汉志》之"小说家",这足以说明班固对小说的界定,主要还是着眼于其文本自身所表现出来的类别属性,而

---

  ① 王利器:《风俗通义校注》,第 375—376 页。
  ② 王利器:《风俗通义校注》,第 577 页。

不是一味地拘囿于"小说家"与"稗官"之关系。从《风俗通义》《汉志》来看，汉代"小说家"取材，主要包括两方面：一是直接到民间、到普通民众那里去采集；二是从前人的文献中搜寻并辑录。即便是后者，原始素材依然来自"街谈巷语"。汉代小说兴起于民间，最初也仅在普通民众中口耳相传。所以说，汉代的"小说家"，并不是小说原创者，称之为编撰者应该更为合适、也更符合实际。

三、《风俗通义》与汉代小说之文体特点

现代小说作为一种当今文坛上重要的文学体裁，通过发挥想象来虚构人物、故事情节乃是其最基本的创作手法。应劭当初之所以要编著《风俗通义》，其目的显然主要还是为了"辩风正俗"。因此，应劭本人在当时根本就不可能存在任何虚构人物及故事情节的主观意图。这与后世的小说家有意识地通过想象虚构来编织故事情节的做法，毕竟还有着的本质上的差异。

《风俗通义》在一定程度上确实具有了志怪小说的性质和特点，应该说，这主要是由被应劭收录于该书中的那些民间传说故事在客观上体现出来的。由于民众信仰风俗的普遍存在，《风俗通义》载录了许多荒诞不经的民间传说，该书也因此而初步具备了类似于后世小说虚构人物及故事情节的文体特征。伴随着先秦两汉民间信仰的兴起与盛行，与之相关的

各种传说故事也在民间广泛传播,这就为这一时期的"小说家"提供了大量的创作素材。

在《风俗通义》所收录的民间传说中,最具有志怪小说价值的就是那些荒诞离奇的"精怪"故事。"精怪"故事本来就极具传奇性,而在《风俗通义》所载此类故事中,还有一些竟然又加入了汉代著名卜卦者的预言应验传说,从而使得整个故事情节变得奇之又奇。如《怪神·世间多有精物妖怪百端》记载:"谨按:鲁相右扶风臧仲英为侍御史,家人作食,设桉,欻有不清尘土投污之;炊临熟,不知釜处;兵弩自行;火从篋籠中起,衣物烧尽,而籠故完;妇女婢使悉亡其镜,数日堂下掷庭中,有人声言:'汝镜。'女孙年三四岁,亡之,求不能得,二三日乃于清中粪下啼;若此非一。汝南有许季山者,素善卜卦,言:'家当有老青狗物,内中婉御者益喜与为之。诚欲绝,杀此狗,遣益喜归乡里。'皆如其言,因断无纤介,仲英迁太尉长史。"①臧仲英任侍御史时,府内接二连三地出现了诸如"兵弩自行""火从篋籠中起,衣物烧尽,而籠故完""妇女婢使悉亡其镜"等神奇怪异之事,这些已经令读者感到不可思议;接下来的事就更加神奇了,汝南许季山因擅长卜卦而闻名于世,他仅仅通过卜卦,竟然就能找到臧仲英家中发生这一连串怪事的原因所在。又《怪神·世间多有蛇作怪者》记载:"谨按:

---

① 王利器:《风俗通义校注》,第423页。

车骑将军巴郡冯绲鸿卿为议郎,发绶笥,有二赤蛇,可长二尺,分南北走,大用忧怖。许季山孙曼字宁方,得其先人秘要,绲请使卜,云:'君后三岁,当为边将,东北四五千里,官以东为名,复五年,为大将军,南征,此吉祥也。'鸿卿意解,实应且惑。居无几,拜尚书、辽东太守、廷尉、太常。会武陵蛮夷黄高,攻烧南郡,鸿卿以威名素著,选登亚将,统六师之任,奋虓虎之势,后为屯骑校尉、将作大匠、河南尹,复再临理,官纪数方面,如宁方之言。《春秋》:'外蛇与内蛇斗。'文帝时亦复有此,《传》《志》著其云为,而鸿卿独以终吉,岂所谓'或得神以昌'乎?"①巴郡冯绲为议郎之时,其绶笥之中竟出现了两条二尺来长的赤蛇,分别走向南北两个不同的方向。这两条赤蛇的出现,让冯绲忧惧不已,于是他请许季山之孙许宁方来为自己卜卦,许宁方认为这是吉兆,称冯绲"后三岁,当为边将",之后"复五年,为大将军"。后来冯绲仕途果然顺畅,而且"官纪数方面,如宁方之言"。"精怪"的现身,已让人感到怪异;而卜卦者的预言竟如此精准,为整个故事进一步增添了的传奇色彩。

《风俗通义》所载民间传说故事,其中有一部分是属于应劭批判的对象,如《正失》之《淮南王安神仙》《东方朔》《叶令祠》等,这类故事在应劭看来显然是荒诞不经的。此外,还有一部分传说故事,如"精怪"故事,在今天的读者眼中,这些同

---

① 王利器:《风俗通义校注》,第 438 页。

样也是虚妄不实的,但是应劭却并不怀疑它们的真实性。《风俗通义》所收录的这类故事还颇多,如《怪神》中的《世间多有精物妖怪百端》《世间亡者,多有见神,语言饮食,其家信以为是,益用悲伤》《世间多有伐木血出以为怪者》《世间多有狗作变怪,扑杀之,以血涂门户然众得咎殃》《世间多有蛇作怪者》《世间人家多有见赤白光为变怪者》等,都属于这一类。出现于《风俗通义》中的这两类民间传说故事,不管其作者本人对待它们的态度如何,所有的传说故事显然都不是应劭发挥想象凭空虚构出来的。特别是《风俗通义》所收录的一系列"精怪"故事,由于应劭从不怀疑其真实性,以虚为实,因而就更加接近于六朝志怪小说,成为汉代小说最有价值的一部分。

在魏晋南北朝时期的志怪小说中,《搜神记》是大家公认的一部最具有代表性的著作。干宝在《搜神记·序》中曾说过:"虽考先志于载籍,收遗逸于当时,盖非一耳一目之所亲闻睹也,又安敢谓无失实者哉。卫朔失国,二传互其所闻;吕望事周,子长存其两说,若此比类,往往有焉。从此观之,闻见之难,由来尚矣。夫书赴告之定辞,据国史之方策,犹尚若此;况仰述千载之前,记殊俗之表,缀片言于残阙,访行事于故老,将使事不二迹,言无异途,然后为信者,固亦前史之所病。然而国家不废注记之官,学士不绝诵览之业,岂不以其所失者小,所存者大乎?今之所集,设有承于前载者,则非余之罪也。若使采访近世之事,苟有虚错,愿与先贤前儒分其讥谤。及其著述,亦足以发明神道之不诬也。"①由此看来,干宝编撰《搜神记》,他主要是通过以下两个途径来搜集素材的。其一是"考先志于载籍",也就是他所说的"承于前载者";其二是"收遗逸于当时",也就是他所说的"采访近世之事"。可见,这与应劭编撰《风俗通义》时的资料来源、取材渠道几乎完全一致。干宝在《搜神记序》中,曾经反复强调《搜神记》所记载的一切皆为"实录";而其编著《搜神记》的目的,就是要"发明神道之不诬"。干宝编著《搜神记》,"撰集古今神祇灵异人物变化"②,其所载录的当然都是些荒诞不经的民间传说故事。然而,干宝本人却从来都不曾有意识地通过发挥想象而去凭空进行虚构,反而是自觉地遵从了"实录"原则。干宝本人"性好阴阳术数"③,他编撰《搜神记》时,"既博采异同,遂混虚实"④,竟然把许多荒诞离奇的"古今神祇灵异人物变化"的传说故事予以"实录",而这也正是《搜神记》的志怪小说价值所在。干宝编撰《搜神记》,专门收集社会上流传的各种类型的神怪故事;而对于这些神怪故事,干宝根本就没有进行必要的真假辨别便将其全部收入《搜神记》之中,《晋书》也因此而称其"遂混虚实"。应劭编著《风俗通义》,对于民间传说故事既

---

① 干宝:《搜神记》,中华书局,1979,第 2 页。
② 房玄龄:《晋书》,第 2150 页。
③ 房玄龄:《晋书》,第 2150 页。
④ 房玄龄:《晋书》,第 2150 页。

有所批判,亦有所肯定,因此该书中难免也会存在真假不分、以虚为实之情形。对于民间流传的"精怪"故事,应劭与干宝都深信不疑。《风俗通义》所载录的"精怪"故事,有些也被干宝直接收入了《搜神记》之中。如《搜神记·臧仲英》之记载:

> 右扶风臧仲英,为侍御史,家人作食,设案,有不清尘土投污之。炊临热,不知釜处。兵弩自行。火从箧簏中起,衣物尽烧,而箧簏故完。妇女婢使,一旦尽失其镜,数日,从堂下掷庭中,有人声言:"还汝镜。"女孙年三四岁,亡之,求不知处,两三日,乃于圂中粪下啼。若此非一。汝南许季山者,素善卜卦,卜之曰:"家当有老青狗物,内中侍御者名益喜,与共为之。诚欲绝,杀此狗,遣益喜归乡里。"仲英从之,怪遂绝。后徙为太尉长史,迁鲁相。①

侍御史臧仲英家中出现的这一"精怪"故事,此前应劭已经将它收入了《风俗通义·怪神·世间多有精物妖怪百端》。二者在内容上几乎没有什么差异,只是具体的语言表述稍有不同。与《风俗通义》相比,后出的《搜神记》在讲述故事时,其语言就显得更加简练,也更为流畅,极有可能是在《风俗通义》的基础上,又进行了一定的加工、润色。再如《风俗通义·怪神》中的《世间多有狗作变怪,扑杀之,以血涂门户然众得咎殃》之所载:

---

① 干宝:《搜神记》,第30页。

谨按:桂阳太守汝南李叔坚,少时,为从事,在家,狗人立行,家言当杀之,叔坚云:"犬马喻君子,狗见人行,效之,何伤?"叔坚见县令还,解冠榻上,狗戴持走,家大惊,时复云:"误触冠,冠缨挂着之耳。"狗于灶前蓄火,家益怔忪,复云:"儿婢皆在田中,狗助蓄火,幸可不烦邻里,此有何恶。"里中相骂,不言无狗怪,遂不肯杀,后数日,狗自暴死,卒无纤介之异。叔坚辟太尉掾、固陵长、原武令,终享大位。子条蜀郡都尉,咸龙司徒掾。①

《世间多有狗作变怪,扑杀之,以血涂门户然众得咎殃》所记载的桂阳太守汝南李叔坚年少时家中出现的这一"狗怪"故事,后来又被干宝收入《搜神记》,于是就有了《搜神记》中的《李叔坚》。《搜神记·李叔坚》所收录的发生于李叔坚家中的这一"狗怪"故事,其情节内容与《风俗通义·怪神》之所载基本一致,仅仅是二者在语言表述上略有不同而已。② 应劭并不只是载录了这个"狗怪"故事,而且还就此展开了评论。《风俗通义·怪神》云:"凡变怪皆妇女下贱,何者?小人愚而善畏,欲信其说,类复裨增;文人亦不证察,与俱悼慄、邪气承虚,故速咎证。《易》曰:'其亡斯自取灾。'若叔坚者,心固于金石,妖至而不惧,自求多福,壮矣乎!"③《搜神记》则只是收

---

① 王利器:《风俗通义校注》,第418页。
② 干宝:《搜神记》,第227页。
③ 王利器:《风俗通义校注》,第418页。

录这一"狗怪"故事,其作者干宝并没有对它进行任何评价。简单地说,《搜神记》与《风俗通义》之所以会出现这样的差异,原因主要就在于二者编撰目的之不同。应劭编撰《风俗通义》,旨在"辩风正俗"。正因为如此,应劭在载录了一则民间传说故事之后,接下来往往还要对它进行一番考辨与评论。在《风俗通义》中,讲述故事与评价得失总是结合在一起的。这种叙议结合、依托故事阐发道理的结构模式,早在之前的诸子散文中就已经出现了。如《吕氏春秋·疑似》云:"梁北有黎丘部,有奇鬼焉,喜效人之子侄昆弟之状。邑丈人有之市而醉归者,黎丘之鬼效其子之状,扶而道苦之。丈人归,酒醒而诮其子,曰:'吾为汝父也,岂谓不慈哉?我醉,汝道苦我,何故?'其子泣而触地曰:'孽矣!无此事也。昔也往责于东邑人,可问也。'其父信之,曰:'嘻!是必夫奇鬼也,我固尝闻之矣!'明日端复饮于市,欲遇而刺杀之。明旦之市而醉,其真子恐其父之不能反也,遂逝迎之。丈人望其真子,拔剑而刺之。丈人智惑于似其子者,而杀其真子。夫惑于似士者,而失于真士,此黎丘丈人之智也。疑似之迹,不可不察,察之必于其人也。"①很明显,作者讲述黎丘丈人的故事,其目的则是要讽刺"惑于似士者,而失于真士"的愚蠢行为,讲故事服务于讲道理。干宝编著《搜神记》,其辑录神怪传说故事的主要目的,

---

① 许维遹:《吕氏春秋集释》,第608—610页。

就是要"发明神道之不诬"。也正因为如此,《搜神记》更加侧重于故事讲述,几乎就没有什么评论性的文字。《风俗通义》的叙事与说理相结合,正是其作为汉代小说与魏晋南北朝志怪小说之间的最明显的差异。

《汉志》所著录的十五家小说中,《虞初周说》一书的篇数最多,也最具有代表性。《虞初周说》之所以会被后世小说家所推崇,原因就在于其内容多是些荒诞不经的民间传说,因而最具有志怪小说的价值属性,而这正是后世小说家所看重的地方。然而,《虞初周说》尽管已颇具志怪小说价值,但它与后世的志怪小说集还有着明显的差异。"《虞初周说》九百四十三篇"①,应劭注云:"其说以《周书》为本。"②由此可知,《虞初周说》既然是以《周书》为本,《周书》作为其所依托的对象,二者之间至少会有内容上的关联,也就是说《虞初周说》中肯定会有一些取自《周书》文字。这就形成了《虞初周说》记事(记载神怪传说故事)与说理(依托《周书》进行评论)相结合的著作特点。所以说,不管是《风俗通义》,还是以《虞初周说》为代表的《汉志》小说,皆是把叙述传说故事与分析评论说理相结合,而这正是汉代小说共同的特点。

《汉志》将"小说"归入"诸子略",且置之于其他"诸子九家"之后。后来,《隋书·经籍志》亦将《风俗通义》著录于"子

---

① 班固:《汉书》,第 1745 页。
② 班固:《汉书》,第 1745 页。

部",归入"子部"之"杂家"。从目录学分类角度看,《汉志》与《隋书·经籍志》这种做法,足以说明汉代的小说与诸子之间还存在着密不可分的关系,汉人眼中的"小说"在价值取向上还与诸子有相似之处,还较为看重自身的学术价值。

通过以上对《汉志》小说的性质、特点,以及《风俗通义》的志怪小说属性所进行的分析、论述可知,汉代小说的产生,与这一时期民间信仰的兴盛有着十分密切的关系;汉代小说载入诸多虚妄不实的民间传说,客观上已初步具备志怪小说的价值、属性。然而,汉代小说一般都是将记录神怪故事与说理评论性文字融合在一起,还不可能出现真正的志怪小说集。

第三节 《列仙传》:汉代小说的典型代表

《列仙传》是我国第一部神仙传记,它载录了先秦两汉时期的七十一位仙人的传说故事。在我国现存的署名为汉人所作的那些志怪小说中,《列仙传》应该是唯一一部可信的汉人著作。① 《列仙传》首次将众多仙人集中在一起,采用人物传记形式,逐一讲述其荒诞离奇之事迹,构成了一个多姿多彩的

---

① 我国现存的署名为汉人的志怪小说,主要有东方朔的《神异经》《海内十洲记》,刘向的《列仙传》,班固的《汉武故事》《汉武帝内传》,郭宪的《洞冥记》等。虽然关于《列仙传》的作者是否就是刘向的问题,目前学术界尚存在有一定的争议;但是人们一般都认为《列仙传》是出自汉人之手。

神仙画廊,对其后的志怪小说创作产生了直接影响。

一、《列仙传》作者及成书问题

《列仙传》的作者,旧题为西汉时期的刘向。最早提到《列仙传》的人,则是东汉时期的王逸。屈原《天问》曰:"鳌戴山忭,何以安之?释舟陵行,何之迁之?"①王逸《楚辞章句》注曰:"《列仙传》曰:有巨灵之鳌,背负蓬莱之山而忭舞,戏沧海之中,独何以安之乎?"②可见,早在东汉王逸之时,《列仙传》就已经结集成书,并开始在社会上流传了。又《后汉书·东平宪王苍列传》记载:"大鸿胪奏遣诸王归国,(章)帝特留苍,赐以秘书、列仙图、道术秘方。至八月饮酎毕,有司复奏遣苍,乃许之。"③《后汉书》中所提到的这一"列仙图",很有可能就是王逸注《天问》时所引用的《列仙传》,至少二者之间应该有一定的关系。但是,王逸《楚辞章句》注文所称引自《列仙传》的这一段文字,在今本《列仙传》中却找不到这一相关记载。由此可知,王逸当时所见到的《列仙传》,与今本《列仙传》在内容上可能会存在较大的出入。再者,王逸作注时只是引用了《列仙传》里的内容,并没有提及《列仙传》的作者。

---

① 洪兴祖:《楚辞补注》,第 102 页。
② 洪兴祖:《楚辞补注》,第 102 页。
③ 范晔:《后汉书》,第 1440—1441 页。

最早提到《列仙传》作者的人,应该是东晋时期的著名道士葛洪。葛洪在《抱朴子·论仙》中称:"刘向博学则究微极妙,经深涉远,思理则清澄真伪,研核有无,其所撰《列仙传》,仙人七十有余,诚无其事,妄造何为乎……至于撰《列仙传》,自删秦大夫阮仓书中出之,或所亲见,然后记之,非妄言也。"①葛洪在《神仙传序》中又说:"昔秦大夫阮仓,所记有数百人;刘向所撰,又七十一人。"②葛洪认为《列仙传》是出自刘向之手。自葛洪之后,人们一般都认为《列仙传》的作者,就是西汉时期的刘向。如颜之推《颜氏家训·书证》称:"《列仙传》刘向所造,而《赞》云七十四人出佛经;《列女传》亦向所造,其子歆又作《颂》,终于赵悼后,而传有更始韩夫人、明德马后及梁夫人嫕。皆由后人所羼,非本文也。"③颜之推尽管对于"《赞》云七十四人出佛经"这一点提出了质疑,但他认为这一内容肯定是后人掺入的,并没有对《列仙传》出自刘向之手表示怀疑。再如《隋书·经籍志》称:"汉(按:当是秦)时,阮仓作《列仙图》,刘向典校经籍,始作《列仙》《列士》《列女》之传,皆因其志尚,率尔而作,不在正史。"④《隋书·经籍志》的"杂传类"还著录有:"《列仙传赞》三卷,刘向撰,鬷续,孙绰

---

① 王明:《抱朴子内篇校释》,第16—22页。
② 葛洪:《神仙传》,上海古籍出版社,1990,第4页。
③ 王利器:《颜氏家训集解》,上海古籍出版社,1980,第438页。
④ 魏征:《隋书》,第982页。

赞。《列仙传赞》二卷,刘向撰,晋郭元祖赞。"①可见,直至隋唐时期,人们还都认为《列仙传》的作者是刘向。

人们对于刘向编撰《列仙传》表示怀疑,是从宋代开始的。最早质疑的人,是北宋时期的黄伯思。黄伯思在《东观余论·跋刘向列仙传后》中称:"《汉书》向所序六十七篇,但有《新序》《说苑》《列女传》等,而无此书。又叙事并赞,不类向文,恐非其笔。然事详语约,辞旨明润,疑东京文也。"②黄伯思认为《汉书》在著录刘向的著作时,并没有提到《列仙传》;而《列仙传》的"叙事并赞",又不像刘向本人的手笔。因此,他怀疑《列仙传》可能是东汉人的著作。到了明代,胡应麟在《少室山房笔丛正集》中又称:"(《列仙传》)当是六朝间人,因向传《列女》,又好神仙家言,遂伪撰托之……此传孙绰及郭元祖各为赞,非六朝则三国无疑也。"③胡应麟认为《列仙传》的作者,或者是六朝时人,或者是三国时人。到了清代,四库馆臣又进一步指出:"今考是书,《隋志》著录则出于梁前,又葛洪《神仙传序》亦称此书为向作,则晋时已有其本。然《汉志》列刘向所序六十七篇,但有《新序》《说苑》《世说》《列

---

① 魏征:《隋书》,第 979 页。
② 黄伯思:《东观余论》,载永瑢:《文渊阁四库全书》第 850 册,第 363 页。
③ 胡应麟:《少室山房笔丛正集》卷十六,载永瑢:《文渊阁四库全书》第 886 册,第 336 页。

女传》图颂,无《列仙传》之名;又《汉志》所录,皆因《七略》,其总赞引《孝经援神契》,为《汉志》所不载;《涓子传》称其《琴心》三篇,有条理,与《汉志·蜎子》十三篇不合;《老子传》称作《道德经》上下二篇,与《汉志》但称《老子》亦不合;均不应自相违异。或魏、晋间方士为之,托名于向耶。"①四库馆臣认为《列仙传》应该是魏晋时期的方士所作,托名于西汉时的刘向。

目前,尽管学术界关于《列仙传》的作者及成书时代等问题,还存在有较大的争议;但是,人们一般都认为《列仙传》是汉代的作品。如李剑国先生就认为《列仙传》是刘向晚年的作品,并对前人否定《列仙传》出自刘向之手的种种理由逐一进行了驳斥。②孙昌武先生也说:"《列仙传》所录每一位仙人的事迹篇幅简短,情节简单,已表明这是故事的较原始形态。更主要的是其中体现的观念、内容,尚缺乏更深刻的宗教内涵,也证明乃是道教形成之前的产物。"③从汉代神仙信仰发展的阶段性特征来看,《列仙传》不可能完成于刘向之时,因为其中所反映的神仙观念很多都是在刘向之后才产生的。如《列仙传》中出现了仙人老子,而老子的仙化却是发生于东汉

---

① 永瑢:《四库全书总目》,中华书局,1965,第1248页。
② 李剑国:《唐前志怪小说史》,第169—174页。
③ 孙昌武:《诗苑仙踪:诗歌与神仙信仰》,南开大学出版社,2005,第53页。

时期。《史记·老子韩非列传》记载:"老子之子名宗,宗为魏将,封于段干。宗子注,注子宫,宫玄孙假,假仕于汉孝文帝。而假之子解为胶西王卬太傅,因家于齐焉。"①西汉中期,司马迁在《史记》中还记录了老子后代子孙绵延的谱系。可见,这一时期在汉人心目中老子还是一个世俗之人。到了东汉,班固《汉书·艺文志》在"道家类"中,既著录了与黄帝有关的《黄帝四经》《黄帝铭》《黄帝君臣》和《杂黄帝》②,也著录了与老子有关的《老子邻氏经传》《老子傅氏经说》《老子徐氏经说》和《说老子》③;而在"神仙家类"中则仅著录了与黄帝有关的《黄帝杂子步引》《黄帝岐伯按摩》《黄帝杂子芝菌》和《黄帝杂子十九家方》④,却没有著录与老子有关的著作。说明此时黄帝的仙化已经完成,而老子的仙化却还没有开始。老子的神仙化,开始于东汉章、和之际。王阜在《老子圣母碑》中说:"老子者,道也。乃生于无形之先,起于太初之前,行于太素之元,浮游六虚,出入幽冥,观混合之未别,窥清浊之未分。"⑤这时的老子,已经成为了"道"的化身。《东观汉记·王阜传》云:"大将军窦宪贵盛,以绛罽襜褕与阜,阜不

---

① 司马迁:《史记》,第 2142—2143 页。
② 班固:《汉书》,第 1730—1731 页。
③ 班固:《汉书》,第 1729 页。
④ 班固:《汉书》,第 1779 页。
⑤ 李昉:《太平御览》,第 2 页。

受。"①可见,王阜与窦宪大致是同时代的人,其撰写《老子圣母碑》的时间,大概就是在东汉章、和之际。又《论衡·道虚》称:"世或以老子之道为可以度世,恬淡无欲,养精爱气。夫人以精神为寿命,精神不伤,则寿命长而不死。成事:老子行之,逾百度世,为真人矣。"②王充与王阜也大致生活于同一时代。而此时的老子,已成为"逾百度世"的"真人"。可见,东汉章、和之际,老子的仙化过程才开始。再如《列仙传》中还有不少神仙济世仙话,而这一类作品所反映的则是西汉晚期出现的神仙救世思想和神仙信仰的儒学化倾向,应该是西汉哀、平之后才产生的。因此,《列仙传》的编辑成书,应该是在东汉。今本《列仙传》中可能会有一些后人羼入的内容,但是其中的绝大部分内容,应该是在两汉时期就已经形成了。

二、奇幻多彩的神仙画廊

《列仙传》中的神仙形象,已经明显不同于早期神话传说里的神灵,其形象已经完全人格化。《列仙传》中的神仙,与世人的关系已经变得比较亲近;而神仙们所生活的地方,也已经不再局限于虚无缥缈的神界、仙域。《列仙传》中的神仙,

---

① 永瑢:《文渊阁四库全书》第 370 册,第 184 页。
② 北京大学历史系《论衡》注释小组:《论衡注释》,第 429 页。

甚至于更喜欢留在人世间,以享受美好的世俗生活。《列仙传》中的神仙,绝大多数都是由人而仙,在成仙之前,这些人分布在不同的社会阶层,从事着彼此不同的职业。在《列仙传》中,神仙们由人变仙,经过了各种各样的成仙途径;而成仙后的他们,又掌握着五花八门的奇方异术。在《列仙传》中,七十一位神仙共同组成了一个五彩斑斓的人物画廊。

首先,《列仙传》中的仙人,在成仙前分属于不同的社会阶层和行业。这些仙人中,有被仙化的历史人物,如老子、吕尚、范蠡、东方朔、钩翼夫人等;还有来自早期神话传说的,如江妃二女等。《列仙传》中的绝大多数仙人,则出处不详,或者是来源于社会上的传闻,或者是纯属于虚构。《列仙传》中的仙人,几乎包括了各个社会阶层的人物。如《钩翼夫人》云:"少时好清净,病卧六年,右手拳屈,饮食少。望气者云:'东北有贵人气。'推而得之。召到,姿色甚伟。武帝披其手,得一玉钩,而手寻展,遂幸而生昭帝。后武帝害之,殡尸不冷,而香一月间。后昭帝即位,更葬之,棺内但有丝履。"①再如《范蠡》云:"范蠡,字少伯,徐人也。事周师太公望,好服桂饮水。为越大夫,佐勾践破吴。后乘舟入海,变名姓,适齐,为鸱夷子。更后百余年,见于陶,为陶朱君,财累亿万,号陶朱公。后弃之,兰陵卖药。后人世世识见之。"②像钩翼夫人与范蠡

---

① 刘向:《列仙传》,第 14 页。
② 刘向:《列仙传》,第 8 页。

这样的历史名人,在《列仙传》中毕竟是少数。《列仙传》所载录的仙人,大多数是来自社会底层的无名之辈。如《鹿皮公》云:"鹿皮公者,淄川人也。少为府小吏木工,举手能成器械。岑山上有神泉,人不能至也。小吏白府君,请木工斤斧三十人,作转轮悬阁,意思横生。数十日,梯道四间成。上其巅,作祠舍,留止其旁,绝其二间以自固。食芝草,饮神泉,且七十年。淄水来,三下呼宗族家室,得六十余人,令上山半。水尽漂,一郡没者万计。小吏乃辞遣宗家,令下山。着鹿皮衣,遂去,复上阁。后百余年,下卖药于市。"①再如《文宾》云:"文宾者,太丘乡人也,卖草履为业。数取妪,数十年,辄弃之。后时故妪寿老,年九十余,续见宾年更壮。他时妪拜宾涕泣,宾谢曰:'不宜。至正月朝,傥能会乡亭西社中邪?'妪老,夜从儿孙行十余里,坐社中待之。须臾,宾到,大惊:'汝好道邪?知汝尔,前不去汝也。'教令服菊花、地肤、桑上寄生、松子,取以益气。妪亦更壮,复百余年见云。"②又如《阴生》云:"阴生者,长安中渭桥下乞儿也。常止于市中乞,市人厌苦,以粪洒之。旋复在里中,衣不见污如故。长吏知之,械收,系着桎梏而续在市中乞。又械欲杀之,乃去。洒者之家室自坏,杀十余人。故长安中谣曰:'见乞儿,与美酒,以免破屋之咎。'"③在

---

① 刘向:《列仙传》,第 16 页。
② 刘向:《列仙传》,第 19 页。
③ 刘向:《列仙传》,第 18 页。

《列仙传》中,木匠、鞋匠、乞儿等社会底层之人,同样也都可以成仙。

其次,《列仙传》中的仙人,经历了各种各样的升仙途径。在这些仙人中,通过"服食"而成仙的,占绝大多数。《列仙传》中的仙人,他们所"服食"的东西,亦彼此不同。如《桂父》云:"常服桂及葵,以龟脑和之,千丸十斤桂,累世见之。今荆州之南尚有桂丸焉。"①再如《赤须子》云:"好食松实、天门冬、石脂,齿落更生,发堕再出,服霞绝后。遂去吴山下,十余年,莫知所之。"②又如《山图》云:"少好乘马,马踏之折脚。山中道人教令服地黄当归羌活独活苦参散。服之一岁,而不嗜食,病愈身轻。追道人问之,自言五岳使,'之名山采药,能随吾,使汝不死。'山图追随之六十余年。一旦归来,行母服于家间。期年复去,莫知所之。"③可见,这三位仙人都是靠"服食"而成仙的,桂父是"常服桂及葵,以龟脑和之",赤须子则是"好食松实、天门冬、石脂",而山图又是"服地黄当归羌活独活苦参散"。此外,还有其他通过"服食"而成仙者,如犊子是"采松子茯苓饵而服之"④,而商丘子胥则是"但食术菖蒲根饮水"⑤。以上这些仙人所"服食"的,基本上都是些草木之

---

① 刘向:《列仙传》,第 10 页。
② 刘向:《列仙传》,第 14 页。
③ 刘向:《列仙传》,第 17 页。
④ 刘向:《列仙传》,第 15 页。
⑤ 刘向:《列仙传》,第 19 页。

类。在《列仙传》中,还有通过"服食"石钟乳、丹药而成仙者,如《邛疏》云:"邛疏者,周封史也。能行气炼形。煮石髓而服之,谓之石钟乳。至数百年,往来入太室山中,有卧石床枕焉。"①再如《赤斧》云:"赤斧者,巴戎人也,为碧鸡祠主簿。能作水澒炼丹,与硝石服之,三十年反如童子,毛发生皆赤。后数十年,上华山,取禹余粮饵,卖之于苍梧、湘江间。累世传见之,手掌中有赤斧焉。"②又如《主柱》云:"主柱者,不知何所人也。与道士共上宕山,言此有丹砂,可得数万斤。宕山长吏,知而上山封之。砂流出,飞如火,乃听柱取。为邑令章君明饵砂,三年得神砂飞雪,服之,五年能飞行,遂与柱俱去云。"③除了"服食"之外,《列仙传》还载录了一些更为离奇的升仙途径。如《陶安公》云:"陶安公者,六安铸冶师也。数行火。火一旦散,上行,紫色冲天。安公伏冶下求哀。须臾,朱雀止冶上曰:'安公安公,冶与天通。七月七日,迎汝以赤龙。'至期,赤龙到。大雨,而安公骑之东南上一城邑,数万人众共送视之,皆与辞决云。"④再如《葛由》云:"葛由者,羌人也。周成王时,好刻木羊卖之。一日,骑羊而入西蜀,蜀中王侯贵人追之上绥山,绥山在峨嵋山西南,高无极也。随之者不

---

① 刘向:《列仙传》,第 6 页。
② 刘向:《列仙传》,第 21 页。
③ 刘向:《列仙传》,第 15 页。
④ 刘向:《列仙传》,第 20 页。

复还,皆得仙道。"①又如《祝鸡翁》云:"祝鸡翁者,洛人也。居尸乡北山下,养鸡百余年。鸡有千余头,皆立名字。暮栖树上,昼放散之。欲引呼名,即依呼而至。卖鸡及子,得千余万。辄置钱去之吴,作养鱼池。后升吴山,白鹤孔雀数百,常止其傍云。"②陶安公、葛由、祝鸡翁的升仙途径,都与他们的职业有关,三人皆是因高超的专业技能而成了仙。此外,《列仙传》中还出现了通过"房中术"而成仙者。如《女丸》云:"女丸者,陈市上沽酒妇人也,作酒常美。遇仙人过其家饮酒,以素书五卷为质。丸开视其书,乃养性、交接之术。丸私写其文要,更设房室,纳诸年少,饮美酒,与止宿,行文书之法。如此三十年,颜色更如二十。时仙人数岁复来过,笑谓丸曰:'盗道无私,有翅不飞。'遂弃家追仙人去,莫知所之。"③骑龙鸣的升仙途径,更是与众不同。《骑龙鸣》云:"骑龙鸣者,浑亭人也。年二十,于池中求得龙子,状如守宫者十余头。养食,结草庐而守之。龙长大,稍稍而去。后五十余年,水坏其庐而去。一旦,骑龙来浑亭,下语云:'冯伯昌孙也。此间人不去五百里,必当死。'信者皆去,不信者以为妖。至八月,果水至,死者万计。"④

---

① 刘向:《列仙传》,第 7 页。
② 刘向:《列仙传》,第 12 页。
③ 刘向:《列仙传》,第 22 页。
④ 刘向:《列仙传》,第 15 页。

再者,《列仙传》中的仙人,掌握有五花八门的七奇方异术。《列仙传》中出现了一系列神奇的仙人幻术。如《方回》云:"方回者,尧时隐人也。尧聘以为闾士,炼食云母,亦与民人有病者。隐于五柞山中。夏启末为宦士,为人所劫,闭之室中,从求道。回化而得去,更以方回掩封其户。"①再如《瑕丘仲》云:"瑕丘仲者,宁人也。卖药于宁百余年,人以为寿矣。地动舍坏,仲及里中数十家屋临水,皆败。仲死,民人取仲尸,弃水中,收其药卖之。仲披裘而从,诣之取药。弃仲者惧,叩头求哀。仲曰:'恨汝使人知我耳,吾去矣。'后为夫余胡王,驿使复来至宁。北方人谓之谪仙人焉。"②又如《修羊公》云:"修羊公者,魏人也。在华阴山上石室中,有悬石榻,卧其上,石尽穿陷。略不食,时取黄精食之。后以道干景帝,帝礼之,使止王邸中。数岁,道不可得。有诏问修羊公:'能何日发?'语未讫,床上化为白羊,题其胁曰:'修羊公谢天子。'后置石羊于灵台上,羊后复去,不知所在。"③其他如马丹"灵公欲仕之,逼不以礼。有迅风发屋,丹入回风而去"④,宁封子"积火自烧,而随烟气上下。视其灰烬,犹有其骨"⑤,涓子"隐于宕

---

① 刘向:《列仙传》,第3页。
② 刘向:《列仙传》,第10—11页。
③ 刘向:《列仙传》,第12页。
④ 刘向:《列仙传》,第7页。
⑤ 刘向:《列仙传》,第1页。

山,能致风雨"①。此外,《列仙传》中仙人,有的还是神奇的预言家。如《稷邱君》云:"稷邱君者,太山下道士也。武帝时,以道术受赏赐。发白再黑,齿落更生。后罢去。上东巡太山,稷邱君乃冠章甫,衣黄衣,拥琴来迎。拜武帝,指帝(曰):'陛下勿上也,上必伤足指。'及数里,右足指果折。"②再如《子主》云:"子主者,楚语而细音,不知何所人也。诣江都王,自言:'宁先生顾我作客,三百年不得作直。'以为狂人也。问先生所在,云在龙眉山上。王遣吏将上龙眉山巅,见宁先生,毛身广耳,被发鼓琴。主见之叩头,吏致王命。先生曰:'此主吾比舍九世孙。且念汝家,当有暴死女子三人。勿预吾事。'语竟,大风发。吏走下山,比归,宫中相杀三人。"③各种奇方异术的出现,进一步增加了《列仙传》的浪漫色彩。

三、《列仙传》所开启的基本主题类型

《列仙传》是我国现存第一部仙话故事集,它开启了后世仙话创作的基本主题类型。修道主题、济世主题与婚恋主题,是仙话创作的三大基本主题类型。这三种基本主题类型,在《列仙传》中都已经出现了。

---

① 刘向:《列仙传》,第 4 页。
② 刘向:《列仙传》,第 13 页。
③ 刘向:《列仙传》,第 20 页。

首先,修道主题是仙话创作的源头,也是仙话创作的核心;而《列仙传》已经基本上奠定了修道主题在仙话创作中的母体地位。先秦时期无论是方士求仙,还是仙话创作,皆与昆仑、蓬莱密切相关,都离不开神仙接引与不死药。两汉时期,不管是求仙,还是仙话创作,其重心皆转向了个体修炼。《列仙传》的修道主题,有早期的神仙接引,亦有后来的自身修炼。总体来说,《列仙传》的修道主题,还是以个人修炼为主。《列仙传》之仙人修道,主要有"感召""服食""导引行气"等。如黄帝的升仙,就属于"感召",《列仙传·黄帝》云:"黄帝者,号曰轩辕。能劾百神,朝而使之。弱而能言,圣而预知,知物之纪。自以为云师,有龙形。自择亡日,与群臣辞。至于卒,还葬桥山,山崩,柩空无尸,唯剑舄在焉。仙书云:'黄帝采首山之铜,铸鼎于荆山之下,鼎成,有龙垂胡髯下迎帝,乃升天。群臣百僚悉持龙髯,从帝而升,攀帝弓及龙髯,拔而弓坠,群臣不得从,望帝而悲号。故后世以其处为鼎湖,名其弓为乌号焉。"①《列仙传》中的大多数仙人,都是通过"服食"而成仙。如赤将子舆的成仙,是靠"啖百草花"②;偓佺的成仙,是因为"好食松实"③;师门的成仙,是靠"食桃李葩"④;务光的成仙,

---

① 刘向:《列仙传》,第 2 页。
② 刘向:《列仙传》,第 1—2 页。
③ 刘向:《列仙传》,第 2 页。
④ 刘向:《列仙传》,第 5 页。

是靠"服蒲韭根"①;仇生的成仙,是因为"常食松脂"②;任光的成仙,是因为"善饵丹"③。"导引行气"也是一种重要的修炼方法,如《彭祖》云:"彭祖者,殷大夫也。姓篯名铿,帝颛顼之孙陆终氏之中子,历夏至殷末八百余岁。常食佳芝,善导引行气。历阳有彭祖仙室,前世祷请风雨,莫不辄应。常有两虎在祠左右,祠讫,地即有虎迹,云后升仙而去。"④

其次,仙话创作的济世主题,是从修道主题这一母体中衍生出来的;而《列仙传》也开启了仙话创作的神仙济世主题。如《崔文子》云:"崔文子者,太山人也。文子世好黄老事,居潜山下。后作黄散赤丸,成石父祠,卖药都市,自言三百岁。后有疫气,民死者万计,长吏之文所请救。文拥朱幡,系黄散以徇人门。饮散者即愈,所活者万计。后去,在蜀卖黄散。故世宝崔文赤丸黄散,实近于神焉。"⑤又如《负局先生》云:"负局先生者,不知何许人也,语似燕代间人。常负磨镜局徇吴市中衒,磨镜一钱。因磨之,辄问主人,得无有疾苦者,辄出紫丸药以与之,得者莫不愈。如此数十年。后大疫,病家至户到与药,活者万计,不取一钱,吴人乃知其真人也。后主吴山绝崖

---

① 刘向:《列仙传》,第 5 页。
② 刘向:《列仙传》,第 5 页。
③ 刘向:《列仙传》,第 11 页。
④ 刘向:《列仙传》,第 6 页。
⑤ 刘向:《列仙传》,第 13 页。

头,悬药下与人。将欲去时,语下人曰:'吾还蓬莱山,为汝曹下神水。'崖头一旦有水,白色,流从石间来。下服之,多愈疾。立祠十余处。"①

仙人崔文子和负局先生,在灾难来临之际,能够帮助世人平安渡过一劫。在他们身上,寄托了底层民众祈求神仙救助的美好愿望。西汉后期,神仙救世思想产生。《汉书·五行志》记载:"哀帝建平四年正月,民惊走,持稿或梬一枚,传相付与,曰行诏筹。道中相过逢多至千数,或被发徒践,或夜折关,或逾墙入,或乘车骑奔驰,以置驿传行,经历郡国二十六,至京师。其夏,京师郡国民聚会里巷仟佰,设(祭)张博具,歌舞祠西王母。又传书曰:'母告百姓,佩此书者不死。不信我言,视门枢下,当有白发。'至秋止。"②再如《汉书·哀帝纪》记载:"(汉哀帝建平)四年春,大旱。关东民传行西王母筹,经历郡国,西入关至京师。民又会聚祠西王母,或夜持火上屋,击鼓号呼相惊恐。"③又《汉书·天文志》记载:"(汉哀帝建平)四年正月、二月、三月,民相惊动,讙哗奔走,传行诏筹祠西王母,又曰'从目人当来'。"④"母告百姓,佩此书者不死",表明当时的民众大多认为神仙西王母具有能够帮助世人消除

---

① 刘向:《列仙传》,第 21 页。
② 班固:《汉书》,第 1476 页。
③ 班固:《汉书》,第 342 页。
④ 班固:《汉书》,第 1311—1312 页。

灾厄的救世神力。由"京师郡国民聚会里巷仟佰,设(祭)张博具,歌舞祠西王母"以及当时"行诏筹"者"经历郡国二十六","道中相过逢多至千数"等可知,汉哀帝时民间已经形成了祭祀西王母、希望得到神仙救助的风气。

《列仙传》中的神仙济世,一是神仙治病救人;二是神仙帮人度过灾难。如《列仙传》中的仙人崔文子、负局先生就是治病救人;而仙人赤须子、酒客则是通过提前预言,使人们得以躲过灾难。如《赤须子》云:"秦穆公时主鱼吏也,数道丰界灾害水旱,十不失一。"①再如《酒客》云:"酒客者,梁市上酒家人也……后百余岁来,为梁丞,使民益种芋菜。曰:'三年当大饥。'卒如其言,梁民不死。"②又如《昌容》云:"食蓬蘽根,往来上下,见之者二百余年,而颜色如二十许人。能致紫草,卖与染家,得钱以遗孤寡,历世而然,奉祠者万计。"③可见,赤须子、酒客、崔文子、负局先生等仙人的故事,都表现出了明显的伦理道德理念。神仙济世是仙话创作的基本主题之一,而道德原则又是仙话创作的基本原则。神仙济世仙话正是神仙救世思想及神仙儒学化的反映。

再者,《列仙传》中还出现了神物报恩主题,《子英》《马师皇》是这方面的代表。如《子英》云:"子英者,舒乡人也,善入

---

① 刘向:《列仙传》,第14页。
② 刘向:《列仙传》,第11页。
③ 刘向:《列仙传》,第17页。

水捕鱼。得赤鲤,爱其色好,持归著池中,数以米谷食之。一年长丈余,遂生角,有翅翼。子英怪异,拜谢之。鱼言:'我来迎汝。汝上背,与汝俱升天。'即大雨。子英上其鱼背,腾升而去。岁岁来归故舍,食饮,见妻子,鱼复来迎之。如此七十年。故吴中门户皆作神鱼,遂立子英祠。"①子英捕鱼时获得一条"赤鲤",爱其色好,将其养大,原来竟然是一条神鱼;神鱼为了报答子英的不杀及养育之恩,就载着子英升仙而去了。再如《马师皇》云:"马师皇者,黄帝时马医也。知马形生死之诊,治之辄愈。后有龙下,向之垂耳张口,皇曰:'此龙有病,知我能治。'乃针其下口中,以甘草汤饮之而愈。后数数有龙出其波,告而求治之。一旦,龙负皇而去。"②马师皇原本是黄帝时的一名专门为马治病的兽医,由于医术高明,竟然连神龙也都慕名前来求医,最后乘神龙升仙而去。

神物报恩主题应该从属于修道主题,与神仙济世主题也有着密切的联系。神物报恩主题所反映的乃是中国传统的"善有善报、恶有恶报"的伦理道德观念。神物报恩是后世仙话创作中经常出现的一个重要主题。《列仙传》中的神仙济世、神物报恩等仙话,共同奠定了后世仙话创作的伦理道德化原则。

最后,《列仙传》中还出现了人神相恋主题,其与济世主

---

① 刘向:《列仙传》,第18—19页。
② 刘向:《列仙传》,第1页。

题一样,也是由修道主题衍生而来的。如《江妃二女》云:

> 江妃二女者,不知何所人也。出游于江汉之湄,逢郑交甫。见而悦之,不知其神人也。谓其仆曰:"我欲下请其佩。"仆曰:"此间之人,皆习于辞,不得,恐罹悔焉。"交甫不听,遂下与之言曰:"二女劳矣。"二女曰:"客子有劳,妾何劳之有?"交甫曰:"橘是柚也,我盛之以笱,令附汉水,将流而下。我遵其傍,采其芝而茹之。以知吾为不逊也,愿请子之佩。"二女曰:"橘是柚也,我盛之以筥,令附汉水,将流而下。我遵其旁,采其芝而如之。"遂手解佩与交甫。交甫悦受,而怀之中当心。趋去数十步,视佩,空怀无佩。顾二女,忽然不见。①

江妃二女来自早期神话传说。她们的前身就是早期神话传说里的汉女。有关汉女的传说故事,很早以前就已经出现了。如《诗经·周南·汉广》云:"南有乔木,不可休思。汉有游女,不可求思。"②《诗经》中的"汉之游女",指的就是早期神话传说中的汉女。又《文选》嵇康《琴赋》李善注曰:"《韩诗》曰:汉有游女,不可求思。薛君曰:游女,汉神也。言汉神时见,不可求而得之。"③《山海经·中山经》亦云:"又东南一百

---

① 刘向:《列仙传》,第 8 页。
② 程俊英、蒋见元:《诗经注析》,第 23 页。
③ 李善、吕延济、刘良等:《六臣注文选》,第 339 页。

二十里,曰洞庭之山,……帝之二女居之,是常游于江渊。"①郭璞注曰:"天帝之二女而处江为神也。"②可见,这时的汉女,基本上还是一个早期神话传说中的神女形象。有关郑交甫与汉女之间的传说故事,产生的时间也相当早。如《文选》张衡《南都赋》李善注引《韩诗外传》曰:"郑交甫将南适楚,遵彼汉皋台下,乃遇二女,佩两珠,大如荆鸡之卵。"③又《文选》郭璞《江赋》李善注引《韩诗内传》曰:"郑交甫遵彼汉皋台下,遇二女,与言曰:'愿请子之佩。'二女与交甫,交甫受而怀之。超然而去,十步,循探之,即亡矣。回顾二女,亦即亡矣。"④《韩诗外传》和《韩诗内传》都记载了郑交甫遇汉女的传说故事,但是二者的描述又有所不同。相对而言,《韩诗内传》所记载的关于汉女的传说故事,更接近于《列仙传》中的江妃二女。从《韩诗内传》里的汉女,到《列仙传》中的江妃二女,汉女的形象又得到了长足的发展。《列仙传》中的江妃二女,更富有人情味,人物形象也变得更为丰满,已经具有了很强的文学性。而《列仙传》中的郑交甫,则是一个典型的富家公子形象。郑交甫在江边遇到了江妃二女,不知道她们是神人,一见面就喜欢上她们了,竟然不听仆人的劝告而去向她们索求玉

---

① 袁珂:《山海经校注》,第176页。
② 袁珂:《山海经校注》,第176页。
③ 李善、吕延济、刘良等:《六臣注文选》,第83页。
④ 李善、吕延济、刘良等:《六臣注文选》,第245页。

佩。郑交甫对她们说:"我自己也知道我这样做不礼貌,但我实在就是想请求你们赐给我玉佩。"少男少女萍水相逢,一见面就想让人家赠送玉佩,郑交甫的举动的确是有点儿荒唐可笑。然而郑交甫的言辞表达却又颇为文雅得体,又给人以彬彬有礼的印象。郑交甫与江妃二女之间还有吟诗唱和;而江妃二女对郑交甫的善意调弄,也颇有人情味。凡男与女仙之间,已经产生了似有若无的微妙感情。再如《萧史》曰:

> 萧史者,秦穆公时人也。善吹箫,能致孔雀白鹤于庭。穆公有女,字弄玉,好之,公遂以女妻焉。日教弄玉作凤鸣,居数年,吹似凤声,凤凰来止其屋。公为作凤台,夫妇止其上,不下数年。一旦,皆随凤凰飞去。故秦人为作凤女祠于雍宫中,时有箫声而已。①

萧史与弄玉的爱情故事,也显得颇为神奇、美妙。弄玉在丈夫萧史的帮助下,通过学吹箫,最终和丈夫一起升仙而去。此外,仙人赤松子与犊子的故事,也与人神相恋主题有关。如《赤松子》云:"服水玉以教神农,能入火自烧。往往至昆仑山上,常止西王母石室中,随风雨上下。炎帝少女追之,亦得仙,俱去。"②再如《犊子》云:"阳都女者,市中酤酒家女,眉生而连,耳细而长,众以为异,皆言此天人也。会犊子牵一黄犊来过,都女悦之,遂留相奉侍。都女随犊子出,取桃李,一宿而

---

① 刘向:《列仙传》,第11页。
② 刘向:《列仙传》,第1页。

返,皆连兜甘美。邑中随伺,逐之出门,共牵犊耳而走,人不能追也。且还复在市中数十年,乃去见潘山下,冬卖桃李云。"①这些仙话故事主要还是以传达和宣扬仙凡相通、超世度人的神仙观念为目的,并不注重表现人神之间的爱情,但它们实际上已经开启了仙话创作的人神相恋主题。

四、《列仙传》的叙事模式

《列仙传》属于神仙传记,显然其人物事迹大多都是凭空杜撰出来的。但是,出于宣扬"神仙实有"之目的,《列仙传》从传记的开头、到传文的主体、再到最后的结局,一直都在刻意仿效严谨的史传体例。牟钟鉴说:"传记本为中国文学的重要一支。《史记》的列传脍炙人口,《道藏》中的传记当然比不上《史记》的水平,然也有其文学价值。"②司马迁开创了史书书写的纪传体体例。《史记》既是不朽的史学巨著,也是优秀的文学作品。《史记》的本纪、世家与列传,塑造了一大批个性突出、生动传神的人物形象,既为史传文学创作树立了典范,同时也成为了后世道教仙传学习、借鉴与模仿的榜样。《列仙传》的叙事模式,显然是受到了史书人物传记撰写体例

---

① 刘向:《列仙传》,第15页。
② 牟钟鉴等编《道教通论——兼论道家学说》,齐鲁书社,1991,第691页。

的影响。

　　《史记》的人物传记,一开篇就简要介绍传主的籍贯、时代、官职等生平情况。对此,《列仙传》的作者进行了刻意模仿,《列仙传》中的每一篇亦皆从传主的生平开始写起的。如"老子",他既是道家学派的创始人,又是有名的神仙,《史记》《列仙传》都为老子作了传。《史记·老子韩非列传》云:"老子者,楚苦县厉乡曲仁里人也,姓李氏,名耳,字聃,周守藏室之史也。"①《列仙传·老子》则称:"老子姓李名耳,字伯阳,陈人也。生于殷,时为周柱下史。好养精气,贵接而不施。转为守藏史。"②再如汉武帝时出了名的智者"东方朔",《史记》与《列仙传》中也都有他的传记,《史记·滑稽列传》记载:"武帝时,齐人有东方生名朔,以好古传书,爱经术,多所博观外家之语。"③《列仙传·东方朔》则称:"东方朔者,平原厌次人也。久在吴中,为书师数十年。武帝时,上书说便宜,拜为郎。"④又如汉武帝的传奇夫人"钩弋夫人",《史记》与《列仙传》中也都出现了她的传记,《史记·外戚世家》记载:"钩弋夫人姓赵氏,河间人也。"⑤《列仙传》中的"钩翼夫人",也就是《史记》所记"钩弋夫人",《列仙传·钩翼夫人》则称:"钩

---

① 司马迁:《史记》,第 2139 页。
② 刘向:《列仙传》,第 3 页。
③ 司马迁:《史记》,第 3205 页。
④ 刘向:《列仙传》,第 14 页。
⑤ 司马迁:《史记》,第 1985 页。

翼夫人者,齐人也,姓赵。"①老子、东方朔、钩翼夫人这些仙人,既是历史名人,又是著名的仙者,《列仙传》对老子、东方朔等仙人生平的介绍,虽然和《史记》的记载有所不同,但是基本上还是以史实为依托。

《列仙传》中的仙人,许多都是来自民间传说,根本就找不到任何相关史料记载。对于这类仙人,《列仙传》同样也是依据《史记》之体例,有意识地将他们原本虚无的身世、来历尽量描述得明确又具体。如《王子乔》称:"王子乔者,周灵王太子晋也。"②再如《谷春》称:"谷春者,栎阳人也,成帝时为郎。"③又如《木羽》称:"木羽者,巨鹿南和平乡人也"④。时代、籍贯、职业等言之凿凿、应有尽有。仅从表面来看,这与《史记》的人物传记,几乎就没有任何差别。司马迁写《史记》,"其文直,其事核,不虚美,不隐恶,故谓之实录"⑤。但是,《列仙传》记载的仙人事迹,根本就没有什么真实性可言。《列仙传》采用史传体例,一开头就介绍传主生平,这样做的目的就是要强调、突出"神仙实有"。

《史记》的人物传记,在开头简单交代了传主的生平后,

---

① 刘向:《列仙传》,第 14 页。
② 刘向:《列仙传》,第 9 页。
③ 刘向:《列仙传》,第 17 页。
④ 刘向:《列仙传》,第 23 页。
⑤ 班固:《汉书》,第 2738 页。

紧接着便是重点讲述传主的人生经历及其主要事迹,这是整个传记的核心。历史人物留给后人的故事也许会有很多,但司马迁总是能够准确抓住传主一生影响最大的几个事件,或是在特定场合的某些个性化言行,以此来展示人物的思想性格和精神风貌,从而成功地塑造了一个个鲜活生动的人物形象。《史记》的人物传记,材料取舍合理,详略处理得当,表现出了高超的叙事艺术,为传记写作树立了榜样。《列仙传》编撰之时,仙话故事流传既久,仙人事迹亦幻亦真,虚虚实实,众说纷纭;特别是像黄帝、吕尚、老子、东方朔、钩翼夫人等仙人,正史有记载,民间有传说,可以说是集多重身份于一身。因此,《列仙传》在选材时,更应该主旨明确、有所取舍。作为第一部神仙传记,《列仙传》的编撰自然要服务于其宣扬"神仙实有""学以致仙"这一宗旨。《列仙传》的最后,附有一篇相当于全书序言性质的"总赞",赞云:"《周书》序桑问涓子曰:'有死亡而复云有神仙者,事两成邪?'涓子曰:'言固可两有耳。《孝经援神契》言,不过天地造灵洞虚,犹立五岳、设三台。阳精主外,阴精主内,精气上下,经纬人物。道治非一,若夫草木皆春生秋落,必矣;而木有松柏檀檀之伦百八十余种,草有芝英、萍实、灵沼、黄精、白符、竹翣、戒火,长生不死者万数。盛冬之时,经霜历雪,蔚而不凋。见斯其类也,何怪于有仙邪?'"①可见,《列仙传》的编撰目的,就是要向人们证明神仙是真实存在的。《列仙传》的叙事几乎篇篇紧扣"由人而仙"这一中心,原因就在于此。

《史记》所记载的都是真实的历史人物,而人终有一死,所谓"盖棺定论"自然也就成为了史书人物传记之结局。《列仙传》虽然有意模仿《史记》列传之体例,也给每篇传记都设置了一个结局;但是仙人毕竟不同于凡人,世俗经历的结束正是神仙生活的开始。因此,与《史记》人物传记封闭式的结局不同,《列仙传》的结局则呈现出开放式的延续状态。如《列仙传》中的范蠡"后人世世识见之"②,陆通"游诸名山,在蜀峨嵋山上,世世见之,历数百年去"③,幼伯子"世世来诚佑,苏氏子孙得其福力也"④,赤斧"累世传见之,手掌中有赤斧焉"⑤,邗子"往来百余年,遂留止山上,时下来护其宗族"⑥。可见,《列仙传》的结局,已经完全不同于《史记》的历史真实。

《列仙传》采取诗文相结合的形式,先文而后诗,每一篇神仙传记之后,皆附有一首简短的四言诗作为"赞语",对传主生平事迹作概括总结与评价,其性质亦颇似《史记》人物传

---

① 刘向:《列仙传》,第 24—25 页。
② 刘向:《列仙传》,第 8 页。
③ 刘向:《列仙传》,第 7 页。
④ 刘向:《列仙传》,第 10 页。
⑤ 刘向:《列仙传》,第 21 页。
⑥ 刘向:《列仙传》,第 23 页。

记结尾处的"太史公曰"。

总的来说,从传记的开头、到传文的主体、再到最终结局以及传后所附"赞语",《列仙传》的叙事模式受《史记》人物传记写作体例的影响清晰可见。《列仙传》有意识地采取严谨的史传体例,一方面是因为《列仙传》作为第一部神仙传记,《史记》所开创的纪传体,是唯一可以供其借鉴、学习的人物传记的成功范例;而另一方面则是因为这样可以更好地实现编撰者向世人证明"神仙实有"之目的。《列仙传》通过借鉴、学习史传体例,创立了神仙传记的基本叙事模式,对于后世的道教仙传创作产生了相当重要的影响。

五、《列仙传》对后世志怪小说的影响

神话既是历史的遗留物,然亦常常为后人所重构,从而形成了一系列绵延不断的传说故事。《列仙传》中的《毛女》与《邗子》,则分别开启了后世的"毛女"与"凡男游仙窟"这两个神奇美妙的志怪小说系列。

(一)毛女模式

"毛女"传说起源于汉代,最早见于《列仙传·毛女》的记载。之后,"毛女"传说又不断地被人们根据自身需要而进一步加工、改造;"毛女"传说产生与重塑的背后,则是民族文化

心理的历史变迁。

《列仙传·毛女》云:

> 毛女者,字玉姜,在华阴山中,猎师世世见之。形体生毛,自言秦始皇宫人也,秦坏,流亡入山避难,遇道士谷春,教食松叶,遂不饥寒,身轻如飞,百七十余年。所止岩中,有鼓琴声云。①

"毛女"传说的产生,并不是偶然的。在此之前,《山海经》中就已经出现了关于"毛人"的记载,二者之间的渊源关系颇为明显。如《大荒北经》云:"有毛民之国,依姓,食黍,使四鸟。禹生均国,均国生役采,役采生修鞈,修鞈杀绰人,帝念之,潜为之国,是此毛民。"②《海外东经》中亦有"毛民之国",其"为人身生毛"③。郭璞注曰:"今去临海郡东南二千里,有毛人在大海州岛上,为人短小,面体尽有毛,如猪能,穴居,无衣服。晋永嘉四年,吴郡司盐都尉戴逢在海边得一船,上有男女四人,状皆如此。言语不通,送诣丞相府,未至,道死,唯有一人在。上赐之妇,生子,出入市井,渐晓人语,自说其所在是毛民也。"④看得出,《山海经》所记载的"毛人",其能否飞行、是否长寿皆未曾提及,不过就是一些"形体生毛"之人罢了,与后

---

① 刘向:《列仙传》,第 18 页。
② 袁珂:《山海经校注》,第 424 页。
③ 袁珂:《山海经校注》,第 264 页。
④ 袁珂:《山海经校注》,第 264—265 页。

来仙话故事里的"毛女"形象还相差很远。郭璞对于"毛人"的注释,也恰好印证了这一点。

《山海经》还有关于"羽人"的记载,其与"毛女"之间的渊源关系亦甚为明显。如《大荒南经》云:"又有成山,甘水穷焉。有季禺之国,颛顼之子,食黍。有羽民之国,其民皆生毛羽。"①再如《海外南经》云:"羽民国在其东南,其为人长头,身生羽。一曰在比翼鸟东南,其为人长颊。"②郭璞注曰:"能飞不能远,卵生,画似仙人也。"③袁珂先生又解释说:"郭璞《山海经图赞》云:'鸟喙长颊,羽生则卵;矫翼而翔,能飞不远;人维倮属,何状之反。'末二句最能得其本真。"④郭璞的注释确实让人费解,但有一点毕竟还是清楚的,那就是郭璞既指明了"羽人"与"仙人"的相似之处,同时也暗示了二者之间的不同。又《楚辞·远游》云:"仍羽人于丹丘兮,留不死之旧乡。"⑤王逸《楚辞章句》注曰:"《山海经》言:有羽人之国,不死之民。或曰:人得道,身生毛羽也。"⑥洪兴祖《楚辞补注》注曰:"羽人,飞仙也。"⑦从《山海经》到《楚辞·远游》,再到王逸与洪兴祖的注释,"羽人"向"飞仙"发展演变的轨迹清晰

---

① 袁珂:《山海经校注》,第368页。
② 袁珂:《山海经校注》,第187页。
③ 袁珂:《山海经校注》,第187页。
④ 袁珂:《山海经校注》,第187页。
⑤ 洪兴祖:《楚辞补注》,第167页。
⑥ 洪兴祖:《楚辞补注》,第167页。
⑦ 洪兴祖:《楚辞补注》,第167页。

可见。

　　需要特别说明的是,《山海经》中的"羽人",除了身生毛羽之外,还明显残留有鸟类的其他一些特征,如《大荒南经》云:"有人焉,鸟喙,有翼,方捕鱼于海。大荒之中,有人名曰驩头。鲧妻士敬,士敬子曰炎融,生驩头。驩头人面鸟喙,有翼,食海中鱼,杖翼而行。"①再如《海外南经》云:"讙头国在其南,其为人人面有翼,鸟喙,方捕鱼。一曰在毕方东。或曰讙朱国。"②显然,这些"鸟喙长颊""矫翼而翔"的"羽人",与后世"羽化飞升"的"得道仙人"还有着本质上的区别。那么,"羽人"又是如何产生的呢?郭璞在注释"羽人"时,称其为"卵生""羽生则卵",这应该引起我们的关注,说明"羽人"的产生可能与先民的鸟图腾崇拜现象有一定的渊源关系。"羽人"产生的时间相当早,1989年考古工作者在江西省新干县大洋洲商代大墓中就发现了随葬的"玉羽人"。这是一件用玉雕琢而成的"羽人"饰品,人面鸟喙,双臂拳屈于胸前,膝弯屈上耸,腰背至臀部刻有鳞片纹,身体两侧雕有羽翼,大腿外侧亦刻有羽毛。③ 商代"玉羽人"的出土,进一步证实了"羽人"乃是原始图腾文化的产物,因为此时的"羽人"还不可能

---

　　①袁珂:《山海经校注》,第378页。
　　②袁珂:《山海经校注》,第189页。
　　③江西省文物考古研究所:《新干商代大墓》,文物出版社,1997,第159页。

与后起的神仙信仰发生关系。

可见,作为"毛女"传说的源头,《山海经》所载"毛人"与"羽人"并非同一类别,二者的差异相当明显。仙话传说中的"毛女",则同时兼有"毛人"的体貌特征与"羽人"的飞行本领。当然,除此之外,"毛女"身上还应具有仙人最重要的"长生不死"特性。因此,与"长生不死"观念的结合,无疑是"毛人""羽人"向"毛女"发展演变过程中至关重要的一步。

《山海经》中已经出现了关于"长生不死"的记载,如《大荒南经》的记载:"有不死之国,阿姓,甘木是食。"①郭璞注曰:"甘木即不死树,食之不老。"②再如《海外南经》中的"不死民":"其为人黑色,寿,不死。"③还有《海外西经》中的"轩辕国":"其不寿者八百岁。"④但是,在《山海经》中,"毛人""羽人"毕竟还没有与"长生不死"观念发生任何联系。《论衡·无形》云:"图仙人之形,体生毛,臂变为翼,行于云,则年增矣,千岁不死。此虚图也。世有虚语,亦有虚图。假使之然,蝉蛾之类,非真正人也。海外三十五国,有毛民羽民,羽则翼矣。毛羽之民,土形所出,非言为道身生毛羽也。禹、益见西王母,不言有毛羽。不死之民,亦在外国,不言有毛羽。毛羽

---

① 袁珂:《山海经校注》,第 370 页。
② 袁珂:《山海经校注》,第 370 页。
③ 袁珂:《山海经校注》,第 196 页。
④ 袁珂:《山海经校注》,第 221 页。

之民,不言不死;不死之民,不言毛羽。毛羽未可以效不死,仙人之有翼,安足以验长寿乎?"①正如王充所说,"毛羽之民,不言不死;不死之民,不言毛羽",二者之间原本并没有什么直接的关系;而到了汉代,"毛羽之民"与"不死之民"开始被人结合在一起,于是就出现了"得道"之人"羽化升仙"的传说。

"羽化升仙"是两汉社会颇为流行的一种神仙说,也是汉人心目中重要的成仙途径之一。淮南王刘安的《八公操》称:"煌煌上天照下土兮,知我好道公来下兮。公将与予生毛羽兮,超腾青云蹈梁甫兮。观见瑶光过北斗兮,驰乘风云使玉女兮。含精吐气嚼芝草兮,悠悠将将天相保兮。"②淮南王刘安好道慕仙,广招天下方术之士。《论衡·道虚》云:"淮南王学道,招会天下有道之人,倾一国之尊,下道术之士。是以道术之士,并会淮南,奇方异术,莫不争出。王遂得道,举家升天,畜产皆仙,犬吠于天上,鸡鸣于云中。此言仙药有余,犬鸡食之,并随王而升天也。好道学仙之人,皆谓之然。此虚言也。"③"公将与予生毛羽兮,超腾青云蹈梁甫兮",其所反映的正是汉人"羽化升仙"的神仙观念。《论衡·道虚》又云:"物无不死,人安能仙?鸟有毛羽,能飞不能升天。人无毛羽,何用飞升?使有毛羽,不过与鸟同,况其无有,升天如何……且

---

① 北京大学历史系《论衡》注释小组:《论衡注释》,第 101 页。
② 逯钦立:《先秦汉魏晋南北朝诗》,第 98—99 页。
③ 北京大学历史系《论衡》注释小组:《论衡注释》,第 410 页。

夫物之生长,无卒成暴起,皆有浸渐。为道学仙之人,能先生数寸之毛羽,从地自奋,升楼台之陛,乃可谓升天。今无小升之兆,卒有大飞之验,何方术之学成无浸渐也?"①"羽化升仙"之说在汉代社会所产生的广泛影响,于此可见一斑。"毛女"传说产生的思想基础,正是汉人"羽化升仙"这一神仙观念。

《列仙传·毛女》的故事情节可作如下分解:首先是秦朝灭亡,宫女玉姜避难入华阴山中;然后是遇道士谷春,教食松叶;接下来是形体生毛,身轻如飞;最后是一百七十余年,所居岩中有鼓琴声。简言之,即"避难入山——服食松叶——形体生毛——成仙不死"。《列仙传·毛女》具有重要的原型意义,它开启了一个仙话故事系列的基本表现形式——"毛女"模式。后世的"毛女"传说,几乎都是在此基础上,经过进一步想象而创作出来的。

《列仙传·毛女》问世以后,自魏晋至隋唐,社会上又出现了不少关于"毛女"的传说故事。魏晋时期志怪小说开始兴起,而这一时期影响最大且最具代表性的"毛女"传说,应该是东晋葛洪《抱朴子·仙药》之所载:

> 汉成帝时,猎者于终南山中,见一人无衣服,身生黑毛,猎人见之,欲逐取之,而其人逾坑越谷,有如飞腾,不可逮及。于是乃密伺候其所在,合围得之,定是妇人。问

---

① 北京大学历史系《论衡》注释小组:《论衡注释》,第 410—411 页。

之,言我本是秦之宫人也,闻关东贼至,秦王出降,宫室烧燔,惊走入山,饥无所食,垂饿死,有一老翁教我食松叶松实,当时苦涩,后稍便之,遂使不饥不渴,冬不寒,夏不热。计此女定是秦王子婴宫人,至成帝之世,二百许岁。①

秦朝灭亡,宫室烧燔,一宫女避乱入终南山;将要饿死,遇一老翁,教食松叶松实;身生黑毛,逾坑越谷,有如飞腾;至成帝之世,已二百许岁。这与毛女玉姜的故事相差无几,基本上就是照搬了《列仙传·毛女》所开创的"避难入山——服食松叶——形体生毛——成仙不死"这一原型模式。

但是,《抱朴子·仙药》所载"毛女"传说,与《列仙传·毛女》又有所不同。毛女玉姜的故事,只是一个"由人而仙"的发展过程;而后者不仅具备"从人到仙"这样的故事情节,而且还增添了一个"由仙还俗"的最后结局:"乃将归,以谷食之,初闻谷臭呕吐,累日乃安。如是二年许,身毛乃脱落,转老而死。向使不为人所得,便成仙人矣。"②很明显,在借鉴《列仙传·毛女》这一原型模式的基础上,它又有了进一步的开拓与发展。

那么,葛洪在《抱朴子·仙药》中所载录的"毛女"传说,为什么要在"从人到仙"的故事情节之外,再加上一个"由仙还俗"的最终结局呢?原因就在于道教兴起后,神仙信仰又有

---

① 王明:《抱朴子内篇校释》,第 207 页。
② 王明:《抱朴子内篇校释》,第 207 页。

了新的发展。《列仙传》的编撰目的,只是为了向世人证明仙人的存在,还不可能承载什么宗教理念。四库馆臣曾经指出:"后世神怪之迹,多附于道家;道家亦自矜其异,如《神仙传》、《道教灵验记》是也。要其本始,则主于清净自持,而济以坚忍之力,以柔制刚,以退为进。"①又《抱朴子·论仙》云:"夫求长生,修至道,诀在于志,不在于富贵也。"②可见,对于修道求仙者而言,最为重要的一点,就是要志向坚定、虔诚努力、持之以恒。葛洪的《神仙传》与《抱朴子》,始终都贯穿着早期道教"求长生,修至道,诀在于志"的宗教理念。《抱朴子·仙药》之"毛女",因食松叶松实,身生黑毛而腾跃如飞,二百许岁仍未老,眼看就要修成仙体,却功亏一篑,不幸为人所得,于是复又食谷,如此二年许,身毛脱落,转老而死。正是这一令人惋惜的最后结局,赋予了"毛女"传说警世、劝诫的宗教内涵。

《抱朴子·仙药》之"毛女",亦颇具典型意义,她的故事已经形成了后世"毛女"传说的一个主要表现模式。如唐代卢肇《逸史》中的"萧氏乳母":她刚生下来的时候,正好发生了灾荒,父母就将她丢弃在南山。有逃难的人看见了她,就用泉水浸松叶点其口,几天后,她的身体竟然一天比一天健康了。从此便以松柏为食。一年后,口鼻开始生毛。到五六岁

---

① 永瑢:《四库全书总目》,第1241页。
② 王明:《抱朴子内篇校释》,第17页。

时,身轻变轻,腾空而起,可及丈余。肘腋间亦渐出绿毛,尺余,身稍能飞,与异儿群游海上。然每月一到所养翁母家,或以名花杂药献之。接下来的故事是:

> 后十年,贼平,本父母来山中,将求其余骨葬之,见其所养者,具言始末。涕泣。累夕伺之,期得一见。顷之遂至,坐檐上,不肯下。父望之悲泣。所养者谓曰:"此是汝真父母,何不一下来看也?"掉头不答,飞空而去。父母回及家,忆之不已。及买果栗,揭粮复往,以俟其来。数日又至,遣所养姥招之,遂自空际而下。父母走前抱之,号泣良久,喻以归还。曰:"某在此甚乐,不愿归也。"父母以所持果饲之,逡巡,异儿等十数至,息于檐树,呼曰:"同游去,天宫正作乐。"乃出。将奋身,复堕于地。诸儿齐声曰:"食俗物矣,苦哉!"遂散。父母挈之以归,嫁为人妻,生子二人,又属饥俭,乃为乳母。①

"萧氏乳母"故事的起因,已由以往"毛女"传说之"避难入山",改变为"遭乱被弃";与《抱朴子·仙药》之"毛女"相比,"萧氏乳母"还俗后嫁为人妻、复为乳母的凄惨结局,则更让人为之叹惋。"萧氏乳母"的故事情节,亦可以简单概括为:"遭乱被弃——服食松柏——形体生毛——升入仙界——由仙还俗"。尽管"萧氏乳母"的生身父母及养父母皆在,而且

---

① 李昉:《太平广记》,第407页。

她还"每月一到所养翁母家,或以名花杂药献之",但"萧氏乳母"的"由仙还俗",却仍然是由于食物的改变,并不是因为父母亲情的召唤。可见,"萧氏乳母"的情节结构,依然是《抱朴子·仙药》所开创的"从人到仙——由仙还俗"的"毛女"模式。

自魏晋时期志怪小说之初起,至唐代传奇小说之兴盛,其间有关"毛女"的各种传说也接连不断地出现。在沿袭"从人到仙——由仙还俗"这一故事模式的同时,"毛女"传说又有了进一步的发展演变。这一新变发生的标志,则是晚唐裴铏《传奇》中的"陶尹二君":唐大中初,有陶太白与尹子虚两位老人,志趣相投,是好朋友。他们经常结伴游于嵩华二峰,采松脂茯苓为业。有一天他们在芙蓉峰上,偶遇一男一女,丈夫穿古服,女子着彩衣。自称是秦之役夫和宫女,当年为避骊山之祸,一起逃难于此。因为食木实,得以凌空腾飞。时间长了,毛发绀绿,已不觉生之与死、俗之与仙。故事的结尾是:

古丈夫曰:"吾与子邂逅相遇,那无恋恋耶?吾有万岁松脂,千秋柏子少许,汝可各分饵之,亦应出世。"二公捧授拜荷,以酒吞之。二仙曰:"吾当去矣!善自道养,无令泄漏伐性,使神气暴露于窟舍耳。"二公拜别,但觉超然,莫知其踪去矣。旋见所衣之衣,因风化为花片蝶翅而扬空中。陶尹二公,今巢居莲花峰上,颜脸微红,毛发尽绿,言语而芳馨满口,履步而尘埃去身。云台观道士,往往遇之,亦时细话得道之来由尔。①

故事里的"毛女",依然是"避难入山"的秦宫女。其"因食木实——毛发绀绿——成仙不死"的经历,也与此前的"毛女"传说相差无几。所不同的是,在"毛女"的身边,又多了一位"毛男"("古丈夫")与之相伴。故事的结局,也不再是"毛女"的"由仙还俗",而是变成了"陶尹二君"因食二仙所赠松脂、柏子,颜脸微红,毛发尽绿,从此远离尘世、巢居于莲花峰上。这也打破了魏晋以来近乎程式化了的"从人到仙——由仙还俗"的"毛女"模式。

唐代道教的国教化,使得崇道求仙的风气在李唐王朝盛极一时。天子卿相、文人学士们自不必说,就连闺阁女子也不乏热衷于道教者。梁乙真在《中国妇女文学史纲》中曾经指出:"唐时重道,贵人名家,多出为女冠。至其末流,或尚佻达,而衍礼法。故唐代女冠,恒与士大夫往来。所谓'投赠类于交游,殷勤通于燕婉'。女冠也,而异于娼妓者,鲜也。"②道教信仰中原有的那些清规戒律,对于唐代的道士、女冠们已经完全失去了约束力。唐代道教也因此而淡化了宗教信仰应有的禁欲意识,带有了较为明显的纵欲享乐的世俗化倾向。"陶尹二君"这一故事中的"毛女",不仅有"毛男"与之朝夕相伴,而且还与红尘中人共饮美酒、赋诗唱和:"饮将尽,古丈夫折松枝,

---

① 李昉:《太平广记》,第 253—254 页。
② 梁乙真:《中国妇女文学史纲》,上海书店,1990,第 225 页。

叩玉壶而吟曰:'饵柏身轻叠嶂间,是非无意到尘寰。冠裳暂备论浮世,一饷云游碧落间。'毛女继和曰:'谁知古是与今非,闲蹑青霞远翠微。箫管秦楼应寂寂,彩云空惹薜萝衣。'"①所有这些,都是唐代的道教信仰追求世俗享乐特点的直接反映。

从《列仙传·毛女》到《抱朴子·仙药》,再到《传奇》之"陶尹二君","毛女"传说的演变轨迹显而易见。相对于《抱朴子·仙药》而言,"陶尹二君"是一种突破;而相对于《列仙传·毛女》来说,"陶尹二君"又是一种回归。汉唐盛世的神仙信仰,有着追求享乐的共同特点。汉代是神仙思想的早期发展阶段,汉人的神仙信仰还没有承载什么宗教理念,《列仙传·毛女》也因此而篇幅短小、情节简单。唐人的神仙信仰,不仅抛开了此前道教禁欲清修的传统观念,而且在纵欲享乐的世俗化方面比汉人走得更远。也正因为如此,"陶尹二君"在回归《列仙传》"毛女"原型模式的同时,亦有所变化和发展。

(二) 凡男游仙窟模式

在中国文学史上,曾经出现了一个以"凡男游仙窟"为题材的仙话故事系列。而这一系列故事的源头,就是《列仙传》

---

① 李昉:《太平广记》,第 254 页。

中的《邗子》:

> 邗子者,自言蜀人也,好放犬子。时有犬,走入山穴,邗子随入。十余宿,行度数百里,上出山头。上有台殿宫府,青松树森然,仙吏侍卫甚严。见故妇主洗鱼,与邗子符一函并药,便使还与成都令乔君。乔君发函,有鱼子也。著池中,养之一年,皆为龙形。复送符还山上,犬色更赤,有长翰常随邗子。往来百余年,遂留止山上,时下来护其宗族。蜀人立祠于穴口,常有鼓吹传呼声。西南数千里,共奉祠焉。①

《邗子》开创了世人随物入仙窟遇仙这一类仙话故事的原型模式,对于后世的仙话创作产生了深远的影响。如陶潜《搜神后记》云:"会稽剡县民袁相、根硕二人猎,经深山重岭甚多,见一群山羊六七头,逐之……羊径有山穴如门,豁然而过。既入,内甚平敞,草木皆香。有一小屋,二女子住其中,年皆十五六,容色甚美,著青衣。一名莹珠,一名□□。见二人至,欣然云:'早望汝来。'遂为室家。"②再如著名的刘晨、阮肇入天台山遇女仙的传说故事:"汉明帝永平五年,剡县刘晨、阮肇共入天台山,迷不得返……遥望山上有一桃树,大有子实,而绝岩邃涧,永无登路。攀援藤葛,乃得至上。各啖数枚,而饥止体

---

① 刘向:《列仙传》,第23页。
② 王根林:《汉魏六朝笔记小说大观》,上海古籍出版社,1999,第442—443页。

充。复下山,持杯取水,欲盥漱,见芜菁叶从山腹流出,甚新鲜,复一杯流出,有胡麻糁。相谓曰:'此知去人径不远。'便共没水,逆流二三里,得度山,出一大溪。溪旁有二女子,资质妙绝。见二人持杯出,便笑曰:'刘、阮二郎捉向所流杯来。'……因要还家……食胡麻饭、山羊脯、牛肉,甚甘美。食毕,行酒,有一群女来,各持五三桃子,笑而言:'贺汝婿来。'酒酣作乐,刘、阮欣怖交并。至暮,令各就一帐宿,女往就之,言声清婉,令人忘忧。"①

尽管《邢子》的主旨,很明显还是在于表现仙凡相通、超世度人的神仙观念。但是,作为凡男游仙窟系列仙话故事的源头,《邢子》不仅为后人提供了一个原型模式,而且也给他们留下了进一步发挥想象的余地。后世作家正是在此基础上,创作出了一系列描写凡男游仙窟、人仙艳遇的仙话故事。

当然,《列仙传》作为我国第一部仙话故事集,还存在有明显的缺陷与不足,如其篇幅过于短小,故事情节简单而又雷同等。葛洪也因此而称它"殊甚简要,美事不举"②。尽管如此,《列仙传》所开启的神仙传记的基本主题类型与叙事模式,对于后世的志怪小说创作也产生了极为深远的影响。

---

① 刘义庆:《幽明录》,文化艺术出版社,1988,第1—2页。
② 葛洪:《神仙传》,第5页。

结　　语

民间信仰作为一种"类宗教"信仰,它深深地根植于中国传统文化的土壤之中,是形成中国古典文学浪漫特征的重要因素之一。

民间信仰主要包括民众的信仰追求、信仰心理与信仰行动等。时至今日,学术界关于民间信仰的概念界定,依然存在诸多分歧。民间信仰一般是相对于成型宗教(如道教、佛教等)而言的,并不是特指处于社会底层的普通民众的信仰,也不刻意将民间与朝廷、百姓与贵族严格区分开来。

中国的本土宗教道教形成于东汉晚期,而外来的佛教其在整个东汉时期的流布区域及影响范围还都十分有限,所以说先秦两汉文人基本上还没有受到成型宗教的实质性影响。因此,先秦两汉时期,无论是民间信仰还是民间信仰与文人、文学之间错综复杂的互动关系,都形成了自身的特点。

先秦两汉时期的民间信仰,其最突出的特点就是多元化——来源众多,体系不一,内容庞杂。整个先秦两汉时期,人们信奉的神灵颇为广泛,自然神、祖先神、社会神无所不包;而此时的巫觋方士之术,也是五花八门,相人、望气、占梦、卜筮、占星、堪舆、求雨等,真可谓应有尽有。因此,先秦两汉时期的民间信仰,确实难以分门别类、总体把握。我们结合这一时期特殊的思想文化背景,依据当时人们认知与接受民间信仰的心理需求,把先秦两汉民间信仰大致划分为神仙鬼怪信仰、吉凶预测信仰和祈福消灾信仰三个类别,基本上涵盖了这一时期主要的民间信仰。然后,在此基础上,进行分类考辨与梳理归纳,理清其渊源流变关系,并揭示其发展演变的阶段性特征及形成原因。这不仅可以让人们对于先秦两汉时期的民间信仰能够有更为全面深刻的认知与理解,也为我们具体论述民间信仰对于先秦两汉文学的影响,打下了坚实的基础。

宗教与文学之关系,国内外学者对此已经进行了比较深入的研究,也达成了许多共识。先秦两汉文学还没有受到成型宗教的影响,此时的文学作品中也确实尚未出现与佛教、道教直接相关的内容。但是,民间信仰毕竟又具有"类宗教"属性,因而很容易对这一时期的文人和文学产生影响。

由于先秦两汉民间信仰自身的多元性,再加上时代局限性,这一时期文人对待民间信仰的态度,基本上是信疑参半,既表现出了较为明显的共同倾向,同时也存在着一定程度的个体差异。先秦两汉文人对于民间信仰的认知与接受心理,是相当复杂的,也是颇为矛盾的。例如,对于两汉社会流行的"术数之学",汉代的儒生们绝大多数都是深信不疑的,就连这一时期极为严谨的史学家司马迁和班固也都深受其影响。王充与王符都是东汉著名的进步思想家,皆因批判当时社会上盛行的各种鬼神迷信与禁忌而著称于世,但他们两人竟然都认为相人术通过观察人的骨法、气色等以求其贵贱、吉凶是可信的。汉代文人受民间信仰影响之深刻、接受民间信仰心理之复杂,于此可见一斑。汉代文人尚且如此,先秦文人对待民间信仰的态度,自然也就更不理智了。

  民间信仰对于先秦两汉文人的影响,具体表现在他们的思想意识与艺术构思两个方面。民间信仰对文人思想意识影响,多体现在文学作品的内容上;民间信仰对文人艺术构思的影响,则主要体现在形象思维、审美创造等文学生成层面上。一般来说,现实主义作品强调客观再现,而浪漫主义作品则注重主观表现。作为一种超现实的"类宗教"信仰,民间信仰自身所具有的虚妄、怪诞等非理性特点决定了其更容易介入浪漫主义文学创作之中。然而,由于先秦两汉文人对于民间信仰的认知、接受还存在着较为明显的时代局限性,而文人一旦认为某些民间传说真实可信时,他们便会自然而然地将其客观地再现于各种写实性文学作品中。历史散文属于典型的写实性文学,不管是先秦时的《左传》,还是两汉时的《史记》《汉书》,作为这一时期历史散文的代表性著作,其作者皆自觉遵从了古代史家所推崇的"秉笔直书"及"实录"原则。然而,作家认知、接受民间信仰的时代局限性,又让他们对民间传说难以明辨是非、去伪存真,在理性客观地讲述人物事件的同时,亦将传说故事视为史实予以记载。先秦两汉历史散文也因此而渗入了不少非理性叙事,在理性现实主义主基调之外,又具有了一定的神奇浪漫色彩。先秦两汉文人一方面会将其信以为真的民间传说故事客观地记录在纪实性文学作品之中;而另一方面,不管他们相信与否,先秦两汉文人时常还会有意识地借助于超现实的民间信仰来驰骋想象,这样一来,民间信仰就成为了这一时期影响作家艺术构思、审美创造的一个极为重要的因素。无论是从中国浪漫主义文学的生成来看,还是从中国文学的自觉历程来看,民间信仰对于作家艺术表现的影响,显然都要比其对于作家艺术再现的影响更为重要。

民间信仰不仅是先秦两汉文学极为重要的一个题材内容,而且也是形成先秦两汉文学浪漫特征的一个关键性因素。这一时期文学受民间信仰的影响,在各种不同的文学体裁方面,皆有着或多或少的表现。《诗经》的"大雅""三颂"中有关商人始祖契、周人始祖后稷的灵异描写,及其对于祭祀场景的描写,使得《诗经》于再现周代社会生活、展现周人精神风貌的客观写实中,又呈现出一定的神奇浪漫色彩。汉武帝将求仙与祭神、封禅相结合,《郊祀歌》由此而表现出追求升仙不死的人生情绪。汉乐府游仙诗已经表现出了真正意义上的

"列仙之趣",完成了由"坎壈咏怀"向"列仙之趣"的转变。东汉文人诗中,已出现以仙话故事为素材的作品。《古诗十九首·迢迢牵牛星》,就是借助牛郎织女仙话传说巧构诗歌意境的名篇。屈原借助于神游幻想以抒情言志,开启了文学史上"情感托'游'"的艺术表现模式。汉代楚辞和骚体赋,在继承屈原神游的基础上,又发生了从神游到游仙、游仙与玄思相结合等新变。民间信仰不仅是两汉散体赋重要的取材对象,而且也是形成汉大赋"巨丽"之美的关键因素。神仙传说为庄子驰骋想象尽情描绘理想中的"逍遥游",开辟了广阔无垠的超现实空间;庄子散文也因此具有了宏阔的气象美。司马迁和班固对民间信仰的认知与接受,已成为影响《史记》和《汉书》叙事艺术的重要因素。《史记》与《汉书》中都出现了相人、望气、占梦等非理性描写。司马迁与班固的内心,都存在有"自然命定论"与"因果报应"的思想观念,《史记》与《汉书》的命运观也因此而表现出较为明显的宿命论倾向。民间信仰的兴盛,为小说家提供了大量的民间传说素材。汉代小说虚妄不实,客观上已形成近似于后世小说虚构故事的文体特征。汉代小说也因此而被魏晋六朝小说所祖袭,成为中国小说的真正源头。

先秦两汉社会的思想文化背景,决定了这一时期文学以写实为主的风格特点。先秦两汉时期,对于文人影响最大的仍然是儒道正统思想观念。相对于先秦文人来说,汉代文人的思想文化背景要复杂得多。西汉中期，汉武帝接受董仲舒的建议，罢黜百家而独尊儒术。从此以后，两汉社会基本上就是儒学一统天下。但是，汉代的儒学，已经与先秦时期孔子所创立的原始的儒家学说有所不同，它是经过董仲舒用阴阳五行等改造后的新儒学。董仲舒的儒家学说，是以"天人感应"理论为核心。董仲舒的"天人感应"理论，让儒家思想在汉代社会得以独尊的同时，也使儒学开始走上了谶纬化的道路。儒学的谶纬化，的确对民间信仰的兴盛有着一定的促进作用。尽管如此，董仲舒的新儒学，并没有从根本上改变儒家传统的注重实际、讲求实用的理性现实主义倾向。因此，在汉代文人的思想观念中，处于支配地位、起着主导作用的，依然是儒家传统的理性现实主义精神。汉代文人强调理性、注重现实的思想倾向，自然也就束缚并限制了他们在艺术想象方面的自由发挥。儒学独尊以后，道家的思想观念并没有因此而彻底丧失了其对于汉代文人的影响力。实际上，汉代社会儒学一统天下后，儒道思想对于汉代文人的不同影响，可以说就像地表上下的明流与潜流一样是始终并存的。伴随着汉王朝的由盛转衰、统治集团的日趋腐朽以及经学的逐渐没落，道家思想对于汉代文人的影响也变得从微到显、愈来愈大。世风日下、时运不济，当汉代文人看透了官场的黑暗与险恶，对仕途深感绝望的时候，他们便开始在个人行藏出处问题上转向道家的自然无为以求解脱。汉代楚辞与骚体赋中出现的游仙隐逸化倾向,就是因此而产生的。众所周知,儒道两家的人生观尽管差异很大,但亦有一致性;而突出的理性现实主义精神,正是二者的共同特点。与先秦文学一样,汉代文学亦重理、尚实,原因即在于此。

先秦两汉社会是以理性现实主义的思想意识为主导。在这样的文化背景下,民间信仰自然也就成为了激发文人想象力的一个极为重要的因素。这一时期文人对民间信仰的认知、接受,在很大程度上改变了他们原有的理性现实主义的思维模式。民间信仰的存在,冲破了现实时空观念对文人的束缚。大量的亦真亦幻的民间传说故事,融入了文人的文学创作,使得以写实为主的先秦两汉文学亦有了诸多非现实的描写,又呈现出了奇幻、瑰丽的浪漫色彩。民间信仰对先秦两汉文人的影响,是形成这一时期文学神奇浪漫特色的主要原因。

总之,先秦两汉时期文人的人生观仍然是以儒道正统思想为主导。相对而言,民间信仰对文人的影响毕竟还比较有限。这是因为民间信仰毕竟还算不上虔诚的宗教信仰,尚无法从根本上对文人的人生观产生重要影响。也正因为如此,民间信仰的介入,没有也不可能改变先秦两汉文学以写实为主的基本倾向,而是在尚实的基础上,渗透进了一些神奇浪漫的因素,使得先秦两汉文学的整体风貌在现实主义风格之外,又呈现出了多姿多彩的浪漫特征。

参考文献

（按文中引用顺序排列）

周振甫:《文心雕龙注释》,人民文学出版社,1981年版。

范晔:《后汉书》,中华书局,1965年版。

袁宏:《后汉纪》,中华书局,2002年版。

刘师培:《中国中古文学史讲义》,人民文学出版社,1957年版。

窪德忠:《道教史》,萧坤华译,上海译文出版社,1987年版。

许慎:《说文解字》,中华书局,1963年版。

费尔巴哈:《费尔巴哈哲学著作选集》,荣震华、李金山译,商务印书馆,1984年版。

孙希旦:《礼记集解》,中华书局,1989年版。

北京大学历史系《论衡》注释小组:《论衡注释》,中华书局,

1979 年版。

王先谦:《释名疏证补》,上海古籍出版社,1984 年版。

班固:《汉书》,中华书局,1962 年版。

闻一多:《闻一多全集》,生活·读书·新知三联书店,1982年版。

弗洛伊德:《弗洛伊德后期著作选》,林尘、张唤民、陈伟奇译,上海译文出版社,1986 年版。

叔本华:《叔本华论说文集》,范进、柯锦华、秦典华等译,商务印书馆,1999 年版。

马林诺夫斯基:《巫术科学宗教与神话》,李安宅译,上海文艺出版社,1987 年版。

杨伯峻:《春秋左传注》,中华书局,1990 年版。

许维遹:《韩诗外传集释》,中华书局,1980 年版。

鲁迅:《鲁迅全集》,人民文学出版社,2005 年版。

袁珂:《山海经校注》,上海古籍出版社,1980 年版。

朱东润:《中华文史论丛》,上海古籍出版社,1979 年版。

吕思勉:《先秦学术概论》,中国大百科全书出版社,1985 年版。

司马迁:《史记》,中华书局,1959 年版。

钱泳:《履园丛话》,中华书局,1979 年版。

郝懿行:《山海经笺疏》,巴蜀书社,1985 年影印版。

王利器:《盐铁论校注》,中华书局,1992年版。

王明:《太平经合校》,中华书局,1960年版。

顾颉刚:《秦汉的方士与儒生》,上海古籍出版社,1978年版。

安居香山、中村璋八:《纬书集成》,河北人民出版社,1994年版。

王筠:《说文释例》,中华书局,1987年版。

尸佼:《尸子》,中华书局,1991年版。

杨伯峻:《列子集释》,中华书局,1979年版。

李昉:《太平御览》,中华书局,1960年版。

王利器:《风俗通义校注》,中华书局,1981年版。

朱熹:《四书章句集注》,中华书局,1983年版。

吴毓江:《墨子校注》,中华书局,1993年版。

何宁:《淮南子集释》,中华书局,1998年版。

洪兴祖:《楚辞补注》,中华书局,1983年版。

郭庆藩:《庄子集释》,中华书局,1961年版。

徐元诰:《国语集解》,中华书局,2002年版。

李善、吕延济、刘良等:《六臣注文选》,中华书局,1987年版。

李剑国:《唐前志怪小说史》,天津教育出版社,2005年版。

黎翔凤:《管子校注》,中华书局,2004年版。

李零:《中国方术考》,东方出版社,2000年版。

彭铎:《潜夫论笺校正》,中华书局,1985年版。

孙诒让:《周礼正义》,中华书局,1987年版。

程俊英、蒋见元:《诗经注析》,中华书局,1991年版。

许维遹:《吕氏春秋集释》,中华书局,2009年版。

沈约:《宋书》,中华书局,1974年版。

曲六乙:《东方傩文化概论》,山西教育出版社,2006年版。

蔡邕:《独断》,中华书局,1985年版。

吕思勉:《秦汉史》,吉林人民出版社,2013年版。

王先慎:《韩非子集解》,中华书局,1998年版。

房玄龄:《晋书》,中华书局,1974年版。

王先谦:《荀子集解》,中华书局,1988年版。

桓谭:《新论》,上海人民出版社,1977年版。

李鼎祚:《周易集解》,上海古籍出版社,1989年版。

王利器:《新语校注》,中华书局,1986年版。

阎振益:《新书校注》,中华书局,2000年版。

董仲舒:《春秋繁露》,上海古籍出版社,1989年版。

刘师培:《刘师培史学论著选集》,上海古籍出版社,2006年版。

梁启超:《中国历史研究法》,华东师范大学出版社,1995年版。

钱穆:《中国史学名著》,生活·读书·新知三联书店,2000年版。

许地山:《道教史》,上海书店,1991年版。

费振刚:《全汉赋校注》,广东教育出版社,2005年版。

章樵:《古文苑》,商务印书馆,1937年版。

萧涤非:《汉魏六朝乐府文学史》,人民文学出版社,1984年版。

王明:《抱朴子内篇校释》,中华书局,1985年版。

方玉润:《诗经原始》,中华书局,1986年版。

郭茂倩:《乐府诗集》,中华书局,1979年版。

罗根泽:《乐府文学史》,东方出版社,1996年版。

张永鑫:《汉乐府研究》,江苏古籍出版社,1992年版。

逯钦立:《先秦汉魏晋南北朝诗》,中华书局,1983年版。

吴相洲:《乐府学》,学苑出版社,2008年版。

罗仲鼎:《艺苑卮言校注》,齐鲁书社,1992年版。

胡应麟:《诗薮》,中华书局,1958年版。

沈德潜:《古诗源》,吉林人民出版社,1999年版。

瞿蜕园:《李白集校注》,上海古籍出版社,1980年版。

陈延杰:《诗品注》,人民文学出版社,1961年版。

朱芳圃:《中国古代神话与史实》,中州书画社,1982年版。

永瑢:《文渊阁四库全书》,台湾商务印馆,1960年影印版。

郑杰文:《穆天子传通解》,山东文艺出版社,1992年版。

刘志远等:《四川汉代画象砖与汉代社会》,文物出版社,1983

年版。

吴曾德:《汉代画像石》,文物出版社,1984年版。

信立祥:《汉代画像石综合研究》,文物出版社,2000年版。

李昉:《太平广记》,中华书局,1961年版。

陈祚明:《采菽堂古诗选》,清乾隆戊寅传万堂刻本。

张宏:《道骨仙风》,华文出版社,1997年版。

李泽厚:《美的历程》,天津社会科学院出版社,2001年版。

刘向:《列仙传》,上海古籍出版社,1990年版。

中共中央马克思、恩格斯、列宁、斯大林著作编译局:《马克思恩格斯选集》,人民出版社,1972年版。

曹操:《曹操集》,中华书局,1959年版。

赵幼文:《曹植集校注》,人民文学出版社,1984年版。

葛洪:《西京杂记》,中华书局,1985年版。

徐培均:《淮海居士长短句》,上海古籍出版社,1985年版。

袁珂:《中国神话史》,上海文艺出版社,1988年版。

朱熹:《楚辞集注》,上海古籍出版社,2001年版。

严可均:《全上古三代秦汉三国六朝文》,中华书局,1958年版。

蒋骥:《山带阁注楚辞》,上海古籍出版社,1958年版。

杨金鼎:《楚辞评论资料选》,湖北人民出版社,1985年版。

姜亮夫:《楚辞学论文集》,上海古籍出版社,1984年版。

陈鼓应:《老子注译及评介》,中华书局,1984年版。

王夫之:《楚辞通释》,中华书局,1959 年版。

许结:《汉代文学思想史》,南京大学出版社,1990 年版。

龚克昌:《全汉赋评注》,花山文艺出版社,2003 年版。

孙星衍:《尚书今古文注疏》,中华书局,1986 年版。

倪璠:《庾子山集注》,中华书局,1980 年版。

魏征:《隋书》,中华书局,1973 年版。

刘师培:《刘师培辛亥前文选》,生活·读书·新知三联书店,1998 年版。

陆德明:《经典释文》,中华书局,1983 年版。

陈伯君:《阮籍集校注》,中华书局,1987 年版。

陈立:《白虎通疏证》,中华书局,1994 年版,第 278 页。

向宗鲁:《说苑校证》,中华书局,1987 年版。

胡应麟:《少室山房笔丛》,中华书局,1958 年版。

王鸣盛:《十七史商榷》,上海书店出版社,2005 年版。

干宝:《搜神记》,中华书局,1979 年版。

葛洪:《神仙传》,上海古籍出版社,1990 年版。

王利器:《颜氏家训集解》,上海古籍出版社,1980 年版。

永瑢:《四库全书总目》,中华书局,1965 年版。

孙昌武:《诗苑仙踪:诗歌与神仙信仰》,南开大学出版社,2005 年版。

牟钟鉴:《道教通论——兼论道家学说》,齐鲁书社,1991 年版。

江西省文物考古研究所:《新干商代大墓》,文物出版社,1997年版。

梁乙真:《中国妇女文学史纲》,上海书店,1990年版。

王根林:《汉魏六朝笔记小说大观》,上海古籍出版社,1999年版。

刘义庆:《幽明录》,文化艺术出版社,1988年版。